情报分析师开源工具箱之人员、物品、机构查询

冯文刚　石　峰　著

中国人民公安大学出版社
·北京·

图书在版编目（CIP）数据

情报分析师开源工具箱之人员、物品、机构查询/ 冯文刚，石峰著 .
—北京：中国人民公安大学出版社，2020. 7

ISBN 978-7-5653-3986-8

Ⅰ. ①情… Ⅱ. ①冯… ②石… Ⅲ. ①情报分析 Ⅳ. ①G252. 8

中国版本图书馆 CIP 数据核字（2020）第 123676 号

情报分析师开源工具箱之人员、物品、机构查询

冯文刚　石　峰　著

出版发行：中国人民公安大学出版社
地　　址：北京市西城区木樨地南里
邮政编码：100038
经　　销：新华书店
印　　刷：北京市泰锐印刷有限责任公司

版　　次：2020 年 7 月第 1 版
印　　次：2023 年 4 月第 6 次
印　　张：31
开　　本：787 毫米×1092 毫米　1/16
字　　数：492 千字

书　　号：ISBN 978-7-5653-3986-8
定　　价：108. 00 元

网　　址：www.cppsup.com.cn　www.porclub.com.cn
电子邮箱：zbs@ cppsup.com　zbs@ cppsu.edu.cn

营销中心电话：010-83903254
读者服务部电话（门市）：010-83903257
警官读者俱乐部电话（网购、邮购）：010-83903253
公安业务分社电话：010-83905672

前　言

互联网时代，信息搜集无处不在。除了专业信息来源，情报分析人员也可以通过公开的来源获取许多对情报分析非常有价值的信息。各国情报分析师都越来越重视开源情报（OSINT）的应用。许多情报分析师利用开源情报的方法获取到意想不到的情报。比如，网站通过运动软件 strava 的官方网站，可以访问其运动热力地图（网址：https：//www. strava. com/heatmap）。该热力地图收集和展示过去两年使用 strava 运动软件的运动达人的公开轨迹信息，并且每月更新。通过该网页，网站可以在全球范围内观察和寻找那些 strava 运动达人的运动轨迹，通过这些轨迹再配合相应的卫星地图，就可以观测到一些特定的建筑或者区域的地形、地貌。有网友就利用该热力地图发现了隐藏在沙漠中的多国军事基地，并且通过浏览和分析相关军事基地附近运动的这些用户的历史信息，进而发现其同事、战友，以及相关人员的部署、调遣和休假等情况。

在 strava 官网上，用户还可以查找不同地区的不同运动路段都有哪些运动达人曾经在那里运动过，他们每个人的运动成绩都在一个排行榜上进行展示。用户还可以浏览其他运动达人的网页，可以浏览其上传的图片，查看其历史运动轨迹和成绩，并且这些运动达人大部分是实名注册登记的。另外，用户还可以通过搜索名字来查找相关运动达人。

以某国某军事基地为例。在网站上路段搜索框里输入该军事基地名称就可以看到运动达人在此地上的一些运动地点，每个地点都有排名。打开运动地图网站，就可以发现仅有几百平方公里的该地上就有三个机场。这些机场附近都有不少运动达人。

从网站中可以看到其中有一名排名靠前的运动达人 A。这时再登录另一个职场社交网站，搜索 A，会发现在这个网站上注册了的同名的人有 100 余位，如果网站搜索该军事基地名称和 A，就只有一个用户符合这个条件。通过社交网站上查询 A 学习和工作经历，就可以发现这个 A 在某国空军从事水和燃料系统维护。如果网站搜索这两个要素，可以搜索到 1435 条用户信息。理论上，可以通过这些网站获取他们每个人的工作和学习经历，进而分析该军事基地分布和规模等情况。

从上述的例子就可以感受到，在互联网时代，网站上每个人的信息都随时被记录着，情报搜集同样也以各种形式存在，尤其是互联网开源情报资源必将越来越丰富，它就是一个充满生机和活力的待开发的数据海洋。

本书将互联网的开放资源、工具及其相关应用技巧和方法进行分类整理，力争为情报分析人员提供一个方便实用的开源情报（OSINT）工具箱。互联网开源情报资源范围非常广泛，包括大众媒体、社交网络、政府网站、商业网站、公共数据库和暗网以及其他来源。涉及与公民、企业相关联的姓名、地址、电话、邮箱、图像、视频、财产、背景、轨迹、社交媒体等各类资源。因为篇幅所限，本书只列举部分工具，且由于时效和网站地址改变等问题，极少量的工具可能会不能正常访问，后续将通过改版丁爸网（dingba. top）提供动态二维码管理工具，解决这个问题。同时，感谢中国人民公安大学国家安全学院的李佳伦、刘思雨、王乐、蔡文昊、岳敏、姜兆菲璠和鞠晨阳同学为本书出版做出的贡献。

目　录

第一章　国内企业及个人信用查询

第一节　中国信用体系建设

国务院自2014年6月14日印发《社会信用体系建设规划纲要（2014—2020年）》以来，各级政府部门为推动全社会信用信息的共享与应用，积极投入信用体系建设中。目前全国绝大多数省、区、市均已建成了信用信息共享平台，并广泛应用于政务、商务、社会和司法公信建设领域。国家信息中心在电子政务外网上搭建了部际信用信息共享交换网站，于2015年2月开通，有社会信用体系建设部际联席会议成员单位39个部门接入。社会信用体系建设部际联席会议成员单位的网络公示信息，主要有：人民银行征信中心征信信息、发改委信用信息、税务总局重大税收违法案件信息、进出口信用公示信息、工信部网站信用信息和域名备案信息、住建部建筑市场监管与诚信信息、人民法院被执行人信息、中国裁判文书网、民政部民间组织信息、交通运输部综合查询信息、证监会公开信息、水利部综合查询信息、农业部金农一期互联网应用系统、人力资源保障部查询信息、国土资源公开公示信息、商品信息验证中心查询信息、海关总署综合查询信息、工商总局企业信用信息等。

2019年7月18日，国务院办公厅发布了国办发〔2019〕35号文件：《国务院办公厅关于加快推进社会信用体系建设构建以信用为基础的新型监管机制的指导意见》。该意见要求创新监管理念、监管制度和监管方式，建立健全贯穿市场主体全生命周期，衔接事前、事中、事后全监管环节的新型监管机制，不断提升监管能力和水平，进一步规范市场秩序优化营商环境，推动高质量发展。

第二节　信用中国网站

一、“信用中国”网站网址及其简介

https：//www. creditchina. gov. cn/

为了贯彻落实党中央、国务院关于加强社会信用体系建设的要求，推动各省级信用门户网站互联互通，归集发布各地区、各部门可向社会公开的信用信息，由国家发展改革委、中国人民银行指导，国家公共信用信息中心主办，并由国家信息中心、中经网、北京百度网讯科技有限公司提供技术支持，“信用中国”网站于 2015 年 6 月 1 日正式上线运行。

“信用中国”网站是政府褒扬诚信、惩戒失信的窗口，主要承担信用宣传、信息发布等工作，使用社会信用体系建设部际联席会议成员单位提供的对社会公开的信用信息。“信用中国”网站的建设采取政府与社会力量合作的创新模式，充分利用了百度公司最先进的大数据、云计算、搜索引擎等技术，面向全社会开放信用信息查询功能，打造信用信息的“一站式”查询平台，截至 2017 年 10 月，“信用中国”网站已归集了来自各部委及地方的 1.5 亿条数据。

2017 年 10 月 15 日，“信用中国”网站 2.0 版正式上线运行。此次改版升级对原网站的页面进行了重新设计，结构进行了调整优化，更加便于社会公众“一站式”查询信用信息，“全方位”了解信用建设进展。同时，也为社会信用体系建设部际联席会议成员单位宣传信用、发布政策，有关部门和地方发布市场主体信用信息提供了全新的载体和平台。

截至 2018 年 7 月底，全国 18.7 万个失信主体退出“黑名单”，“信用中国”网站已归集发布“双公示”信息超过 1 亿条，全国企业、社会组织、机关事业单位以及个体工商户存量代码转换率达到 100%。

2019 年年底，商务部印发《关于深入推进商务信用建设的指导意见》，明确深入推进商务信用建设，要求各级商务主管部门要利用各类商务系统

网站、“信用中国”网站、国家企业信用信息公示系统等渠道，依法依规向社会公开行政许可、资质认定、行政处罚、执法检查、联合奖惩对象名单等信用信息。这些信息的公示和发布也为情报分析人员提供了便利的查询途径。

“信用中国”网站上除了提供信用信息检索查询功能外，还有社会信用体系建设部际联席会议成员单位的网站导航链接和各地方信用网站导航链接以及个人信用关联信息查询网站链接。

通过这些网站可以访问36个信用电子政务系统的相关信用信息，32个省、区、市和40个试点城市信用系统相关信用信息，以及21个与个人信用相关的网站（数据截至2019年8月3日）。

在新版“信用中国”网站首页，查询类栏目、资讯类栏目、公示类栏目采用分区形式设置，更加突出权威性、及时性、互动性和可读性。资讯类栏目新设标准规范、信用公示、联合奖惩、专项治理、诚信文化、城市信用、信用刊物、个人信用、风险提示、信用大数据分析等。公示类栏目包括国家职业资格目录清单、重点污染单位污染排放监测信息、全国公共资源交易信息等十余个公示专区，相关栏目内容和信息都是即时更新。

二、在情报分析中使用“信用中国”网站查询的内容

1. 通过“信用中国”网站首页的信用主体名称和统一社会信用代码就可以查询信用主体相关信息。

2. 在“信用中国”网站首页的公示信息栏目里有包括涉金融黑名单、失信联合惩戒对象、限飞限乘名单、行政许可与行政处罚、资格资质认证信息等公示名单，也为情报分析中核查相关人员身份提供了途径。

3. 在“信用中国”网站首页的个人信用栏目里也有涉金融领域非法集资名单查询、涉金融领域其他严重违法名单查询、限飞限乘名单查询、拖欠农民工工资黑名单查询、严重危害正常医疗秩序黑名单查询、失信被执行人名单查询、违法失信上市公司相关责任主体查询、严重违法超限超载运输失信当事人查询等。

4. 在“信用中国”网站首页的个人信用栏目下还有中国人民银行征信中心、度小满、鹏元征信、芝麻信用、腾讯征信、前海征信、中诚信征

信、京东征信、万达征信、华道征信、中青信用、湖北分、海贝分、玉茗分、乐惠分、桂花分、联通征信、试金石信用等信用服务机构的信用信息和信用积分查询。

5. 在“信用中国”网站首页的信用服务栏目下有信用分类查询，包括统一社会信用代码、守信激励对象、失信惩戒对象、重点关注名单、失信被执行人、重大税收违法案件当事人、政府采购不良行为记录查询。

6. 在“信用中国”网站首页的信用服务栏目下有重点领域信息查询，可查询安全生产领域失信生产经营单位、慈善捐助领域联合惩戒对象、交通运输工程建设领域守信典型企业、统计领域严重失信企业及其有关人员、严重拖欠农民工工资失信主体。

7. 通过“信用中国”网站首页的网站导航栏目可访问包括国家发展和改革委信用信息查询系统和 12358 价格监管平台、中央编办国务院各部门行政许可事项服务平台、市场监管总局国家企业信用信息公示系统、人民银行个人信用信息服务平台、最高人民法院全国法院被执行人信息查询系统、证监会市场禁入信息公示系统、税务总局重大税收违法案件信息查询系统、海关总署中国海关企业进出口信用信息公示、司法部司法行政系统举报平台、卫生健康委卫生计生信用信息管理系统、最高检行贿犯罪档案查询管理系统、中央文明办中国诚实守信好人榜、教育部政务服务平台、银保监会保险中介监管信息系统、知识产权局审查业务投诉平台、文化旅游部全国文化市场举报平台、中央网信办全国网站信用信息查询平台、国家外汇管理局网上服务管理平台、公安部投诉举报中心、农业农村部金农工程一期信息系统、民政部社会组织查询平台、人社部社保基金监督检查证查询系统、公务员局国家表彰奖励、生态环境部环境执法信息公开业务专栏、共青团中央中国青年志愿者守信激励系统、商务部中国市场秩序网、财政部政府采购严重违法失信行为信息记录、住建部全国建筑市场监管与诚信信息发布平台、交通运输部信用交通网、工信部中小企业信用担保代补偿资金管理系统、新华社中国金融信息网、应急管理部国家安全生产监督管理总局等网站查询相关人员和机构信息。同时还可通过该栏目访问全国各省、区、市信用网站。

第三节　其他国内信用查询网站

随着我国信用体系建设的不断推进和完善，各种与人职业和背景相关的信息被广泛整合应用，一些互联网公司整合职业、学历、信用、民事刑事裁判、行政处罚、专利、著作权、招聘等多维度信息数据并开发成网站、应用程序、手机 APP、小程序、公众号等，为广大情报分析师提供了许多通过互联网就可查询的工具。

一、天眼查

（一）天眼查网站网址及其简介

https：//www. tianyancha. com/

天眼查是由北京天眼查科技有限公司在其独有核心技术“超大规模图引擎”SARGE 系统的基础上，基于政府公开数据，结合计算机语言学习能力开发的一款可以查公司注册信息，法人和高管信息，以及股权关系等内容的商业化安全相关工具。天眼查的数据包含全国超过 1. 8 亿家社会实体、90 余种数据维度的信息，涵盖企业背景、实际控制人、对外投资、融资历史、股权结构、法律诉讼等方面，还可以实时监控所关注的企业变更信息等。天眼查构建了完备的集数据采集、数据清洗、数据聚合、数据建模、数据产品化为一体的大数据解决方案。

天眼查以关系发现、股权结构、天眼风险、天眼评分、企业监控为核心的功能体系，实现查公司、查老板、查关系等情报分析需求。

关系发现：可视化关系图谱，化繁为简，一目了然。“最短路径发现”迅速找到企业与企业、企业与人、人与人之间隐藏的商业关系以及实际商业上的信用相互捆绑关系。在具体办案中，便于排查关联人员及资产情况（类似于企业及其董事、监事等高管人员的朋友关系圈挖掘）。

股权结构：清晰快速解析企业股权结构关系，挖掘深层次股权结构。

去重名技术：利用人工智能“去重名”技术，智能区分名字相同的企业高管，提升搜索精准度。

天眼风险：通过解析关联企业的经营状况、行政处罚、法律诉讼等信用风险信息，提前预警危机。

企业监控：企业实时监控，被关注/监控企业一旦出现行政处罚、股权质押、法律诉讼等商业运营风险、法律风险，或者出现获得融资、专利核准等信用利好，天眼监控功能将第一时间主动提醒。

天眼评分：百分制显示，公平、清晰、客观展示企业真实实力，一眼看清企业所处行业地位。

企业认证：通过企业自主申请天眼查及百度“企业联合认证”功能，企业在天眼查、百度平台上展示自身的产品业务及优势、人才招聘信息等，提升企业自身信用实力展示度，降低企业运营成本，实现长期发展。

（二）在情报分析中使用天眼查查询的内容

1. 通过名称、品牌、地址、电话、姓名、邮箱、网址等查询公司工商注册信息、年检报告、法律诉讼文书、专利、著作权、商标、招聘等基本背景信息。

2. 查询企业及法人和高管关联的其他企业，以及相互股权关系、企业架构、对外投资、实际控制人、控股企业，并可以图谱方式展现企业关联关系。

3. 查询企业司法风险、经营风险、经营状况和历史信息，并可进行监控，即时了解相关信息变化。

4. 支持批量查询、地图查询、关系搜索等个性化查询需求。

天眼查除了提供网站查询外，还有小程序、APP、微信公众号和 API 数据接口供用户使用。

天眼查微信公众号

天眼查小程序

天眼查 APP

二、企查查

（一）企查查网站网址及其简介

https：//www. qichacha. com/

企查查是苏州朗动网络科技有限公司旗下的一款企业信用查询工具，可为用户提供快速查询企业工商信息、法院判决信息、关联企业信息、法律诉讼、失信信息、被执行人信息、知识产权信息、公司新闻、企业年报等服务。该工具还提供人员关系查询、企业人员监控、地图查询、批量查询等实用功能。该公司还立足于企业征信、大数据分析、互联网金融等对企业进行多维度全方位画像，通过公司自有的“云聚数据”分享平台，为商业银行、政府征信、P2P 公司、基金以及 100 多家互联网企业提供数据解决方案。该公司旗下除企查查网站外，还有微信“朗动企业信用信息查询”“企查查”和手机 APP“企业信用查询”和“企查查”。

（二）在情报分析中使用企查查查询的内容

1. 通过输入企业名、人名、产品名或者地址、电话、经营范围、邮箱等查询企业、法人、高管的基本信息。支持多个关键词模糊组合检索。

2. 支持通过行业门类、地区、成立年限、企业状态、注册资本、资本类型、企业类型、组织机构、参保人数以及联系电话、网址、商标、专利信息、融资信息、上市状态、失信信息、作品著作权、招投标、进出口信用、动产抵押、清算信息等内容进行组合筛选。

3. 可查询企业注册信息、股权结构、股东信息、企业主要高管、对外投资、实际控制人、控股企业、历史变更信息、法律诉讼信息、经营状况、经营风险、企业发展、知识产权、新闻舆情等相关信息。同时，支持可视化的图谱展示股权关系和企业关联关系。

4. 同时支持企业和个人的风险监控，通过监控可实时掌握关注企业或者个人的相关动态。

5. 其千寻地图功能支持地图上查询相应范围内的企业信息，并支持筛选和导出数据。

6. 支持批量查询、招聘查询、人员关系可视化展示等功能。

企查查除了有网站查询外，也有小程序、APP、微信公众号等提供查询功能。

小程序

APP

微信公众号

三、启信宝

（一）启信宝网站网址及其简介

http：//www. qixin. com/

启信宝是苏州贝尔塔数据技术有限公司旗下的一款企业征信产品，通过整合互联网开源数据为用户提供快速查询企业工商信息、法院判决信息、关联企业信息、司法拍卖信息、失信信息、被执行人信息、知识产权信息、公司新闻等服务。通过多模式查询、多选项筛选，查询结果准确、查询内容详尽。启信宝于 2015 年 5 月 14 日正式上线，起初是一款用于查询企业征信信息的公众号，目前已上线 iOS/Android 客户端及网页端。

启信宝从全国企业信用信息公示系统、中国法院裁判文书网、中国执行信息公开网等 100 家网站提取官方数据，所有数据由国家公开发布在网络上，按照关键字查询、股东/法人名查询、经营范围查询、失信人查询及高级检索查询五种方式，为用户提供搜索查询功能。

启信宝查询企业的主要信息包括企业的工商信息、法院判决信息、关联企业信息、失信信息、司法拍卖信息、招聘信息和企业评价信息等。

启信宝主要用户人群是需要金融审批等业务的金融机构、需要资料调查的律师、寻找上下游供应商和客户的公司、需要扶持辖区内企业的政府部门，以及寻找工作的求职者等相关人群。

（二）启信宝的功能

1. 查询企业：通过企业名称、人名、品牌、联系方式、网址、专利等企业信息关键字或者组合关键字多维度锁定目标企业，以便用户全方位获取企业工商信息、变更记录、对外投资、企业年报、法院公告、法院判决、失信信息、被执行人、司法拍卖、经营异常、公司新闻、招聘信息、专利信息、商标信息、著作权、软件著作权、域名信息、企业链图、信用报告、公司评价等信息，提供企业全景服务数据。

2. 族谱查询：启信宝推出独家的企业链图及企业族谱。通过企业链图可以一张图展示企业全貌，是对企业相关信息的一次性全面解剖图示，它包括股东、高管、对外投资、法院判决、法院公告、历史股东及疑似关系七个方面。而关联族谱向上可逐级展示一级、二级、三级、四级……一直追溯至国务院、国企、自然人、上市公司等实际控制人，向下可层层延伸，级级深挖子公司。

3. 监控信息变更：实时监控企业的任何信息变更，并通过邮件或短信推送。

4. 找关系：建立于启信宝强大的数据挖掘技术之上，在输入企业名称或个人姓名后，多维度深度剖析人与人、人与企业、企业与企业间的关联关系。

5. 查股权结构：通过企业股权结构功能，层层展示企业股权结构，找到企业疑似实际控制人，其中包括疑似实际股权控制路线、疑似实际控制人、每一层级的股东及其股比、认缴金额。

6. 查上市公司：全面查询上市公司相关信息，在原有 24 宫格信息的基础上，还包括财务信息、企业公告、关联个股、公司大事。

7. 报告下载：提供公司董监高对外投资及任职报告下载，此报告内容具体包括董监高基本信息、担任法定代表人的企业信息、对外投资企业信息、在外任职企业信息等。企业增值报告是启信宝在基础版的前提上，又增加了股东及出资信息（含出资比例）；企业对外投资信息（含出资比例）；法定代表人相关信息：法定代表人对外投资（含出资比例）、法定代表人在外任职；阿里欠款、清算信息等。启信宝提供企业信用报告的下载，包括基本工商信息、诉讼风险信息、知识产权、企业年报及经营异常等信息。

8. 企业评论：洞察他人眼中的企业见解，与千万用户在线交流。

（三）在情报分析中使用启信宝查询的内容

1. 通过企业名称、人名、品牌、联系方式、网址、专利等企业信息关键字或者组合关键字多维度锁定目标企业，查询企业工商信息、变更记录、对外投资、企业年报、法院公告、法院判决、失信信息、被执行人、司法拍卖、经营异常、公司新闻、招聘信息、专利信息、商标信息、著作权、软件著作权、域名信息、企业链图、信用报告、公司评价等信息，提供企业全方位数据。

2. 查询人与人、人与企业、企业与企业之间的股东、高管、对外投资、法院判决、法院公告、历史股东及疑似关系七个方面的关系，并可以企业链图及企业族谱方式展现企业关联。

3. 提供公司董监高对外投资及任职报告、企业信用报告的下载，报告内容具体全面。

4. 通过企业用户评论调查企业相关信息。

启信宝除了提供网站查询外，还有小程序、APP、微信公众号供用户使用。

小程序　　APP　　微信公众号

四、信用视界

（一）信用视界网站网址及其简介

https：//www. x315. com

信用视界是青岛格兰德信用管理咨询有限公司开发的全国企业信用信息在线查询与监控平台，公司创立于2006年，是第一批获得人民银行颁发企业征信业务经营备案证的机构之一。能够查询并自动监控全国任一企业（8000万家以上）和高管的基础及关联信用信息，帮助用户提升营销和信用风险决策效力。

公司聚焦于大数据征信和综合信用管理服务，能够提供全球216个国家和地区的信用信息服务，形成了面向传统金融机构、互联网金融、政府诚信体系、制造及贸易领域的大数据信用管理解决方案，其业务范围覆盖全国所有省市及2856个县级以上城市，囊括制造、金融、电信、交通、能源、教育等99个行业大类和1396个行业小类，具有企业背景、关联信息、财务状况、经营情况、信用风险、公共记录、行业动态等近100项信息指标，其核心数据来源于政府官方渠道及经过认证的征信联盟，所有信息均经过匹配和清洗，将高程度屏蔽噪声。

公司业务包括大数据征信、企业信用报告、信用管理咨询及培训、信用管理系统、诚信体系建设等几大模块，是国内最早倡导全面信用风险管理体系的服务商之一。

（二）信用视界的服务内容

1. 信用检索：帮助企业在线检索企业多维度信息。一是信用公示信息。即汇集各地政府及工商部门的信用公示信息，主要源于各地信用公示网站，包括但不限于企业的注册信息、股东信息，如基本信息、注册信息、管理人员、异常状态、企业变更、企业年报等。二是多维度信用信息。除信用公示信息外，还提供包括媒体报道、关联公司、行政处罚、司法信息、被执行信息、失信被执行人等信息。

2. 关联企业：来自最权威的工商管理登记的股东信息和高管任职信息，准确、全面呈现企业全国范围内关联方信息，快速、低成本、全面地掌握借款人的真实背景及关联企业信用信息，所有数据每周更新，优势地区会保持更高的更新频率，保证用户获得最新鲜、最及时的信息，进而有效规避关联交易、信贷欺诈等风险。

3. 信用监控：近20万个数据源，强大的数据搜索和匹配技术，随时监控目标企业司法记录、网络媒体报道、企业变更、管理人员变化、行政处罚等信息，并根据所发生的任何重大变化及时调整信贷策略，能够代替人工搜索全面覆盖，节省人力、物力，充分挖掘各类信息渠道，采用多种信息整合方式，及时发现目标企业的重大变化、负面信息并及时预警，提高信贷风控效率，大大降低营运成本。

4. 服务定制：根据企业的目标信息，量身定制专属的查询模块，提供更多渠道的信息，免除不必要查询项目的收费，实现针对性强、范围更广、费用低廉和服务周到的定制服务。

（三）在情报分析中使用信用视界查询的内容

1. 查询目标企业的信用公示及多维度信用信息。

2. 查询企业的营业执照信息、股东股权、主要管理人员、企业对外投资、法定代表人对外投资、法定代表人其他公司任职等法定关联信息。

3. 查询目标企业司法记录、网络媒体报道、企业变更、管理人员变化、行政处罚信息。

4. 根据目标信息，提供个性化查询服务。

信用视界除了提供网站查询外，还有 APP、微信公众号供用户使用。

下载信用视界 APP

关注信用视界微信公众号

五、悉知

（一）悉知网站网址及其简介

http：//www. xizhi. com/

郑州悉知信息科技股份有限公司成立于 2008 年，隶属于世邦工业科技集团，是中国电子商务综合服务提供商和线上生态建设服务的提供者。

悉知致力于提供简单、可靠、更真实的企业信息检索查询服务。目前，悉知已收录中国境内合法注册的 2000 万企业信息，信息由全民共建并由全民共同监督。悉知搜索秉承公正、公开、免费的原则，为用户提供客观、合理、符合用户需求的企业展示顺序。悉知的数据信息其排序以关键词相关度为基础，以悉知指数、关键性属性为影响因素，主要包括六大核心服务，从而为企业打造全网海陆空立体化电商体系，助力制造业企业订单销售额迅速增长。

（二）悉知的核心服务

1. 网站建设开发：主要包括高端定制开发、品牌官网建设、营销网站设计、手机移动网站、小程序/H5/APP 开发、SEO 优化推广、域名/空间/

备案七个方面。

2. 企业品牌营销：主要包括视频制作营销、事件营销、软文发布、公关传播、危机公关、海外媒体推广、互动创意营销、社会化媒体营销七个方面。

3. 外贸营销推广：Google Ad Words 开户托管及推广、Yandex/Bing/SNS 等海外平台推广、外贸电商培训、海外营销方案、海外品牌推广策略、外贸网站建设、外贸网站 SEO 优化七个方面。

4. 内贸营销推广：竞价开户及托管、SEO 搜索引擎优化、B2B 平台营销推广、微信/微博营销推广、EDM/短信营销推广、SEM 广告成本优化、询盘/订单提升方案七个方面。

5. 电商团队服务：电商团队组建方案指导、电商团队招聘协助推进、电商团队 KPI 考核制度、SEO 团队管理系统、询盘管理系统、站群管理系统六个方面。

6. 商业数据服务：数据挖掘采集系统、行业海关数据服务、企业数据服务、商业数据采集定制四个方面。

悉知拥有自主研发的关键词挖掘工具，可以将指定核心关键词快速扩展出百万级带指数的相关长尾关键词。根据关键词的收录、排名、指数和竞价竞争程度等维度分析出每个关键词竞争的难易度，方便站长和 SEO 从业者选取长尾关键词和优化关键词。悉知还提供海关数据服务，整合 58 个国家的近 10 亿条实时海关数据，涵盖 700 万国际采购商、800 万全球供应商的真实交易记录，每年产生 5 亿多次访问、1000 多万次在线咨询。

（三）在情报分析中使用悉知查询的内容

1. 根据成立年限、区域、行业等关键词查询目标企业的基本信息、风险信息、知识产权、对外投资、企业年报等信息。

2. 查询多国海关数据，提供实时的供应商商品详情、货运记录、客户评价、贸易伙伴等交易信息。

3. 查询电商团队建设、品牌营销策划、网站建设开发、内贸营销推广、外贸营销推广相关信息。

悉知除了提供网站查询外，还有微信咨询服务供用户使用。

六、烯牛数据

(一) 烯牛数据网站网址及其简介

http://www.xiniudata.com/

烯牛数据通过语义理解、聚类分析等技术适时全网抓取各类投资项目结合部分授权数据汇集了海量的投资项目数据，通过大数据驱动一级市场的量化分析，帮助天使、VC、PE 等早期投资机构发现并管理项目，从而提升基金团队的工作效率和业绩。

烯牛数据收录了百万家公司数据，3 万家创投机构数据，220 万条新闻数据，14 万条融资数据，超过 1 万个项目标签。

烯牛数据通过自然语言处理、语义分析等技术，从团队优秀、知名天使、招聘活跃、下载激增、集中曝光这五个维度自动分析公司的质量，提取标签，进行初步筛选，提供结构化的公司数据。另外，平台支持推荐、追踪、管理个性化定制服务，包括优质项目推送、深度产业报告、项目尽职调查、全球专家网络等。

针对投资机构，烯牛数据还开发了内部管理模块。投资机构开通了这项功能之后，机构可以在平台上开周会，投资人对平台上已有项目做了进一步了解的，可以对项目填写评价，这个内容与机构内部的管理平台联动，属于该投资机构的成员都可以看到平台抓取内容与投资人的评价内容整合后的信息。在数据的清洗及聚合上，烯牛数据通过语义分析从全网智能抓取数据，收录了 1.8 亿+工商、100 万+新经济公司的相关数据并实时更新，通过私有算法，将招聘、电商、内容平台、应用榜单等另类数据聚合，追踪数据变化，挖掘优质项目。用于搭建自己的项目库。定义了人机协作规则，使数据清洗得更加高效。此外，烯牛数据根据自有的 1 万+行业标签体系和企业关联图谱，为政府、银行、企业提供特定地区/行业的产业结构及资金流向分析，洞察行业的发展趋势。

在风控预警方面，烯牛数据构建了舆情、行政、司法、招聘等40多个维度的数据监控模型，辅以线下深度调研服务，提供多场景风控解决方案。同时，分析投资机构的行业偏好、投资阶段、投资风格、资金情况，提供融资对接服务。此外，烯牛数据1万+行业标签体系为基础，分析融资事件、用户量激增、招聘活跃等扩张信号，为企业发现销售线索。

（二）在情报分析中使用烯牛数据查询的内容

1. 根据国内地区、行业领域、烯牛特色、当前轮次、最新获投、成立时间等标签查询公司相关信息。

2. 查询不同行业的赛道、行业体系等信息。

3. 根据投资领域、投资阶段、机构地址、投资时间等标签查询投资机构信息。

4. 查询创投新邦、投资人物、基金、新备案基金、LP、每日投融资事件、投资事件、退出事件、独家探测事件。

5. 根据行业领域和文章类型查询公司与行业的国内新闻、国外新闻、热点新闻、港美股新闻。

6. 提供市场报告、券商研报、烯牛研报招股书、活动库得到查询和下载。

7. 提供小红书APP数据信息。

8. 提供个性化定制服务。

烯牛数据除了提供网站查询外，还有APP、微信公众号、API接口服务供用户使用。

烯牛数据APP（iOS）

烯牛数据APP（Android）

七、熊猫智云

（一）熊猫智云网站网址及其简介

https：//www. ofpanda. cn/org

熊猫智云是以中国企业、机关、事业、协会、社团等相关大数据为核心的垂直搜索引擎，目前收录量已达143390259（截至2018年8月6日）。除了常规搜索功能之外，熊猫智云实现了从网页、文本、文档、图像中直接搜索企业数据的功能。除了常规信息之外，熊猫智云还进一步提供从互联网、知识产权、海关信息、财务指标等15个方向，共计182个维度的属性数据来客观描述企业情况，并可通过对外投资、人员流动、供应商、客户、百度关键字投放等58种关系数据来透视企业之间的关联性。

（二）在情报分析中使用熊猫智云查询的内容

1. 根据公司名称、任命、产品名、机构证号、联系方式等查询企业名称、地址、法定代表人、成立日期、统一信用代码、其他名称、机构品牌、变更事项等相关信息。

2. 查询企业名称、同音、任命、产品、地址、证号、链接、文本、文档、图像、联系方式等相关信息。

熊猫智云除了提供网站查询外，还有微信公众号供用户使用。

微信公众号

八、百度企业信用

（一）百度企业信用网站网址及其简介

https：//xin. baidu. com/？ fl=1&castk=LTE%3D

百度企业信用汇聚国内企业、企事业单位等主体信息，为网民提供免费的企业信息和信用信息查询服务，且为企业主提供展示企业信息及品牌信息的平台，通过先进的大数据技术及AI技术，对数据进行挖掘、清洗、分析、聚合、建模及企业画像，为网民和企业提供免费一站式企业信息查询服务。除此之外，还为用户提供资质优企业推荐、收藏、分享、社区交

流、企业对比等增值服务。

“百度企业信用”可以为用户快速提供企业真实信息查询，从而降低信息不对称造成的欺诈失信问题。首先，它可以提供全国企业、个体工商户等市场主体的信用信息等查询功能。查询市场主体信用信息，输入名称或统一社会信用代码进行查询，系统支持按名称的关键词模糊查询。进入查询系统后，可以详细查询企业的基本信息、变更记录、知识产权、投资关系、企业年报、监管信息、数据读解及口碑舆情等多方面情况，搜索公司名称全称，可查看商家卡片和多维信息。通过“口碑舆情”页面，可以查看其他网友对此企业或商户的口碑留言，网民也可以通过发布真相寻求维权。

另外，在监管信息页面，还可以浏览企业产品的质量监督检查及食品抽查等项目，在数据读解中，网站以图片列表的形式清晰展现，能让网民对所查企业清晰明了。

（二）在情报分析中使用百度企业信用查询的内容

1. 查询企业信用：网民要查询企业信息时，可以通过企业名、法人、商标、地址等维度便捷地查询企业信息。目前，企业信用包括企业名片（电话、地址、官网、邮箱、简介）、企业工商信息、企业风险提示、知识产权、企业发展状况、企业经营状况、企业分析解读和企业新闻资讯等。

2. 查询企业的基本信息、变更记录、知识产权、投资关系、企业年报、监管信息、数据读解及口碑舆情等，查看丰富的商家卡片和多维信息。

3. 提供企业产品的质量监督检查及食品抽查的浏览。

4. 以图片列表的形式提供目标企业的企业实力、同行业中地位、企业股权结构图、全国范围同业的资金地域分布对标等。

微信公众号

百度企业信用除了提供网站查询外，还有微信公众号供用户使用。

九、绿网

（一）绿网网站网址及其简介

http：//www.lvwang.org.cn/

绿网是一个由广州绿网环境保护中心推出的环境数据中心（主要是工业污染数据相关）网站，希望通过数据查询公开和数据分析挖掘来推动或影响公众、企业和相关部门进行环境保护。绿网建立了包括环评、污染源、环境质量的综合环境数据平台，包含了企业从建立、过程监管直至关停的全生命周期的环境管理数据。绿网开发了基于位置的环境数据查询，应用于公众服务；同时，针对银行、供应链等公共服务提供基于企业的环境数据查询。绿网基于环境数据分析，研判环评、污染源对环境质量的宏观影响，推动环境政策进步，提升环境管理的有效性。

（二）在情报分析中使用绿网查询的内容

1. 查询公众环境数据、企业的环境数据。

2. 查询企业综合/环境风险指数、项目环评、规划环评、土壤状况、环境违法记录、违法违规建设、地表水、饮用水、尾矿库、排污监测、排污许可证等信息。

3. 查看企业环境风险指数排行信息。

4. 根据地图定位查询目标位置的违法企业、排污监测、土壤状况、尾矿库、规划环评、项目环评、违建项目、空气质量、地表水、饮用水的数据信息以及相关影像信息。

5. 提供研究报告、项目清单、项目详细信息的下载服务。

绿网除了提供网站查询外，还有微信公众号、微博供用户使用。

微信公众号

微博

第四节　政府部门开放的相关信用查询网站

一、全国认证认可信息公共服务平台

（一）全国认证认可信息公共服务平台网站网址

http：//cx. cnca. cn/CertECloud/index/index/page

（二）国家认可认证信用管理平台

http：//www. cnacm. org. cn/list. php？ base_ id=5

（三）全国认证认可信息公共服务平台简介

全国认证认可信息公共服务平台在认证结果、从业机构、监督执法等方面为社会公众提供统一、权威、全面的信息数据查询服务。公众要查询一家企业及其产品或服务是否通过认证，并且想了解认证结果详细信息，只需登录平台，输入企业名称或其统一社会信用代码，就可按强制性产品认证、自愿性产品认证等分别获得其认证结果列表以及每项认证结果的详细信息。

（四）在情报分析中使用全国认证认可信息公共服务平台网站查询的内容

1. 相关企业的认证结果。

2. 从业机构。

3. 从业人员。

4. 强制性产品。

5. 节能环保清单。

二、发改委信用信息查询

（一）发改委信用信息查询网站网址及其简介

http：//credit. ndrc. gov. cn/XYXX/admin_ client/form_ designer/ttt/index. html

全国信用信息共享平台是由国家发展改革委牵头建设、国家信息中心承建的，2015 年年底初步建成并上线运行。

全国信用信息共享平台的建设和推广，能够促进各类社会主体的信用状况公开透明、可查可核，实现多部门、跨地域、跨领域信息联享、信用联评、守信联奖、失信联惩的共享机制，使守信者一路绿灯、失信者处处受限，有利于建立以信用为核心的新型监管和社会治理方式，推动社会信用体系建设向纵深发展。

诚信建设依旧是这个时代的重要主题，对诚信的把控国家会紧随时代潮流，利用先进手段，实现信用监管，每个人的名片都是信用积累的代表，失信行为止于内心，失信的污点将会伴随每个人的左右。截至 2018 年 5 月底，全国信用信息共享平台已连接 44 个部门和全国 32 个省级信用平台，归集各类信用信息 175. 28 亿余条，并与所有接入部门和地方平台实现了核心数据机制化共享，每周定时向各部门和地方推送行政许可和行政处罚、各类红黑名单、企业经营异常名录等信息，实现了信用查询、红黑名单、异议投诉、联合奖惩等功能，越来越多的部门在办理行政许可、项目审核、评先评优等工作过程中，都可以通过平台查询相关主体信用记录。

（二）情报分析中使用“发改委信用信息查询”网站查询内容

1. “发改委信用信息查询”网站可通过信用主体名称、企业社会信用代码和组织机构代码查询信用主体相关信息。

2. “发改委信用信息查询”网站可通过对信用信息类型（基础、不良）的选择查询此类信用主体相关信息。

3. “发改委信用信息查询”网站可通过对权力事项（行政许可、政府内部审批、行政备案、其他权力事项）的选择查询此类信用主体相关信息。

4. “发改委信用信息查询”网站可通过对职能（境内外资银行外债借款规模审批、京都协定书清洁发展机制合作项目审批、企业债券发行核准等）的选择查询此类信用主体相关信息。

5. “发改委信用信息查询”网站可通过对信用信息记录（境内外资银行外债借款规模审批信息、京都协定书清洁发展机制合作项目审批信息、企业债券发行核准信息等）的选择查询此类信用主体相关信息。

6. “发改委信用信息查询”网站可通过对司局（气候司、法规司、财金司、投资司等）的选择查询此类信用主体相关信息。

（三）发改委信用信息微博及微信公众号

微博

微信公众号

三、国家企业信用信息公示系统

（一）国家企业信用信息公示系统网站网址及其简介

http：//www. gsxt. gov. cn/index. html

全国企业信用信息公示系统（国家企业信用信息公示系统）于 2014 年 2 月上线运行。公示的主要内容包括市场主体的注册登记、许可审批、年度报告、行政处罚、抽查结果、经营异常状态等信息（不含港、澳、台地区企业信息）。

（二）工商公示信息

该部分信息由工商部门提供，从 2014 年 3 月 1 日起，商事主体通过各级工商机关使用省局业务系统办理登记或备案等业务完毕后，该商事主体的信息实时同步在此系统公示（不含港、澳、台地区企业信息）。

1. 登记信息。包括企业基本信息、投资人信息及企业变更信息。

2. 备案信息。包括企业主要人员信息及分支机构信息。

3. 行政处罚信息。包括企业因违反工商行政法律法规被工商部门作出处罚的记录。

（三）商事主体公示信息

该部分信息主要是由商事主体按照规定报送、公示的年度报告信息和获得许可的信息，商事主体对其提供信息的真实性和合法性负责。

（四）情报分析中使用“国家企业信用信息公示系统”网站查询内容

本系统提供全国企业、农民专业合作社、个体工商户等市场主体信用信息的填报、公示、查询和异议等功能。

1. 查询市场主体信用信息，输入名称或统一社会信用代码或注册号进行查询。系统支持按名称的关键词模糊查询，一次最多显示 100 条记录。对于无效的查询条件，将不会显示查询结果。地方特色公告需要到各省子网站的其他公告中查看。

2. 查询经营异常名单，输入名称或统一社会信用代码或注册号进行查询。

3. 查询严重违法失信企业名单，输入名称或统一社会信用代码或注册号进行查询。

4. 自然人必须实名注册后才能使用个人中心相关功能。

国家企业信用信息公示系统除了提供网站查询外，还有小程序、APP 供用户使用。

苹果 APP

安卓 APP

微信小程序

支付宝小程序

四、互联网个人信用信息服务平台

（一）互联网个人信用信息服务平台网站网址及其简介

https：//ipcrs. pbccrc. org. cn/

中国人民银行征信系统个人信用信息基础数据库建设最早始于 1999 年，2005 年 8 月底完成与全国所有商业银行和部分有条件的农信社的联网运行。2006 年 1 月，

个人信用信息基础数据库正式运行。截至2015年，该数据库收录自然人数共计8.7亿人，其中3.7亿人有信贷记录。

央行征信系统的主要使用者是金融机构，其通过专线与商业银行等金融机构总部相连，并通过商业银行的内联网系统将终端延伸到商业银行分支机构信贷人员的业务柜台。目前，征信系统的信息来源主要也是商业银行等金融机构，收录的信息包括企业和个人的基本信息，在金融机构的借款、担保等信贷信息，以及企业主要财务指标。

2019年4月，新版个人征信报告上线。6月19日，中国已建立全球规模最大的征信系统。2020年1月19日，征信中心面向社会公众和金融机构提供二代格式信用报告查询服务。

（二）情报分析中使用“国家企业信用信息公示系统”网站查询内容

平台提供个人信用信息提示、个人信用信息概要以及个人信用报告三种产品服务。个人信用信息提示以一句话的方式提示注册用户在个人征信系统中是否存在最近5年的逾期记录；个人信用信息概要为注册用户展示其个人信用状况概要，包括信贷记录、公共记录和查询记录的汇总信息；个人信用报告为注册用户展示其个人信用信息的基本情况，包括信贷记录、部分公共记录和查询记录的明细信息。

五、中国执行信息公开网

（一）中国执行信息公开网网站网址及其简介

http：//zxgk. court. gov. cn/

最高人民法院对作为全国法院司法公开四大平台之一的“中国执行信息公开网”进行了改版升级，并于2018年6月7日上线试运行，面向社会公开2018年6月1日后全国法院新收首次执行案件、执行恢复案件、执行异议案件、执行复议案件、执行监督案件的相关信息。

改版升级后的“中国执行信息公开网”涵盖了执行信息公开网门户信息、执行信息公开、执行信息服务等内容。在具体功能方面，一是在执行信息公开、当事人与法官信息交流互动、执行信息公开监管上更加权威、方便、及时，当事人可以通过电脑端、移动端访问使用中国执行信息公开网；二是从多个维度公开相关执行信息，社会公众可以通过相对应入口查询法院发布的失信被执行人信息、限制消费人员名单、执行实施案件的被执行人信息、法院终结本次执行案件信息以及执行法律文书等信息，发布司法拍卖公告、执行案款公告等信息，当事人还可以通过注册并登录网站查询个人案件流程节点信息，并通过留言功能与办案法官进行交流互动，同时能够综合查询被执行人的失信、限制消费、终本案件相关信息；三是为执行法官、当事人等用户提供相互沟通、彼此互动的信息化平台，做到主动、全面、即时的执行信息沟通；四是提供执行指南、法律法规、理论与实务、执行资讯、法官风采、典型案例、执行微电影、公益广告、数说执行等栏目信息，方便广大群众及时了解执行法律法规和执行工作相关信息。

（二）情报分析中使用“中国执行信息公开网”网站查询内容

1. 通过输入被执行人姓名/名称、身份证号码/组织机构代码和执行法院范围进行综合查询被执行人、限制消费人员和被执行人信息。

2. 如果您是执行案件的当事人（申请人/被执行人），且在立案时留下了证件号码和手机号，您就可以在中国执行信息公开网用办案时留下的证件信息和手机号码进行注册，登录查询我的案件流程信息、法官咨询交互等服务。

3. 通过输入被执行人姓名/名称、身份证号码/组织机构代码和省份进行查询失信被执行人。

4. 中国执行信息公开网公示确定财产处置参考价相关信息，社会各界可查询人民法院司法网络询价平台名单库、人民法院司法评估机构名单库，全国法院（不包括军事法院）选定评估机构公示、询价评估结果公示。

5. 通过选择标的物类型、标的物所在地和标的物关键字进行司法拍卖查询。

六、证券期货监督管理信息公开目录

（一）证券期货监督管理信息公开目录网站网址及其简介

http：//www. csrc. gov. cn/pub/zjhpublic/index. htm？channel=3300/3619

中国证监会将主动公开的监管信息编入“中国证券监督管理委员会证券期货监督管理信息公开目录”，并在中国证监会网站（www. csrc. gov. cn）的信息公开栏目中公开。公民、法人或其他组织，可以直接在网站上点击浏览、查阅各项信息。

（二）情报分析中使用“证券期货监督管理信息公开目录”网站查询内容

1. 中国证监会及其派出机构的机构设置、工作职责、联系方式等；

2. 证券期货规章、规范性文件；

3. 证券期货市场发展规划、发展报告；

4. 纳入国家统计指标体系的证券期货市场统计信息；

5. 行政许可事项、依据、条件、数量、程序、期限、材料目录、审批机构和核准结果等；

6. 证券、期货交易所上市品种的批准结果；

7. 证券、期货交易所、证券登记、托管、结算机构、行业协会章程以及自律规则等的批准、备案结果；

8. 中国证监会批准的证券、期货经营机构，基金管理公司，以及从事证券服务业务的投资咨询机构、财务顾问机构、资信评级机构、资产评估机构、会计师事务所等机构的名称、地址和联系方式；

9. 市场禁入、行政处罚、行政复议决定；

10. 其他依照法律、行政法规和中国证监会有关规定应当公开的信息。

七、国家税务总局纳税信用查询

（一）国家税务总局纳税信用查询网站网址及其简介

http：//hd. chinatax. gov. cn/nszx/InitCredit. html

2019 年 11 月，国家税务总局发布《国家税务总局关于纳税信用修复有关事项的公告》，自 2020 年 1 月 1 日起，对纳入纳税信用管理的企业纳税人通过作出信用承诺、纠正失信行为等方式开展纳税信用修复，进一步鼓励和引导纳税人增强依法诚信纳税意识，积极构建以信用为基础的新型税收监管机制。

（二）情报分析中使用“国家税务总局纳税信用查询”网站查询内容

1. 通过输入纳税人识别号、纳税人名称和评价年度查询纳税人信息。

2. 通过地区索引选择地区查询纳税信用 A 级纳税人名单公布栏。

国家税务总局纳税信用查询除了有网站查询外，也有客户端、APP、微信公众号等提供查询功能。

税务总局客户端

APP

微信公众号

八、中国海关企业进出口信用信息公示平台

（一）中国海关企业进出口信用信息公示平台网站网址及其简介

http：//credit. customs. gov. cn/

《中华人民共和国海关企业信用管理暂行办法》经 2014 年 9 月 4 日海关总署署务会议审议通过，2014 年 10 月 8 日中华人民共和国海关总署令第 225 号公布。该办法分总则、企业信用信息采集和公示、企业信用状况的认定标准和程序、管理原则和措施、附则 5 章 24 条，自 2014 年 12 月 1 日起施行。

（二）情报分析中使用“中国海关企业进出口信用信息公示平台”网站查询内容

1. “中国海关企业进出口信用信息公示平台”网站可通过企业名称或统一社会信用代码查询信用主体相关信息。

2. “中国海关企业进出口信用信息公示平台”网站可选择高级认证企业名录、失信企业名录、信用信息异常企业名录、报关企业名录、跨境电子商务企业名录、特定资质行政相对人名录查询信用主体相关信息。

九、国家卫生健康委员会信用信息网

（一）国家卫生健康委员会信用信息网网站网址及其简介

https：//credit. wsjd. gov. cn/portal/

“国家卫生健康委员会信息网”是国家卫生健康委以宣传和信用信息服务为主要功能，客观、公正地披露个人和机构的信用信息，提供信用动态、政策解读，以及面向公众的信息公示和公众查询网站，网站信息内容和数据来源于国家卫生健康委综合监督局、国家卫生健康委医政医管局和国家卫生健康委食品安全标准与监测评估司。信用数据来源于各卫生健康部门。

（二）情报分析中使用“国家卫生健康委员会信用信息网”查询内容

1. 网站可通过选择个人（医师信用档案基础信息、护士信用档案基础信息）或组织（医疗机构注册信息、公共场所卫生许可信息、生活饮用水供水单位卫生许可信息、消毒产品生产企业许可信息）并输入信用主体基础信息查询信用主体相关信息。

2. 网站可在信用公示许可信息中查询公共场所卫生许可信息、生活饮用水供水单位卫生许可信息、消毒产品生产企业许可信息。

十、中国好人榜

（一）中国好人榜网站网址及其简介

http：//www. wenming. cn/sbhr_ pd/zghrb/index_ 32394. shtml

中国好人榜是由中央文明办、全国总工会、共青团中央、全国妇联组织开展的“我推荐我评议身边好人”活动所产生的五类道德模范月度榜单。

“我推荐我评议身边好人”活动自 2008 年 5 月开展以来，截至 2018 年 5 月，共收到网民举荐的好人好事线索 4492 万余件，中国文明网集中展示宣传 63204 位身边好人的先进事迹，网友共评议推出 11681 名中国好人，在地方举办 169 场全国道德模范与身边好人现场交流活动。

（二）情报分析中使用“中国好人榜”网站查询内容

网站可选择年份、月份进行查询助人为乐好人、见义勇为好人、诚实守信好人、敬业奉献好人、孝老爱亲好人公示名单。

第二章　国内证书及身份背景查询

第一节　政府部门相关证书证件查询

目前，全国已形成学历证书和相关职业资格证的相关查询体系。主要的证书包括：教师资格、咨询工程师、房地产经纪人协理、房地产经纪人、会计、注册建筑师、护士执业资格、教师资格、环境影响评价工程师、卫生、计算机技术与软件、演出经纪人员资格、银行业专业人员职业资格、注册计量师、翻译专业资格、社会工作者职业资格、土地登记代理人、注册核安全工程师、注册设备监理师、注册测绘师、监理工程师、法律职业资格、会计、一级建造师、资产评估师、出版、审计、通信、一级注册消防工程师、计算机技术与软件、税务师、注册验船师、专利代理师、资产评估师、演出经纪人员资格、导游资格、拍卖师、中级注册安全工程师、翻译专业资格、公路水运工程助理试验检测师、试验检测师、证券业从业人员资格、期货从业人员资格、基金从业人员资格等。

一、教育部学信档案

（一）教育部学信档案网站网址及其简介

https：//my. chsi. com. cn/archive/index. jsp

教育部对大学学历证书和职业技能相关证书一系列的优化和改革，一方面有助于提高大学生的教育质量，另一方面有助于培养更多的复合型人才。

“学信档案”是中国高等教育学生信息网（简称

“学信网”）学生个人信息档案的总称，涉及全国高等教育学生信息数据库中的招生、学籍、学历等信息。学生本人免费实名注册，将自己的实际身份与数据库中的信息实现绑定，即可免费查询本人的各类信息，使自己拥有一份完整的学信电子档案。

提供学籍学历查询、图像校对、在线认证报告、学历认证与成绩认证、国际合作申请、调查/投票、就业信息等功能。

1. 学籍查询范围：国家承认的各类高等教育在籍学生的学籍注册信息（不含自考），以及自2001年以来的学籍档案（已离校学生在籍期间的学籍注册信息）。学籍查询服务仅提供给学生本人，需实名注册后进入学信档案使用。

2. 学历查询范围：自2001年以来，国家承认的各类高等教育学历证书电子注册信息（含学历证明书）。包括研究生、普通本专科、成人本专科（注册进度）、网络教育（注册进度）、开放教育、高等教育自学考试（注册进度）以及高等教育学历文凭考试（注册进度）等。

3. 图像校对：查看相关的图像信息。

4. 在线认证报告：报告使用场景：求职招聘、派遣接收、升学（考研、专升本）、出国留学、干部任免、职称评定、信用评估等。报告特点：多次免费验证、多重防伪、多次打印。

5. 学历认证与成绩认证：《中国高等教育学历认证报告》《中国中等教育学历验证报告》《中国高等学校学生成绩验证报告》《普通高等学校招生全国统一考试成绩验证报告》《中国中等学校学生成绩验证报告》《普通高中学业水平考试（会考）成绩验证报告》。

6. 国际合作申请：合作机构主要有美国大学网ApplyWeb、美国Parchment、美国学生信息中心NS、爱尔兰Digitary、荷兰DUOWorld Education Services（WES）。

7. 调查/投票：对所读大学的优势专业进行投票推荐、对就读大学和就读专业进行满意度的评价、对就业状况进行反馈。

8. 就业：享受教育部大学生职业网（新职业）的求职招聘服务以及职业测评。

（二）在情报分析中查询的内容

1. 个人高等教育信息查看：登录后即可获得包括姓名、出生日期、证件号码、层次、学制、学习形式、系所、学号、预计毕业日期、入学日期、学籍状态、性别、民族、学校名称、专业等高等教育学籍、学历、考研的信息。尤其对身份证号、毕业证书等唯一性特征进行查询。

2. 图像信息获取：查看相关的图像信息，包括录取照片和学历照片。

中国研究生招生信息网官方微博

阳光高考信息平台官方微博

学信网服务号 chsi_ chesicc

学信网资讯订阅号 chsiwx

新职业微信公众号 ncssweb

二、教育部学位与研究生教育发展中心

（一）教育部学位与研究生教育发展中心网站网址及其简介

http：//www. chinadegrees. com. cn/

教育部学位与研究生教育发展中心（CDGDC）是教育部直属的行政部门，在教育部、国务院学位委员会的联合领导下运作。从事学位和研究生教育的科学研究，并为教育部、国务院学位委员会和国务院教育监督委员会提供决策咨询。承担教育部、国务院学位委员会、国务院教育监督委员会的委托，对学位和研究生教育进行评估和监督。并且在必要时，CDGDC有权独立执行任何社会机构委托执行的类似任务。提供学位证书及其他学习资料的核查和认可服务，以及相关的咨询服务。承担国家学位和研究生教育信息系统的开发和维护任务，并在此领域为公众提供服务等工作。

（二）教育部学位与研究生教育发展中心网站查询内容

1. 学位与研究生教育数据中心，可查询各类院校名单和重点学科名单及学科专业目录。

2. 学位认证申请、进度查询和报告验证。

3. 查询 2008 年 9 月 1 日以来中国境内各学位授予单位按照有关规定程序颁发的各级各类学位证书相关信息。

4. 同等学力申请硕士学位全国统考考试成绩查询。

5. 境外学位及国际合作信息。

三、中国高等教育学生信息网

(一) 中国高等教育学生信息网网站网址及其简介

https：//www. chsi. com. cn/xlcx/

中国高等教育学生信息网（学信网）是教育部学历查询网站、教育部高校招生阳光工程指定网站、全国硕士研究生招生报名和调剂指定网站。中国高等教育学生信息网由全国高等学校学生信息咨询与就业指导中心（以下简称中心）主办。学信网依托中心建立的集高校招生、学籍学历、毕业生就业和全国高校学生资助信息一体化的大型数据仓库，开通“阳光高考”信息平台、学籍学历信息管理平台、中国研究生招生信息网、全国高校学生资助信息管理平台、内地高校面向港澳台招生信息网等平台，开通学历查询系统、在线验证系统、硕士研究生网上报名和录取检查系统、硕士研究生招生调剂服务系统、全国高校学生资助管理系统、学历认证网上办公系统等 20 余个信息系统。与教育部学信档案相比具有如下功能：

1. 高考：该平台集招生公示、院校信息、在线咨询、招生计划、高考动态、志愿参考等内容，为考生和家长提供全方位的网上招生信息咨询服务。

2. 考研：研招网是教育部全国硕士研究生招生考试网上报名和网上调剂唯一指定网站，既是各研究生招生单位的宣传咨询平台，也是研招工作的政务平台，它将电子政务与社会服务有机结合，贯穿研究生招生宣传、招生咨询、报名管理、生源调剂、录取检查整个工作流程，实现了研究生招生信息管理一体化。

3. 政法招生：2016 年以及之前的政法招录培养体制改革考试相关政

策、考试大纲、招录资讯、招生院校查询。

4. 港澳台招生：内地祖国大陆高校面向港澳台地区和海外华侨招收本科生和研究生的专业网站，为港澳台地区、海外华侨考生和高校提供招生信息咨询服务，设置的频道包括招生政策、招生简章、院校信息、报考指南、中华名胜等。

5. 四六级查分。

6. 征兵：全国征兵网是全国征兵报名唯一官方网站。年满 18 岁男性青年应参加网上兵役登记；大学生、女青年、已参加兵役登记有参军意向的其他男青年可申请参军报名。主要设置应征登记、兵役登记等工作。

（二）在情报分析中的作用

1. 拥有强大的数据库：报名数据、报名照片、成绩数据、录取数据、学籍数据、学历数据、学历照片、四六级成绩以及就业数据的查看。

2. 建构学生的学习、院校、考试、考点等信息的时间轨迹。

四、中小学教师资格考试网

（一）中小学教师资格考试网网站网址及其简介

http：//ntce. neea. edu. cn/

中小学教师资格考试网主要提供考试报名与成绩查询工作，并提供在线咨询、发布考试动态、项目政策查询、相关资料下载等功能。

考生服务内容如下：

1. 报名系统。

2. 合格证查询。

3. 成绩查询。

4. 教师资格认定——中国教师资格网（www. jszg. edu. cn）：教师资格网成立于 2007 年 8 月，是专门为学员提供教师资格考试信息服务的专业门户网站。提供资格认定、注册网报、证书验证、资格考试网报等服务。

（二）在情报分析中的作用

相关人的身份信息、证书信息、考试报名信息，认定申请人信息、定期注册信息的查看。

五、中国教育考试网考试成绩查询

（一）中国教育考试网考试成绩查询网站网址及其简介

http：//cjcx. neea. edu. cn/

（二）网站主要功能

1. 成绩查询：提供的考试类型有：全国英语等级考试（PETS）、全国计算机等级考试（NCRE）、全国外语水平考试（WSK）、中小学教师资格考试（NTCE）、中国少数民族汉语水平等级考试（MHK）、书画等级考试（CCPT）、医护英语水平考试（METS）。

2. 考试报名：提供的考试报名服务的有：中小学教师资格考试（NT-CE），全国外语水平考试（WSK），全国英语等级考试（PETS），书画等级考试（CCPT），全国大学英语四、六级考试（CET），医护英语水平考试（METS），中国少数民族汉语水平等级考试（MHK），全国计算机应用水平考试（NIT），全国计算机等级考试（NCRE），托福（TOEFL），德福（TestDaF），雅思（IELTS），美国研究生入学考试（GRE），韩国语能力考试（TOPIK），日本语能力测试（JLPT），美国管理学研究生入学考试（GMAT），剑桥商务英语（BEC），剑桥五级普通英语水平证书考试（MSE），法语（DELF-DALF），剑桥少儿英语（CYLE），对外西班牙语水平证书考试（DELE）。

六、保险中介监管信息系统

（一）保险中介监管信息系统网站网址及其简介

http：//iir. circ. gov. cn/

通过保险中介监管信息系统，公众可通过查询平台进行保险从业人员查询、资格证书持有人查询、保险专业中介机构查询和保险专业中介机构高管人员查询。

保险中介监管信息系统是 2009 年 3 月由中国保险监督管理委员会推出并开通运行的。保险中介监管信息系统的推广，提供了社会公众以及保险专业中介机构对保险营销员的相关信息查询，提高了保险营销员的准入门槛，以及对保险中介机构的投诉处理等。保证每一位营销员都是拥有营销资格的正式人员，每个保险中介机构合法正规的服务客户。进一步规范了监管工作流程、提高了监管工作效率。

保险中介监管信息系统分为三个子系统，分别是高管管理子系统、非现场监管子系统和分类监管子系统。实现了数据采集、信息共享、综合查询、统计分析等功能。一切的服务都是通过这三个子系统得以实现的。

1. 查询平台：保险中介从业人员查询、保险公估资格证查询、保险专业中介机构查询、兼业代理机构查询、行业协会联系方式查询。

2. 子系统入口：保险中介监管信息系统、经营保险公估业务备案、经营保险中介业务申请。

3. 政策法规。

4. 系统通知。

5. 保险公估机构公示信息查询。

（二）在情报分析中的作用

1. 从业人员相关身份信息显示。主要包括资格证书号码、执业证编号、从业人员姓名、身份证号码等。

2. 机构信息显示。主要包括机构类型、统一社会信用代码、机构名称等。

3. 保险公估机构公示信息备案公示时间线显示，主要信息如：工商营业执照上登记的机构名称、统一社会信用代码、是不是区域性公估机构、成立时间、备案编号、组织形式、注册资本（或出资额）、联系电话、传真、已备案分支机构数量、工商注册登记地、备案时间、住所地址、已实缴金额、保险公估师数量等。

七、中国法律服务网

（一）中国法律服务网网站网址及其简介

http：//www. 12348. gov. cn/

中国法律服务网作为全国统一的公共法律服务网络平台，是一项新的法律服务模式。它汇集了中华人民共和国成立以来所有法律、行政法规以及法定备案的国务院部门规章、地方性法规、地方政府规章，其中，法律

法规、行政法规、国务院部门规章、地方性法规、地方政府规章，共计 6 万多部。

该网由“一张网络、两级平台”组成，由一张网络覆盖全地域、全业务，纵向由部、省两级平台组成，平台之间通过数据共享交换系统实现联通；横向由门户网站、“掌上 12348”微信公众号、移动客户端组成。建设模式按照“统筹规划、统一标准、分级部署”的原则，部级法网由司法部负责建设，省级法网由各省（区、市）司法厅（局）建设。

其主要功能包括服务功能和监管功能。

1. 服务功能面向社会公众，主要包括法律事务咨询、法律服务指引、法治宣传教育、法律法规与案例查询、信用信息公开等。

2. 监管功能面向司法部全系统，采用社会化运行机制对法律服务机构实施监管，作为行政管理手段的延伸补充，同时为政务管理提供数据支撑、决策依据。

（二）在情报分析中的作用

1. 查询相关注册用户的信息，如手机号码、真实姓名、性别、出生年月、所属地区、学历、行业类型、职业类型、身份证号码、身份证有效期等信息。

2. 查询相关律所、鉴定机构、仲裁机构等的统一社会信用代码，联系地址，成立时间，律师人数，律师团队信息，所属地区，电话，机构简介等详细信息。

3. 查询相关律师的执业证号与工作执业年限。

中国法律服务网
微信小程序

掌上 12348
微信公众号

中国法律服务网
Android 版

中国法律服务网
iOS 版

八、国家知识产权局政务服务平台

（一）国家知识产权局政务服务平台网站网址及其简介

http：//www. sipo. gov. cn/zwfwpt/index. htm

国家知识产权局政务服务平台分为专利、商标和地理标志三个版块。

1. 专利版块的上部分为专利申请、专利代理管理和便捷服务三个版块，下部有专利申请、专利检索查询和专利事务服务三个版块，专利的国内外申请、各类检索、信息查询等有关专利的基础服务基本全部在网站中。便捷服务由文献服务、专利数据服务、专利审查投诉平台三部分组成。专利数据服务目前主要包括中国、美国、欧洲、日本和韩国的各类专利基础数据资源共计29种。在系统中进行用户注册→资源选择→打印并签署协议后，即可获得数据下载权限，下载您所选择的数据资源。完成用户注册登录之后还可方便地使用审查业务投诉平台在专利版块的中下方还有行政事项审批、专利代理机构及代理人服务、专利代理人考试资料以及通知公告、政策解读、法律法规等，可以说是一应俱全的装备了。

2. 商标版块则包含网上申请、商标查询、商标公告、商标申请指南、马德里申请指南、注册流程图、商标申请书式。点进之后全部都还是链接到商标局官网、中国商标网。

3. 地理标志版块中的原产地综合服务平台链接到原国家质检总局的原产地服务平台；而地理标志则链接到商标局的地理标志版块。

（二）在情报分析中的作用

1. 地理标志专栏提供：地理标志产品检索、专用标志使用企业检索、以集体商标、证明商标注册的地理标志检索等。

2. 提供商标注册申请信息查询。

3. 专利代理机构及代理师服务，专利代理管理系统，专利代理机构查询，异常专利代理机构查询，严重违法专利代理机构查询，专利代理师资格考试报名系统，专利代理师查询，专利代理机构年度报告查询。

4. 专利检索，专利审查信息查询，公布公告查询。

九、文化和旅游部政务服务门户

（一）文化和旅游部政务服务门户网站网址及其简介

https：//zwfw. mct. gov. cn/

文化和旅游部政府门户网站由原文化部政府门户网站和原国家旅游局政府门户网站整合而成，以建设信息发布、解读回应、网上办事、互动交流的主渠道为目标，打造整体联动、高效惠民的网上政府。

（二）主要功能

1. 在线公共文化服务，全国博物馆网站展览平台——汇聚全国博物馆线上展览，故宫数字文物库——提供故宫博物院文物查询，国家博物馆360虚拟参观——提供国家博物馆30多个虚拟展览，国图公开课——提供国家图书馆线上线下互动的学习资源。

2. 出行提示。

3. 全国文化市场技术监管与服务平台：文化市场经营单位入口、市场管理部门入口、综合执法部门入口。

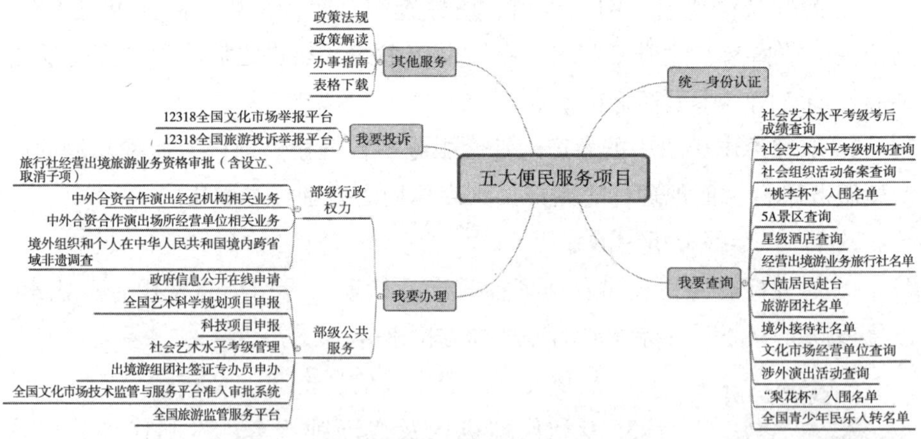

4. 旅行社经营出境旅游业务资格审批，中外合资经营、中外合作经营的演出经纪机构从事营业性演出经营活动审批，中外合资经营、中外合作经营的演出场所经营单位从事演出场所经营活动审批，出境旅游组团社签

证专办员申办，境外组织或者个人在中华人民共和国境内进行非物质文化遗产调查的审批，全国艺术科学规划项目申报，科技项目申报，社会艺术水平考级管理，政府信息公开在线申请。

十、中国记者网

（一）中国记者网网站网址及其简介

http：//press. nppa. gov. cn/

“中国记者网”是新闻出版总署继“中国图书出版网”和“中国扫黄打非网”之后开通的第三个司局业务网站，它既是一个面向社会的公共服务网站，也是一个面向新闻出版管理部门和新闻单位的内部功能性网站。

（二）网站主要职能

1. 公共服务功能。中国记者网面向社会公众开放，所有合法的新闻记者证全部上网，实现新闻记者证的网上核验功能。也就是说，新闻记者在正常采访活动中应主动向采访对象出示新闻记者证，采访对象可以登录中国记者网，在核验系统中输入证件上的身份证号码和记者证号码，系统将会自动识别新闻记者证是否有效，从而证明记者身份的真伪。

2. 社会监管功能。社会公众可以通过中国记者网投诉假记者的欺诈活动以及新闻记者在采访活动中违规违纪行为。如果假记者行骗或新闻记者在采访中利用记者身份从事有偿新闻等违规违纪活动，社会公众可以通过中国记者网向新闻出版行政部门或新闻机构举报和投诉。

3. 记者证管理功能。中国记者网承担了新闻记者证的日常管理职能。新闻记者证的申请、审核、发放工作，以及日常的年检、挂失、注销、吊销等管理工作将全部通过中国记者网进行，新闻机构可以随时申请、注销本单位人员的新闻记者证。新闻出版部门将根据申请情况随时审核发放，对记者的违规违纪行为一经查实，随时吊销记者证，实现对新闻记者证的实时动态管理。

十一、网信办办事服务平台

（一）网信办办事服务平台网站网址及其简介

http：//www. cac. gov. cn/fwxx/A0917index_ 1. htm

中共中央网络安全和信息化委员会办事服务平台网站主要功能如下：

1. 内容：互联网新闻信息服务，金融信息服务，互联网新闻信息服务年检系统，工业和信息化部服务大厅，中国互联网治理研究中心。

2. 域名：ICP/IP 地址/域名信息备案管理系统，WHOIS 查询系统，互联网基础资源服务，国家域名安全中心，政务和公益机构域名注册管理中心。

3. 物联网：物联网发展专项资金项目申报系统，国家物联网标识管理公共服务平台，物联网综合信息服务平台。

4. 技术：计算机信息系统安全专用产品销售许可证，中国反钓鱼网站联盟，国家信息安全漏洞共享平台。

5. 中心：国家互联网应急中心，中国互联网信用评价中心，中国软件评测中心，中国信息安全认证中心，中国信息安全测评中心，国家信息技术安全研究中心。

（二）在情报分析中的作用

1. 网络相关信息的搜索与查询，如域名、WHOIS 等。

2. 漏洞修复进程查询。

3. 产品许可证验证。

4. 钓鱼网站识别。

十二、国家外汇管理局管理信息

（一）国家外汇管理局管理信息网站网址及其简介

http：//www. safe. gov. cn/safe/glxx1/index. html

国家外汇管理局管理信息网站管理信息如下：

1. 国家外汇管理局系统具有外汇检查处罚权单位名单。

2. 具有《经营外汇业务许可证》的保险经营机构名单。

3. 合格境外机构投资者额度审批情况表。

4. 合格境内机构投资者额度审批情况表。

5. 香港基金内地发行销售资金汇出入情况表。

6. 内地基金香港发行销售资金汇出入情况表。

7. 已开办代客衍生产品业务银行名单。

8. 银行间外汇市场做市商名单。

9.《国家外汇管理局执法证》信息公告。

10. 个人本外币兑换特许业务经营机构名单。

11. 贸易信贷调查企业名单。

12. 具备即期结售汇业务资格银行名单。

（二）在情报分析中的作用

1. 各类资质银行与国内境外机构信息的比对与碰撞进行筛查违反登记的相关单位。

2. 境内境外投资者相关个人登记信息。

3. 经营外汇业务许可证相关保险经营机构的相关机构信息与许可证信息。

4. 批准额度查询与批准如期进行时间线建立。

微信

新浪微博

腾讯微博

十三、公安部“互联网+政务服务”平台

（一）公安部“互联网+政务服务”平台网站网址及其简介

https：//zwfw. mps. gov. cn/search. html

公安部“互联网+政务服务”平台是全国公安机关互联网政务服务的总枢纽、总支撑、总门户，以“入口集中、事项同源、支撑一体”为建设原则，将数据流、

业务流、管理流有效融合，构造了各部门警种、各地公安机关集约共建、数据共享、业务联动的一体化服务模式，整合各层级公安机关网上办事系统，汇聚服务事项，打通用户体系，目前已汇聚服务事项548项，为群众提供了公安服务事项的办理、查询、评价一站式服务，打造了“一大平台全网贯通、双源数据全面支撑、四级联动全警应用、多种措施全力防护”的应用体系。

按照《国务院关于加快推进全国一体化在线政务服务平台建设的指导意见》的部署要求，公安部“互联网+政务服务”平台已对接贯通国家政务服务平台，统一了用户体系，解决了企业和群众在公安平台和政府平台重复注册、多次验证等问题，实现了一次认证、单点登录、全网通办。公安部“互联网+政务服务”平台已将驾驶人考试预约、交通违法处理等29项公安高频热点政务服务事项挂接至国家政务服务平台，同步业务数据82.8万条。同时，公安部“互联网+政务服务”平台支撑了全国一体化在线政务服务平台网上身份实名认证。

主要查询业务：预约驾驶人考试，缴纳交通违法罚款，计算机安全专用产品销售许可备案，换领机动车驾驶证（有效期满），驾驶证超龄换证，驾驶证损毁换证，驾驶证遗失补证，驾驶证延期换证，驾驶证延期审验，延期提交身体条件证明，驾驶证考试取消预约，确认交通违法行为（电子监控），预选机动车车牌号码（新车），二手车转移登记预选号牌，二手车转入业务预选号牌，新能源汽车换发号牌预选号牌，补领机动车号牌，换领机动车号牌，补领机动车行驶证，换领机动车行驶证，补领检验合格标志，六年免检申领核发检验合格标志，非外交、体育人员携带枪支（弹药）入、出境许可，配置射击运动枪支（弹药）审批，民用枪支（弹药）制造许可，公务用枪持枪许可，核乏燃料道路运输通行许可，跨省、自治区、直辖市举办大型群众性活动安全许可，制造、配售民用枪支（弹药）年度限额，配备公务用枪（弹药）审批，网上信访，新能源汽车换发号牌预约，申诉预选机动车号牌号码问题，预约机动车检验，变更机动车联系方式，换领检验合格标志，变更联系方式，打印学习驾驶证明，考试费缴纳。

主要办理业务：查询同名人数，预选机动车车牌号码（新车），网上信访，换领机动车驾驶证（有效期满），计算机安全专用产品销售许可备案，换领机动车行驶证，换领机动车号牌，预约驾驶人考试，确认交通违法行为，夫妻投靠入户，子女投靠父母入户，出生婴儿入户，退役军人入户，养犬登记，申请内地居民往来港澳，通行证签注，申领居民身份证，申领居住证，预约驾驶人考试，预约机动车检验。

（二）在情报分析中的作用

1. 机动车信息查询。
2. 驾驶人身份信息查询。
3. 关系人查询。
4. 出入境记录查询。
5. 户口迁移信息。

十四、中国社会组织公共服务平台

中国社会组织公共服务平台网站网址及其简介

http：//www. chinanpo. gov. cn/search/orgindex. html

查询信息内容：社会组织名称，登记类型，统一社会信用代码，登记管理机关，法定代表人姓名，业务主管单位，社会组织类型，状态，社会组织标识，行政区划，成立登记日期。

关注官微

掌上查询

十五、全国就业创业证查询系统

（一）全国就业创业证查询系统网站网址及其简介

http：//jyjc. mohrss. gov. cn/

就业失业登记证是记载劳动者就业和失业状况、进行就业和失业登记、享受公共就业服务和就业扶持政策、享受失业保险待遇等的合法凭证。

就业失业登记证实行实名制管理，每个证件都与持证人身份证相对应，每位劳动者只能拥有独有的就业失业登记证编号，并且证件一定由劳动者本人保管，不得转借给他人使用。

用人单位招用人员，劳动者开办私营企业、从事个体经营或灵活就业，没有办证的，可以领取就业失业登记证。除此之外，以下三种人员可以申请办理就业失业登记证：年满16周岁，从各类学校毕业、肄业后未就业的；从各类用人单位就业转失业的。

（二）在情报分析中的作用

1. 机构用户：用户名+密码+验证码查询《就业创业证》信息。

2. 普通用户：姓名+公民身份证号码+验证码。

十六、全国技工院校毕业证书查询系统

（一）全国技工院校毕业证书查询系统网站网址及其简介

http：//www. jxzs. mohrss. gov. cn/

全国技工院校毕业证书查询系统面向社会公众提供查询和验证服务。全国技工院校每年毕业生100多万人。根据技工院校办学层次，技工院校毕业证书分为技工学校毕业证书、高级技工学校毕业证书和技师学院毕业证书三类。毕业证书中有关学生个人基本情况、就读时间、所学专业、毕业层次、证书种类等信息，均可以通过全国技工院校毕业证书查询系统进行查询和验证。

（二）在情报分析中的作用

通过证件类型、证件号码、证书编号、姓名、验证码进行查询。

该网站提供毕业时间为2015年6月30日及以后的毕业证书信息查询。

十七、社保基金监督检查证查询

（一）社保基金监督检查证查询网站网址及其简介

http：//59. 252. 162. 99/

2010年11月24日，人力资源和社会保障部颁布《关于印发社会保险基金监督检查证管理规程的通知》对社会保险基金监督检查证相关主体签发、使用作出了相关法律规定。

（二）在情报分析中的作用

通过检查证号码查询证书后的信息如下：姓名、证件号码、证件状态、下次年检日期、有效期至、工作单位。

十八、国外职业资格证书查询平台

（一）国外职业资格证书查询平台网站网址及其简介

http：//gjzs. osta. org. cn/

国外职业资格证书查询平台根据《国务院对确需保留的行政审批项目设定行政许可的决定》（国务院令第412号）第91项“以技能为主的国外职业资格证书及发证机构资格审核和注册实施机关为劳动保障部”建立。

数据信息与查询服务由已注册的国际证书项目机构依法提供，如有任何疑问可以联系项目机构。

（二）在情报分析中的作用

开设的查询项目：商贸零售管理服务人员证书、国际商业美术设计师（ICAD）、商务管理证书、国际财务管理师证书（IFM）、国际交流英语考试（TOEIC）、旅游管理证书、注册执业采购经理（CPPM）、特许金融分析师（CFA）、企业行政管理证书。

十九、国家职业资格证书全国联网查询

（一）国家职业资格证书全国联网查询网站网址

http：//zscx. osta. org. cn/

（二）国家职业资格证书全国联网查询网站简介

国家职业资格证书全国联网查询涵盖全国各省市、各行业、各央企颁发的证书。例如，人力资源管理师、心理咨询师、物流师、维修电工、车工、秘书等证书查询。国家职业资格证书全国联网查询由全国各省人力资源和社会保障部门、各行业劳动保障工作机构提供证书查询，人社部鉴定中心通过国家职业资格工作网全国联网技术平台提供一站联网通查的便利服务。

国家职业资格证书全国联网查询系统仅限于查询人力资源和社会保障

部颁发的职业资格证书。

有部分行业企业颁发的职业资格证书涉及国家机密，不提供联网查询服务。

可查询的范围包括：地方职业技能鉴定中心，行业职业技能鉴定中心，中央企业职业技能鉴定试点。

（三）在情报分析中的作用

1. 根据证书数据的时间范围的查询，易形成时间轨迹。

2. 获得资格证持有人相关身份信息以及唯一性证书信息。

二十、能力测评与专项能力证书查询

（一）能力测评与专项能力证书查询网站网址及其简介

http：//nlzs. osta. org. cn/

该证书由中国就业培训技术指导中心和人力资源和社会保障部职业技能鉴定中心共同负责。中国就业培训技术指导中心成立于 1998 年，与人力资源和社会保障部职业技能鉴定中心合署办公，是人力资源和社会保障部的直属事业单位，负责全国就业、职业培训以及职业技能鉴定的技术指导和组织实施工作。

（二）情报分析中使用“能力测评与专项能力证书查询网”网站查询内容

页面查询的证书分为能力测评和专项能力证书两种。

查询证书需要提供的信息有：姓名、身份证号、证书编号、证书类型（任意输入以上两项内容即可查询）。

1. 能力测评分为以下几种：康复理疗、实训指导、物联网、职业汉语、通用管理能力、创新能力、ERP 工程、北大青鸟、汽车维修专项技能、核心能力。

2. 专项能力证书分为以下几种：

部中心类：VCD/DVD 视盘机维修、餐饮信息化系统管理、代码证件管理、单片机快速开发、点焊操作、电子装接、服装缝纫、酒店信息化系统管理、平面磨床操作、汽车美容、汽车音响改装、汽车综合检测与诊断。

陕西：灰土回填、墙面刷涂、室内瓷砖铺贴、卫生器具安装与配管、西安肉夹馍制作、西安甑糕制作、陕西面皮制作、西安羊肉泡馍制作、西安葫芦头泖馍制作、手工编织、手工钩织、丝网花制作。

新疆：馕制作，抓饭制作，粉汤制作，烤全羊、大盘菜制作。

二十一、全国建筑市场监管公共服务平台

（一）全国建筑市场监管公共服务平台网站网址及其简介

http：//jzsc. mohurd. gov. cn/asite/jsbpp/index

全国建筑市场监管公共服务平台是由住建部主导的，用于全国建筑工程统一监管平台，主要监管建筑工程公司以及执业人员的诚信信息，主要包括以下模块信息：监管动态、数据服务、信用建设、建筑工人、政策法规。

（二）情报分析中使用“全国建筑市场监管公共服务平台”网站查询内容

1. 首页提供了搜索栏，搜索种类包括建设工程企业、从业人员、建设项目、诚信记录。

2. 诚信信息包括部级处罚、地方处罚、企业诚信、个人诚信、黑名单记录、失信联合惩戒。

3. 首页上还提供了虚假业绩曝光台、文件通知、行业动态、媒体聚焦。

4. 平台入口包括全国建筑工人管理服务信息平台，勘察设计、监理、招标代理统计报表，建设企业行政许可事项查询，建设人员行政许可事项查询，招标代理机构查询。

5. 首页还提供建设要闻、最新企业、最新人员、最新项目等资料。

二十二、交通运输部查询服务

（一）交通运输部查询服务网站网址及其简介

http：//www. mot. gov. cn/chaxunfuwu/

该网站是交通运输部官网的组成部分，为公众和相关从业人员提供交通运输相关的资质、法规、技术、规范等查询服务。

1. 首页中的综合查询内容主要包括：各省高速公路收费查询和服务电话、交通法规查询系统、交通运输标准查询、道路运输车辆技术服务、道路运政线路标志查询、道路运政营运车辆查询、道路运政经营业户查询，道路运政从业人员查询。

2. 资质资格主要包括：2017 年全国交通技术能手评审结果查询、机动车检测维修职业资格证书信息查询、机动车检测维修职业资格证书信息查询、注册安全工程师证书查询、公路水运工程试验检测工程专业技术人、理货师证书查询、道路运输经理人证书信息查询、水运工程造价工程师证书查询、国家职业技能竞赛裁判员证书、交通运输行业特有职业技能鉴定站查询、职业技能统一鉴定合格人员查询系统、职业技能日常鉴定合格人员查询系统、技术能手证书查询、质量监督员查询、考评员查询、技师和高级技师查询、残疾人驾驶培训教练员专业能力培训证、道路运输经理人骨干师资培训证书、贵宾驾驶员培训考核合格人员查询、道路运输从业资格考试考核员师资培训、公路施工现场管理人员（施工员）专业、长江海事验船师、长江危险品申报员。

3. 船员管理包括：船员成绩查询、船员证书查询、培训机构查询、海船船员适应考试计划查询、服务/外派机构查询、体验机构查询。

4. 船舶管理包括：安全诚信船舶名单、重点跟踪船舶名单、国内船舶录查询、国际船舶录查询、船载危险货物属性查询、航运公司持证查询、船舶 SMC 持证查询、船舶保安持证查询、船用产品录查询、船舶出版物查询。

5. 邮政服务包括：快速追踪查询、邮政编码查询。

6. 此外，该网页还提供机构、政策、新闻、服务、数据、互动、专题等资源。

（二）情报分析中主要应用内容

1. 人员身份核查，如各种证书的查询、合格证的查询和考试查询。

2. 相关机构查询。

3. 法规、技术、标志和运输工具查询。

4. 交通运输服务查询。

二十三、应急管理部查询服务

（一）应急管理部查询服务网站网址及其简介

https：//www. mem. gov. cn/fw/cxfw/

该网站是中华人民共和国应急管理部的组成部分，主要提供相关人员的相关信息查询服务。

（二）情报分析中使用“应急管理部查询服务”网站查询内容

1. 查询内容包括：信用查询、注册安全工程师查询、特种作业操作证及安全生产知识和管理能力考核合格信息查询、安全评价机构信息查询、危险化学品查询（2015 年版）、危险化学品安全标准查询、安全生产检测检验机构查询。

2. 还提供：非煤矿山安全生产法律法规和标准数据库、职业病危害因素分类目录、无人机遥感三维模型发布系统、无人机遥感省级房屋基础数据服务系统、北斗减灾运营中心服务系统。

二十四、船员证书查询

（一）船员证书查询网站网址及其简介

https：//www. cnss. com. cn/html/certificationQuery. html

中国政府规定船长、驾驶员、轮机长、轮机员、电机员、报务员等必须持有发证机关签发的海船（或内河船）船员适任证书，其他船员必须经过相应的专业技术训练。国际航行船舶上的中国籍船员，必须持有海事局颁发的海员证。为了保障人员生命财产安全、保护海洋环境，船舶必须备有船舶最低安全配员证书，海事局通过船舶进出港口检查和签证对船员的数量和证书配备实施监督。

船员证：由海事部门核发给该国或国际航行船舶船员的证件，在进出境时交边防检查人员检查登记，是国际航行船舶船员的有效证明文件。

网站主要提供相关从业人员的船员证书查询服务。

（二）情报分析中使用“船员证书查询”网站查询内容

1. 注册“中国海事服务网”的账号。需要提供用户名、密码、邮箱以及验证码进行注册。

2. 查询时需要提供身份证号码。

3. 查询结果分为四类：适任证查询结果、服务簿查询结果、合格证查询结果、海员证查询结果。

4. 页面提供不同的资源信息，包括：新闻中心、就运、指数、船舶、港口、船员、专属、图片、游艇、微博。

二十五、国家职业资格工作网

（一）国家职业资格工作网网站网址及其简介

http：//www. osta. org. cn/

国家职业资格工作网属人力资源和社会保障部职业技能鉴定中心主管主办。网站包括五个系统：社会公众服务系统、职业分类与职业标准应用系统、职业技能鉴定管理应用系统、国外职业资格证书信息公示与监督管理系统、国家职业资格管理数据库。

（二）情报分析中使用“国家职业资格工作网”网站查询内容

社会公众服务系统包括：国家职业资格证书全国联网查询系统、职业技能等级证书全国联网查询系统、国外职业资格证书查询系统、全国计算机高新技术考试证书查询系统、能力测评与专项能力证书查询系统、政策文件查询系统。

职业分类与职业标准应用系统包括：职业分类信息系统、职业标准信息系统、职业与工种对照信息系统、国家职业分类大典修订工作平台。

职业技能鉴定管理应用系统包括：全国行业职业技能鉴定机构查询系

统、职业技能等级评价机构公示查询系统、全国职业技能鉴定专用内部安全通信系统、全国联网国家职业资格证书数据交换系统、职业技能等级证书数据交换系统。

国外职业资格证书信息公示与监督管理系统包括：国外职业资格证书信息公示系统、国外职业资格证书监管平台、国外职业资格证书注册预审管理系统。

国家职业资格管理数据库包括：国家职业资格管理数据库。

二十六、全国特种设备公示信息查询平台

（一）全国特种设备公示信息查询平台网站网址及其简介

http：//cnse. samr. gov. cn/

特种设备是指涉及生命安全、危险性较大的锅炉、压力容器（含气瓶，下同）、压力管道、电梯、起重机械、客运索道、大型游乐设施和场（厂）内专用机动车辆。其中锅炉、压力容器、压力管道为承压类特种设备；电梯、起重机械、客运索道、大型游乐设施为机电类特种设备。

（二）情报分析中使用“全国特种设备公示信息查询平台”网站查询内容

1. 业务流程包括：公告查询、业务办理、通知公告、舆情监测、行业专家、考试平台。

2. 可查询许可信息的省市包括：贵州省、福建省、天津、四川省、陕西省、辽宁省、吉林省、湖北省、广东省。

3. 特种设备地方行政许可证书信息填报系统：登录时需提供用户姓名和验证码。

4. 电子证书功能上线公告：全国特种设备公示信息查询平台于 2020 年 1 月 1 日开始试运行电子证书的在线预览及打印功能，最新审批通过的特种设备许可证书的获证单位可通过全国特种设备公示信息查询平台预览电子证书并在线打印，打印电子证书时需提供当时提交行政许可申请时注册的用户名和密码。

二十七、医生执业注册信息查询

（一）医生执业注册信息查询网站网址及其简介

http：//zgcx. nhc. gov. cn：9090/doctor

执业医师注册，是指对医师是否有行业资质的考核。执业医师资格的有效期限是终身有效。取得医师资格的，可以向所在地县级以上人民政府卫生行政部门申请注册。网站提供医生执业注册信息查询。

（二）情报分析中使用“医生执业注册信息查询”网站查询内容

1. 查询中需提供所在省份、姓名、所在医疗机构、验证码。

2. 所有查询条件为必填项；姓名：请输入全名；所在医疗机构：至少输入机构名称中连续的 4 个字即可模糊查询。比如，医疗机构名称为“中国医学科学院北京协和医院”，输入“协和医院”即可。

3. 该网站还提供问题反馈服务。

二十八、护士执业注册信息查询

（一）护士执业注册信息查询网站网址及其简介

http：//zgcx. nhc. gov. cn：9090/nurse

网站主要提供相关人员护士执业注册信息查询服务。

（二）情报分析中使用“护士执业注册信息查询”网站查询内容

1. 查询中需提供所在省份、护士姓名、所在医疗机构、验证码。

2. 所有查询条件为必填项；姓名：请输入全名；所在医疗机构：至少输入机构名称中连续的 4 个字即可模糊查询。比如，医疗机构名称为“中国医学科学院北京协和医院”，输入“协和医院”即可。

3. 该网站还提供问题反馈服务。

二十九、教师资格网

教师资格网网站网址及其简介

http：//static. jszg. edu. cn/public/tongzhi. html

教师资格网成立于2007年8月，是专门为学员提供教师资格考试信息服务的专业门户网站。该网站以考试服务为核心，为广大考生提供考试报名信息、考试培训辅导、在线模拟测试、历年考试试题、考试方法技巧等考试资源。

三十、12333社保查询网

（一）12333社保查询网网站网址及其简介

http：//m. 12333sb. com/

12333社保查询网为公益性质网站，是一个全国性的社保综合查询平台，主要提供全国的养老、医疗保险和住房公积金个人账户查询。另外，还包括社保通讯录、社保资料下载专区、社保计算器、全国劳动和保障厅（局）网站等栏目。

（二）情报分析中使用“12333社保查询网”查询内容

1. 该网页查询的主要种类有：养老保险、医疗保险、社会保险、住房公积金。

2. 该网页提供了很多便民工具，包括社保黄页、社保工具，以及社保计算。

3. 社保黄页包括养老经办、医疗经办、福利机构、劳监机构、定点医疗、工伤保险、救助管理，微信关注。社保工具包括保险电话、查询调用、办事大厅、社保计算、社保网址、社保软件、缴费基数、手机社保。社保计算包括贷款计算、养老计算、退休计算、医保计算、失业计算、工伤计算。

4. 查询过程中，需要提供所在地，根据指示输入身份证号、姓名、查询密码等信息。

5. 个人用户第一次访问网上申报系统，需要进行用户认证，设置用户的初始密码。

三十一、藏传佛教活佛查询系统

（一）藏传佛教活佛查询系统网站网址及其简介

http：//hf. tibet. cn/tibet/pubresource/search. jsp

藏传佛教活佛查询系统是2016年1月18日上线的，提供按照宗教仪轨和历史定制认定、经政府批准的境内活佛的信息查询，可以查到活佛的八项信息，分别是照片、姓名、法名、法号、出生年月、教派、活佛证号和所在寺庙，照片都打上了中国佛教协会的水印，防止盗用。

藏传佛教活佛查询系统已在中国佛教协会网站、国家宗教事务局网站和中国西藏网同步上线。

（二）情报分析中使用“藏传佛教活佛查询系统”网站查询内容

1. 查询时需提供手机号码、识别码、验证码等信息。

2. 该网站提供了留言系统以供用户使用。

3. 查询二维码如右图。

三十二、全国旅游监管服务平台

（一）全国旅游监管服务平台网站网址及其简介

http：//jianguan. 12301. cn/

全国旅游监管服务平台是一个集大数据监管与开放式服务为一体，投诉审批顺畅高效、事中事后监管智能化、信息互联互通的政务平台。自2016年6月启动建设以来，已建成旅行社资质、导游管理、团队管理、电子合同、投诉举报、案件管理、权限管理七大功能模块，并将陆续建成统计模块、信用管理模块等。

平台通过对行政审批和事中、事后监管产生的大数据进行归集，使数据融通、集成及共享，实现市场监管常态分析和科学研判，实时掌握旅游经济运行状况。

（二）情报分析中使用“全国旅游监管服务平台”网站查询内容

1. 网站中的查询入口有三种查询通道：查询导游、查询旅行社和查询电子合同。

2. 查询过程中需要提供相应的证件编号或者证书编号。

3. 该网页还有：旅游管理部门入口、旅行社和行业组织入口、星级饭店管理系统入口、全国导游资格考试报名入口、导游入口。

4. 该网站还提供了投诉通道和通知公告。

三十三、银行专业人员证书查询

（一）银行专业人员证书查询网站网址及其简介

http：//www. ccbp. org. cn/chaxun/

银行业专业人员职业资格考试，是指银行业金融机构从事前、中、后台业务及管理工作的专业技术人员取得相应级别和类别职业资格证书需要通过的考试。银行业专业人员资格考试水平评价分为初级、中级和高级三个资格级别。

人力资源社会保障部、中国银行业监督管理委员会共同负责银行业专业人员职业资格制度的政策制定，并按职责分工对银行业专业人员职业资格制度的实施进行指导、监督和检查。中国银行业协会具体承担银行业专业人员职业资格考试工作。

（二）情报分析中使用“银行专业人员证书查询”网站查询内容

1. 该网站查询证书需要提供：证书编号、身份证号、验证码。

2. 身份证号和证书编号至少填写一个。

三十四、保险造价人员信息查询

（一）保险造价人员信息查询网站网址及其简介

http：//zjybm. jianshe99. com/costweb/publichPortalLogin/view. do？op=goPublichPortalLoginInit

造价员是指通过造价员资格考试，取得《全国建设工程造价员资格证书》，并经登记注册取得从业印章，从事工程造价活动的专业人员。

（二）情报分析中使用“保险造价人员信息查询”网站查询内容

1. 使用该网页时，需提供姓名、身份证号、造价员证书编号、验证码即可登录查询。

2. 身份证号和造价员证书编号至少填写一个。

3. 身份证号等信息不全的，不在查询范围内，如有问题请与其省级或部门管理机构联系，核实本人相关信息。

4. 本系统数据为非动态信息，如查询信息有误，以本省或本部门管理机构造价员查询的信息为准。

5. 本系统仅对部分省级和部门的造价员开放使用，请造价员在使用本系统办理各类申报前，与其所在的省级或部门管理机构联系，确认申报系统后，再使用。

6. 本系统暂不提供跨省或跨部门变更的申报业务，如有跨省或跨部门变更的，请与调出省级和调入省直接联系，了解有关业务的申报程序。

三十五、审计考试成绩查询

（一）审计考试成绩查询网站网址及其简介

http：//www. audit. gov. cn/n8/n29/index. html

该网站主要提供审计考试成绩查询服务。

（二）情报分析中使用“审计考试成绩查询”网站查询内容

1. 审计考试成绩查询是“中华人民共和国审计署”

网站的一个查询通道。该查询通道有两项考试：高级职称考试成绩查询和中级职称考试成绩查询。网页上除了有查询通道外，还有通知通告、专题专栏供用户使用和参考。

2. “中华人民共和国审计署”网站不仅提供了审计考试成绩查询，还提供了公共服务和公众互动，以提供更加公开透明的信息。

三十六、12366 纳税服务平台

（一）12366 纳税服务平台网站网址及其简介

https：//12366. chinatax. gov. cn/

12366 纳税服务平台依托 12366 热线，以信息技术为支撑，集纳税咨询、税法宣传、办税服务、投诉受理、需求管理、纳税人满意度调查六项功能于一体，为纳税人提供“能问、能查、能看、能听、能约、能办”服务。12366 纳税服务平台可以实时与“智询通”对话，7×24 小时都有模拟话务人员在线回答问题，也可以留言给税务总局和各省税务机关。也能够通过办税地图自动化定位。在百度地图上标注了全国 1 万多个办税服务厅地址、电话、办公时间、管辖区域等内容，并且提供导航服务，纳税人可根据需要提前规划、预约。

（二）情报分析中使用“12366 纳税服务平台”网站查询内容

1. 注册/登录账号，填写昵称、密码、手机号、短信验证码即可。

2. 在“个性化服务设置向导”中选择用户类别，用户类别分为：企业、自然人、代理人、个体工商户、合伙企业。

3. 如果选择企业用户要选择：一般纳税人、小规模纳税人、居民企业、非居民企业。

4. 选择关注的办税业务：税务登记、开具发票、跨地区经营、房屋买卖、企业重组、股权转让。

5. 选择关注的税种：增值税、企业所得税、个人所得税。

6. 首页有“纳税咨询”“涉税查询”“纳税人学堂”“办税服务”“在线互动”“涉税专业服务”模块。有热点问题、最新法规、服务通知、智能咨询、众包互助、在线咨询、视频点播、在线直播、现场培训、文字访谈的资源。可以帮助纳税人了解问题，更好地纳税。

7. 首页提供办税地图和办税日历服务，更好地确定纳税的地点和时间。

三十七、全国计算机信息高新技术考试证书查询

（一）全国计算机信息高新技术考试证书查询网站网址及其简介

http：//gxzs. osta. org. cn/

全国计算机信息高新技术考试是根据劳部发〔1996〕19 号文件《关于开展计算机及信息高新技术培训考核工作的通知》，由劳动和社会保障部职业技能鉴定中心统一组织的计算机及信息技术领域新职业国家考试。2018 年 12 月 1 日，全国计算机信息高新技术考试停办。

（二）情报分析中使用“全国计算机信息高新技术考试证书查询”网站查询内容

1. 在“全国计算机信息高新技术考试证书查询”网站首页上，可通过输入姓名、身份证号、证书编号（任意两项内容）即可查询证书。

2. 页面上有“全国计算机信息高新技术考试项目工作网”的链接。在该网站的链接上，有证书查询、常见问题、在线解答、考试导航、新模块试点、业务动态、考站分布等内容。为广大考生提供了丰富的资源。

第二节　司法裁判信息查询工具

一、12309 中国检察网

（一）12309 中国检察网网站网址及其简介

https：//www. 12309. gov. cn/

2019 年 9 月 16 日，12309 中国检察网正式上线，这是全国检察机关办事服务综合门户网站。该网站集案件信息公开、办事服务、监督意见等功能为一体，构建了案件信息公开、网上信访、未成年人保护专区、公益诉讼线索、人大代表政协委员联络、人民监督员监督服务、群众意见建议箱

七大块、二十五项具体功能，实现了检察机关“一个窗口”对外提供服务。

12309中国检察网集成网站、手机APP、微信公众号和热线电话四种方式，为群众提供全方位服务。社会公众、人大代表、政协委员、人民监督员、律师、案件当事人、检察干警等不同类型的用户均可登录系统享受相应的检察服务功能。

12309中国检察网采用了指纹识别、人脸识别等技术，可一键登录、全程服务，在增强用户体验的同时，确保了用户信息的安全性。网站还融入大数据分析技术，通过对用户行为数据的分析，感知社会群体关注焦点，便于检察机关了解民情民意。

（二）情报分析中其主要应用内容

1. 12309中国检察网首页“我要信访”版块中包括控告、刑事申诉、国家赔偿、民事申诉、行政申诉、其他信访、举报、检察干警违法违纪举报等内容，在“我要查信访”查询框中输入查询码可以对申诉、举报结果进行查询。

2. 12309中国检察网首页的“我要预约”辩护与代理网上预约版块中有申请阅卷/会见、提供证据材料、要求听取意见、申请变更（解除）强制措施、申请自行收集证据材料、申请收集（调取）证据材料等。

3. 12309中国检察网首页的“我要查案件”版块中可登录进行案件程序性信息查询。

4. 12309中国检察网首页的“我要监督”版块中设置了人大代表政协委员联络、人民监督员监督服务、群众意见建议箱等。

5. 12309中国检察网首页的“我要咨询”版块，点击进入可进行法律咨询。

6. 12309中国检察网首页的“我要找检察院”栏目可搜索全国各省、市、县（区）的人民检察院的名称、地址、电话和网址。

7. 12309中国检察网的案件信息公开栏目中可以查询到最高检/省级院、分州市院、县区院的重要案件信息，以及起诉书、抗诉书、不起诉决定书、刑事申诉复查决定书、其他法律文书等法律文书。该栏目还可查询到重要案件信息总量及其今日新增、法律文书总量及其今日新增的件数。

8. 12309 中国检察网的网上信访栏目中可对信访结果进行查询。

9. 12309 中国检察网的代表委员联络栏目中可查询到联络工作动态、建议提案办理、代表委员履职集锦、代表委员说检察、工作报告、地方检查专区、检查要况等信息。

除了有网站查询外，还有手机客户端、微信公众号等提供查询功能。

手机客户端

微信公众号

二、中国裁判文书网

（一）中国裁判文书网网站网址及其简介

http：//wenshu. court. gov. cn/

裁判文书上网是司法公开的重要一环。中国裁判文书网，实现上网文书种类齐全、更新及时、分类清晰、检索科学、统计便捷、自动分析等综合效能，充分实现裁判文书网上公开的各项功能。中国裁判文书网已经成为全球最大的裁判文书网。

中国裁判文书网可查询：刑事案件、民事案件、行政案件、赔偿案件、执行案件。中国裁判文书网，除拥有检索、查看、收藏、分享、下载的主体功能外，同时提供用户注册、登录，建议，留言等附加功能，满足用户对裁判文书网多样的使用需求。

（二）情报分析中其主要应用内容

1. 在中国裁判文书网首页的高级搜索框中可输入案由、关键词、法院、当事人、律师等关键词进行搜索。

2. 中国裁判文书网“刑事案件”栏可按照关键字（非法占有、自首、减刑、程序合法、减轻处罚、罚金、从犯、共同犯罪、交通事故、拘役、故意犯、管制等）、法院层级（最高人民法院、高级人民法院、中级人民法院、基层人民法院）、地域及法院、裁判日期、审判程序、文书类型

（裁判书、裁定书、调解书、决定书、通知书、令、其他）等不同方式检索相关文书。

3. 中国裁判文书网“民事案件”栏可按照关键字（合同、利息、利率、合同约定、民间贷款、强制性规定、返还、交通事故、违约金、担保、驳回、鉴定等）、法院层级（最高人民法院、高级人民法院、中级人民法院、基层人民法院）、地域及法院、裁判日期、审判程序、文书类型（裁判书、裁定书、调解书、决定书、通知书、令、其他）等不同方式检索相关文书。

4. 中国裁判文书网“行政案件”栏可按关键字（程序合法、驳回、第三人、具体行政行为、不履行、违法行为、利害关系、法定期限、不予受理、工伤、催告、房屋征收等）、法院层级（最高人民法院、高级人民法院、中级人民法院、基层人民法院）、地域及法院、裁判日期、审判程序、文书类型（裁判书、裁定书、调解书、决定书、通知书、令、其他）等不同方式检索相关文书。

5. 中国裁判文书网“赔偿案件”栏可按关键字（行政赔偿、国家赔偿、驳回、赔偿义务、财产权、直接损失、具体行政行为、赔偿金、强制措施、违法行为、赔偿数额、程序合法等）、法院层级（最高人民法院、高级人民法院、中级人民法院、基层人民法院）、地域及法院、裁判日期、审判程序、文书类型（裁判书、裁定书、调解书、决定书、通知书、令、其他）等不同方式检索相关文书。

6. 中国裁判文书网“执行案件”栏可按关键字（债权、查封、减刑、冻结、扣押、拍卖、合同、变卖、不动产、继续履行、变更、清偿等）、法院层级（最高人民法院、高级人民法院、中级人民法院、基层人民法院）、地域及法院、裁判日期、审判程序、文书类型（裁判书、裁定书、调解书、决定书、通知书、令、其他）等不同方式检索相关文书。

7. 在中国裁判文书网“其他案件”栏中包括管辖案件、区际私法协助、国际私法协助、非诉保全、司法制裁、强制清算与破产等内容。

8. 在中国裁判文书网“民族语言文书”栏中可按照需要选择蒙古语、藏语、维吾尔语、朝鲜语、哈萨克语。

三、中国审判流程信息公开网

（一）中国审判流程信息公开网网站网址及其简介

https：//splcgk. court. gov. cn/gzfwww/

中国审判流程信息公开网提供全国范围内案件信息一站式服务，从立案、确定审判人员、庭审、裁判、送达全流程公开，充分满足人民群众日益增长的司法需求，保障案件当事人和社会公众对司法工作的知情权、参与权和监督权。

（二）情报分析中其主要应用内容

1. 在中国审判流程信息公开网首页检索框中输入想了解的信息即可进行检索。

2. 当事人在“案件查询”栏输入证件号、姓名、手机号和验证码可以查询本人/单位作为当事人的全国法院受理案件的审判流程信息；律师及其他代理人可以查询本人作为代理人的全国法院受理案件的审判流程信息。

3. 当事人在“文书签收”栏中输入证件号和签名码可以签收本人/单位作为当事人的最高人民法院受理案件的诉讼文书；律师及其他代理人可以签收本人作为代理人的最高人民法院受理案件的诉讼文书。

4. 在“联系法官”栏中，输入证件号和密码，当事人可以向本人/单位作为当事人的最高人民法院受理案件的承办法官留言；律师及其他代理人可以向本人作为代理人的最高人民法院受理案件的承办法官留言。

四、全国法院减刑假释暂予监外执行信息网

（一）全国法院减刑假释暂予监外执行信息网网站网址及其简介

http：//jxjs. court. gov. cn/

全国法院减刑假释暂予监外执行信息网于 2015 年 2 月 13 日正式开通，为“减假暂”案件的立案公示、开庭公告、庭审公开、文书公布等提供了一个规范、统一的网上平台。

（二）情报分析中其主要应用内容

1. 可查询到减刑、假释、暂予监外执行案件在立案后的减刑、假释建议书或者暂予监外执行申请书等材料。

2. 全国法院减刑、假释、暂予监外执行公示。包括立案公示、开庭公告、庭审公开、文书公布等。

五、中国执行信息公开网

（一）中国执行信息公开网网站网址及其简介

http：//zxgk. court. gov. cn/

2014 年 11 月 1 日，中国执行信息公开网正式开通，成为全国统一的执行信息公开平台。网站涵盖了执行信息公开网门户信息、执行信息公开、执行信息服务等内容。

在具体功能方面，一是在执行信息公开、当事人与法官信息交流互动、执行信息公开监管上更加权威、方便、及时，当事人可以通过电脑端、移动端访问使用中国执行信息公开网；二是从多个维度公开相关执行信息，社会公众可以通过相对应入口查询查看法院发布的失信被执行人信息、限制消费人员名单、执行实施案件的被执行人信息、法院终结本次执行案件信息以及执行法律文书等信息，发布司法拍卖公告、执行案款公告等信息，当事人还可以通过注册并登录网站查询个人案件流程节点信息，并通过留言功能与办案法官进行交流互动，同时能够综合查询被执行人的失信、限制消费、终结本案件相关信息；三是为执行法官、当事人等用户提供相互沟通、彼此互动的信息化平台，做到主动、全面、即时的执行信息沟通；四是提供执行指南、法律法规、理论与实务、执行资讯、法官风采、典型案例、执行微电影、公益广告、数说执行等栏目信息，方便广大群众及时了解执行法律法规和执行工作相关信息。

（二）情报分析中其主要应用内容

1. 输入证件号码及密码可登录查询“我的案件”。

2. 输入被执行人姓名/名称、身份证代码/组织机构代码、省份、验证码即可查询失信被执行人。

3. 输入被执行人姓名/名称、身份证代码/组织机构代码、执行法院范围、验证码可查询限制消费人员。

4. 输入被执行人姓名/名称、身份证代码/组织机构代码、执行法院范围、验证码可查询被执行人信息。

5. 输入被执行人姓名/名称、身份证代码/组织机构代码、执行法院范围、验证码可查询终结案件信息。

六、中国涉外商事海事审判网

(一) 中国涉外商事海事审判网网站网址及其简介

http：//ccmt. court. gov. cn/

中国涉外商事海事审判网是由中华人民共和国最高人民法院民四庭主办，广州海事法院承办的集中发布中国涉外商事海事审判信息，宣传涉外商事海事审判法制，展示涉外商事海事审判成果，促进涉外商事海事审判工作交流的法律宣传、资讯和服务网站，旨在进一步增加中国司法的透明度，扩大我国司法在国际上的影响，提升国家的司法权威。

中国涉外商事海事审判网分为中国涉外商事海事审判首页、涉外商事审判和海事审判三大块，设置了繁体中文版和英文版界面。网站通过法院新闻、裁判文书、典型案例、法院公告等栏目及时传递涉外商事海事审判信息，增强法院涉外商事海事审判工作透明度。同时，还设有法规查询、诉讼指南、扣押拍卖动态、法院地址名录等实用栏目，为公众提供审判常识和诉讼引导。

(二) 情报分析中其主要应用内容

1. 中国涉外商事海事审判网首页“中国海事诉讼服务平台”版块可进行网上立案、网上申请、网上缴费、流程查询、联系法官等海事诉讼服务。输入您想要搜索的案件名或案号可直接进行搜索。可查询海事司法收案范围、法院，以及相关新闻资讯、审判数据、裁判文书、船舶拍卖等信息。审判数据栏下可查询今日数据、数据查询和涉外、港澳台数据。

2. 中国涉外商事海事审判网首页“商事”版块可查询涉外商事审判的概况、集中管辖制度、法院、收案范围。可查询相关新闻资讯、裁判文书、司法文件等。

3. 中国涉外商事海事审判网首页“海事”版块可查询海事司法的概况、收案范围、法院，以及相关新闻资讯、审判数据、裁判文书、船舶拍卖等信息。

七、知识产权司法保护网

（一）知识产权司法保护网网站网址及其简介

https：//www.chinaiprlaw.cn/index.php？catid=9

知识产权司法保护网成立于1999年6月，是我国知识产权法律保护特别是司法保护的一个窗口，主要使公众及时了解知识产权法律、法规和社会生活中的法律执行情况，以及我国知识产权法领域理论研究情况、国际知识产权理论和法律发展信息等。同时，还为我国知识产权法官提供了一个切磋审判经验和技艺、发表判案观点的一个讲坛，让公众了解知识产权法、法官、审判以及法官们的内心世界。

知识产权司法保护网拥有中文版和英文版，英文版主要登载我国重要的知识产权立法和司法等信息，以给关心中国知识产权法律保护的国际投资者、外国法律界同行、专家、学者等各界朋友获取该领域信息的一个渠道。

（二）情报分析中其主要应用内容

1. 在知识产权司法保护网“资讯”栏目下可查询相关政策精神、审判信息、热点关注、法官视角、文书精选、学界动态、案例分析、诉讼讲座、专家园地、法律法规等信息。

2. 在知识产权司法保护网“人才”栏目下可获取招聘求职、职业培训等信息。

3. 在知识产权司法保护网“交易”栏目下可在线邀约、在线求购。

4. 在知识产权司法保护网“社区”栏目下可进行发帖、专题讨论、案件点评，还可查询新法、最新案件、征集案件。

八、中国庭审公开网

（一）中国庭审公开网网站网址及其简介

http：//tingshen. court. gov. cn/

2016 年 9 月 27 日，最高人民法院开通中国庭审公开网。已经有 520 家地方各级法院实现了与这个平台的联通。下一步，所有法院公开的庭审视频都将在第一时间自动汇聚到这个平台，并推送到各大主流可视媒体。网站以地图的方式，显示全国四级法院是否接入庭审直播网，是否有正在直播的案件，在“今日直播”栏目更是要推送当天的热点案件，用户不仅可以观看收听直播的庭审，还可以收藏，用微博、微信进行分享。

中国庭审公开网是全国法院统一、权威的庭审公开平台，这是最高人民法院继建成中国审判流程公开网、中国裁判文书公开网、中国执行信息公开网之后，开发建设的司法公开第四大平台。

（二）情报分析中其主要应用内容

1. 在中国庭审公开网首页搜索框可直接输入案件名或案号或法官名来搜索相关信息。

2. 在中国庭审公开网“庭审直播”栏下可根据案件分类（刑事类案件、民事类案件、行政类案件）、法院级别（最高人民法院、高级人民法院、中级人民法院、基层人民法院）和地区来搜索想要观看的庭审直播。

3. 在中国庭审公开网“庭审预告”栏下可查询全部预告。

4. 在中国庭审公开网“直播回顾”栏下可通过案件分类（刑事类案件、民事类案件、行政类案件）和地区来回顾想要观看的庭审。

5. 在中国庭审公开网“庭审录播”栏下可根据案件类型、法院级别查询想要观看的庭审录播。

6. 在中国庭审公开网“重大案件”栏下可查询到最新案件和重要新闻。

7. 在中国庭审公开网“热点排行”栏下可查询到案件观看量排名、最热门案件分类、刑事案件排名、民事案件排名、行政案件排名等信息。

8. 在中国庭审公开网“数据公开”栏下可按照地区和日期查询到相关庭审数据。

九、北大法宝

（一）北大法宝网站网址及其简介

http：//www. pkulaw. cn/Case/

"北大法宝"是智能型法律信息一站式检索平台，是法律信息全方位检索系统。"北大法宝"使用了法规条文和相关案例等信息之间的"法宝联想"功能，不仅能印证法规案例中引用的法律法规和司法解释及其条款，还可链接与本法规或某一条相关的法律、法规、司法解释、条文释义、法学期刊、案例和裁判文书。

目前，网站已包括"法律法规""司法案例""法学期刊""律所实务""专题参考""英文译本""法宝视频"七大检索系统，涵盖法律信息的各种类型。

（二）情报分析中其主要应用内容

1. 法律法规检索系统：收录自 1949 年起至今的法律法规，内容不断更新，包括中央法规司法解释、地方法规规章、合同与文书范本、港澳台法律法规、中外条约、外国法律法规、法律动态、立法背景资料等，满足一站式查询法律法规的需求。法律法规平均每个工作日收录文件 200 余篇。

2. 司法案例检索系统：收录我国大陆法院的各类案例，根据用户需求提供全方位检索、导航功能，并且对案例进行了深加工（包括提炼核心术语、争议焦点、案例要旨等）。裁判文书收录，包括案例与裁判文书、案例报道、审判参考、实务专题等丰富内容，对指导案例的"核心术语""争议焦点""案例要旨"等方面做了加工，使收录的内容具有很高的参考价值，满足用户一站式查询裁判文书的需求。司法案例时时更新，平均每个工作日收录案例 100 余篇；案例收录选材标准多样，归类合理，专家对案情进行深入剖析与点评。

3. 法学期刊检索系统：提供专业的法学期刊服务，收录国内法学类核心期刊全文和目录、法律集刊全文和目录。收录国内核心法学期刊全文和目录、法律集刊全文和目录等，各刊内容覆盖创刊号至今发行的所有文献，同时根据文章内容对其进行细致整理及细化分类，满足用户一站式查询的需求。

4. 专题参考检索系统：从审判实务出发，内容涵盖裁判标准、实务专题、法学文献、法律年鉴、法学教程等。

5. 英文译本检索系统：为用户提供中国法律法规、案例、中外税收协定，以及法律新闻等中国法律信息的英文译本。所有英文译本均与中文法律文本相对照，可同时同步进行中英文双版本浏览。提供中国法律法规的英文译本，包括法律法规（Laws & Regulations）、案例（Cases）、中外税收协定（Tax Treaties）、公报（Gazettes）、法律新闻（Legal News）、法学期刊（Journals）等，内容涉及行政、民事、刑事、经济、知识产权和海事等多个领域，方便用户浏览和下载案例英文版。

十、汇法网

（一）汇法网网站网址及其简介

https：//www. lawxp. com/case/

汇法网是法律资讯信息网站，已搭建的法律数据库平台，收录超过 185 万司法判例、95 万法律法规，并且每日更新，为会员律师提供参考。包括司法案例数据库、法律法规数据库、中国法律信息应用检索系统、企业案件管理系统、企业合同管理系统、法院案件管理系统、检察院案件管理系统等。汇法网信用平台拥有全国大量企业信用信息，律师会员可通过该平台查询合作企业或债务企业的经营状况及税务信息，并可申请在该信用平台对债务企业不良信用信息予以公示。

（二）情报分析中其主要应用内容

1. 汇法网首页“律师服务”和“公众服务”栏可查询某法官裁判文书、裁判文书、法律法规；可查询风控信息；可通过法官、排行、地区、领域来寻找律师。

2. 汇法网“案源中心”栏可查询到悬赏、招标、委托、投标等信息。

3. 汇法网“裁判文书”栏可根据地区城市、案由分类、审理机构、文书类型来查询判决书。

4. 汇法网“合同文本”栏可根据文书性质和领域查询相关合同范本。

5. 汇法网“法律法规”栏可根据有效范围、专题、制定机构、效力级别查询相关法律法规。

6. 汇法网“律所律师”栏可根据省份、城市和专业领域查询到全国律师。

7. 汇法网“法院法官”栏可按照省份、城市、所有法院（最高人民法院）和姓名拼音查询到办案法官，也可直接搜索法院名称和法官姓名。

十一、威科先行法律信息库

（一）威科先行法律信息库网站网址及其简介

https：//law. wkinfo. com. cn/judgment-documents/list？tip=

威科先行法律信息库是一款专业的法律信息查询工具，集法律法规、法律专递、裁判文书（案例）、常用法律文书模板、实务指南、法律英文翻译等各类法律信息于一体。

（二）情报分析中其主要应用内容

1. 法律法规：收录了自1949年中华人民共和国成立至今，从中央至31个省市自治区的所有法规，包括法律、行政法规、司法解释、部委规章、地方法规、行业规范等八个效力级别及证监会、国税总局、财政部、央行、最高人民法院等2729个中央和33456个地方发文机关发布的法规、征求意见稿、草案及官方法规解释。

2. 案例：收录了1949年中华人民共和国成立以来最高人民法院官方公布的典型案例及精选案例，包括中国大陆31个省市自治区的三级法院官方公布的裁判文书及海事法院、军事法院、铁路法院等专门法院公布的裁判文书。覆盖整个审判流程及民事、刑事、行政全部案由。裁判文书的类型包括判决书、裁定书、决定书、调解书及其他文书，总量截至2018年2月底已经接近4000万。开辟行政处罚案例模块，截至2018年2月收录60万余个行政处罚案例。

3. 法律速递：提供中英双语新闻服务，覆盖全国范围，并划分为11个行业及劳动法、合同法、公司治理、知识产权、会计准则、外汇、海关等16种实务应用。采用专业的工具实时监控相关新闻更新，确保第一时间为客户提供最新发布的法律相关资讯及案例点评，并可按需选订语言种类，满足中外用户不同的语言需求。

4. 实务指南：包括精加工的法规评述、丰富的案例、文书范本、模板及诸多实操经验和专家建议，内容涉及公司法、劳动法、知识产权、财税等领域的法律法规；由来自金杜、君合、德勤、普华永道等顶尖事务所的权威专家撰写；语言包括中文、英语和双语，并会持续增加新的内容。

5. 国际条约：收录中国与90多个国家及地区签署的税收协定。

十二、风险信息网

（一）风险信息网网站网址及其简介

https：//www. lawxin. com/

风险信息网是基于法律大数据应用的风险（信用）信息平台，汇集了司法诉讼信息、行政处罚（执法）信息、民间维权等方面的法律信息，可以帮助客户在贷前（交易前）预防风险、在贷后（交易后）监控风险变化。

（二）情报分析中其主要应用内容

1. 通过输入姓名和身份证号可查询个人风险信息。

2. 可查询司法案件信息：裁判文书、执行信息、失信信息、开庭公告、送达公告、审判流程公开、协助司法执行等。

3. 可查询行政执法信息：税务信息、市场监管信息、环保信息、海关信息、其他信息。

4. 可查询账务信息：网贷逾期名单、律师函件。

5. 可查询公共舆情：百度口碑。

十三、元典智库

（一）元典智库网站网址及其简介

https：//www. chineselaw. com/

元典智库是一款面向法官、检察官、律师等法律人提供的基于元典睿核平台的统一法律知识检索、案例研判和知识管理平台。元典智库目前包含案例研判、法律

法规和裁判观点三个版块，各部分相互独立，但数据关联。

知识获取：元典智库支持提供不同种类的数据，覆盖面广，时效性强，内容质量高，通过统一的检索入口和统一的内容呈现，组合多个应用卡片，完整地回应一个检索问题。

检索意图判断：元典智库通过对关键词进行 NLP 分类，实现对用户搜索意图的预测。

知识图谱关联推荐：元典智库的知识图谱提供实体信息和关联推荐的综合展示，是动态的呈现内容关联。

个性化知识服务：元典智库支持用户特征和行为分析，为实现个性化的用户输入提示、结果排序、知识推荐提供支撑。

应用卡片接入：元典智库接入多个应用卡片，实现多源异构知识的统一检索，开放的平台架构，可支持各类第三方知识服务的接入和运营。

（二）情报分析中其主要应用内容

1. 在元典智库“案例研判”选择刑事、行政、民商事、执行或赔偿，输入关键词即可检索相关案例。

2. 在元典智库“法律法规”选择标题、全文或者文号，输入关键词即可检索相关法律法规。

3. 在元典智库“裁判观点”输入法院名称、法官姓名即可查询相关信息。

4. 在元典智库“律师律所”选择律所名称、律师姓名即可查询相关信息。

5. 在元典智库“企业调查”输入企业名称、人员名称、商标名称即可查询企业相关信息。

元典智库除了有网站查询外，还有微信公众号、小程序等提供查询功能。

微信公众号

小程序

第三节　背景调查公司

一、全景求是

（一）全景求是网站网址及其简介

https：//www. factchina. com/

全景求是 FACT 是招聘风险管理服务机构。全景求是的服务范围已覆盖中国领土范围的全部地区，以及 187 个以上海外国家的全模块服务；服务涉及的领域涵盖全部主流行业及数百个细分行业。全景求是支持对目标对象的身份户籍、不良记录、诉讼记录、学历信息、专业资格、商业利益冲突等多项记录进行核实与调查，支持对目标对象的工作能力、职业道德进行综合评估。

全景求是
微信公众号

（二）情报分析中使用全景求是查询的主要内容

1. 核实或调查目标对象的身份信息、教育经历、行业经历、金融违规记录等信息。

2. 通过目标对象提供的证明人及自主联系的证明人，对目标对象的工作履历、职业操守、深度能力、个人品行等作出综合评估。

3. 支持目标对象批量查询。

全景求是官网并未提供查询入口，具体业务需要与全景求是业务部门联系，在业务部门的下单系统进行具体操作。

二、i 背调

（一）i 背调网站网址及其简介

https：//www. ibeidiao. com/

i 背调是互联网背景调查公司，通过“SaaS+人工智能+专业服务”的形式为企业提供专业、高效、高性价比的员工雇前背景调查服务，得到美国背景调查协会

（NAPBS）的认可，成为正式会员。i背调以HR群体的互助雇前背景调查为切入点，致力于打造“互助征信平台”。

i背调是一个基于web端的企业服务平台，企业用户可通过i背调PC端在线下单，委托背调任务、在线支付，获取背调报告。i背调对接多个国家数据库并联合含近十万HR的互助背调联盟获取候选人职场征信数据，提供身份验证、学历验证、学位验证、工作履历核实、工作表现核实、驾驶证验证、违章记录查询、金融违规记录、商业利益冲突、犯罪记录、诉讼记录、失信记录、金融行业黑名单等多种服务项目。

（二）情报分析中使用全景求是查询的主要内容

1. 核验或调查目标对象的身份信息、涉诉情况、违规记录等多种个人基本资料。

2. 对目标对象的工作履历进行核验，综合鉴定目标对象过往工作表现。

i背调微信公众号
（HR互动联盟）

3. 在目标对象不提供证明人的情况下，可由i背调自主寻找工作表现鉴定证明人完成访谈，并在两个工作日的反馈时间内提供涵盖证明人基本信息、工作履历核实、工作表现鉴定等内容的访谈报告。

4. 支持通过API将背景调查服务接入用户现有的HR系统，用户在任意环节集成背调服务，通过无缝和高效的对接实现个性化的调查项目定制及结果管理。

i背调官网注册需要填写公司营业执照上的工商注册名称。

三、人人背调

（一）人人背调网站网址及其简介

http：//www.renrenbeidiao.com/

人人背调提供企业员工入职前背景调查SAAS服务，是美国职业背景调查公司协会（NAPBS）亚太区会员，团队由人力资源行业的招聘专家和谷歌、ORACLE等公司的技术专家组成。

人人背调支持将员工雇前背景调查产品以API形式接入招聘网站和企

业 EHR，ATS 系统，实现产品上的无缝对接。企业 HR 客户在完成简历筛选、邀约笔试面试等环节后，可以一站式地在 EHR 和 ATS 系统内发起背景调查，这些背调请求将通过 API 方式访问人人背调平台，然后人人背调在后台以 PAAS 的形式完成专业背调的候选人授权、客观数据验证、过往工作经历调查、报告交付，整个过程以自动化的方式完成。

（二）情报分析中使用人人背调查询的主要内容

1. 核查目标对象的身份证明、学历信息、不良记录、专业资质、涉诉情况等基础信息，人人背调特色功能为查询目标对象的手机实名认证情况、在网时长及在网状态。

2. 通过中国的 HR 或同事，访谈验证目标对象的工作单位、起止时间、职位及汇报关系、离职原因、重大违规违纪、劳动仲裁记录及禁业协议信息。

人人背调
微信公众号

3. 通过对中国的直接主管及其他同事的访谈，对候选人的主要岗位职责，工作效率和完成质量，专业能力、学习能力，是否管理他人以及管理风格，工作中的人际关系如何，怎样处理工作中的矛盾，工作量和工作压力如何、抗压能力如何等多个维度进行鉴定并交叉验证。

4. 支持将员工雇前背景调查产品以 API 形式接入招聘网站和企业 EHR、ATS 系统，用户可一站式在企业 EHR、ATS 系统内部发起调查。

人人背调微信小程序支持在线发起背景调查及充值等服务。

四、萝卜猎手

（一）萝卜猎手网站网址及其简介

http：//www. luobolieshou. com/lblsapp-web/web/index/index. html

萝卜猎手是通过线上授权、国家官方数据库合作等生成背景调查报告，来解决传统背景调查耗时长，成本高，有效数据有限的难题。萝卜猎手数据来自国家权威部门，用户必须通过企业 HR 的身份审核才可对其候选人或者雇员进行背景调查。萝卜猎手是支持 web 端与移动端同时登录的产

品，方便 HR 随时创建或查看背调报告，旨在提高 HR 的工作效率。

（二）情报分析中使用萝卜猎手查询的主要内容

萝卜猎手
微信公众号

1. 核查目标对象的身份认证、社会不良风险、个人工商信息、职业资格等资料，萝卜猎手的特色功能为核查目标对象的网贷黑名单及全国社保情况。

2. 通过自创的职场信息共享平台共享目标对象的工作经历与表现，并将其录入管理系统。

3. 支持 web 端与移动端同时登录，方便用户在多种场景下完成背景调查。

萝卜猎手可在安卓系统、苹果系统应用商城下载。设备要求：Android 4.0 以上/iOS 8.0 或更高版本，与 iPhone、iPad 和 iPod touch 兼容。

五、观火咨询背景调查互助会

（一）观火咨询背景调查互助会网站网址及其简介

http：//www. gooho. cn/index. php/index/bt. html

观火咨询背景调查互助会，在传统背景调查的基础上，设置独立职位分析师，针对每个职位从多个不同维度提供专业独立的第三方意见。观火咨询的“中国背景调查互助会”是背景调查公益互助平台，背景调查互助会目前有企业会员近万家。

观火咨询
微信公众号

（二）情报分析中使用观火咨询查询的主要内容

1. 核查目标对象的身份证明、学历证明、商业利益冲突、金融不良记录等信息，观火咨询背景调查互助会的优势在于成为企业会员后可享受观火咨询免费背景调查服务。

2. 成为背景调查互助会企业会员后，可互通万余家会员企业背景调查渠道，并共享行业“人才警示名单”。

3. 成为背景调查互助会个人会员后，观火咨询将在寻找证明人方面给予一定的帮助。

六、CBI 员工背调

（一）CBI 员工背调网站网址及其简介

http：//www. chinacbi. com/zh-cn/indexChina

CBI 员工背调的主要业务是提供中国、中国香港地区及世界各地 200 个国家的商业信息，当中包括企业调查、产权调查、诉讼调查、个人调查、市场研究和商账管理。

汇华资讯数据资源涵盖了 2800 万条中国企业诉讼信息、25 万家企业信用档案以及全球 214 个国家商业信息网络，在必要时将派出外访专员进行实地调查。汇华资讯自行研发的企业个人智能系统能收集、处理和分析企业和个人信息，寻找出两者相互关联之处，为商业调查提供线索和支持。该系统的 XML 交换关闸，能为客户提供各种形式的调查报告。

（二）情报分析中使用 CBI 员工背调查询的主要内容

1. 核查目标对象的基础信息、专业资质、工作履历等信息，并可针对每一模块给出用户所需深度的报告。

2. CBI 员工背调特色功能为针对员工的资料综合给出汇华雇员评价指数。

3. 汇华资讯支持面向企业及个人的尽职调查、信用调查、产权调查等商业资讯服务。

雇员背景调查仅为汇华资讯的一个业务分支，汇华资讯在信息咨询服务方面可进行风险分析，并提供风险管理解决方案。

汇华资讯微信公众号

汇眼存真微信公众号

七、鉴贤背调网

（一）鉴贤背调网网站网址及其简介

http：//www. realme. com. cn/

鉴贤背调网是员工背景调查公司，是独立第三方专业背景调查机构。鉴贤背调网提供的服务主要为：人才雇前背景调查，员工雇中风险评估，离职人员跟进调查，投资并购 HR 尽职调查等。其中，人才雇前背景调查业务包括学历验证、专业证书验证、工作履历验证、家庭情况验证、竞业禁止验证、工作能力评估、工作业绩评估、职业道德评估、薪资范围评估、犯罪诉讼调查、不良记录调查等。

（二）情报分析中使用鉴贤背调查询的主要内容

1. 人才雇前背景调查：针对客户的高端职位、关键职位或特定重要职位，进行深度、全面的背景调查，具体涵盖目标对象的基本信息、教育经历、工作履历、雇佣风险等项目，用户可指定性格特征测评或特定项目验证。

2. 员工雇中风险评估：帮助企业了解雇员的核心是胜任能力、员工稳定性评估、员工忠诚度评估。

3. 离职人员跟进调查：该业务帮助企业跟进离职员工的职业去向和职业行为，具体包括雇员离职后工作单位调查、工作状况调查、任职情况调查、工作表现调查、竞业禁止调查。

4. 境外员工背景调查：对我国港澳台地区及国外目标对象，提供美洲、欧洲、澳洲、亚洲等 20 多个国家和地区的居民详细资料及相应的背景调查服务，具体涵盖学历教育、工作履历、犯罪记录、破产记录和婚姻状况等验证。

5. 人力资源尽职调查：人力资源尽职调查是企业进行收购、兼并或重组等战略决策中的关键环节，鉴贤背调可为客户提供目标企业人力资源的科学数据、全面调查和深入分析，具体涵盖基本信息、人力数据、人力体系、人力风险等背景调查服务。

八、知了背调

（一）知了背调网站网址及其简介

https：//www.17zhiliao.com/home

知了背调是上海市公共信用信息平台合作试点单位、上海市信用行业协会和上海市人才服务行业协会会员单位。“知了背调”将互联网、大数据、人工智能、区块链等高科技应用于职业背景调查领域，为企业提供员工职业背景调查服务，为个人建立职业能力和信用档案；进而提升人才甄选效率、约束职场失信行为，在企业和个人之间建立信任。

（二）情报分析中使用知了背调查询的主要内容

知了背调

微信公众号

1. 数据核实服务项目：针对目标对象出具涵盖基本信息、高等教育、技工教育、工作经历、职业资格及风险点等内容的调查报告。

2. 深度访谈服务项目：涵盖不同层次的个人履历查询、工作表现查询、教育背景核查、金融违规记录核查、护照核查、媒体库搜索、全球数据库搜索等内容。

3. 支持一次性导入多个目标对象信息进行批量查询。

4. 账号管理采用“一对多”子母账号管理，便于用户使用。

5. 提供简历人工比对服务，将目标对象提供的简历与背景调查结果进行人工比对，发现存疑点。

6. 支持将常用服务项目组合设置为套餐，一键发起背调。

九、芝麻背调

（一）芝麻背调网站网址及其简介

https：//www.zmbeidiao.com/

芝麻背调是SAAS服务平台，为NAPBS（美国职业背景调查协会）成员企业。芝麻背调基于大数据与机器学习，提供互联网时代的云端背景调查服务，通过互联网数据聚合、采集、监控，快速生成多维度背景调查报

告，为职业用工提供数据化工具。

（二）情报分析中使用芝麻背调查询的主要内容

1. 不同需求层次的背景调查套餐：内容涵盖了身份核实、运营商信息核实、职业资格核实、金融机构处罚信息核实、网贷金融风险、道德风险记录核实、全球数据库不良记录核实等内容。

2. API 服务：用户可以通过公司开放接口平台，进行相关接口的选择和对接数据接口对接采用标准的 http 方式，支持多种开发语言 demo 库，可以自主完成对接。api 用户可以通过控制台查看调用情况，以及消费、余额情况控制台采用 SAAS 服务模式，包含常用的对接参数和常用文档，用户可以在控制台查阅相关接口调用参数、输入输出参数等信息。用户可以基于服务项接口自主组合套餐，也可以直接申请套餐接口平台提供的标准接口文档为单一接口文档，用户如果打包采用集合形式调用，需要联系客服进行接口的组合，组合后的接口可以以套餐形式接入。api 调查结果快速返回，返回方式支持标准 jason 返回，也支持直接生成 pdf 文件，可以根据客户需求，自主联系客服定制。

3. 智能硬件：

（1）一体化移动背调终端：集身份证扫描验证、公安存录指纹验证、人脸识别及身份证照片验证于一体。实现刷身份证进行信息采集的同时快速对人员做背调，背调套餐和云端同步，可以实时到云端查看详细报告。

（2）刷卡式桌面背调终端：二代身份证阅读器，集身份证扫描验证、公安存录指纹验证于一体。桌面背调终端可以直接和芝麻背调 SAAS 系统对接，实现实时扫描信息、快速背景调查，高效便捷。背调报告支持云端共享，可以通过不同终端及入口查看。

芝麻背调
微信公众号

（3）一体式桌面背调终端：桌面式一体机平台，集身份证扫描验证、人脸识别及身份证照片验证于一体。实现刷身份证进行信息采集的同时快速对人员做背调，背调套餐和云端同步，可以实时到云端查看详细报告。支持自定义扩展，可以根据用户需求扩展指纹识别模块等。

十、易查背调

（一）易查背调网站网址及其简介

http：//www.51echeck.com/

易查背调将传统背景核实技术及经验与 AI 人工智能、应用场景相结合，为客户带来背景核实体验。利用云计算、大数据技术对目标对象身份、教育背景、司法信息等进行“秒”核实。易查背调对目标对象的工作履历、工作表现、商业利益冲突、个人信用等由核实专家进行线下（电访或面访）核实。

易查背调

微信公众号

（二）情报分析中使用易查背调查询的主要内容

1. 急速信息核查：内容包括身份信息、司法信息、学历信息、商业利益冲突、金融征信信息、工作表现信息等。

2. 职业背景核验：用户可在易查背调客户端下单，20 万名 HR 从业者协助核验，3 个工作日完成。

3. 行业专属调查：易查背调提供关注包含基本资质、工作经历、行业诚信的行业专属核实。

十一、一览背调

（一）一览背调网站网址及其简介

http：//pj.job1001.com/index.php

一览背景调查中心立足于各行业中高端岗位、专业技能岗位的背景调查，通过规范的流程、专业的方法、丰富的渠道，提供关于人才资质、工作履历、胜任力素质等方面的背景调查报告。

一览背调

微信公众号

（二）情报分析中使用一览背调查询的主要内容

1. 提供身份信息、犯罪记录、教育背景、职业资格、工作表现、个人信用等核验服务。

2. 可根据用户需求选择不同深度的调查套餐或进行

个性化定制。

3. 官网提供背景调查相关的案例及表格供用户参考。

十二、91 背调

（一）91 背调网站网址及其简介

https：//www.91beidiao.com/

91 背调是人力资源背景调查解决方案提供商，基于互联网技术和人力资源行业特性，建立了跨地域、跨行业联防联调体系，为企业在招聘中有效防范求职者学历造假、编造工作经历、夸大工作职位、恶意劳动仲裁、隐瞒不良记录等不诚信行为。

（二）情报分析中使用 91 背调查询的内容

91 背调
微信公众号

1. 支持对目标对象的身份、学历、职业资格、薪酬、金融处罚、社会不良记录、在外任职、工作履历、工作表现、工作能力进行核验。

2. 可在档案鉴定、政治表现、薪酬调研、投资项目尽职调查方面提供专项服务。

91 背调除了有网站查询外，也有微信公众号提供查询功能。

第四节　职场社交及招聘查询

一、领英

（一）领英网站网址及其简介

https：//www.linkedin.com/

Linkedin（领英）是全球职业社交网站之一，也是一家面向商业客户的社交网络（SNS）服务网站。网站的目的是让注册用户维护他们在商业交往中认识并信任的联系人，俗称“人脉”（Connections）。该网站可以便捷地制作、管理、分享在线职业档案，让用户维护他们在商业交往中认识并信任的联系人。

（二）情报分析中使用领英查询的内容

1. 个人信息档案，公开个人资料，工作经历；基于关系和资料建立搜索匹配。

2. 客户、服务提供商或相关领域专业人士。

3. 合作伙伴及合作项目数据及文件。

4. 广阔的人际连接，社会关系网，企业和个人之间的雇佣关系。

5. 工作职位信息，用以求职、招募、猎头行为等。

6. 工作动态、工作机会、工作意见。

7. 公司背景调查、员工背景调查、民意调查。

8. 搜索具备特定技能、背景和经历的员工及就业状况。

9. 将人员的性格、爱好、职业进行归类，有针对性地提供信息服务，组织主题活动。

领英除了有网站查询外，也有 APP、微信公众号等提供查询功能。

APP

微信公众号

二、脉脉

（一）脉脉网站网址及其简介

https：//maimai. cn/

脉脉是实名制商业社交平台，以“真实职业形象”与“人脉共享”为理念，希望链接“同事、同学、同乡、同校、共同的朋友”的五同关系。脉脉作为一款职场社交 APP，致力于帮助职场人通过工作圈进行工作交流，掌握行业动态，分享职场经验和话题观点；通过找人办事拓展人脉，实现跳槽、挖人、找钱、找关系等。

（二）情报分析中使用脉脉查询的内容

1. 用户个人简介、标签、影响力指数和共同好友数量，用户公司、毕业学校、家乡等情况。

2. 可能认识的人，支持通过公司、学历、姓名、手机号等方式查找人脉。

3. 基于二度人脉关系，通过挖掘双方在社交网络和通讯录上的关系，匹配招聘者和求职者的真实身份和社会关系。

脉脉除了有网站查询外，也有 APP、微信公众号等提供查询功能。

APP

微信公众号

三、找到

（一）找到网站网址及其简介

https：//www. zhaodao88. com/

找到是一款商业搜索工具，找合作、工作、生意、人脉的职场白领人士的找人/实名社交软件，提供找人、找公司、找商机等强大的搜索功能，覆盖 1. 8 亿家企业和 2 亿名商务人士。能通过条件筛选企业，获取企业信息，包括企业规模、企业成立时间、企业注册资金、企业类型、企业扩张速度、企业商标、企业域名、企业新闻、专利、对外投资、著作权、职位过滤、私信、联系方式，输入业务、品牌、职能、城市等关键词可批量找到符合条件的企业联系人。

（二）情报分析中使用找到查询的内容

1. 通过搜索，找到特定客户、企业及其信息。

2. 通过人脉路径，找到熟人可介绍的商机、人脉，盘活自身资源。

3. 实时监测竞争对手动向，了解企业背景，跟踪行业动向。

4. 汇集全网采购动态。

找到除了有网站查询外，也有 APP、微信公众号等提供查询功能。

APP

微信公众号

四、Viadeo

（一）Viadeo 网站网址及其简介

http：//cn. viadeo. com/en/

Viadeo 是全球非英语国家市场最大的职业社交网站，涉足世界五大洲，在全世界范围内为超过 5000 万的职业用户提供人际网络发展方案和商务合作机会。

（二）情报分析中使用 Viadeo 查询的内容

1. 社交招聘服务，目标人群多维度信息。

2. 教育培训频道中百家学校及培训机构的培训信息。

3. 人际圈，共同行业、职业、兴趣爱好、学校、商区或写字楼。

4. 众多公司公共主页，真实雇员将信息聚合至公司主页中。并以此为基础建立了雇员认证机制、公司资料完善机制以及商业定制功能。

5. 职业测评应用，包括职业规划测评、曼萨协会智商测评、职场心理健康测评等经典职业测评。

五、前程无忧

（一）前程无忧网站网址及其简介

https：//www. 51job. com/

“前程无忧”是人力资源服务机构，提供包括招聘猎头、培训测评和人事外包在内的专业人力资源服务。网站目标有两大部分：致力于为白领阶层和专业人士提供更好的职业发展机会；同时致力于为企业搜寻、招募到最优秀的人才。

（二）情报分析中使用前程无忧查询的内容

1. 全国职位信息库，涉及信息技术、电子、金融、化工、物流、广告等各种行业。

2. 各类与个人职业发展有关的信息，包括最新职位、培训、职业指导信息以及其他个性化增值服务。

3. 高质量简历库。

前程无忧除了有网站查询外，也有小程序、APP、微信公众号等提供查询功能。

小程序

APP

微信公众号

六、猎聘网

（一）猎聘网网站网址及其简介

https：//www. liepin. com/

猎聘网是实现企业、猎头和职业经理人三方互动的中高端人才职业发展平台。截至 2019 年 9 月，猎聘网拥有超过 5200 万的注册会员，已服务超过 45 万家优质企业。目前，有超过 15 万名认证猎头在猎聘网上寻找核心岗位的候选人。

2014 年 12 月，猎聘网正式上线招聘行业 O2O 产品“面试快”，根据到场面试进行收费，整合线上线下的招聘资源，提升了招聘效率和猎头收入。继“面试快”之后，2016 年年初猎聘网推出了“入职快”，以入职为节点收费，进一步巩固企业和猎头的招聘效果。猎聘网“猎头式”快系产品以招聘服务为节点，将网络招聘从原来的信息平台转向交易平台。2017 年，猎聘网在国内首次发布了两款人工智能产品“简历透镜”和“职位智能评估”，将 AI 技术应用于招聘场景，帮助 HR 和猎头进行人岗精准匹配，提升了招聘效率、体验与科技含量。

（二）情报分析中使用猎聘网查询的内容

1. 个人职业档案：28 个不同维度的全面在线个人职业档案。

2. 企业用户完整的数据，企业网站，背景调查。

3. 用户所在三个行业（互联网、金融及房地产）的综合薪酬相关数据以及透过在线平台产生的交易及服务。

猎聘网除了有网站查询外，也有小程序、APP、微信公众号等提供查询功能。

APP

微信公众号

七、智联招聘

（一）智联招聘网站网址及其简介

https：//www. zhaopin. com/

智联招聘目前拥有 1.8 亿职场人用户，累计合作企业数达 456 万以上。依托强大的数据实力，建设开放职岗生态系统，重塑人力资源市场招聘服务标准。

（二）情报分析中使用智联招聘查询的内容

1. 网络招聘信息：白领人群资源及企业需求。

2. 校园招聘信息：智联校园是智联招聘专门面向大学生群体的业务版块，通过整合高校资源，与企业深度合作，为大学生求职和职业生涯发展搭建便捷的平台；为企业提供以雇主品牌咨询与建设、定制化校招（应届生/实习生）、全球化校招、校园营销、中小企业智慧校招解决方案以及 CRPO（校招流程外包）服务为主要模块的系列服务。

3. 人才测评数据库，提供实用有效的人才测评产品及服务。

4. 培训课程教育信息：智联教育依托多年积累的人才发展实践经验和大数据资源，结合人才发展的能力素质模型和要求，利用 O2O 的方式，为广大企业和职场人士提供专业、实用和高效的培训课程。

5. 人力资源服务外包信息：包括人事代理、服务外包、灵活用工、劳务派遣、业务流程外包等，依靠专业的团队及大数据为客户提供快捷、高效的人力资源服务。

6. 数据报告信息：中国就业市场景气指数（CIER）报告由智联招聘联合中国人民大学中国就业研究所发布，作为来自大数据基础上的同步指标，CIER 能够较为清晰地展现就业市场变化，进而反映经济运行状况的变化，为政府的宏观调控、企业的微观决策和劳动者个人的选择起到了指引作用。此外，还有中国雇主需求与白领人才供给季度报告、人工智能就业市场供需与发展研究报告、职场人春季/秋季跳槽指数调研报告、年度大学生求职指南、年度职场人满意度调研报告、年度职场人年终奖调研报告等。

智联招聘除了有网站查询外，也有小程序、APP、微信公众号等提供查询功能。

小程序

智联 APP

官方微信公众号

企业版 APP

八、大街网

（一）大街网网站网址及其简介

https：//www. dajie. com/

大街网是移动社交招聘平台，提供网络招聘、移动招聘、微招聘等服务，并提供职业档案、发布职位和人脉招聘等产品。大街网把传统 B2C 的招聘模式升级为 B2C2C，让社交与招聘归位于人。

大街网平等看待招聘求职双方，求职者和招聘者都有效独立注册；大街网以平台化的产品，用大数据匹配/对等撮合的方式，用聊天的方式，让招聘方和求职方直接对话，实现了真实高效的社交招聘效能。

（二）情报分析中使用大街网查询的内容

1. 个人信息及人脉关系。

2. 求职招聘信息。

3. 公共主页：打通电脑端与移动端，打造属于企业自己的粉丝体系及公司动态平台，与用户形成长期人才经营及互动关系。大街网提供点评、面经、薪酬等360度公司真相，让求职更有背书；提供人才俱乐部，PK赛等近二十种互动社交模块自由定制。

4. 企业人才库。

大街网除了有网站查询外，也有小程序、APP、微信公众号等提供查询功能。

APP

微信公众号

九、卓博人才网

（一）卓博人才网网站网址及其简介

https：//www. jobcn. com/

卓博人才网是提供线上招聘求职服务的全国综合性专业人才网站。企业招聘服务以职位发布免费、增值服务收费的模式服务于广大招聘企业，所有企业均可以零成本地入驻卓博人才网免费发布招聘信息。

（二）情报分析中使用卓博人才网查询的内容

1. 求职者可以通过条件搜索、卓博职位智能推荐等方式，获得职位信息。卓博人才网对企业发布职位的数量、发布地区以及接收应聘简历（含联系方式）的数量均不作限制，满足企业招聘量大、全国多地招聘等招聘需求。

2. 企业形象：企业内部环境、企业文化、员工风貌等真实图片，增进求职者对企业的了解和兴趣，从而吸引求职者应聘加盟，有助于提升招聘效果。

3. 职位资讯信息：人事、财务、IT、物流、质量、服装、外贸等热门职位专场。

卓博人才网除了有网站查询外，也有 APP、小程序、微信公众号等提供查询功能。

APP

小程序

微信公众号

十、百度百聘

（一）百度百聘网站网址及其简介

https：//zhaopin. baidu. com/

百度百聘是招聘垂直搜索引擎，聚合全网职位，支持求职者一站投递。每天为用户提供 5000 多万个有效职位（覆盖 600 多个行业），帮助近 2000 万用户成功找到工作。通过技术实现，用户可以通过百度账号实现一站式投递全网职位，免去了复杂的多家站点注册登录以及填写简历的流程，让求职过程更顺畅、高效。

（二）情报分析中使用百度百聘查询的内容

1. 全网职位，400 余家招聘站点接入、600 多个行业覆盖、5000 多万个有效职位每日更新；覆盖全国所有地区。对白领、蓝领等全行业职位进行了覆盖。求职者实现一站式快速投递。

2. 全网数家新型兼职平台职位。目前，主要合作伙伴包括斗米兼职、兼职猫、兼客兼职、青团社兼职、1010 兼职等专业兼职网站。

3. 全网 10 余家专业校园招聘网站，为毕业生提供最全的校园招聘信息，包含网申信息、校园宣讲会、求职经验、职场测评等内容。

4. 专门的招聘会类目，当地最新的招聘会时间信息，以及短信订阅功能。

5. 通过百度大数据精准推荐，提升求职效率。

6. 求职者常用指南，求职经验包含简历设计，网申技巧，笔面真题，笔经、面经，offer，职业规划，职场生存，就业协议等。

7. 求职视频，包含职场技能，办公技能，职场外语，企业管理，计算机技术等职业硬软技能的学习。

8. 百聘职播是百度百聘联合大街网、脉脉、乔布简历等平台推出的职场直播栏目，栏目邀请了国内众多职场大咖，提供最新的直播内容。

9. 排行榜包含招聘网站关注排行榜、热招企业关注度 & 薪资排行榜、热招职位关注度 & 薪资排行榜、各城市 & 职位 & 公司薪资排行榜。帮助求职者了解人才市场相关情况。

百度百聘除了有网站查询外，也有 APP、微信公众号等提供查询功能。

微信公众号

十一、中华英才网

中华英才网网站网址及其简介

https：//www. chinahr. com/

中华英才网是专业招聘网站，针对用户在不同行业领域、招聘规模、人才结构等方面的多方面招聘需求，提供产品服务链条。

中华英才网的简历库已覆盖全国 408 个城市，60 个行业、近 40 个类别中的 659 个细分职业领域的上千万求职者，并以每天上万份简历的速度在递增，具有大学以上学历的求职者达到 80%。中国企业可以通过中华英才网的账户向全球发布职位，访问超过 3. 12 亿的全球人才库。

中华英才除了有网站查询外，也有 APP、微信公众号等提供查询功能。

微信公众号

APP

十二、全职招聘

（一）全职招聘网站网址及其简介

http：//www. quanzhi. com/

全职招聘主营业务包括高端人才寻访与咨询服务、项目招聘与招聘流程外包、雇主品牌咨询与推广、校园招聘、社交网络招聘、招聘管理系统、员工推荐系统、及“定向招聘”网络平台服务。

（二）情报分析中使用全职招聘查询的内容

1. 网络招聘服务：定向职位广播、职位置顶推广、应聘简历管理等。线上精准搜索：分行业、分地区精准搜索，引导求职者与招聘职位对应；利用标签管理职位或简历，分类、查找更方便。

2. 高端人才寻访与咨询、猎头事业部专门为企业提供高端人才寻访服务。

3. 雇主品牌咨询与推广。

4. 项目招聘与招聘流程外包。

5. 员工推荐系统。

6. 社交网络招聘。

7. 招聘管理系统。

8. 校园招聘。

全职招聘除了有网站查询外，也有 APP、微信公众号等提供查询功能。

APP

微信公众号

十三、拉勾网

（一）拉勾网网址及其简介

https：//www. lagou. com/

拉勾网是一家招聘网站。

（二）情报分析中使用拉勾网查询的内容

1. 互联网公司库，呈现公司的创始团队、公司产品、融资阶段及该公司的相关报道，用于支撑求职者快速了解企业。

2. 招聘启事：超过60%的职位，是由用人部门直接发布的。

3. 随时查看最新职位，跟踪投递面试信息，使求职过程快捷有效，还能提前查看其他候选人面试该职位后对面试官、公司环境等的评价，为求职者提供参考。

4. 除了求职，还可以通过拉勾 APP 的发现频道关注行业趋势、职场消息等资讯，每日都有拉勾网专业原创团队的新内容呈现。

拉勾网除了有网站查询外，也有小程序、APP、微信公众号等提供查询功能。

APP

小程序

微信公众号

十四、海投网

（一）海投网网站网址及其简介

https：//www. haitou. cc/

海投网是求职服务平台，专注于应届毕业生求职领域（校园招聘市场），致力于打造综合的大学生求职搜索引擎，集合校园宣讲会查询、校园招聘职位、面试经验、笔试真题、招聘会查询五大版块的综合校招平台，目前，产品包含 PC 端和移动端两大服务端口，主要服务求职应届生和招聘企业两方人群。其中，海投网宣讲会系统整合了各大高校官方就业网站的宣讲会信息，并按照地区、学校分类整理，按时间排序，关键字搜索，满足了应届毕业生获得宣讲信息的直接需求；招聘信息查询系统的信息主要来自入驻企业直接发布和各高校就业信息网，保证了招聘信息的全面性和可靠性。

（二）情报分析中使用海投网查询的内容

1. 全国重点高校官方就业网的就业信息，各公司招聘简章。

2. 实习岗位信息。

3. 宣讲会查询系统：全国重点高校就业办官方“就业信息网”的全部宣讲会信息。

4. 云宣讲平台：包括校招、实习、在线宣讲等一站式求职服务。

5. 职业测评：各大企业最常用的国际标准心理学测试。

6. 笔试真题刷题平台：精选近几年名企笔试真题。

7. 面试经验分享平台将近几年的名企精品面试经验汇总、筛选、整理，再分享。

海投网除了有网站查询外，也有小程序、APP、微信公众号等提供查询功能。

小程序

APP

微信公众号

十五、一览英才网

（一）一览英才网网站网址及其简介

http：//www. job1001. com/

一览英才网是细分招聘服务专业品牌，基于行业垂直细分和区域横向细分的服务模式，目前行业覆盖十四大类，包含100多个细分行业，主要有：电力能源、土木工程、环保水利、机电机械、石油化工、IT互联网、金融银行、卫生医疗等。

（二）情报分析中使用一览英才网查询的内容

1. 招聘服务：职位发布、简历下载、招聘区域、刷新职位、招聘广告、筛选简历、招聘主页、定制方案。

2. 为满足企业多个分公司或部门集中招聘时，可选用一览英才网“集团/部门多账户服务”，通过按需设置各分公司/部门账号进行统一的招聘管理。

3. 一览英才网提供的校园招聘服务的项目有：校园招聘整体项目的策划和管理，校园招聘频道网络广告投放与推广，院校联盟宣讲和推广，学生建立线上、线下收集与筛选，候选人的笔试、面试以及后续服务。

4. 高级人才库：一览英才网高级人才数据库中的人才均具有各个专业行业相关教育背景。

5. 人才频道：为客户快速提供中级管理人员及特殊岗位的招聘及相关咨询。

6. 人力资源/职场生涯：提供关于人力资源方面的最新政策法规动态以及职场故事等资讯。

7. 3D地图导航服务：企业可以将自己的公司地址在地图上进行定位和标注。

一览英才网除了有网站查询外，也有小程序、APP、微信公众号等提供查询功能。

APP　　微信公众号

十六、BOSS 直聘

（一）BOSS 直聘网站网址及其简介

https：//www. zhipin. com/

“BOSS 直聘”可在 APP 上采用聊天的方式，与企业高管，甚至是创始人一对一沟通。“BOSS 直聘”搭建起高效沟通、信息对等的公共平台。

（二）情报分析中使用 BOSS 直聘查询的内容

1. 企业老板、企业高管、创始人联系方式。
2. 职位技能、公司发展阶段与个人期望、老板与个人等多维度信息。
3. 公司岗位信息、薪资等。

BOSS 直聘除了有网站查询外，也有 APP、微信公众号等提供查询功能。

APP　　微信公众号

十七、高校人才网

（一）高校人才网网站网址及其简介

http：//www. gaoxiaojob. com/

高校人才网是一家专注于发布大中专院校、科研机构、事业单位、知名企业、中小学招聘信息的专门网站。主要为广大的应届生求职者提供大量的、及时的招聘信息及部分公司或事业单位的求职笔试、面试信息。

（二）情报分析中使用高校人才网查询的内容

1. 高校、行政机关、事业单位、中小学校、国有企业等各类公职类单位招聘信息，信息均来源于各招聘单位或其主管部门的官方网站，可靠性高。

2. 资讯：形势与政策、新闻关注。

3. 人事动态：人事热点、高校资讯、引才动态、科研聚焦。

4. 从招聘信息中找到应聘方式，方便快捷。

高校人才网除了有网站查询外，也有微信公众号等提供查询功能。

微信公众号

第五节　寻人平台

一、等着我

（一）等着我网站网址及其简介

http：//tv. cctv. com/lm/dzw/

中央电视台综合频道大型公益寻人行动《等着我》是全国首档国家力量全媒体大型公益寻人节目。旨在发挥国家力量，打造全媒体平台帮助更多人圆自己的寻人团聚梦，它既是一档节目，同时也是一次国家力量全民范围的公益寻人活动。栏目组团聚各方力量，有民政部、公安部等国家部委力量、公益明星、志愿者和广大热心公益的观众群，致力于帮您找到您希望重逢的任何人，包括亲人、闺密、走失家属、战友、恩师等。

（二）平台力量

部委：公安部、民政部、全国妇联等参与部委提供政策、公权、专家方面支持。

国家级媒体、主流新媒体、地方省级媒体：常驻演播室媒体席全程参与节目录制，对节目中案例进行发布、推广报道。

公益名人：热心寻人的公益明星拟参与录制宣传片、利用自身影响转发扩散寻人信息、适时参与节目录制。

自开播以来，共播出100余期节目，线上线下的平台已经累计帮助数千位求助者，帮助8000多个家庭实现了团圆，寻人成功率达60%。栏目官方网站上已有会员18373名，发布了30964条寻人信息，收集了3594条线索。官方贴吧里有近4000条求助信息。官方微博、微信、手机APP更是每天接收数以千计的寻人信息。

（三）情报分析中使用等着我查询的内容

1. 寻人报名：家寻亲人、亲人寻家、感恩寻人、寻找老友、战友情深、台海寻亲、其他寻人、视频寻人等多种寻人类型，提交完整寻人信息，加快审核进入寻找。

2. 寻人状态：突出个人寻人启事，时刻了解寻人动态。

3. 寻人信息：筛选寻人类型、失散地点/（被寻人/朋友）曾经所在地、目前所在地/部队驻地、是否报案、被寻人信息、失散日期等条件，寻找失散人群。

4. 公众提供线索，一键发布有用线索，收藏信息传播大众，成为志愿者。

5. 往期节目视频。

等着我除了有网站查询外，也有APP、媒体号、微信公众号、微博、百度贴吧等提供查询功能。

央视影音媒体号

微信公众号

百度贴吧

二、失踪人口档案库

（一）失踪人口档案库网站网址及其简介

http：//www.zgszrkdak.cn/

中国失踪人口档案库是在严格遵守国家法律法规的情况下，将全国各地失踪者个人档案（经过专业人员精编的寻人启事）汇集于档案库的寻人平台，通过来自全国各地多方爱心力量的支援，让更多寻亲、寻家等失踪人员信息积极加入档案库全面展开寻人，最终实现寻人档案资源共享，长期将寻人启事和寻家人员信息进行线上、线下“比对认亲”，为更多的失踪者早日回归家庭提供公益寻人援助。

中国失踪人口档案库是经过长期对失踪人口资源整合而推出的大型公益寻人服务平台，也是国内首次开发建设的以失踪人口建档存档、查询比对为核心寻亲渠道的综合寻人门户。长期致力于为广大失散家庭寻找失踪亲人提供寻人支援。

中国失踪人口档案库寻人认亲平台上线后，相继建成了纸质版和电子版相结合的两套科学化、规范化、精准化的寻人、寻家启事档案；开通了覆盖全国各地34个省（直辖市、自治区）的区域寻人平台；开设了“比对认亲”“两微寻亲”“寻遍中国”“寻人大典”“社会救助”等多个活动专题；刊发了两期《寻人大典》和多套《寻遍中国》寻人挂历；与全国各地2000余个救助管理站、未成年人保护中心、福利院等社会福利机构建立了长效联合寻人机制，征集打拐解救、流浪街头和各种受助人员寻家信息数万条；招募来自不同工作岗位的寻人志愿者数十万名；与各地警方、DNA采血鉴定机构和各级卫视、网络门户等建立了长期联合寻亲机制，为众多寻亲、寻家人员早日与家人团聚提供了更多的机会。

中国失踪人口档案库按照不同的分类标准，将收录的每则寻人启事详细整理并发布，具体分类如下：

按照失踪者年龄段分类，分为未成年人失踪和成年人失踪两大类；易于寻亲家属针对性寻人。

按照寻找失踪者分类，分为家寻亲人和亲人寻家两大类；主要是为了利用众多寻人启事从档案库最大限度地提高寻人成果。

按照失踪地域的不同分类，分为全国各省区市不同区域的失踪人口档案，如北京寻人网、天津寻人网、四川寻人网、贵州寻人网、上海寻人网……

（二）情报分析中使用失踪人口档案库查询的内容

1. 全国失踪人口档案库融媒体寻人平台；
2. 全国失踪人口建档存档寻人系统；
3. 全国大型失踪人口查询平台；
4. 全国比对认亲寻人平台；
5. 全国35个省级独立区域寻人平台协同寻人；
6. 社会福利救助机构联动寻人；
7. 《寻人手机报》线索寻人平台；
8. “两微”寻人体系精准联创寻人；
9. “公益寻亲投票活动”助力寻亲圆梦；
10. 互联网+寻人大数据精准人脸识别寻人；
11. “公益寻亲投票活动”助力寻亲圆梦；
12. 《寻人影视》助力寻亲圆梦。

失踪人口档案库除了有网站查询外，也有微博、微信公众号等提供查询功能。

微信公众号

三、人脸识别寻亲平台

（一）人脸识别寻亲平台网站网址及其简介

http：//www. zgszrkdak. cn/home/face/index. html

中国失踪人口档案库寻人平台致力于人脸识别技术的研发，主动汲取专业人脸识别技术，结合寻人工作实际进行专项开发。充分运用人脸识别技术优势，更加精准、快捷、方便地帮助广大失踪人员回归家庭。现已对中国失踪人口档案库为主的全网络寻人信息进行了资源重组整合，数百万寻人大数据已建成并投入比对，可以上传失踪亲人的图片或有关文字信息进行快速检索识别，尽快找到自己的亲人。

（二）情报分析中使用人脸识别寻亲平台查询的内容

1. 人脸识别+人脸模拟算法缩小寻亲范围。

2. 凭一张照片就可以将走失人员的信息与数万条走失人口数据进行一键比对，系统将自动检索并给出相似度最高的多个参考结果。除进行人脸识别外，救助者还能通过平台的查询功能筛选如“姓名、性别、年龄、区域、救助站”等相关信息，快速救助走失人员。

人脸识别寻亲平台除了有网站查询外，也有微信公众号等提供查询功能。

微信公众号

四、110 寻人网

（一）110 寻人网网站网址及其简介

http：//www. 110xr. com/

中国 110 寻人网提供寻人找人服务，发布寻人启事，拥有 20000 条寻人启事。

（二）情报分析中使用 110 寻人网查询的内容

1. 不同类型寻人启事：包括离家出走、不明原因、被骗被拐、迷路走失、失散亲友、儿女寻家等分类。

2. 寻人登记：登记资料、资料审核、汇款、完成。

3. 媒体报道：警方通告、公益活动、寻亲故事、法律法规、警方打拐等信息。

4. 志愿者招募、真情留言、成功案例等。

110 寻人网除了有网站查询外，也有微信公众号等提供查询功能。

微信公众号

五、百度寻人

（一）百度寻人网站网址及其简介

http：//xunren. baidu. com/index. html

百度寻人是公益互动开放平台。借助搜索技术、用户规模、数据优势，建立全国范围内失踪儿童与流浪儿童的开放数据库，并利用中国科学院计算技术研究所无偿提供的人脸识别技术迅速匹配孩子的照片，帮助家长和热心网友第一时间获取失散儿童信息。

百度寻人首页：最上方提供有上传失踪宝宝及流浪宝宝照片比对的功能，下面则是两排失踪宝宝的滚动图片。家长可以在此免费发布失踪宝宝的信息，网友可以在此发布流浪宝宝的信息。上传照片比对：用户访问百度寻人网站首页即可上传宝宝照片进行比对，百度寻人将依托全国范围内失踪儿童与流浪儿童的开放数据库，匹配孩子的照片；快速免费发布失踪及流浪宝宝信息。在百度寻人首页，显示有“我是家长，要发布失踪宝宝信息”或“我是网友，要发布流浪宝宝信息”按钮，用户只需单击此按钮，按照要求填写相关信息，就可以免费快速地将丢失宝宝或流浪宝宝的信息发布到百度寻人网站。

（二）情报分析中使用百度寻人查询的内容

1. 失踪、流浪人口信息。

2. 失踪儿童与流浪儿童开放数据库。

第六节　人物关系挖掘

一、360 人物关系图谱

（一）360 人物关系图谱网站网址及其简介

https：//www. so. com/zt/tupu. html

360 人物关系图谱隶属于 360 搜索。360 综合搜索，属于元搜索引擎，是通过一个统一的用户界面帮助用户在多个搜索引擎中选择和利用合适的（甚至是同时利用若干个）搜索引擎来实现检索操作，是对分布于网络的多种检索工具的全局控制机制。

（二）情报分析中使用 360 人物关系图谱查询及分析的主要内容

1. 用户输入被检索对象名称后将显示该对象的关联人物及关系。

2. 用户可查看图谱中人物的基本信息，或点击人物跳转至 360 百科查看详细资料。

二、百度百科人物

（一）百度百科人物网站网址及其简介

http：//baike. baidu. com/renwu

百度百科是网络百科全书。截至 2019 年 8 月，百度百科已经收录了超过 1600 万条词条，参与词条编辑的网友超过 680 万人。百度百科旨在创造一个涵盖各领域知识的中文信息收集平台，充分调动互联网用户的力量，汇聚上亿用户的头脑智慧，积极进行交流和分享。百度百科人物频道涵盖了包括政治人物、历史人物、经济人物、话题人物、明星人物以及虚拟人物等诸多领域。

（二）情报分析中使用百度百科人物频道查询的主要内容

1. 通过人物名称检索人物基本资料、生平信息、关联人员情况。
2. 支持任务信息中已有词条的直接跳转。
3. 平台已对同义词、多义词词条进行合并。
4. 用户可对词条信息进行编辑、勘误及更新。

三、历代人物传记资料库

（一）历代人物传记资料库网站网址及其简介

https：//www. inindex. cn/

中文在线引得数字人文资源平台（中国历代人物传记资料库，CBDB）是由哈佛大学费正清中国研究中心、台湾地区“中央研究院”历史语言研究所、北京大学中国古代研究中心及中文在线四方共同合作打造的记录中国古典数据的数字人文资源平台。CBDB 系线上关系型数据库，其整合了中国历史上所有重要的传记数据。引得内容由人物、亲属、非亲属关系、社会区分、入仕途径、官历、地址、著述、研究成果等部分组成。截至目前，平台共收录从先秦到清末约 41 万名历史人物的传记、著作资料，总量超过 4 亿字。其中，以唐、宋、明、清的人物传记资料最为充实。

中文在线引得数字人文资源平台（中国历代人物传记资料库，CBDB）

的内容由人物（People）、亲属（Kinship）、非亲属关系（Non-kinship Associations）、社会区分（Status）、入仕途径（Modes of Entry into Government）、官历（Offices/Postings）、地址（Places）、著述（Writings）、研究成果（Research result）等部分组成。该平台通过整合分析古代传记、著作等古籍资源，得到历史人物的生平、社会区分、人际关系、迁徙历程、为官履历等相关信息。

中文在线引得数字人文资源平台支持查询、数据图表、图片文字识别等功能，可实现历史人物个人信息检索、亲友关系识别、多类型数据在线可视化及模板下载、图文转换等需求。

（二）情报分析中使用中文在线引得数字人文资源平台查询及分析的主要内容

1. 通过历史人物的姓名、朝代、籍贯单一或组合搜索该人物的生平、社会关系、迁徙历程、为官履历等信息。

2. 用户可以通过该平台的工具绘制多种类型的图谱，实现数据可视化。该功能支持模板下载及本地数据上传。

3. 支持对该平台现有样例以及用户上传的本地古籍刻版、碑帖等进行文字识别，可供用户在线查看或下载。

四、爱图谱

（一）爱图谱网站网址及其简介

http：//www. neukg. com/

基于TechKG的爱图谱（AI图谱）是一个知识图谱演示系统，帮助用户找到感兴趣的研究者或者领域术语。TechKG从中国不同研究领域的学术期刊上发表的大量学术论文中自动生成，利用程序和规则来提取高质量的实体与关系，目前涵盖了计算机、金融、法律、医疗等38个研究领域的5200余万个实体。TechKG具有较高的适应性，可用作多种人工智能相关应用的数据集。

爱图谱支持关系发现、阅读理解、问句匹配、意图识别、关系识别及实体识别等功能，可实现关系可视化、语义计算、机器阅读理解等需求。

（二）情报分析中使用爱图谱分析的主要内容

1. 用户用过输入领域术语或科研人员后将返回关联术语、所属机构、相关人员等信息。

2. 用户输入针对同一问题的大量文本后，爱图谱将通过机器阅读理解抽取实体与关系，整合用户文本，输出针对该问题的答案。

3. 对用户输入的不同问句进行相似度分析，对同类问句进行匹配。

4. 对语言进程中不同答句进行语义分析，得出目标对象的意图分类及标签。

5. 在用户输入的大篇幅文本中抽取实体和关系，并通过可视化图谱呈现实体和实体间关系。

在爱图谱网站中，AI 实验室分栏以 DEMO 形式展示了研究小组的最新研究成果，并可在线体验。

第七节　中介服务网站

一、百姓网

（一）百姓网网站网址及其简介

https：//leshan. baixing. com/

百姓网打造以分类信息业务为平台、多条垂直业务线布局的生态圈，为用户提供涵盖生活服务、招聘求职、房屋租售、二手车买卖、二手交易、教育培训、同城交友等本地生活解决方案，连接身边的需求，可以简单、快速、方便地和邻居买卖二手、找朋友、找工作、租房子，等等。

在百姓网，可以免费查找本地的二手物品交易、二手车买卖、房屋租售、宠物、招聘、兼职、求职、交友活动、生活服务信息。还能免费发布这些信息。

（二）情报分析中使用百姓网查询的内容

1. 查询不同行业、职位的招聘、兼职信息。

2. 查询不同品牌、价位、车辆服务等二手车信息。

3. 查询房屋买卖、商业地产等房产信息。

4. 查询犬、猫、花鸟鱼虫的售卖及宠物医院、宠物用品、宠物公益等宠物信息。

5. 查询家政服务、维修服务、维修建材、汽车服务、婚庆摄影、旅游服务、休闲服务、其他服务等生活服务信息。

6. 查询同城交友、同城征婚、同城活动、婚介服务、技能交换、找人寻物、宝贝寻家、交友群等交友活动信息。

7. 查询商务服务、招商加盟、工业设备、物品批发、农林牧渔等商务信息。

8. 提供手机数码、生活百货、办公设备等二手交易信息。

9. 查询设备贸易商机、教育培训信息。

百姓网除了有网站查询外，也有 APP、小程序、微信公众号等提供查询功能。

手机客户端

百姓网微信公众号

百姓网小程序

百姓网搜索通公众号

二、赶集网

（一）赶集网网站网址及其简介

http：//bj. ganji. com/

赶集网整合了生活全领域服务信息，通过 PC 端及移动互联网端的全平台覆盖，为用户提供招聘求职、房屋租售、车辆买卖、二手物品买卖、宠物、票务、教育培训及本地生活等生活及商务服务类信息，帮助用户安全、便捷地找到所需生活服务信息。

赶集网主要是面向个人用户，通过 Internet 获取和发布个人商品、服务信息的平台。用户也可将分类广告发布到赶集网，当网民检索或者通过分类目录进行浏览时即可看到该广告。广告主可以留下电话、Email、QQ

以及联系人等信息，让浏览者能快速找到所发布的信息人。

（二）情报分析中使用赶集网查询的内容

1. 查询不同行业、职位的招聘、兼职、求职简历信息。

2. 查询不同品牌、价位、车辆服务等二手车信息。

3. 查询房屋买卖出租、商业地产等房产信息。

4. 查询犬、猫、花鸟鱼虫的售卖，宠物服务、救助等宠物信息。

5. 查询家庭上门服务、装修建材、婚庆摄影、旅游休闲、本地商务服务等本地生活服务信息。

6. 查询招商加盟、商务信息、教育培训信息、查询票务、卡卷信息。

7. 查询数码通信、生活百货、办公设备等二手交易信息。

赶集网除了有网站查询外，也有微信公众号、APP 提供查询功能。

微信公众号

APP

三、链家

（一）链家网站网址及其简介

https：//bj. lianjia. com/

链家是垂直的全产业链房产服务平台。目前，链家线上房源已覆盖北京、上海、广州、深圳、天津、成都、青岛、重庆、大连等 42 个城市。

（二）链家的主要功能

1. 楼盘字典：收录了包括房源房间门牌号、标准户型图、属性信息、配套设施信息、历史业务数据等多维度信息。

2. 大数据分析与应用。用户画像及智能推荐：链家通过对用户与网站的交互过程中产生的成交数据、带看数据、搜索和点击数据等大数据的分析形成用户画像，预估用户中意房屋的类型并智能为其推荐符合其需求的房源，推荐熟悉该小区、好评率高的经纪人为其服务。

3. 房产评价：链家通过对历史成交数据的多维度分析来预测未来房价走势、评估房屋竞争力，帮助用户、业主和经纪人提供决策参考。

4. 购房指南。链家“购房指南”版块为客户提供专家解答、热门问题、购房百科服务，为购房新手提供详尽参考资料。

（三）情报分析中使用链家查询的内容

1. 查询新房、二手房、租房等房屋的区域、售价、房型、面积等多维度信息，提供包括房源房间门牌号、标准户型图、属性信息、配套设施信息、历史业务数据等多维度信息。

2. 通过对目标与网站的交互过程中产生的成交数据、带看数据、搜索和点击数据等大数据的分析形成目标画像，预估中意房屋的类型并智能推荐符合其需求的房源，推荐熟悉该小区、好评率高的经纪人。

3. 通过对历史成交数据的多维度分析，提供对未来房价走势预测、房屋竞争力评估，帮助提供决策参考。

4. 提供专家解答、热门问题、购房百科服务，提供详尽的相关参考资料。

链家除了有网站查询外，也有微信小程序、APP 提供查询功能。

链家微信小程序

APP

四、安居客

（一）安居客网站网址及其简介

https：//guangzhou. anjuke. com/

安居客是房产信息服务平台，业务覆盖新房、二手房、租房、商业地产、海外地产、装修等领域。用户通过安居客网站、APP、手机网页版、Pad 网页版等，提供一站式房产租售专业服务。

（二）情报分析中使用安居客查询的内容

1. 通过“房源全息字典”查询新房、二手房、租房、商铺写字楼、海外地产、楼讯、装修等房屋信息。

2. 提供相关专题研究、市场报告的下载、

3. 运用大数据平台提供客群、竞品、供需、轨交、同行等相关分析。

4. 提供个性化的专家咨询服务。

安居客除了有网站查询外，也有 APP 提供查询功能。

安居客 APP

五、优客逸家

（一）优客逸家网站网址及其简介

http：//www. uoko. com/

优客逸家主要是提供分散式长租公寓产品，在成都、武汉、北京、杭州四地运营。

优客逸家为两类客户提供服务：对闲置房业主提供一站式房屋租赁增值管理解决方案；为城市租房人群提供高品质长租公寓产品、租后服务，以及围绕房屋、居住社交而衍生的增值服务。网站聚合了家具设计、房产策划、工程管理、酒店管理、公寓式服务、网络社交平台；定位于房屋租赁管理增值服务。集清水房托管、家居设计、装修施工、房屋租赁、租后管理维护一站式服务。

（二）情报分析中使用安居客查询的内容

根据区域、租金、户型、入住、室友、配置、地图定位查询北京、成都、武汉、杭州租房信息。

优客逸家除了有网站查询外，也有 APP、微信公众号提供查询功能。

官方 APP

优客逸家公众号

六、房天下

（一）房天下网站网址及其简介

https：//www1. fang. com/

房天下是房地产家居行业专业网络平台，专注新房、二手房、租房、家居、房地产研究等领域的服务。

（二）情报分析中使用房天下查询的内容

1. 根据区域、小区名、价格、类型、地图定位、实景扫描等查询新房、二手房、租房、写字楼、商铺的相关图片、视频信息。

2. 查询家装案例、装修公司、家居资讯等装修信息以及房产资讯。

3. 查看用户评论以及咨询信息，查看装修论坛。

房天下除了有网站查询外，也有 APP、小程序、微信公众号提供查询功能。

APP

小程序

微信公众号

七、搜房网

（一）搜房网网站网址及其简介

https：//www. sofang. com/

搜房网推出了在地图上标注房地产楼盘的展示模式——“按图搜房”，采用自由交互式的原则，每个来访客户均可以在网站上自由登录发布自己的房产信息，自由地浏览信息，房地产网由“自建”成为“群建”，

包括房地产各个频道的设置。

（二）情报分析中使用搜房网查询的内容

1. 根据楼盘名、地点、区域、价格、户型、类型、销售状态、项目特色或地图定位查询新房、二手房、租房、写字楼、商铺的相关信息。

2. 查询楼盘字典、业界名企、行业名词、业界名人、房产资讯等。

搜房网除了有网站查询外，也有 APP 提供查询功能。

APP

八、易登网

（一）易登网网站网址及其简介

http：//www. edeng. cn/

易登网是提供分类信息的互联网广告平台，类别包括房屋出租/交易、求职招聘、商品二手货、社区服务、找男友和其他商务信息。

（二）情报分析中使用易登网查询的内容

查询教育培训、全职招聘、企业服务、企业黄页、二手市场、房产、兼职招聘、车辆买卖、宠物、票务、生活服务、个人简历、创业、交友、旅游、酒店、签证等分类信息。

易登网除了有网站查询外，也有微信公众号提供查询功能。

微信公众号

第三章　国内物品及交通工具查询

第一节　快递物流查询工具

一、菜鸟裹裹

（一）菜鸟裹裹网站网址及其简介

http：//www. guoguo-app. com/

菜鸟裹裹是一款提供查快递、寄快递的应用软件，主要适用于全网包裹查询，支持淘宝、天猫、京东、苏宁等网购包裹自动跟踪，同时覆盖国内外 141 多家快递公司。菜鸟裹裹支持国内外快递运单查询、线上预约寄快递、快递自动跟踪、菜鸟驿站代收服务、快递进度实时提醒等。

（二）情报分析中其主要应用内容

1. 快递查询：支持顺丰快递查询、圆通快递查询、中通快递查询、申通快递查询、汇通快递查询、全峰快递查询、速尔快递查询、宅急送、国通快递查询、佳吉快递查询、运通快递查询、挂号信、平邮、中铁物流、如风达、淘宝订单、天猫订单、聚划算订单、京东快递、凡客订单、EMS、韵达快递查询、天天快递查询等 140 多家快递公司的快递订单查询，且查询结果自动跟踪。

2. 扫码查件：扫码录入单号，支持包裹备注。

3. 寄件服务：免费预约上门取件、寄件，北上广深等城市承诺寄件。

4. 附近快递员：一键查找附近快递员，寄快递、查快递直接联系。

5. 菜鸟驿站：网购包裹免费代收，包裹全程跟踪、到站点自动提醒，取货操作简便；同时驿站还提供便捷的寄件服务。

二、快递 100

（一）快递 100 网站网址及其简介

https：//www. kuaidi100. com/

快递 100 是一个集快递单号查询、快递单号短信跟踪、快递网点查询、网上寄快递等为一体的综合性快递物流服务网站。快递 100 集成 EMS 平邮、跨越速运，邮政快邮政包裹、顺丰、申通快递、圆通快递、中通、汇通、韵达、宅急送、速尔、德邦、中铁、星辰急便、天天、华宇物流等国内最常用的快递和物流公司。

（二）情报分析中其主要应用内容

1. 单号查询。快递单号查询服务为用户提供快递单号的在途情况的查询服务，只需两步操作，无须输入验证码，便可查出快件的在途情况。

2. 价格查询。为用户提供快递公司的运送价格查询服务，只要用户录入要寄送的快件的出发点、目的地和重量，就能获得该快件的快递价格。

3. 网点查询。为用户提供快递公司的网点信息查询服务，涵盖了申通、EMS、圆通、中通、韵达等几十家快递公司，能获得包括网点地址、派送范围和联系电话等的网点详细信息。

三、快递网

（一）快递网网站网址及其简介

http：//www. kuaidi. com/

快递网提供专业快递查询接口 API，一键查询顺丰、申通、圆通、韵达、汇通、天天、德邦、中通、宅急送、快捷、信丰、邮政包裹、挂号信及 EMS 等常见物流。

（二）情报分析中其主要应用内容

快递网提供上百家常用快递、物流公司的快递单号查询、快递网点查询、快递电话查询、快递价格查询、时效查询及在线寄快递等服务。

四、查快递吧

（一）查快递吧网站网址及其简介

https：//www. ckd8. com/

查快递吧能够方便用户查询到快递信息，目前支持全国 108 家快递和物流公司。

（二）情报分析中其主要应用内容

目前，版本支持全国 108 家快递和物流公司，且所有的快递查询都不需要验证码，无须注册，可以直接使用，而且还可直接扫描快递单。

五、查物流

（一）查物流网站网址及其简介

http：//www. chawuliu. com/

提供一站式快递查询、快递单号查询、物流查询、快递网点查询、快递电话查询等服务。

（二）情报分析中其主要应用内容

提供如 EMS 快递单号查询、申通快递查询、韵达快递查询、天天快递、顺丰、汇通等实时的快递物流跟踪信息。

六、56888 全国物流信息网

（一）56888 全国物流信息网网站网址及其简介

http：//www. 56888. net/comm/kuaidi. aspx

全国物流信息网是为物流行业提供物流信息的专业平台。平台聚集各类最新物流资讯，为物流司机提供各类行车服务，拥有物流专业知识库，包括在线提供物流

行业车找货、货找车、运输专线、公路、铁路、水运、空运等运输信息，以及网上物流招标、物流投标、物流外包、园区仓储招商、物流设备、物流管理、物流人才招聘、物流论文、物流知识、物流培训、物流联盟等物流信息服务的综合信息平台。

全国物流信息网城市平台在主站设置城市手动切换，切换采用分类信息网站城市切换模式。城市平台导航由快速导航和标准导航两部分组成，快速导航内容包括全国平台及全国31个省、市、自治区名，除了全国平台、北京、上海、天津、重庆直接跳转对应物流平台外，其他城市平台均在所属省份列出，点击城市名称即可进入。

（二）情报分析中其主要应用内容

1. 货源和运力信息。

2. 物流专线、货运专线信息。

3. 物流运价信息，包括公路运价、铁路运价、水路运价、航空运价、管道运价。

4. 物流产品供应商。

5. 物流产品供、求信息查询及发布。

6. 司机诚信车辆库，物流车源信息。

7. 物流专线价格信息。

8. 市区搬家货运公司。

9. 全国各地的物流园区信息。

10. 物流求职、物流招聘。

11. 物流招标、物流投标，物流外包服务。

七、查快递

（一）查快递网站网址及其简介

http：//www.ckd.cn/

查快递是提供一站式快递查询、快递单号查询、物流查询、快递网点查询、快递电话查询等服务的网站。查快递主要包括快递单号查询、快递公司大全、快递/物流新闻。

（二）情报分析中其主要应用内容

提供如 EMS 快递、申通快递、韵达快递、天天快递、顺丰快递、德邦物流等快递单号、网点、电话查询。

八、国家邮政局快递查询

（一）国家邮政局快递查询网站网址及其简介

http：//www.spb.gov.cn/yzbmcx/

国家邮政局快递查询是中华人民共和国国家邮政局官网的快递查询功能。

（二）情报分析中其主要应用内容

选择快递公司，输入订单号，输入验证码即可查询。

九、17track

（一）17track 网站网址及其简介

https：//www.17track.net/zh-cn

17track 是一个为用户提供国际挂号包裹查询、国际快递查询、国际物流查询等功能的网站。17track 的主要用户来自给类型的购物平台（eBay、阿里巴巴、全球速卖通、PAYPAL、亚马逊、敦煌网等），提供了查询全世界各个国家的挂号包裹、国际快递及国际包裹运送情况的功能。国际包裹查询网能自动识别录入的一个或多个邮件跟踪单号，从对应国家官方网点跨境搜寻货物运送情况，包括运送中事件具体内容、更新时间、投递状态等重要信息，并将所有结果进行投递状态自动分组。

（二）情报分析中其主要应用内容

1. 国际挂号包裹查询。

2. 国际快递查询。

3. 国际物流查询。

十、EMS 国际快递查询

（一）EMS 国际快递查询网站网址及其简介

http：//www. ems183. cn/indexs. htm

EMS 国际快递是各国邮政开办的一项特殊邮政业务，在各国邮政、海关、航空等部门均享有优先处理权。

（二）情报分析中其主要应用内容

1. 传递国际紧急信函、文件资料、金融票据、商品货样等各类文件资料和物品，提供多种形式的邮件跟踪查询服务。

2. 提供代客包装、代客报关、代办保险等一系列综合延伸服务。

十一、海关总署舱单信息查询

（一）海关总署舱单信息查询网站网址及其简介

http：//online. customs. gov. cn/

海关总署舱单信息查询，是指海关总署网站“在线服务”栏目设置了“新舱单信息查询”页面，选择关区、运输方式、提运单类型后，输入总提运单号即可查询舱单信息。

（二）情报分析中其主要应用内容

1. 海空舱单信息查询，选择关区、运输方式、提运单类型后，输入总提运单号即可查询舱单信息。

2. 公路舱单信息查询，选择货物运输批次号，提（运）单号，即可查询舱单信息。

3. 公路舱单确报查询，选择货物运输批次号、运输工具编号，即可查询舱单信息。

十二、铁路货物追踪

（一）铁路货物追踪网站网址及其简介

http：//hyfw. 12306. cn/gateway/DzswNewD2D/Dzsw/page/business-chcx-hwzz

铁路货物追踪主要通过中国铁路货运电子商务系统，该系统主要包括整车货物、散货快运、集装箱、行包快运和高铁快运。

（二）情报分析中其主要应用内容

1. 选定整车货物，输入车号、运单好即可查询。

2. 选定散货快运，输入需求单号、发货人手机号即可查询。

3. 选定集装箱，输入箱主、箱号即可查询。

第二节　物品资产及发票查询工具

一、海关总署全国一体化在线政务服务平台

（一）海关总署全国一体化在线政务服务平台网站网址及其简介

http：//online. customs. gov. cn/

“互联网+海关”一体化网上办事平台按照国务院“互联网+政务服务”技术体系建设指南开发建设，涵盖用户访问、信息资讯、信息检索、服务引导、咨询问答、监督评价和个性化推送七大功能。其中，服务引导包括运输工具、货物通关、物品通关、税费业务、加贸保税、企业管理、行政审批和知识产权等。

（二）情报分析中使用海关总署全国一体化在线政务服务平台查询的主要内容

1. 通关流转状态：输入报关单号查询海关总署向国家税务总局传输海关出口报关单数据和进出口增值税专用缴款书状态信息，方便进出口企业、单位及时办理出口退税和进出口增值税抵扣手续。

2. 舱单信息：包括海空舱单信息查询、公路舱单信息查询及公路舱单确报查询服务，可通过货物运输批次号、提单号、货物运输批次号、运输工具编号等单一或混合查询舱单信息。

3. 舱单通关状态：通过运输工具编号、航次号、运输方式、进出口标志及提运单号单一或混合查询舱单通关状态。

4. 通关参数：可查询监管方式、征免性质、国别（地区）、国内地区、成交方式、监管证件等 15 种代码表。

5. 重点商品查询：通过商品编码、商品名称及关键字单一或混合查询商品描述及规格型号等，且支持模糊查询。

6. 税率查询：通过税号或商品名称查询进口最惠国税率、进口普通税率、进口暂定税率或操作。

7. 企业信息公示：通过企业名称或统一社会信用代码可查询包括工商注册地址、跨境贸易电子商务类型、特殊贸易区域、经营类别等企业之策信息，以及企业信用等级和行政处罚记录。

8. 归类决定裁定：相关编号、中文名称、决定税号、规格型号、英文名称及其他名称可以相互查询，且支持查看详情。

9. 进出口税则查询：通过税则列号或货品名称单一或混合查询最惠国税率、进口普通税率、出口税率及暂定税率。

10. 化验标准与方法：支持内容方法与内容摘要相互查询，并可跳转进入内容详情。

11. IC 卡或无卡企业用户登录后，可以在线办理卫生检疫、货物通关、物品通关、税费业务、企业管理和稽查、知识产权及加贸保税等业务。

掌上海关微信小程序

iOS 掌上海关 APP

安卓 iOS 掌上海关 APP

二、中国商品信息服务平台

（一）中国商品信息服务平台网站网址及其简介

http：//www.gds.org.cn/

中国商品信息服务平台是基于计算机网络技术、全球统一标识系统而构建的标准化信息交换平台。平台以权威准确、翔实全面的高质量商品信息为基础，广泛应用于零售消费、物品流通、资源计划、电子采购和品类管理等领域，为商品的制造商、零售商、批发商以及咨询机构提供信息服务。

中国商品信息服务平台由商品信息注册系统、商品数据质量保证系统、任务计划处理系统、全球数据同步（GDS）管理系统四大部分组成，能够满足商业信息交换的个性化需求，实现信息资源价值的最大化利用。

（二）在情报分析中使用中国商品信息服务平台的主要内容

1. 通过商品条码、商品名称、商标、规格及企业名称等关键字查询规格型号、描述、条码状态、原产国及装配国等信息。

2. 提供全球合作商品数据池，涵盖了加拿大、丹麦、匈牙利、墨西哥、哥伦比亚、澳大利亚、克罗地亚等20余个国家和地区。

三、国家食品（产品）安全追溯平台

（一）国家食品（产品）安全追溯平台网站网址及其简介

http：//www.chinatrace.org/

该平台是国家发改委确定的重点食品质量安全追溯物联网应用示范工程，主要面向全国食品生产企业，实现食品追溯、防伪及监管，由中国物品编码中心建设及运行维护，由政府、企业、消费者、第三方机构使用。该平台接收31个省级平台上传的质量监管与追溯数据；完善并整合条码基础数据库、QS、监督抽查数据库等质检系统内部现有资源（分散存储、互联互通）；通过对食品企业质量安全数据的分析与处理，实现信息公示、公众查询、诊断预警、质量投诉等功能。

条码追溯是通过条码技术，解决了计算机应用中数据采集的“瓶颈”，实现了信息的快速、准确获取与传输，有机地联系了各行各业的信息系统，为实物流和信息流的同步提供了数据手段，有效地提高了供应链管理的效率，是电子商务、物流管理现代化等的必要前提。条码追溯通过商品条码可以获取以下信息：

1. 产品信息：包括名称、商标名称、产品规格和与产品相关的诚信记录、预警信息和召回信息，还有相关的产品图片以及证书。

2. 企业信息：包括企业名称、地址和产品状态。

3. 生产数据：包括追溯要素、数据名称、数据值、数据单位。

4. 检验数据：包括检验项、检验值、检验结果。

（二）情报分析中使用国家食品（产品）安全追溯平台查询的主要内容

1. 通过商品条码或批次号查询产品信息、企业信息及资质信息。

2. 生产企业追溯平台、政府追溯监管平台、经营企业追溯平台登录后可使用。

四、中国物品编码中心

（一）中国物品编码中心综合查询网站网址及其简介

http：//www. ancc. org. cn/Service/queryTools/Barcode. aspx

中国物品编码中心是统一组织、协调、管理我国商品条码、物品编码与自动识别技术的专门机构，隶属于国家市场监督管理总局，1991 年 4 月代表我国加入国际物品编码组织（GS1），负责推广国际通用的、开放的、跨行业的全球统一标识系统和供应链管理标准，向社会提供公共服务平台和标准化解决方案。

中国物品编码中心在全国设有 47 个分支机构，形成了覆盖全国的集编码管理、技术研发、标准制定、应用推广以及技术服务为一体的工作体系。全球统一标识系统是全球应用最为广泛的商务语言，商品条码是其基础和核心。截至目前，编码中心累计向 70 多万家企业提供了商品条码服务，全国有上亿种商品上印有商品条码。

（二）情报分析中使用中国物品编码中心查询的主要内容

1. 条码信息查询：国内条码信息查询、缩短码查询及境外条码信息查询。

2. GLN 查询：参与方位置编码（Global Location Number）是对参与供应链等活动的法律实体、功能实体和物理实体进行唯一标识的代码，用 13 位数字表示，主要应用于条码符号自动识别与数据采集和电子数据交换。

3. 支持自行车企业代码公告查询、条码术语查询、校验码计算工具、国家及前缀码查询等功能。

条码追溯系统安卓版

条码追溯系统 iPhone 版

五、国家物联网标识管理中心

（一）国家物联网标识管理中心网站网址及其简介

http://www.iotroot.com/

国家物联网标识管理与公共服务平台，是以 Ecode 标识体系为依据的物联网应用基础设施。该平台提供 Ecode 的注册与管理、不同载体的数据解析、多种方式的信息查询、搜索与发现服务、信息托管服务、数据挖掘服务等功能，是物联网统一编码产业化应用的基础支撑平台，将打造成品类级、批次级和单品级的国家物品基础数据库，成为跨系统之间信息对接的桥梁，为异构系统之间的信息交互和消费者的信息查询提供全面的基础数据服务。

（二）情报分析中使用国家物联网标识管理中心查询的主要内容

1. 支持 Ecode 编码查询、商品查询、快递查询及 VNSI 查询。

2. 企业用户和条码卡用户登录平台后，进入管理中心，其管理中心展现形式相同。在管理中心中可实现编码管理，产品追溯和 VNSI 注册三个功能。

六、国家食品工业企业诚信信息公共服务平台

（一）国家食品工业企业诚信信息公共服务平台网站网址及其简介

http：//foodcredit. miit. gov. cn/

国家食品工业企业诚信信息公共服务平台设立了八大专栏，集中宣传国家食品安全政策、法规，链接省市自治区食品诚信网络，反映地方动态。平台开通使用后将汇集食品工业诚信管理资源，引导促进食品工业行业资源高效配置和综合利用，为各级行政主管部门提供食品质量安全监管信息，提高政府对食品安全的监控能力和管理创新能力，提供食品安全诚信服务，发布守信奖励及失信惩戒（包括“黑名单”）信息。同时，将依托地方平台、行业平台、企业管理信息系统，形成食品工业企业诚信管理国家平台长效运行机制。诚信信息平台是食品企业诚信体系建设的重要内容，是信息征集、披露与查询的重要载体。

（二）情报分析中使用国家食品工业企业诚信信息公共服务平台查询的主要内容

1. 按企业名称关键字、企业所在省市自治区、发证机构、发证时间或证书状态查询获证企业信息。

2. 根据企业和产品溯源码进行产品溯源（食品工业企业质量安全追溯平台为试运行阶段，可以查询伊利、完达山、三元、雅士利、明一、辉山、贝因美、澳优、银桥、圣元、和氏、飞鹤 12 家企业婴幼儿配方乳粉质量安全追溯数据）。

实食求是扫描查询

微信公众号

三品战略扫码查询

微信公众号

七、无线电发射设备销售备案信息平台

（一）无线电发射设备销售备案信息平台网站网址及其简介

http：//202. 106. 120. 214/

工业和信息化部发布的《无线电发射设备销售备案实施办法（暂行）》明确了实施无线电发射设备销售备案的管理机构、备案主体、备案内容、操作流程等，并规定通过全国统一的无线电发射设备销售备案信息平台进行网上办理及备案信息的管理、公示和查询等。

（二）情报分析中使用无线电发射设备销售备案信息平台查询的主要内容

1. 通过输入设备名称、型号或经营主体查询命中条件的销售商地图分布情况，支持列表展示经销商的名称、地址、距离、联系人及电话。

2. 通过经销商名称查询其法人姓名、所在省市、详细地址及注册时间。

八、电信设备进网许可证查询

（一）电信设备进网许可证查询及其简介

https：//zwfw. miit. gov. cn/miit/resultSearch？categoryTreeId＝300

电信设备进网许可证查询平台隶属于中华人民共和国工业和信息化部信息通信管理局，该平台系工信部行政许可结果公开系统的分栏。

（二）情报分析中使用电信设备进网许可证查询平台查询的主要内容

通过关键字查询电信设备进网许可证编号、设备名称、设备型号、申请单位及有效期。

九、电器电子产品有害物质限制使用公共服务平台

（一）电器电子产品有害物质限制使用公共服务平台网站网址及其简介

http：//chinarohs. miit. gov. cn/index

电器电子产品有害物质限制使用公共服务平台主办单位为中华人民共和国工业和信息化部，由工业和信息化部和国家市场监督管理总局联合建设。该平台已纳入《电器电子产品有害物质限制使用达标管理目录》的电器电子产品供方（生产者、授权代表），可注册、登录平台，并发布产品的符合性信息，向公众消费者承诺其产品中有害物质使用情况已达到相关标准和《电器电子产品有害物质限制使用管理办法》部门规章的要求。平台既能够满足公众消费者对电器电子产品中有害物质使用情况的知情权的需要，又能减轻企业负担，为供方披露产品中有害物质使用信息提供更灵活便捷的渠道。

（二）情报分析中使用电器电子产品有害物质限制使用公共服务平台查询的主要内容

1. 输入如“认证证书号”“自我声明编号”“产品名称”“产品型号”“生产者”等的关键字，查询生命详情、企业信息及产品信息。

2. 平台注册登录后可办理自我声明上报、认证认可上报业务。

十、船载危险货物属性查询

（一）船载危险货物属性查询网站网址及其简介

http：//www. yjzxln. msa. gov. cn/dgap/

船载危险货物属性资料查询平台由辽宁海事局大连危险货物运输研究中心于2012年建设完成，是我国唯一一个以船载货物运输安全为目标的危险货物数据库。截至目前，该数据库已收录5259条危险货物的属性资料，其特点如下：

1. 信息数据。该数据库围绕船载危险货物运输安全，全面收集了货物的成分和标识、危险货物运输信息、GHS分类和标记、危险和安全防护、

基本理化特性、毒性和海洋污染性、事故应急处理等方面的资料。网站的数据主要来源于自有数据库（化学在线数据库 MSDSonline、欧盟化学品登记注册数据库 EINECS PLUS、澳大利亚化学品应急反应数据库 CHEM-WATCH），以及互联网上检索的国内外权威的数据库资料，如化学品管控事实型数据库（Chemical Controls Watch）、化学有害物质数据库（Chemical Hazard Information Library）、化学聚合物产业文献（Polymer Library）、化学银行（chembank）、分析学文摘（OVID）等。

2. 更新维护机制。为满足用户使用需要，网站建立了有效完善的数据库更新维护机制，搭建了与用户畅通的沟通渠道，根据用户使用意见，定期对数据库进行完善、修正、更新和增录。

3. 全中文化的信息服务。为方便用户使用，减少中英文在化学物质命名、化学品俗名、学名等方面的差异，网站提供了全部中文化信息服务，对数据库中部分来源于国外的文献和资料进行了翻译和整理，如加拿大运输部、美国运输部、墨西哥运输及通信部和阿根廷紧急化学资讯中心共同制定的《危险货物运输应急救援指南（2012 年版）》（ERG2012）。

大连危险货物运输研究中心微信公众号

4. 专业化的查询功能。该数据库完全符合用户对专业资料的查询习惯，提供了个性化的查询结果查看和快捷的栏目式检索方式。

（二）情报分析中使用船载危险货物属性资料平台查询的主要内容

通过货物的中文或英文名称关键字，查询包含该关键字船载危险货物包括中英名称、编号及性状的信息。

十一、i 跟踪

（一）i 跟踪网站网址及其简介

http：//www. igenzong. com/Port/CNTAO

i 跟踪，以国际集装箱动态信息服务为核心，可免费在网站和微信上查询集装箱在船舶、集装箱卡车和飞机上的动态信息，覆盖全球 150 多个国家 1800 多个基本港的 2000 多条航线。目前，i 跟踪的海运跟踪版块，打通了 25

个口岸、94 家码头堆场和 55 家船公司的集装箱信息数据，可提供集装箱从空箱出场、重箱回场、装船、中转、提箱等十多个关键节点的信息查询。

（二）情报分析中使用 i 跟踪平台的主要功能

1. 海运跟踪：包括航区导航、可视化跟踪、船舶跟踪、船证查询等功能。

2. 全球船期：通过输入始发港、目的港及选择船公司进行查询。

3. 空运跟踪：包括空运跟踪、机场三字码查询、舱单查询功能，现已经支持美航、加航、汉莎等 123 家航空公司。

4. 物流工具：包括 HScode、通关查询、字符转换、单位换算、实时汇率、港口代码及快递查询功能。

i 跟踪微信公众号

i 跟踪官方微博

十二、云当网

（一）云当网网站网址及其简介

http：//www. yundangnet. com/cargoTrackings/cargoTrackingSea

云当网是物流行业数据服务提供商，平台聚合行业数据流，提供海运、空运、铁运、跨境电商全程货物跟踪。为物流上下游企业提供各种业务场景的数据通道。对外开放公共 API 接口，为各大物流企业、软件公司、物流电商提供云数据服务。“云跟踪”规划可以提供海运、空运、铁运、国际快递四种运输方式的货物追踪功能。个人用户只需通过简单的微信授权进行登录即可免费使用。云当网通过平台分发、数据共享、单一平台及流程简化提供服务。

云当网的主营产品包括：

1. 货物跟踪：支持全球 100 多家主要船东以及航空公司的货物跟踪，覆盖全国八大口岸的港区查询。

2. 拖车交互：包括货代下上柜计划、拖车司机派单、拖车封箱号反馈、拖车码头进场预约、拖车海关报备。

3. 船东 EDI：货代—货主云对单、SO/排载/申报/SI/VGM EDI 提交通道。

（二）情报分析中使用云当网查询的主要内容

1. 海运跟踪：通过订舱号、提单号或箱号查询集装箱号码、移动日期、位置、预计到达时间等信息。

2. 空运跟踪：通过航运单号及航司货物状态。

3. 铁运跟踪：输入货物的车号和运单号，可查询货物的最新位置。

4. 快递跟踪：通过快递单号及快递公司名称查询快递信息。

云当网微信公众号

云当网微信小程序

十三、西岸国际

（一）西岸国际网站网址及其简介

https：//www. seabay. cn/cn/seatrack#

西岸国际货运提供集装箱海运、散货拼箱、散杂货运输、租船包机、国际空运、海陆空联运、中港运输、仓储装卸、代理报关、代理报检、FBA 头程物流、货运保险及代理进出口等服务，是华南地区的综合性国际物流企业。西岸国际货运同时也是中小货代组织 WCA 的中国区创始会员之一。

西岸国际货运的西岸三字代码查询系统，为用户提供免费的三字代码查询服务。近年来，上线的航空公司查询系统、空运货物跟踪系统、空运价格查询系统、船公司查询系统、世界港口查询系统、海运跟踪系统、海运整箱价格查询系统，为广大用户提供交易参考。

（二）情报分析中使用西岸国际查询的主要内容

1. 空运价格：注册会员可以查询全国 16 个机场至全球空运价格、全球海关机场收费标准及清关要求。

2. 海运价格：输入城市/港口/码头/国家的中文或英文查询有效期、起运港—目的港、20GP、40GP、40HC、航程及详情信息，并支持按不同关键字升降序排列。

3. 三字代码：西岸三字代码查询系统，提供机场三字代码查询，城市三字代码查询，用户可以输入机场代码，机场名称，城市名称，国家名称的中文或者英文进行随意查询。

4. 港口查询：西岸港口查询系统，收录了全世界上万个港口（内陆港）和城市，按照国家和航线进行科学分类，提供世界港口查询、海运港口五字代码查询、海运港口查询。

5. 空运跟踪：西岸空运货物跟踪查询系统，整合了全球196家航空公司的空运货物跟踪查询，用户输入11位空运提单号码，系统自动识别航空公司，自动查询空运货物的实时状态。

6. 海运跟踪：通过订舱号、提单号或箱号查询集装箱号码、移动日期、位置、预计到达时间等信息。

西岸国际
微信公众号

7. 航空公司：西岸航空公司查询系统收集全球1000多家航空公司，支持航空公司二字代码，航空公司三位数字代码，航空公司中英文名称查询，附带官方空运货物跟踪查询和第三方空运货物跟踪查询链接。

8. 直飞距离：用户输入起始机场和目的机场的三字代码，可进行两机场直飞距离及时间测算。

9. 物流百科：提供包括海运资讯、空运资讯、空运知识、海运知识、报关知识等的相关资讯及知识服务。

十四、立刻查

（一）立刻查网站网址及其简介

http：//www. likecha. com/tools/hscode. html

立刻查网站是提供现代物流信息化支持和信息交互的平台。

（二）情报分析中使用立刻查查询的主要内容

1. HS编码查询：支持批量查询、申报要素、3C认证、税则目录及通关参数的查询服务。

2. 空运货物查询：支持机场三字代码、全球航空公司空运跟踪及航班查询服务。

3. 船舶动态查询：支持口岸跟踪、海运跟踪及码头港区查询。

十五、船问网

（一）船问网网站网址及其简介

http：//www. whereships. com/Index/ship/shippt. html

船问网是根据中华人民共和国交通运输部、海事局以及地方海事局登记在册的船舶所建立的信息网站，为用户提供船舶档案搜索、船货在线交易、全程物流垫付、客服详情咨询等服务。通过网站用户可以随时掌握船舶动态以及优质的货盘。根据自己的需求搜索船舶基本信息。

（二）情报分析中使用船问网查询的主要内容

检索包括船舶档案、空船信息、货物信息等内容。

十六、土地市场信息查询

（一）土地市场信息查询网站网址及其简介

https：//www. landchina. com/

土地市场信息查询属于中国土地市场网，涵盖了土地供应、行业动态、政策法规、专项服务四大版块。

（二）情报分析中使用土地市场信息查询平台查询的主要内容

1. 出让公告查询：用户通过筛选行政区划、发布日期、截止日期、公告类型、土地用途选项，查询国有土地使用权挂牌出让公告详情。

2. 供地计划查询：用户通过筛选行政区、发布时间及标题条件，查询国有建设用地供应计划详情。

3. 地块公示查询：用户通过筛选行政区、供应方式、公式标题、发布时间及截止时间，查询国有土地使用权出让等公示详情。

4. 结果公告查询：用户通过筛选行政区、签订日期、供应方式、土地用途等条件，查询供地结果详细信息。

5. 大企业购地情况查询：用户通过筛选行政区、电子监管号、宗地位置、供应方式等条件，查询大房企购地详细信息。

十七、国家税务总局全国增值税发票查验平台

（一）国家税务总局全国增值税发票查验平台网站网址及其简介

https：//inv-veri. chinatax. gov. cn/

全国增值税发票查验平台隶属于国家税务总局，取得增值税发票的单位和个人可登录全国增值税发票查验平台，对开具的增值税专用发票、增值税普通发票、机动车销售统一发票和增值税电子普通发票的发票信息进行查验。单位和个人通过网页浏览器首次登录平台时，应下载安装根证书文件，查看平台提供的发票查验操作说明。

（二）情报分析中使用国家税务总局全国增值税发票查验平台查询的主要内容

查验发票真伪：纳税人依据取得的纸质发票或电子发票，需在页面中根据要求输入相关的查验项目信息，根据纳税人查验的票种，其输入的校验项目也不相同，其中：

（1）增值税专用发票：发票代码、发票号码、开票日期和开具金额（不含税）；

（2）增值税普通发票、增值税电子普通发票（含通行费发票）、增值税普通发票（卷票）：发票代码、发票号码、开票日期和校验码后六位；

（3）机动车销售统一发票：发票代码、发票号码、开票日期和不含税价；

（4）货物运输业增值税专用发票：发票代码、发票号码、开票日期和合计金额；

（5）二手车销售统一发票：发票代码、发票号码、开票日期和车价合计。

第三节　电子商务平台

一、淘宝网

（一）淘宝网网站网址及其简介

https：//www. taobao. com/

随着淘宝网规模的扩大和用户数量的增加，淘宝也从单一的 C2C 网络集市变成了包括 C2C、团购、分销、拍卖等多种电子商务模式在内的综合性零售商圈。

（二）情报分析中使用淘宝网查询的内容

1. 输入商品名称或关键字（词）可查询相关商品在网站中的销售信息。

2. 输入店铺名称或关键字（词）可查询相关店铺的信息。

3. 点击相机选项可使用图片查询在网站中关联的相似或相关商品信息。

4. 可选择分类查询该类型商品信息。

二、天猫

（一）天猫网站网址及其简介

https：//www. tmall. com/

"天猫"（英文：Tmall，亦称淘宝商城、天猫商城）原名淘宝商城，是一个综合性购物网站。其整合数千家品牌商、生产商，为商家和消费者之间提供一站式解决方案。

（二）情报分析中使用"天猫"网站查询内容

1. 输入商品名称或关键字（词）可查询相关商品在网站中的销售信息。

2. 输入店铺名称或关键字（词）可查询相关店铺的信息。

3. 点击相机选项可使用图片查询在网站中关联的相似或相关商品

信息。

4. 可选择分类查询该类型商品信息。

三、阿里司法拍卖

（一）阿里司法拍卖网站网址及其简介

https：//sf. taobao. com/

阿里拍卖线上拍卖市场。阿里拍卖已经同上千家商业机构、政府机构、金融机构开展合作，旗下涵盖资产拍卖、高端消费品拍卖、收藏品拍卖等。

（二）情报分析中使用“阿里司法拍卖”网站查询内容

1. 输入标的物名称或地理位置可查询相关标的物在网站中的拍卖信息。

2. 选择标的物类型或所在地可查询相关标的物的信息。

3. 网站中拍卖公告可查询相关法院拍卖的公告。

4. 点击法院，选择相关法院可查询该法院公告、工作公示信息和有关标的物的拍卖信息。

四、阿里巴巴

（一）阿里巴巴网站网址及其简介

https：//www. alibaba. com/

阿里巴巴集团经营多项业务，另外也从关联公司的业务和服务中取得经营商业生态系统上的支援。业务和关联公司的业务包括：淘宝网、天猫、聚划算、全球速卖通、阿里巴巴国际交易市场、1688、阿里妈妈、阿里云、蚂蚁金服、菜鸟网络等。

（二）情报分析中使用“阿里巴巴”网站查询内容

1. 输入商品名称或关键字（词）可查询相关商品在网站中的销售信息。

2. 输入店铺名称或关键字（词）可查询相关店铺的信息。

3. 点击相机选项可使用图片查询在网站中关联的相似或相关商品信息。

4. 可选择分类查询该类型商品信息。

五、金马甲资产与权益在线交易平台

(一) 金马甲资产与权益在线交易平台网站网址及其简介

http：//www. jinmajia. com/xmjs/

金马甲是基于互联网的产权交易服务平台。金马甲集中了全国的产权交易项目、投资人及服务机构资源，从而整合成一个覆盖全国的产权网络交易服务平台。

(二) 情报分析中使用“金马甲资产与权益在线交易平台”网站查询内容

1. 输入关键字 (词) 可查询相关商品的交易信息。

2. 选择类别、行业、地区可查询相关商品的交易信息。

六、京东

(一) 京东网站网址及其简介

https：//www. jd. com/

京东是自营式电商企业，旗下设有京东商城、京东金融、拍拍网、京东智能、O2O 及海外事业部等。

(二) 情报分析中使用“京东”网站查询内容

1. 输入商品名称或关键字 (词) 可查询相关商品在网站中的销售信息。

2. 输入店铺名称或关键字 (词) 可查询相关店铺的信息。

3. 可选择分类查询该类型商品信息。

七、拼多多

（一）拼多多网站网址及其简介

https：//www. pinduoduo. com/

拼多多是手机购物 APP，旨在凝聚更多人的力量，用更低的价格买到更好的东西。

（二）情报分析中使用“拼多多”网站查询内容

1. 输入商品名称或关键字（词）可查询相关商品在网站中的销售信息。

2. 输入店铺名称或关键字（词）可查询相关店铺的信息。

3. 可选择分类查询该类型商品信息。

八、当当网

（一）当当网网站网址及其简介

http：//www. dangdang. com/

当当网是综合性网上购物商城，当当网已从早期的网上卖书拓展到网上卖各品类百货，包括图书音像、美妆、家居、母婴、服装和3C 数码等几十个大类，数百万种商品。

（二）情报分析中使用当当网查询内容

1. 输入商品名称或关键字（词）可查询相关商品在网站中的销售信息。

2. 输入店铺名称或关键字（词）可查询相关店铺的信息。

3. 可选择分类查询该类型商品信息。

九、唯品会

（一）唯品会网站网址及其简介

https：//www. vip. com/

唯品会主营业务为互联网在线销售品牌折扣商品，涵盖名品服饰鞋包、美妆、母婴、居家等各大品类。

（二）情报分析中使用“唯品会”网站查询内容

1. 输入商品名称或关键字（词）可查询相关商品在网站中的销售信息。

2. 输入店铺名称或关键字（词）可查询相关店铺的信息。

3. 可选择分类查询该类型商品信息。

十、网易严选

（一）网易严选网站网址及其简介

https：//you. 163. com/

网易严选是网易旗下自营生活家居品牌。目前已覆盖十大品类。从挖掘消费需求出发，按需订制，全程参与把控工艺生产环节。

（二）情报分析中使用“网易严选”网站查询内容

1. 输入商品名称或关键字（词）可查询相关商品在网站中的销售信息。

2. 输入店铺名称或关键字（词）可查询相关店铺的信息。

3. 可选择分类查询该类型商品信息。

十一、1 号店

（一）1 号店网站网址及其简介

https：//www. yhd. com/

1 号店是电子商务型网站，开了中国电子商务行业“网上超市”的先河。

（二）情报分析中使用“1 号店”网站查询内容

1. 输入商品名称或关键字（词）可查询相关商品在网站中的销售信息。

2. 输入店铺名称或关键字（词）可查询相关店铺的信息。

3. 可选择分类查询该类型商品信息。

十二、聚美优品

(一) 聚美优品网站网址及其简介

http：//gz. jumei. com/

聚美优品是一家化妆品限时特卖商城，其前身为团美网。聚美优品已成为一家多元化的时尚科技集团。

(二) 情报分析中使用“聚美优品”网站查询内容

1. 输入商品名称或关键字（词）可查询相关商品在网站中的销售信息。

2. 输入店铺名称或关键字（词）可查询相关店铺的信息。

3. 可选择分类查询该类型商品信息。

十三、一淘网

(一) 一淘网网站网址及其简介

https：//www. etao. com/

一淘网是阿里巴巴集团旗下的促销类导购平台。一淘网立足淘宝网、天猫、飞猪等阿里巴巴集团的商品基础，通过返利、红包、优惠券等丰富的促销利益点，为用户提供购物体验。

(二) 情报分析中使用一淘网查询内容

1. 输入商品名称或关键字（词）可查询相关商品在网站中的销售信息。

2. 输入店铺名称或关键字（词）可查询相关店铺的信息。

3. 可选择分类查询该类型商品信息。

十四、苏宁易购

（一）苏宁易购网站网址及其简介

http：//www. suning. cn/cms/index. htm

苏宁易购是B2C网上购物平台，是现已覆盖传统家电、3C电器、日用百货等品类。

（二）情报分析中使用“苏宁易购”网站查询内容

1. 输入商品名称或关键字（词）可查询相关商品在网站中的销售信息。

2. 输入店铺名称或关键字（词）可查询相关店铺的信息。

3. 可选择分类查询该类型商品信息。

十五、国美

（一）国美网站网址及其简介

https：//www. gome. com. cn/

国美电器是中国大陆家电零售连锁企业，覆盖全国256个城市。

（二）情报分析中使用“国美”网站查询内容

1. 输入商品名称或关键字（词）可查询相关商品在网站中的销售信息。

2. 输入店铺名称或关键字（词）可查询相关店铺的信息。

3. 可选择分类查询该类型商品信息。

十六、亚马逊

（一）亚马逊网站网址及其简介

https：//www. amazon. cn/

亚马逊是一家网络电子商务公司，已成为全球商品品种最多的网上零售商和全球第二大互联网企业，在公司名下，也包括AlexaInternet、a9、lab126和互联网电影数据库（Internet Movie Database，IMDB）等子公司。

（二）情报分析中使用“亚马逊”网站查询内容

1. 输入商品名称或关键字（词）可查询相关商品在网站中的销售信息。

2. 输入店铺名称或关键字（词）可查询相关店铺的信息。

3. 可选择分类查询该类型商品信息。

十七、卷皮

（一）卷皮网站网址及其简介

http：//www. juanpi. com/

卷皮是平价生活电子商务平台，是专注高性价比商品的移动电商。

（二）情报分析中使用“卷皮”网站查询内容

1. 输入商品名称或关键字（词）可查询相关商品在网站中的销售信息。

2. 输入店铺名称或关键字（词）可查询相关店铺的信息。

3. 可选择分类查询该类型商品信息。

十八、闲鱼

（一）闲鱼网站网址及其简介

https：//2. taobao. com/

闲鱼是闲置交易平台 APP 客户端。会员只要使用淘宝或支付宝账户登录，无须经过复杂的开店流程，即可达成包括一键转卖个人淘宝账号中“已买到宝贝”、自主手机拍照上传二手闲置物品以及在线交易等诸多功能。

（二）情报分析中使用“闲鱼”网站查询内容

1. 输入商品名称或关键字（词）可查询相关商品在网站中的销售信息。

2. 可选择分类查询该类型商品信息。

第四节　车辆查询工具

一、中国汽车燃料消耗量查询系统

（一）中国汽车燃料消耗量查询系统网站网址及其简介

http：//www. miit. gov. cn/asopCmsSearch/n2810/index. html？searchId=scqycx

汽车燃料消耗量标识，是指轻型汽车将分别标明城市工况、郊区工况和综合工况下的油耗三类油耗标识，另外进口新车也同样要贴油耗标识，以方便消费者辨识油耗程度或节能效果。该网站主要提供相关人员汽车燃料消耗量查询服务。

（二）情报分析中使用“中国汽车燃料消耗量查询系统”网站查询内容

1. 本页面主要搜索类型有两种：减免车船税车型查询，以及免征车船税车型查询。

2. 检索的过程中分类标准有生产企业、车辆品牌、批次、节能型乘用车、新能源汽车。

二、跨省大件运输并联许可系统

（一）跨省大件运输并联许可系统网站网址及其简介

http：//zclic. tpri. org. cn/

跨省大件运输并联许可系统是全国大件运输许可平台，全国大件运输跨省联网审批业务，通过该系统可以实现跨省大件运输许可网上办理、并联审批、信息公开和协同监管等。

跨省大件运输并联许可系统实现全国联网后，申请人在网上提交申请材料，由起运地省份统一受理和集中反馈，途经省份实行并联审批，提高审批效率。大件运输企业基础信息在部级平台注册后，由起运地完成勘验，验证信息全网有效。经依法许可的大件运输，由起运地网上发证、沿途通行，将免去运输申请人到途经省份提交申请材料的烦琐手续，提高审批效率，加强审批监管。

（二）情报分析中使用“跨省大件运输并联许可系统”网站查询内容

1. 页面登录需要提供用户名、密码、验证码。

2. 可以使用微信登录。

3. 首页还提供咨询电话、监督电话、企业用户手册、办事指南、大件投诉等服务。

微信公众号

咨询微信号 1

咨询微信号 2

三、道路运政营运车辆查询

（一）道路运政营运车辆查询网站网址及其简介

http：//app. gjzwfw. gov. cn/jmopen/webapp/html5/jtbdlyzcl/index. html

营运车辆指报告期末经主管机关核准，可参加营运的车辆，包括技术完好的、在修的、待修的、长期停驶的以及拟报废尚未经上级主管部门批准的车辆。但不包括企业的非营运车辆（如架线车、油罐车、货车和专用车辆）和借入的客运车辆。

（二）情报分析中使用“道路运政营运车辆查询”网站查询内容

1. 该信息服务由交通运输部提供，查询中需提供车辆号牌和 VIN 以及验证码。

2. 其他相关服务包括试验检测人员考试合格查询、船舶经营资质查询、公路企业经营资质查询、道路运政营运车辆查询、道路运政从业人员查询、道路运政经营业户查询。

3. 为方便使用，建议申请国家政务服务平台账号。提供法人类型、企业名称、统一社会信用代码、姓名、身份证号、手机号、验证码、密码等即可申请。

四、互联网道路运输便民政务服务系统

（一）互联网道路运输便民政务服务系统网站网址及其简介

http：//ysfw. mot. gov. cn/NetRoadCGSS－web/information/query？searchType＝car

互联网道路运输便民政务服务系统是以电子商务为手段，运用互联网和现代通信技术构建的道路货运交易信息平台，旨在为货主、货运代办人和汽车运输企业间构架一条信息流通道。

（二）情报分析中使用“互联网道路运输便民政务服务系统”网站查询内容

1. 首页分为：个人办事、法人办事、办件进展、信息查询、办事指南、凭证下载。

2. 信息查询分为：从业人员、营运车辆、经营业户、线路标志牌、综检评定、汽修档案。

3. 办事指南分为：网上年审、道路运输证补发、道路运输证换发、道路运输证注销、学习教育、诚信考核、从业资格证补发、从业资格证换发、从业资格证变更、从业资格证注销。

4. 使用该网站前，建议登录：输入账号/邮箱号和密码即可登录。

5. 注册流程：选择注册类型、输入用户名、手机号、验证码、密码即可注册。

小程序

微信公众号

五、中国汽车网 VIN 车辆识别代码查询

（一）中国汽车网 VIN 车辆识别代码查询网站网址及其简介

http：//www. chinacar. com. cn/vin_ index. html

VIN 码是车辆识别代码，又称车辆识别码、车辆识别代码、车辆识别号、车辆识别代号，VIN 码是表明车辆身份的代码。VIN 码由 17 位字符（包括英文字母和数字）组成，俗称十七位码，是制造厂为了识别而给一辆车指定的一组字码。该号码的生成有着特定的规律，对应于每一辆车，并能保证 50 年内在全世界范围内不重复出现。车辆识别代号中含有车辆的制造厂家、生产年代、车型、车身结构、发动机以及其他装备的信息。该网站主要用于汽车 VIN 车辆识别代码查询。

（二）情报分析中使用“中国汽车网 VIN 车辆识别代码查询”网站查询内容

1. 首页包括公告查询、底盘查询、燃油查询、免征查询、环保查询、VIN 查询。

2. 查询 VIN 代码查询时需提供前八位数和后八位数。

3. 注册账号查询会更加方便。注册账号时需提供手机号和密码以及验证码。

六、宜配网车型车架号查询

（一）宜配网车型车架号查询网站网址及其简介

http：//www. yiparts. com/vin

宜配网车型车架号查询网站，提供免费的车架号查询。宜配网解码了全球大多数主流车型的车架号，宜配网车型车架号查询网站，不仅可以查询车架号，还可以通过车架号查配件。车架号查询输出的信息包括汽车品牌、车型、年款、排量、变速器、驱动方式、车身结构以及发动机信息。

（二）情报分析中使用“宜配网车型车架号查询”网站查询内容

1. 在首页查询栏处输入 17 位车架号，输入验证码，通过验证后即可查询。

2. 车架号查询输出的信息包括：汽车品牌、车型、年款、排量、变速器、驱动方式、车身结构以及发动机信息。

手机网站

手机 APP

微信公众号

七、奉新行

（一）奉新行网站网址及其简介

http：//www. fenco. cn/

奉新行是汽车配件销售网站，提供车辆 VIN 码查询，方便正确选择配件。

（二）情报分析中使用“奉新行”网站查询内容

输入 17 位的车架号 VIN 即可查询。

八、17vin

（一）17vin 网站网址及其简介

http：//www. 17vin. com/

17vin 是汽车配件销售网站，提供车辆 VIN 码查询，方便正确选择配件。

（二）情报分析中使用“奉新行”网站查询内容

1. 该网页中有以下查询内容：车架号查询、配件查询、车型查询。

2. 此外，该网站还提供了 EPC 电子目录、OE 号查配件分解图、配件价格、配件适配车型、替换号查询等内容。

3. 注册该网站使用更方便。提供手机号、密码、短信验证码即可申请账号。

APP 客服

APP 客服

九、第一汽车网

（一）第一汽车网网站网址及其简介

https：//www. iautos. cn/tools/

第一汽车网是南昌汽车网络平台。以汽车生产商、汽车销售商、汽车维修商为服务的对象。

（二）情报分析中使用第一汽车网查询内容

1. 首页中提供的服务主要分为：买车、卖车、分期购车、新车、评估、问答、新闻、车型、工具。

2. 该网页提供了大量的车辆资源。

3. 车的分类标准主要有品牌、车价、首付款、月供，等等。

4. 该网站提供了很多车辆的热门城市和热门车系，提供了很好的选车服务。

5. 该网页还提供了交易流程、工具服务等信息。

6. 使用该网页建议先注册，提供手机号、密码、验证码即可注册。

APP

微信公众号

十、交通安全综合服务管理平台

（一）交通安全综合服务管理平台网站网址及其简介

https：//122. gov. cn/m/index/

交通安全综合服务管理平台是由公安部统一研发、各地公安机关交通管理部门部署运营，为交通参与者提供公安交管业务办理、预约、宣传，信息告知、查询等服务的“互联网+”便民利民服务平台。

交通参与者可以通过以下方式获取服务：

1. 访问平台网站。

2. 下载安装“交管 12123”手机 APP。

3. 拨打 12123 语音号码。

4. 接收 12123 短信服务信息。短信号码为“12123+2 位省份数字代码+2 位地市顺序码”。

（二）情报分析中使用“交通安全综合服务管理平台”网站查询内容

1. 页面上提供了各地平台的网站，方便用户使用。

2. 建议用户下载“交管 12123”手机 APP，使用更便捷。

APP

微信公众号

十一、交通违章查询网

（一）交通违章查询网网站网址及其简介

https：//www. chajiaotong. com/

交通违章查询网是查询包含车辆、行人违反交通管理规章制度和机关、团体、企业、学校及其他组织或个人未经公安机关批准随意占用道路摆摊设点、停放车辆、堆物作业、搭棚盖房，以及进行集市贸易或其他妨碍交

通活动的交通违章行为的综合性违章查询的网站。

（二）情报分析中使用交通违章查询网查询内容

1. 查询内容主要包括以下几种：车辆违章查询、驾驶证查询、交警信息、专题文章页、交通法规、业务办理、交通问题。

2. 车辆违章记录查询是全国地区公安网开通的网站车辆违章查询系统，提供全国368个城市所有机动车违章查询，车辆在本地或异地的交通违章查询，车主可以根据需求进入自己的城市查询自己的车辆违章记录，输入车牌号及发动机号后六位、车架号后七位，便可查询到车辆违章记录。

3. 提供全国368个城市驾照扣分记录查询系统及个人驾驶证信息查询，驾驶人只需通过车辆的车牌号、驾驶人的档案号、驾驶人的驾驶证号等驾驶人信息进行违法查询，便可得到驾驶人的所有未处理违法记录。

4. 全国交警信息服务网提供全国34个省、市、自治区，交警大队、交警支队等所有的公安交警信息违章查询平台。可以根据需求进入自己的城市查询交警信息进行处理。

5. 除此之外，该网站还提供车管所查询、违章代码查询、车牌号查询。

6. 查询方式：选择省份、城市等信息即可查询。

十二、车险理赔信息查询系统

（一）车险理赔信息查询系统网站网址及其简介

http：//www. nia. net. cn/lp_ service. asp

本系统提供车险理赔信息查询。

（二）情报分析中使用“车险理赔信息查询系统”网站查询内容

1. 该系统提供了不同的公司名称以及对应的查询系统地址，根据公司名称选择地址进行查询。

2. 在系统中按照具体要求输入证件号码、报案号/赔案号、验证码等信息即可查询。

十三、海管家货车定位

（一）海管家货车定位网站网址及其简介

https：//truck. yunlsp. com/

海管家是互联网物流信息公司，为物流及港口企业提供系统解决方案和数据对接服务。海管家旗下包括港口业务风控推送系统、智能货代 SAAS 企业操作系统、全球船期数据系统、货运车辆定位系统、集卡车货匹配平台。

（二）情报分析中使用“海管家货车定位”网站查询内容

1. 输入货车车牌号即可查询货车位置。

2. 既可以查询车辆轨迹，也可以多车查询。

3. 登录查询更加方便。使用微信扫一扫即可登录/注册。

十四、货车查查

（一）货车查查网站网址及其简介

http：//huochechacha. com/

货车查查是一个货运货车查询工具，可查询货运车辆实时位置、行驶轨迹、违章记录、驾驶证扣分、司机背景、电子围栏、查找好车队、雷达搜车及车辆相关信息。

（二）情报分析中使用“货车查查”网站查询内容

1. 通过使用货车查查可以获取车辆位置、历史轨迹、物流信息、车辆是否在库。

2. 在搜索框中输入关键词（地区、车型等）可以获取具体信息。

3. 本网页还提供货主地图服务，一键查询附近货主。

4. 在解决方案页面还提供了多种不同的车辆解决方案，包括：甩挂车解决方案、危险品运输车解决方案、新能源车解决方案、渣土车解决方案。

5. 注册货车查查账号使用更方便。提供用户名和密码即可创建账号。

微信小程序

微信公众号

十五、车辆定位

(一) 车辆定位网站网址及其简介

http://www.huoche007.com/

全球定位系统在车辆管理上的应用，被称作车辆定位。本网站提供的是货车位置实时查询。

(二) 情报分析中使用“车辆定位”网站查询内容

1. 该网站为用户提供车辆位置、车辆轨迹、到场提醒。

小程序

2. 该网站提供二维码，方便用户使用。

十六、货车位置实时查询

(一) 货车位置实时查询网站网址及其简介

http://www.huocheweizhi.com/

货车位置实时查询是基于货车位置进行货车管理的系统，提供货车位置查询功能。

(二) 情报分析中使用“货车位置实时查询”网站查询内容

在首页中输入车牌号即可获得货车位置。

第五节 航班实时动态查询

一、VariFlight（飞常准）

（一）VariFlight 网站网址及其简介

http：//www. variflight. com/

飞常准（VariFlight）是一款航班出行服务 APP，致力于为用户提供一站式多元化航班出行解决方案。飞常准为乘机旅客和民航业内人士提供全球航班实时动态信息、机场雷达信息和出行交通住宿推荐等完整信息服务，为旅客提前做好出行计划。

（二）VariFlight 提供的功能

1. 查询全球航班实时动态。飞常准国内航班动态数据已实现 100% 覆盖，国际数据已经覆盖到全球 94%。能预估航班起飞时间，做好出行规划。

2. 购机票赠延误险。

3. 分析实时延误原因。在航班延误分析中，用户不仅可以看到该航班的历时准点率、平均晚点时间、延误排名，还可以看到 7 天内延误时长，出发、到达机场的天气、流量。

4. 推送全程航班信息。预计飞机起飞、降落的时间，包括值机柜台、登机口、前序航班和行李转盘的详情。可让旅客提前知晓航班动态，并有相应的消息推送提示。

5. 支持多类行程添加与共享。支持添加航班、高铁、酒店和事件行程，多类行程一目了然，便捷行程管理。同时支持行程共享，一键共享行程给他人，沟通更高效。

6. 手机值机。支持各大航空公司的网上值机服务，旅客可掌上完成值机服务。

7. 预定专车接送机。推出专车接送机服务的航班查询软件，手机一键预约接送机、接送站和用车服务。

8. 预定公务机。推出公务机预定服务的航班查询软件，可为公务出行的旅客提供专属服务。

9. 飞机全貌信息。提供飞机的机型、机龄、飞机编号、餐食情况、机舱座位图、飞行路线图、备选航班、机场及航空公司咨询电话信息。

10. 机场全貌信息。在机场详情页面中，可以查看机场雷达、机场大屏、机场交通情况、机场流量、机场天气、机场电话和机场延误详情。

11. 统计飞行记录。支持飞行行程信息自动提取软件，可了解和管理个人飞行记录。

APP

小程序

微信公众号

二、FlightAware

（一）FlightAware 网站网址及其简介

https：//zh. flightaware. com/live/

FlightAware 网站能提供实时跟踪地图、飞行状态、航空公司航班延误、私人/通用航空飞行及机场信息。每月为超过 200 万用户提供实时航班数据、机场信息、天气图、飞行计划、导航图以及航空新闻与照片。它还支持各种运行管理与签派软件以及机场飞行信息显示系统（FIDS），向飞机和机场营运人提供报告数据。它还支持各种飞行管理和签派软件以及机场航班信息显示系统（FIDS），并为飞机和机场运营商提供报告数据。

（二）情报分析中 FlightAware 可查询内容

1. 可通过注册号、机场或者城市等搜索航班。
2. 按机场浏览航班。
3. 按航空公司浏览航班。
4. 按机型浏览航班。
5. 统计。

第六节　船舶实时动态位置查询

一、中国港口搜船

（一）中国港口搜船网站网址及其简介

http：//ship. chinaports. com/

中国港口搜船网站提供全球 AIS 船舶动态跟踪，提供船舶历史轨迹、船舶预到港、船舶资料等服务，依托港航云平台，提供“船舶跟踪+航运大数据”分析服务。

（二）情报分析中中国港口搜船网站可查询内容

1. 按照船名、呼号、MMSI 号、IMO 号查询船舶位置及船舶信息。
2. 通过提单号或者箱号查询货物信息。
3. 查询港口信息。
4. 查询国际货运相关研究信息。

小程序

微信公众号

二、船讯网

船讯网网站网址及其简介

http：//www. shipxy. com/

船讯网是一个实时查询船舶动态的公众服务网站，也是提供船舶位置监控的专业网站，主要为船东、货主、船舶代理、货运代理、船员及其家属提供船舶实时动态，为船舶安全航行管理、港口调度计划、物流、船代、货代提供服务。船讯网是通过岸基 AIS、卫星 AIS、Inmarsat-C、inmarsat D+等各种方式获得的船舶动态位置，利用大众互联网的 WebGis 技术，将这

些信息显示在电子海图上，用户只要访问船讯网，即可查询到全球船舶的实时动态。

APP

微信公众号

小程序

三、中国港口网船舶跟踪系统

（一）中国港口网船舶跟踪系统及其简介

http：//www. chinaports. com/shiptracker/olv3/index. jsp

船舶跟踪系统以移动互联网的方式为港口调度、船代、货代、货主、船公司提供便捷直观的船舶动态服务。可以在电子海图上实现船舶定位、轨迹回放等。

（二）中国港口网船舶跟踪系统特点

1. 航行轨迹。查看船舶历史航行轨迹，绘制带有指向的轨迹路线图，随时随地在线查看。

2. 视频监控。采用先进的视频技术，能够传输实时视频画面，满足用户视频查看船舶状况。

3. 船舶管理。为船东和船公司提供精细化船舶管理工具。

4. 船舶定位。定位船舶位置，一览船舶动态，航速、航向实时展现。

（三）情报分析中中国港口网船舶跟踪系统可查询内容

1. 通过船名、呼号、IMO 编号、MMSI 编号等查询船舶位置和基本信息。

2. 查询船舶的资料和图片。

3. 查询集装箱位置。

4. 标注和测量。

5. 设置区域和到港提醒。

6. 轨迹和历经港口查询。

7. 潮汐查询。

8. 在港船舶查询。

四、国家水上交通信息服务平台

(一) 国家水上交通信息服务平台网站网址及其简介

https：//www. myships. com/

中国交通通信信息中心（CTTIC）的国家水上交通信息服务平台承担的主要职责：一是为部和行业服务保障。主要包括部及行业应急、海上遇险安全等特殊通信，通信导航、无线电和信息化等运维、保障和服务，部信息化项目建设、运维以及行业网络信息安全等工作。二是有关政策标准研究制定。主要有海事卫星政策、规划、标准，行业通信、导航等技术标准拟定，北斗导航民用标准和政策制定等。三是国际合作对外交流。受部委托，参与国际电信联盟、国际海事组织、国际搜救卫星组织的有关事务；负责国际海事卫星系统国内事务的归口管理，负责北京国际移动卫星地面站的建设、管理及运营等工作。四是有关通信信息方面的技术研发、推广应用、支持服务等工作。

(二) 国家水上交通信息服务平台网站可查询内容

1. 查询船舶位置。
2. 查询船舶轨迹。
3. 查询船舶信息。
4. 气象信息查询。
5. 按船舶船籍国、船舶载重和类型等筛选船舶。
6. 港口资料查询。
7. 中海海区信息查询。

微信公众号

APP

五、AIS 信息服务平台

（一）AIS 信息服务平台网站网址及其简介

http：//www. ais. msa. gov. cn/hsj/cbxx/index. jhtml

提供传播搜索、港口搜索、地图搜索，实时 AIS 列表和占比分析，传播基本信息、船舶轨迹、轨迹播放，港口基本信息：港口天气、进港指引、操作条件、港区数据，切换地图、AIS 过滤器和统计分析、测距、画自定义区域、添加新定位、图例等工具，地图，船队：船队管理、备注管理、浏览船舶事件、浏览船队事件，船舶事件通知设置、定时船位通知设置，今日事件，实时危险货物、危险品船统计分析、配置船舶图例，危险品载运详情：船舶信息、实时危险货物申报，危险品载运轨迹，实时船员。

（二）AIS 信息服务平台网站查询内容

1. 通过船名、呼号、IMO 编号、MMSI 编号等查询船舶位置和基本信息。
2. 查询气象信息。
3. 查询港口和禁航等信息。
4. 统计分析。
5. 船舶航运相关知识。

微信公众号

第七节 虚拟货币追踪工具

一、chaindigg 多币种区块链浏览器

(一) chaindigg 多币种区块链浏览器网站网址及其简介

https：//info. chaindigg. com/

1. 最新区块类型展示：如 BTC：616208，BCH：621078，LTC：1784365，BCHSV：0。

2. 区块信息展示：区块确认状态、时间戳、区块大小、总交易费、版本、交易记录（交易哈希、总收入、总输出、交易费、输入个数、输出个数）、交易数、总输出、区块奖励随机数、二进制哈希树根。

3. 注意事项：目前还处于内测阶段。

4. 区块链搜索功能。

(二) 情报分析中 chaindigg 多币种区块链浏览器网站可查询内容

1. 按币种或者全币种查询区块交易信息。

2. 通过区块高度查询。

3. 通过区块哈希值查询。

4. 通过交易哈希值查询。

5. 通过地址哈希值查询。

二、比特大陆区块链浏览器

(一) 比特大陆区块链浏览器网站网址及其简介

https：//btc. com/

Bitmain 为区块链和人工智能（AI）应用提供产品，包括芯片、服务器和云解决方案。BTC. com 是比特币数据服务商与矿池、钱包解决方案提供商。

（二）网站主要内容

1. 首页。

（1）最近出块：高度、播报方、大小（B）、块收益、时间、块哈希。

（2）块池算力排行：实时状态、预估状态、24 小时变化、3 天幸运值。

（3）网络状态：全网难度、每 T 收益、预测下次难度、距离调整剩余时间、预测产量减半时间、剩余块、未确认交易数量、交易加速、体积、24 小时交易速率（交易/秒）、近两周区块体积中位数、Bytes、当前最佳手续费。

2. 矿池。

（1）币种相关信息：名称、日收益、算力、币价、收益方式、最小起付金额、社区交流。

（2）BTC 智能代理软件（WIN 版/Linux 版）：代理端口配置矿机，BTC 矿池服务器，日志浏览。

3. 钱包。

4. 区块。根据时间搜索：高度、播报方、数量、Stripped、Size（B）、大小（B）、Weight、平均交易费、块收益、时间、块版本。

5. 统计。

（1）矿池份额。各个矿池的算力大小、占比份额及变化趋势等。

（2）难度变更。比特币的每次难度变更历史，以及下次变更预测。

（3）区块体积。查看区块大小、交易数量、交易大小等。

（4）手续费。查看每日矿工费，矿工费与块奖励占比以及实际手续费等。

（5）块版本。查看最近 1000 个块的块版本以及版本变迁历史等。

（6）地址富豪榜。查看地址的数量分布、财富分布，以及富豪排名等。

（7）未确认交易。查看当前最佳手续费、未确认交易的手续费分布等。

（8）脚本类型。交易脚本类型统计。

6. 工具。

（1）广播交易。向全网广播您的交易。

（2）添加交易公开备注。为交易添加交易备注，以便其他人可以识别交易的目的与用途。

（3）挖矿计算器。结合难度与币价，通过算力、功耗、电费计算挖矿利润。

（4）迷你挖矿计算器。快速计算挖矿利润，仅考虑算力、难度与币价。

（5）交易解码。原始交易解码。

7. BTC/BCH/ETH 浏览器。

（三）情报分析中的作用

1. 查询区块交易记录和历史。

2. 追踪虚拟货币交易记录。

3. 统计分析挖矿和区块交易趋势。

三、以太坊区块链浏览器

（一）以太坊区块链浏览器网站网址及其简介

https：//eth. btc. com/

作为比特大陆多币种区块链浏览器网站的以太坊区块，主要具有以下信息：

1. 首页概览信息：价格、矿池算力、市值、全网算力、全网难度、区块链信息（区块数量、交易数量）、矿池爆块数量占比（24 小时）、网络状态（平均出块时间、每秒交易数、每日收益、未确认交易）、交易手续费、最近交易记录（交易发送方、交易接收方、数额、时间）、最近出块信息（区块名称、播报方、区块奖励、交易总数与时间）

2. 区块链。

（1）区块（高度、时间、播报方、交易数、区块大小、叔块、Gas 消耗、Gas 限额、Gas 均价、奖励）。

（2）叔块（区块高度、叔块号、时间、播报方、奖励）。

（3）交易（交易哈希、所在区块、时间、发送方、接收方、金额、手续费）。

（4）未确认交易（交易哈希、随机数、最后收录、Gas 限额、Gas 价格、发送方、接收方、金额）。

（5）合约内部交易（所在区块、时间、父交易哈希、类型、发送方、接收方、金额）。

3. ERC-20 代币。

ERC-20 合约数、价值币种类、代币当前市值、ERC-20 交易总笔数、排名、代币、价格、涨跌幅（24 小时）、交易金额（24 小时）、当前市值、交易笔数（24 小时）。

4. 洞察—挖矿考察—扇形统计图形式可视化展示。

5. 更多内容。

（1）已验证合约信息。

合约地址、合约名字、编译器版本、账户余额、交易总数、编译器参数，验证日期。

（2）验证合约代码。

编译器设置（编译器版本、请选择编译器版本、是否优化、优化次数）、合约源码（合约名字、合约地址、构造函数参数、源文件、库名称、库地址）。

（二）情报分析中的作用

1. 区块交易实时记录。

2. 交易时间溯源查证。

四、布比区块链浏览器

（一）布比区块链浏览器网站网址及其简介

http：//browser. bubi. cn/

布比是区块链基础服务平台。布比区块链具备快速构建上层应用业务的能力，广泛应用于产业金融、数字政务、数字资产、供应链管理等行业领域。重点运营分布式供应链金融业务，开发了“区块链+供应链金融”平台。

（二）网站主要信息

1. TX 详情（TX hash、TX 序号、发起方地址、发起时间、创建账户地址）。

2. 区块（区块高度、本 hash、TX 集合 hash、生成时间）。

（三）情报分析中的作用

1. 支持搜索功能进行相关 TX 查找。

2. 对生成时间、形成时间轨迹的时间线进行分析。

五、区块链资产公共查询平台

（一）区块链资产公共查询平台网站网址及其简介

http：//browser. newblockchain. cn/

该网站是一家以区块链应用技术开发的企业。

（二）情报分析中的作用

根据存证 hash、地址、密钥、证书编号进行该公司相关的区块链资产的搜索。

六、Tokenview 全币种区块链浏览器

（一）Tokenview 全币种区块链浏览器网站网址及其简介

https：//tokenview. com/

Tokenview 具有支持全币种查询的功能，使 Tokenview 在区块链浏览器行列中脱颖而出。

（二）Tokenview 的功能

1. 支持查询更多 ERC-20 Token。

每一币种的简称、全称以及发行量，都在 Tokenlist 中一览无余。点击行尾的详情，还可以查看该代币的合约地址。

2. Tokenview 在 ETH 及其代币的最新爆块中新增了 Gas 使用量、Gas 限额、总难度、区块奖励、叔块奖励等详细信息。

3. 币种简介功能：点击主页下方的任一数字货币图标，即可跳转到该币种的简介页面，堪称加密数字货币百科全书。

4. 白皮书全聚合：Tokenview 为用户精心整理了各大币种的白皮书，任意点选主页的货币 Logo 便可查看，十分方便。

5. 新增币种展示了 Tokenview 的上币计划，预告即将支持查询的币种。

如果这里没有你要查询的币种，可以在这里提交此 Token。

6. Tokenview 为用户开发了精美插件，通过免费获取插件代码，可以将 Tokenview 搜索框放在任意网站的任意位置。

7. Tokenview 还开放了部分 API 的申请权限。同意使用协议便可调取 Tokenview 的查询数据。

8. ERC-20 Token 交易详情涵盖了 Transactions、Call Transfers 和 Token Transfers 三部分，用户可以看到交易的更多细节。

（三）情报分析中该网站用途

1. 交易动态可视化曲线统计图。

2. 多样化连接直接进行访问：Bitcoin 浏览器、BitcoinCash 浏览器、Lost 浏览器、Ethereum 浏览器。

3. 提供行情预测（行情、K 线、预测）。

4. 提供多种 DAPPS 服务（ETH、NAS、EOS、TRX、ONT）。

5. 多种稳定币查询（USDT、USDC、SUSD、TUSD、PAX、GUSD）。

6. 从公链和代币的角度分类进行“巨鲸追踪”。

7. 从公链和代币的角度分类进行富豪榜查询。

8. BTC、ETH、USDT 多角度查询相应指标。

第四章　国内外搜索引擎

第一节　中国常用搜索引擎

一、百度

（一）百度网站网址及其简介

https：//www. baidu. com/

百度是全球最大的中文搜索引擎，百度拥有全球最大的中文网页库，这些网页的数量每天正以千万级的速度在增长；同时，百度在中国各地分布的服务器，能直接从最近的服务器上，把所搜索的信息返回给当地用户，使用户享受极快的搜索传输速度。

（二）情报分析的作用

1. 通过关键词搜索查找相关信息，如查找个人或者企业相关网络信息，或者号码归属地查询和快递单号查询。

2. 以图搜图，查找图片相关信息。

3. 通过高级搜索，在特定国家或者网站搜索特定种类的文件信息或者数据库。

4. 通过地址或者经纬度搜索位置信息或者查看卫星图像、地图等信息。

5. 外文在线翻译。

二、360 搜索

（一）360 搜索网站网址及其简介

https：//www. so. com/

360 综合搜索，属于元搜索引擎，通过一个统一的用户界面帮助用户在多个搜索引擎中选择和利用合适的搜索引擎来实现检索操作，是对分布于网络的多种检索工具的全局控制机制。

（二）情报分析中的作用

1. 关键词搜索。
2. 图片搜索。
3. 地图搜索。
4. 外文翻译。
5. 视频搜索。

三、搜狗搜索

（一）搜狗搜索网站网址

https：//www. sogou. com/

搜狗搜索引擎是搜狐公司打造的第三代互动式搜索引擎，每日网页更新达 5 亿，用户可直接通过网页搜索而非新闻搜索，获得最新新闻资讯。

（二）情报分析中的作用

1. 关键词搜索。
2. 图片搜索。
3. 地图搜索。
4. 外文翻译。
5. 微信搜索。
6. 指数搜索。
7. 视频搜索。

四、中国搜索

(一) 中国搜索网站网址及其简介

http：//www. chinaso. com/

中国搜索和普通商业搜索相比增加国情、理论等垂直搜索内容。中国搜索由盘古搜索和即刻搜索合并而成。

(二) 情报分析中的作用

1. 关键词网页搜索。
2. 百科搜索。
3. 图片搜索。
4. 政务搜索。
5. 视频搜索。
6. 学术搜索。
7. 报刊搜索。

五、必应国内版

(一) 必应国内版网站网址及其简介

https：//cn. bing. com/

通过与 Windows 在操作系统层面的深度融合，必应为用户带来了沉浸式搜索体验——必应超级搜索功能 (Bing Smart Search)。通过该功能，用户无须打开浏览器或点击任何按钮，直接在 Windows 搜索框中输入关键词，实现搜索的“快捷直达”。

全球搜索与英文搜索，可为广大用户带来更好的国际互联网搜索结果体验。必应满足中国用户对全球搜索——特别是英文搜索的刚性需求。

(二) 情报分析中的作用

1. 关键词网页搜索。
2. 图片搜索。
3. 视频搜索。
4. 地图搜索。

5. 外文翻译。
6. 学术搜索。
7. 国际搜索。

六、搜搜

（一）搜搜网站网址及其简介

http：//www. soso. com/

搜搜是腾讯旗下的搜索网站，是腾讯主要的业务单元之一。2013 年 9 月 16 日腾讯宣布已将搜搜并入搜狗搜索。

（二）情报分析中的作用

1. 关键词搜索。
2. 图片搜索。
3. 地图搜索。
4. 外文翻译。
5. 微信搜索。
6. 指数搜索。
7. 视频搜索。

七、搜网

（一）搜网网站网址及其简介

http：//www. sowang. com/

搜网是整合汇总各大搜索引擎的综合性搜索导航网站。内容包括搜索引擎大全、网页搜索、音乐搜索、学术搜索、图片搜索、影视搜索、微信搜索、视频搜索、BT 搜索、房产搜索、生活搜索、招聘搜索、微博搜索、知识搜索、购物搜索、文档搜索、旅游搜索、网盘搜索、图书搜索、日本搜索、英文搜索、欧洲搜索、俄语搜索、韩国搜索、数据搜索和 Google 谷歌搜索、2020 高考查询、2020 考研查询、必应壁纸、图片搜索、百度翻译、搜网音乐、人工智能等搜索专题。

（二）情报分析中的作用

1. 让分析师找到合适的搜索引擎。

2. 多个搜索引擎同时搜索。

3. 学习搜索技巧。

八、番薯藤搜索（中国台湾）

（一）番薯藤搜索网站网址及其简介

http：//search. yam. com/

番薯藤是中国台湾地区知名的门户网站，为用户提供新闻资讯、金融理财、购物、邮箱、搜索、视频等服务综合性服务。番薯藤主要栏目分为新闻、股市理财、购物、轻旅行、部落格、卖房和娱乐生活，另开设有主题频道，介绍和讨论创意、宠物、恋爱等，天空传媒同时运营专业的房产网站好房网。

（二）情报分析中的作用

1. 搜索台湾网页。

2. 搜索繁体网页。

3. 搜索中文网页。

第二节　国内聚合、网盘及硬件搜索

一、虫部落快搜

（一）虫部落快搜网站网址及其简介

http：//magnet. chongbuluo. com/

虫部落快搜是一款关于学术、科研的快速搜索软件，用户可以在线搜索学术、知识、技术、技能等。同时，用户还可以在线互相交流，进行技术、经验分享。

（二）情报分析中使用“虫部落快搜”网站查询内容

1. 首页模块：老司机导航、系统化搜索教程、虫部落社区、学术搜索、电子书搜索、图片搜索。

2. 首页搜索资源：网盘搜索、微盘搜索、小可搜搜、云盘精灵、磁力猫、茶杯狐、小不点，等等。

二、北邮人导航

（一）北邮人导航网站网址及其简介

http：//byr. wiki/

北邮人导航是一个搜索网站。

（二）情报分析中使用“北邮人导航”网站查询内容

1. 首页的搜索引擎主要包括：百度、谷歌、搜狗、必应、京东、微信、知乎、微博、豆瓣、网盘、地图，等等。

2. 首页将搜索内容分为两类：日常生活类和快捷服务类。

3. 首页右上角有互动社区，是北邮人导航的博客链接。

三、聚合搜索

（一）聚合搜索网站网址及其简介

http：//n. juue. cn/

聚合搜索是个性化“元搜索”，同时将信息聚合在一起实现网络工具化、个性化的发展需求；提升网络使用效率。提供一站式的实用工具综合查询入口，实现搜索的个性定制功能。

（二）情报分析中使用“聚合搜索”网站查询内容

1. 首页模块：常用、资讯、购物、生活、影音、书籍、图片、工具、娱乐、资源、学术。

2. 常用主要包括：百度、360、搜狗、头条、微博、微信、知乎、爱淘宝、京东、天猫、淘兔兔、豆瓣、贴吧、天涯、凤凰、澎湃、界面、QQ音乐、网易云音乐、腾讯视频、爱奇艺。

四、搜库

（一）搜库网站网址及其简介

https：//www. soku. com/

搜库是视频搜索引擎，提供优酷站内视频以及全网视频的搜索功能。

（二）情报分析中使用“搜库”网站查询内容

1. 该网站是专业的影视综艺搜索引擎，收录播放速度快的优质视频，根据亿万用户行为优化搜索结果。

2. 该网站包含优酷土豆集团和优酷 APP。

3. 在搜索引擎上输入关键字即可搜索视频。

五、特百度

（一）特百度网站网址及其简介

http：//www. tebaidu. com/

特百度是网盘搜索引擎。

（二）情报分析中使用“特百度”网站查询内容

1. 该网站提供百度网盘资源搜索和百度网盘资源下载的网站，该网站只抓取百度网盘的链接而不保存任何资源。其所有资源均来自互联网，网站只负责技术收集和整理。

2. 首页有一个搜索引擎，输入关键字即可搜索。

六、百度云搜索引擎

（一）百度云搜索引擎网站网址及其简介

http：//yun. java1234. com/

百度云是一款云服务产品。通过百度云，您可以将照片、文档、音乐、通讯录数据在各类设备中使用，在众多朋友圈里分享与交流。可以将视频、照片、文档、通讯录数据在移动设备和 PC 端之间跨平台同步、备份等，百度云还支持添加好友、创建群组，和伙伴们快乐分享，目前已上线：Android、iPhone、iPad、百度云管家、网页端等。百度云个人版是百度面向个人用户的云服务，已上线的产品包括网盘、个人主页、群组功能、通讯录、相册、人脸识别、文章、记事本、短信、手机找回。

（二）情报分析中使用“百度云搜索引擎”网站查询内容

首页上的搜索引擎上输入关键词即可搜索内容。

七、搜云盘

（一）搜云盘网站网址及其简介

http：//www. soyunpan. com/

搜云盘是百度云网盘资源的搜索引擎，提供百度云盘（百度网盘）资源搜索和下载。

（二）情报分析中使用“搜云盘”网站查询内容

1. 首页中包含的搜索模块主要有：视频、音频、种子、软件、图片、文件、压缩包。

2. 首页包括其他搜索引擎，如百度云电影、安卓软件下载、安卓游戏下载、专题。

3. 还包括其他链接，如教师招聘、百度云盘、百度网盘、搜云盘手机版、搜网盘、百度云盘贴吧等。

八、凌风云搜索

（一）凌风云搜索网站网址及其简介

https：//www. lingfengyun. com/

凌风云搜索是免费资源搜索引擎。

（二）情报分析中使用“凌风云”网站查询内容

1. 搜索时在搜索引擎中输入关键词即可获得内容。

2. 注册账号使用更方便。注册时提供信箱账号、密码、验证码即可完成注册。

九、超能搜

（一）超能搜网站网址及其简介

https：//www. chaonengso. com/

超能搜搜索引擎收录了数十款百度网盘搜索引擎、百度云网盘搜索工具、百度云网盘解析工具。

（二）情报分析中使用“超能搜”网站查询内容

1. 搜索界面主要包括以下模块：大圣盘、56 网盘、小白盘、及搜盘、去转盘、BDY 搜、坑搜网、盘搜一下、搜百度盘、凌风云搜索、史莱姆搜索、众人搜索网、特百度、SOSO 云盘。

2. 搜索时，在对应的搜索引擎上输入关键词即可。

十、盘搜搜

（一）盘搜搜网站网址及其简介

https：//www. pansoso. com/

盘搜搜是一个收录了几乎国内所有的网盘及一些国外优秀网盘的网盘资源搜索引擎，支持百度云搜索、115 网盘、360 云盘、华为网盘、新浪微盘等搜索服务。

（二）情报分析中使用“盘搜搜”网站查询内容

1. 首页中搜索模块主要包括：微信、哔哩哔哩、爱奇艺、优酷、京东、百度翻译、电影天堂。

2. 搜索时，在搜索引擎中输入关键词即可。

十一、壹搜

（一）壹搜网站网址及其简介

https：//www. yiso. me/

壹搜网是一个资源搜索综合网站，资源搜索分为网盘、网页、软件、音乐、购物、电影、高清 MV、手机应用、小说（文库）、微博搜索等版块。

（二）情报分析中使用“壹搜”网站查询内容

1. 壹搜页面上主要分为以下几个搜索类别：磁力、视频、学术、书籍、医学、生活、音乐、购物，等等。

2. 搜索时在搜索框内输入关键词即可获得内容。

十二、钟馗之眼

（一）钟馗之眼网站网址及其简介

https：//www. zoomeye. org/

钟馗之眼网站打造了网络空间搜索引擎 ZoomEye，该搜索引擎的后端数据计划包括两部分：

1. 网站组件指纹：包括操作系统、Web 服务、服务端语言、Web 开发框架、Web 应用、前端库及第三方组件，等等。

2. 主机设备指纹：结合 NMAP 大规模扫描结果进行整合。目前，只上线了第一部分网站组件指纹。

产品服务包括：云计算产品、加速乐（安全 CDN）、ZoomEye（钟馗之眼）商业版、ZoomEye 网络空间雷达系统、网络资产普查和风险感知系统、浑天（业务反欺诈）、创宇鹰眼（反电话诈骗）、刑天（反网址诈骗）、创宇监控（可用性监控）、安全产品、抗 D 保（DDoS 防御）、棋牌游戏 DDoS 防御、创宇盾（入侵防护）、WebSOC（立体监控）、御点（终端安全管理）、创宇云图（威胁感知）、创宇星图（态势感知）、猎风威胁感知系统、创宇信用（企业认证）、渗透测试（深入漏洞挖掘）、应急响应（紧急入侵救援）、智能设备安全检测、安全服务（安全风险顾问）。

（二）情报分析中使用“钟馗之眼”网站查询内容

1. 首页中包含的模块：导航、探索、开发、专题、商务、贡献、私有版。

2. 导航中包含专用交换机、管理平台、工控设备、内容分发网络、大数据、内容管理系统、Web 框架、网络摄像头，等等。

3. ZoomEye 平台为广大网络研究爱好者和极客们提供了强大的 Restful API，使用 ZoomEye 平台提供的资源，构建有意思的应用。

第三节　国外搜索引擎

一、美国在线搜索

（一）美国在线搜索网站网址及其简介

https：//search. aol. com/

AOL Search 是一家通过键入关键词搜索来提供综合性信息清单以及相关视频、图片、本地地图的搜索引擎，为用户提供网站信息和图片资讯，同时还推荐具有相关性的搜索关键词。Aol Search 的服务对象主要为美国国内用户，其在新闻、股市行情以及本地地图方面的搜索服务尤其突出。此网站隶属于美国在线，其搜索技术由微软必应提供。

（二）情报分析中使用美国在线搜索查询内容

查询网页、视频、图片、新闻、财经、地图信息。

二、谷歌搜索*

（一）谷歌搜索网站网址及其简介

https：//www. google. com/

Google Search 是目前世界上最大的搜索引擎，支持 132 种语言，提供网页、图片、视频、新闻、地图、论坛等全方位的搜索服务。其更新和收录速度极快，能够及时收录新网站以及改进用户体验。谷歌搜索还提供即搜即得服务，能够在用户键入关键词的同时搜索结果，让用户随时浏览相关内容，极大缩短了用户的搜索时长。

（二）情报分析中使用谷歌搜索查询内容

查询多语言的网页、图片、视频、新闻、地图、论坛信息。

---

* 表示需要 VPN 才能访问，以下同。

三、Ask 搜索*

（一）Ask 搜索网站网址及其简介

http：//www. ask. com/

Ask 搜索引擎特色在于支持自然语言搜索，Teoma 是其主要的搜索技术支持。Ask 可归类为问答类搜索引擎，当用户在 Ask 搜索某个问题的时候，搜索结果会直接显示问题的答案，这些答案以与问题相对应的形式存储于 Ask 搜索引擎的数据库中。此外，该搜索引擎还提供关键字检索、布尔逻辑检索、多字段检索、相关检索、网页缓存等多种特色检索方式，为用户提供方便。

（二）情报分析中使用 Ask 搜索查询内容

查询网页、视频、图片、新闻、地图信息。

四、必应

（一）必应搜索网站网址及其简介

https：//www. bing. com/

Bing 是微软旗下的全球化搜索引擎，为用户提供网页、图片、视频、词典、翻译、地图等全球信息搜索服务。

（二）情报分析中使用必应查询内容

查询网页、图片、视频、词典、翻译、地图等信息。

五、易趣冲浪峡谷搜索

（一）易趣冲浪峡谷搜索网站网址及其简介

http：//www. surfcanyon. com/

Surf Canyon 发明了动态搜索，这是一种实时的上下文搜索技术，通过观察用户的行为来消除“在飞行中”意图的歧义，然后自动转到第一页。

一旦安装，当用户去谷歌或雅虎进入搜索，他们会看到冲浪峡谷的牛眼睛旁边的搜索结果。点击一个靶心或一个结果，就会触发该技术进行“瞬时相关度”计算，以显示推荐的搜索结果，这些结果是从结果集的后续页面中挖出的。

Surf Canyon 通过使用实时行为信号来消除查询的歧义，使用户能够更快速、更容易地发现相关信息，否则这些信息可能仍然隐藏在结果集中，从而大大加快了搜索过程。

（二）情报分析中使用易趣冲浪峡谷搜索查询内容

查询 eBay 上的相关产品信息。

六、MyWebSearch

（一）MyWebSearch 网站网址及其简介

https：//hp. mywebsearch. com/

MyWebSearch 结合各种最全面的搜索工具，提供所需的信息。它包含一个 MyWay 搜索栏工具，以前被称为 MyWebSearch 工具栏。

（二）情报分析中使用 MyWebSearch 搜索查询内容

查询网页、图片、视频、资讯、地图、市场、食谱等信息。

七、Gigablast 搜索

（一）Gigablast 搜索网站网址及其简介

http：//gigablast. com/

Gigablast 是一家提供网页、新闻、图片等综合信息检索服务的搜索引擎。除常规的关键词搜索外，还能够根据用户的个性化设置提供不同语言、特定关键词的高级搜索。Gigablast 为合作网站提供大规模、高质量、实时的信息检索技术与服务，能够索引多种文件格式。Gigablast 的搜索传递机制为用户提供了“转换关键词”的搜索方式，此方式能够用最短时间，以最小的成本，提供最广泛的搜索结果。

（二）情报分析中使用 Gigablast 搜索查询内容

查询网页、新闻、图片、视频、地图等综合信息。

八、Entireweb 搜索

（一）Entireweb 搜索网站网址及其简介

https：//www.entireweb.com/

Entireweb 是互联网搜索引擎，主要提供图片、视频、新闻三个版块的搜索服务。搜索引擎页面简洁，搜索结果分版块集中显示，其中图片信息可在原网页查看大图预览，且可按照日期、尺寸、方向、颜色、类型、来源等进行筛选，满足了用户的个性化需求。

（二）情报分析中使用 Entireweb 搜索查询内容

查询图片、视频、新闻信息，可根据日期、地区进行检索。

九、Ecosia 搜索

（一）Ecosia 搜索网站网址及其简介

https：//www.ecosia.org/

Ecosia 是一家环保搜索引擎。该引擎的搜索功能基于微软 Bing 以及雅虎搜索功能，提供网页、图片、新闻、视频、地图等信息的全面搜索。

（二）情报分析中使用 Ecosia 搜索查询内容

查询网页、图片、新闻、视频、地图等信息。

十、Lycos 搜索

（一）Lycos 搜索网站网址及其简介

http：//www.lycos.com/

Lycos 是最早提供信息搜索服务的网站之一，整合了搜索数据库、在线服务和其他互联网工具，提供网站评论、图像及包括 MP3 在内的压缩音频文件下载链接，等等。Lycos 是最大的西班牙语门户网站。提供常规及高级搜索。高级搜索提供多种选择定制搜索条件，并允许针对网页标题、地址进行检索。具有多语言搜索功能，共有 26 种语言供选择。首页下部显示部分 Open Directory 的目录索引。

（二）情报分析中使用 Lycos 搜索查询内容

查询网页、新闻信息。

十一、DuckDuckGo 搜索*

（一）DuckDuckGo 搜索网站网址及其简介

https：//duckduckgo. com/

DuckDuckGo 是一家互联网搜索引擎，该搜索引擎提供只可通过 Tor 网络访问的搜索服务，旨在维护用户个人隐私，承诺不收集、存储、分析、传播用户个人信息，不记录用户搜索历史，不追踪用户隐私，没有精准投放广告，为用户打造了私人、匿名的搜索环境。

（二）情报分析中使用 DuckDuckGo 查询内容

查询网页、视频、图片、新闻信息，可根据联想定义搜索。

十二、雅虎搜索

（一）雅虎搜索网站网址及其简介

https：//www. yahoo. com/

雅虎搜索是雅虎公司旗下搜索引擎网站。雅虎搜索原指雅虎只提供搜索界面，然后使用其他搜索引擎网站来进行搜索。它本身并没有实际的网页抓取和存储/检索数据。

（二）情报分析中使用雅虎搜索查询内容

查询财经、体育、娱乐、汽车、资讯、网页、图片、音乐、地址栏等信息。

十三、Teoma 搜索

（一）Teoma 搜索网站网址及其简介

http：//www. teoma. com/

Teoma 是 Ask Jeeves 搜索引擎的索引源，是以主题分类为基础的目录集合。

（二）情报分析中使用 Teoma 查询内容

查询网页、图片、新闻、视频、市场、地图、食谱信息。

十四、Monstercrawler 搜索

（一）Monstercrawler 搜索网站网址及其简介

http：//www. monstercrawler. com/

Monstercrawler 将所有领先的搜索引擎的功能整合在一个搜索框中，以提供最佳的组合结果。Monstercrawler 提供了一个简单的方法来搜索更多的网络，通过利用最流行的引擎的集体力量。互联网是一个巨大且不断变化的媒体，使任何单一引擎都不可能到达整个 Web。使用网站的算法元搜索技术，Monstercrawler 从领先的搜索引擎（雅虎搜索、谷歌、MSN、问）的结果中消除重复，提供最全面的一组结果。通过获取更快、更准确的查询结果集。

（二）情报分析中使用 Monstercrawler 查询内容

查询网页、图像、音频、视频、新闻和本地信息

十五、Dogpile 搜索*

（一）Dogpile 搜索网站网址及其简介

https：//www. dogpile. com/

Dogpile 是一个聚合谷歌、雅虎、Yandex 和其他流行的搜索引擎结果的元搜索引擎，每一条搜索结果都综合自数个搜索引擎，包括 Google、Yahoo!、Ask Jeeves、About、FindWhat、LookSmart、Live 等。它将用户的查询

请求同时向多个搜索引擎递交，按照自定义的关联运算法则对得到的结果进行重复排除、重新排序等智能处理后，以优化过的检索结果返回给用户。Dogpile 为用户提供了较为全面的检索功能，其检索结果更易于浏览，自动分类的技术增强了对检索结果的组织功能，还可以自动修正普通的拼写错误，更加方便了用户对 Dogpile 的利用。目前认为，图片检索功能最强的两个搜索引擎是 google 和 Dogpile。

Dogpile 的主要优点在于它能够利用该引擎猜测出来的、附加的搜索条件来智能优化用户的搜索结果。Dogpile 采用 Metasearch 技术，可返回包括 Google 和 Yahoo！在内的领先搜索引擎的所有最佳结果，因此您可以更快地找到所需的内容。

每个搜索引擎都有自己的搜索方法，每个搜索引擎将返回不同的结果。Dogpile 会查看所有内容，并确定与搜索最相关的内容，消除重复并向您显示。最后，将获得比 Web 上其他任何地方都更完整的结果列表。

（二）情报分析中使用 Dogpile 查询内容

查询网页、视频、图片、新闻信息。

十六、SonicRun 搜索

（一）SonicRun 网站网址及其简介

http：//www. sonicrun. com/

Sonic Run 是一个互联网搜索引擎，提供 Web、元、图像、博客和新闻搜索结果。GreenWave Online 从创建开始就以互联网为重点，主要开发了搜索引擎、目录、网站监视服务和网站提交服务的开发

（二）情报分析中使用 Sonic Run 查询内容

查询网页、图片、博客、新闻等信息。

十七、ZapMeta 搜索

（一）ZapMeta 网站网址及其简介

https：//www. zapmeta. com/

ZapMeta 从多个来源搜索多种类型的信息以产生最佳结果。通过一个条目，可以在搜索源中搜索答案，从而获得更好、更多的结果。一个搜索引擎一般主要搜索一种特定类型的信息。ZapMeta 提供了由各种类型的信息组成的搜索结果。

（二）情报分析中使用 ZapMeta 查询内容

查询网页、图片、视频、百科、新闻、产品、服饰等信息。

十八、Myallsearch 搜索

（一）Myallsearch 搜索网站网址及其简介

http：//www. myallsearch. com/

Myallsearch 是一个一键式多合一搜寻引擎，可快速收集获取搜索结果。具备和 Google 一样的分类搜索，如图像、视频、新闻、博客等。可以很容易地在 Ask、Bing、Google、Yahoo……搜索引擎间做切换。

网站提供浏览器搜索栏插件，按事先设定的搜索类别（图片、视频、音乐、博客等），一键式访问想要的搜索网站；一次点击可访问您所有的电子邮件账户；并承诺安装过程中无间谍软件，不会收集或传输个人资料，也不会监视使用轨迹。

（二）情报分析中使用 Myallsearch 查询内容

查询图片、视频、音乐、博客信息。

第四节　聚合搜索

一、All 聚合搜索

（一）All 聚合搜索网站网址及其简介

https：//all-io. net/

聚合搜索初步定义为个性化“元搜索”，同时将信息聚合在一起实现网络工具化、个性化的发展需求，提升网络使用效率。聚合搜索引擎是为弥补传统搜索引擎的不足而出现的一种辅助检索工具，有着传统搜索引擎所不具备的许多优势。但是，聚合搜索引擎依赖于数据库选择技术、文本选择技术、查询分派技术和结果综合技术等。用户界面的改进、调用策略的完善、返回信息的整合以及最终检索结果的排序，仍然是未来聚合搜索引擎研究的重点。

AllSearch 是一个聚合了多个知名网站的搜索引擎工具，可以帮助用户减少搜索时间，提升工作效率；用户只需要输入关键词并点击哪个网站即可在哪个网站里搜索相关的内容。

（二）情报分析中的用途

1. 快速在多个搜索引擎中搜索相关内容。

2. 可自主添加搜索引擎到主搜索栏。

二、WolframAlpha 搜索

（一）WolframAlpha 搜索网站网址及其简介

https：//www. wolframalpha. com/

WolframAlpha 搜索引擎是能根据问题直接给出答案的网站，用户在搜索框键入需要查询的问题后，该搜索引擎将直接向用户返回答案，而不是网页链接。

其数据来源包括学术网站和出版物、商业网站和公司、科学机构等，如中央情报局出版物《世界概况》、康奈尔大学图书馆

出版物《All About Birds》、《Chambers Biographical Dictionary》、道琼斯公司、CrunchBase、百思买、美国联邦航空管理局、美国地质调查局等。

（二）情报分析中的用途

1. 各个学科计算相关公式查询。

2. 直接输入数据和表格进行计算和分析。

三、alltheinternet 搜索

（一）alltheinternet 搜索网站网址及其简介

https：//www. alltheinternet. com/

alltheinternet 公司总部位于美国内华达州里诺，该网站首页有各类网站导航网址。

（二）情报分析中的用途

1. 通过输入关键词进行搜索。

2. 使用其导航链接，快速找到相关资源网站。

四、必应 VS 谷歌*

（一）必应 VS 谷歌搜索网站网址及其简介

http：//bvsg. org/

该网站将屏幕分为两部分，用户在搜索栏输入关键词后，网站在屏幕上同时展现必应和谷歌的搜索结果。

（二）情报分析中的用途

同时搜索必应和谷歌，并且可对照查看搜索结果。

五、ELocalFinder 搜索

（一）ELocalFinder 搜索网站网址及其简介

http：//www. elocalfinder. com/

ELocalFinder 是在线本地搜索，可满足所有美国本地、业务和个人需求。只需提供美国境内的城市名称或邮政编码，即可提供多个业务搜索的在线工具。此外，

ELocalFinder 还提供有关房地产、公寓、工作、航班优惠、自动柜员机、银行、内科医生、学校/大学和本地新闻的信息。搜索结果由 Google. com 提供支持。

通过单击邮政编码或城市、州，虚拟邻居可以快速查看邻居。它可以快速查看最近的 10 家餐厅和最近的购物中心、医院、银行、日托中心和其他企业。提供有关邻里人口、房屋价值、气候等信息。

（二）情报分析中的用途

可按照业务需求搜索，也可以按照位置进行搜索，并且可以选择行业和公司开展搜索。

六、Fagan Finder

（一）Fagan Finder 网站网址及其简介

https：//www. faganfinder. com/

Fagan Finder 是一个搜索引擎列表工具，在网站首页有多个搜索方式可供选择。选择搜索引擎，输入想要搜索的内容，单击搜索，即可另开网站窗口，通过该搜索引擎搜索内容。

（二）情报分析中的用途

1. 快速找到需要的搜索引擎或者资源网站。
2. 直接搜索谷歌。

七、Instya

（一）Instya 网站网址及其简介

https：//www. instya. com/

Instya 可查找类似的网站以及各种流行产品、服务、网站和应用的替代方案。

（二）情报分析中的用途

查找与某个目标网站类似的其他网站。

八、iZito 搜索*

（一）iZito 搜索网站网址及其简介

https：//www. izito. com/

iZito 推出了一种元搜索引擎，从多个来源搜索多种信息，以产生最佳结果。在一个概述中，可以从 Wikipedia 获得网页、视频、新闻、产品和结果。iZito 提供了由各种类型的信息组成的完整而详尽的搜索结果。iZito 声称是支持非线性搜索行为的搜索引擎，可搜索并合并多个搜索引擎的结果。

（二）情报分析中的用途

快速搜索多个搜索引擎。

九、Sputtr 搜索

（一）Sputtr 搜索网站网址及其简介

http：//www. sputtr. com/

Sputtr 是一个英国聚合搜索网站，汇集了当下最流行的搜索引擎和社会化网络服务的搜索结果，用户可以通过 Sputtr 搜索网页、视频、音乐、照片、博客、新闻、图片、淘宝等。

（二）情报分析中的用途

快速找到需要的搜索引擎。

十、搜索引擎聚合

（一）搜索引擎聚合网站网址及其简介

http：//searchenginecolossus. com/

该网站按照国家名称头字母排序，将各国搜索引擎汇聚到一个网站。

（二）情报分析中的用途

快速按照国别找到相关搜索引擎。

十一、世界搜索引擎聚合

(一) 世界搜索引擎聚合网站网址及其简介

http://www.searchenginesoftheworld.com/

用户在网站首页需要选择地区、国家，进入该国家的搜索引擎汇总界面，通过选择搜索引擎打开该搜索页面。

(二) 情报分析中的用途

快速按照国别找到相关搜索引擎。

十二、必应谷歌双搜索

(一) 必应谷歌双搜索网站网址及其简介

http://advangle.com/

在网站搜索栏里输入想要搜索的内容，可选择使用谷歌或者必应进行搜索。

(二) 情报分析中的用途

快速获取两个搜索引擎的搜索结果。

第五节 其他搜索引擎

一、steKeuze 搜索（荷兰）

(一) steKeuze 搜索网站网址及其简介

http://www.eerstekeuze.nl/

创建于 2000 年，至今已有 20 年历史的荷兰搜索引擎。

(二) 情报分析中使用 steKeuze 搜索查询的内容

1. 在搜索栏输入关键字即可进行搜索。

2. 可选择首页的各个分类关键词进行相关搜索。

二、Yandex 搜索（俄罗斯）

（一）Yandex 搜索网站网址及其简介

https：//yandex. com/

Yandex 是俄罗斯网络拥有用户最多的网站。2006 年年初每天访问 Yandex 的达到 400 万人次（包括外国访问者）。Yandex 目前所提供的服务包括搜索、最新新闻、地图和百科、电子信箱、电子商务、互联网广告及其他服务。Yandex 在俄罗斯本地搜索引擎的市场份额已远超 Google。

（二）情报分析中使用 Yandex 搜索查询的内容

1. 在搜索栏输入关键字即可进行搜索。

2. 可选择图片、视频、邮件、地图、翻译等选项，进行相关内容搜索。

三、Etool 搜索（瑞士）

（一）Etool 搜索网站网址及其简介

https：//www. etools. ch/

瑞士搜索网站。

（二）情报分析中使用 Etool 搜索查询的内容

1. 在搜索栏输入关键字即可进行搜索。

2. 可选择首页的各个分类关键词进行相关搜索。

四、Aeiou（葡萄牙）

（一）Aeiou 网站网址及其简介

http：//www. aeiou. pt/

葡萄牙搜索网站。

（二）情报分析中使用 Aeiou 查询的内容

1. 在搜索栏输入关键字即可进行搜索。

2. 可选择首页的各个分类关键词进行相关搜索。

五、Alleba（菲律宾）

（一）Alleba 网站网址及其简介

http：//www. alleba. com/

菲律宾搜索网站。由安德鲁·德拉·塞纳（Andrew dela Serna）创立。

（二）情报分析中使用 Alleba 查询的内容

在搜索栏输入关键字即可进行搜索。

六、Apali（西班牙）

（一）Apali 网站网址及其简介

http：//www. apali. com/

Apali 是 1996 年创建的简单有效且动态的搜索器，此后一直使用相同的系统和理念。

可以亲自控制添加到其文件中的所有信息，以确保输入正确和真实的信息。

（二）情报分析中使用 Apali 查询的内容

在搜索栏输入关键字即可进行搜索。

七、Aonde（巴西）

（一）Aonde 网站网址及其简介

http：//www. aonde. com/

巴西搜索网站。

（二）情报分析中使用 Aonde 查询的内容

1. 在搜索栏输入关键字即可进行搜索。
2. 可选择首页的各个分类关键词进行相关搜索。

八、Arabo（阿尔及利亚）

（一）Arabo 网站网址及其简介

http：//www. arabo. com/

阿尔及利亚搜索网站。

（二）情报分析中使用 Arabo 查询的内容

在搜索栏输入关键字即可进行搜索。

九、Arama（土耳其）

（一）Arama 网站网址及其简介

http：//www. arama. com/

土耳其搜索网站。

（二）情报分析中使用 Arama 查询的内容

在搜索栏输入关键字即可进行搜索。

十、Daum（韩国）*

（一）Daum 网站网址及其简介

https：//www. daum. net/

韩国搜索网站。

（二）情报分析中使用 Daum 查询的内容

在搜索栏输入关键字即可进行搜索。

十一、Dive3000（意大利）

（一）Dive3000 网站网址及其简介

https：//www. dive3000. com/search/

意大利搜索网站。

（二）情报分析中使用 Dive3000 查询的内容

1. 在搜索栏输入关键字即可进行搜索。

2. 可选择首页的各个分类关键词进行相关搜索。

十二、Editus（卢森堡）

（一）Editus 网站网址及其简介

https：//www. editus. lu/

每天，有超过 3 万人在卢森堡的本地搜索引擎 Editus. lu 中寻找有关专业人员的信息。Editus 是卢森堡最大的营销和财务数据库。

（二）情报分析中使用 Editus 查询的内容

1. 可搜索租赁房屋的报价。

2. 可进行餐厅的预订。

3. 可预约附近的医生。

4. 可寻找工作和培训的机会。

十三、Eniro（瑞典）

（一）Eniro 网站网址及其简介

https：//www. eniro. se/

瑞典搜索网站。

（二）情报分析中使用 Eniro 查询的内容

在搜索栏输入关键字即可搜索公司、人员、地址、电话。

十四、Finelib（尼日利亚）

（一）Finelib 网站网址及其简介

https：//www. finelib. com/

Finelib. com 的目标是开发和发展尼日利亚各种主题的本地内容，为用户提供与搜索最相关的结果。网站中尼日利亚企业名录包括商业、电脑、住所、体育、司法、教育、新闻与媒体、运输、农业、就业机会、娱乐、旅行、艺术类、健康、购物、制造商等。

（二）情报分析中的应用

查询尼日利亚本地信息，包括企业、通信等信息。

十五、Finna（芬兰）

（一）Finna 网站网址及其简介

https：//www. finna. fi/

Finna. fi 是一个提供搜索服务的平台，用户可以在其中找到芬兰档案馆、图书馆和博物馆的资料。Finna 不断发展，并正在逐步取代为芬兰图书馆、档案馆和博物馆的客户提供的在线服务。目前，Finna 有 300 多个组织参与其中，以下组织已开设了自己的 Finna 搜索服务：公共图书馆、档案、博物馆、理工学院图书馆、大学图书馆、联合图书馆、专业图书馆、区域观等。Finna 的目录信息对所有人免费开放，Finna. fi 服务 api. finna. fi 的开放接口提供由图书馆、档案馆和博物馆免费提供的描述性信息。该界面还包含通过 finna. fi 服务提供的图像和其他资料的链接，其使用可能会受到限制。

（二）情报分析中的应用

查询芬兰图书馆、档案馆、博物馆等组织的馆藏资料信息。

十六、Fireball（德国）[*]

（一）Fireball 网站网址及其简介

https：//fireball. com/

1998 年 4 月，Fireball 为 650 万份德国文件编制了索引。与 AltaVista 的合作实现了全球搜索。网站与“今日电视”合作推出了 Surftip 服务，实时搜索也已集成。

（二）情报分析中的应用

查询网页、视频、图片、新闻信息。

十七、Iranmehr（伊朗）

（一）Iranmehr 网站网址及其简介

http：//www. iranmehr. com/

Iranmehr. com 是一个波斯搜索引擎。

（二）情报分析中的应用

查询新闻、音乐、笑话、艺术和娱乐、健康科学与环境、商业和经济、地区的社会与文化教育、地图和景观交通、政府新闻与媒体旅游、社会的知识和健康艺术以及经贸文化、体育政治与政府房屋和家政市场等信息。

十八、Walla（以色列）

（一）Walla 网站网址及其简介

https：//www. walla. co. il/

Walla 是以色列的门户网站，提供新闻、搜索和电子邮件服务。它可以搜索网页、图片、工作、购物产品，等等。使用希伯来语作为主要的网站语言。

（二）在情报分析的作用

可进行联系人电子邮箱的查询。

十九、Goo（日本）*

（一）Goo网站网址及其简介

https：//www. goo. ne. jp/

Goo是日本的一个搜索引擎。

（二）情报分析中的应用

查询天气、地图、路线、字典、邮递区号、维基百科、旅游与酒店、房屋房产、美食与食谱、相关产品等信息。

二十、Freenet（德国）*

（一）Freenet网站网址及其简介

https：//suche. freenet. de/

Freenet是德国一家搜索引擎，其数据来源于谷歌搜索。

（二）情报分析中的应用

查询运动、金融、新闻、汽车、娱乐、生活、数码等信息。

二十一、Jamasp（伊朗）

（一）Jamasp网站网址及其简介

http：//www. jamasp. ir/

Jamasp是伊朗的一家搜索引擎。

（二）情报分析中的应用

网站可以浏览和查看地图以及卫星图像，可以在Jamsap地图上查看数千公里高速公路和城市间道路状况，可以查看城市和村庄名称以及其位置。同时，用户还可以在Jasmine地址查找器中输入部分地址以查找全部地址信息。此外，网站还提供医院、加油站、餐厅、药房等公共和商业场所的查询服务。

二十二、Kacmac（叙利亚）

（一）Kacmac 网站网址及其简介

http：//www. kacmac. com/

Kacmac 是一个叙利亚的搜索引擎。

（二）情报分析中的应用

查询叙利亚地区艺术与娱乐、商业与经济、计算与电信、教育、政府、健康、图书馆与资源、生活、新闻、社区、购物、旅游等信息。

二十三、Ireland-information（爱尔兰）

（一）Ireland-information 网站网址及其简介

http：//www. ireland-information. com/

致力于提供免费资源和关于爱尔兰的免费信息。

（二）在情报分析中的作用

查询爱尔兰国家旅游信息。

二十四、Leit（冰岛）

（一）Leit 网站网址及其简介

http：//leit. is/

Leit 是冰岛最大的搜索引擎，其搜索技术基于 Infoseek。

（二）情报分析中的应用

查询企业、新闻、天气、银行、电影、彩票等信息。

二十五、Lycos（法国）

（一）Lycos 网站网址及其简介

http：//www. lycos. fr/

Lycos 搜索是一个综合性搜索引擎。

（二）情报分析中的应用

查询网页、视频、图像、购物交易等信息。

二十六、Seznam（捷克）

（一）Seznam 网站网址及其简介

https：//www. seznam. cz/

该网站是捷克最大的门户网站，提供网络搜索服务，是捷克首家搜索网站。目前，该网站除了提供搜索服务外，还提供各种类型的新闻资讯、邮箱、天气预报、电台、电视，等等。

（二）在情报分析中的作用

1. 非法网站打击功能（如其中的色情网站存在潜在违法人员和违法信息）。

2. 关键人员邮箱信息查询。

二十七、Mavensearch（以色列）

（一）Mavensearch 网站网址及其简介

http：//www. mavensearch. com/

MavenSearch 是犹太内容相关网站的主要目录和搜索引擎。使用先进的专有技术，MavenSearch 使用户能够通过浏览超过 250 个相关主题类别或使用一个独特的引擎来快速查找网站，该引擎可以处理希伯来语单词和短语的不同拼音变化。

(二) 情报分析中的应用

可选择犹太人论坛、犹太搜索、犹太旅游、犹太学校、犹太购物、犹太教堂等进行搜索。

二十八、Metager（德国）

(一) Metager 网站网址及其简介

https：//metager. de/

Metager 是德国的搜索网站。

(二) 情报分析中的应用

在搜索栏输入关键字即可进行搜索。

二十九、Mojeek（英国）

(一) Mojeek 网站网址及其简介

https：//www. mojeek. co. uk/

Mojeek 是一个英国的基于爬虫的搜索引擎，提供完全独立搜索结果的搜索引擎。

(二) 情报分析中的应用

提供没有用户跟踪的独立、替代和无偏搜索结果。

三十、Mozbot（法国）

(一) Mozbot 网站网址及其简介

https：//www. mozbot. com/

Mozbot 是法国的搜索网站。

(二) 情报分析中的应用

在搜索栏输入关键字即可进行搜索。

三十一、Najdi（斯洛文尼亚）

（一）Najdi 网站网址及其简介

http：//www. najdi. si/

Najdi 是斯洛文尼亚的综合性搜索网站。

（二）情报分析中的应用

可以查询小说、地图、天气、交通、电视时间表、星座运势、最新消息等信息。

三十二、Nate（韩国）

（一）Nate 网站网址及其简介

https：//www. nate. com/

Nate 是韩国的一个综合性搜索网站，可以搜索的内容十分广泛。

（二）情报分析中的应用

可以查询邮件、新闻、漫画、电影、游戏、运势、购物、汽车、旅游、美食、美妆、明星、时装、生活、体育运动、演艺等信息。

三十三、NAVER（韩国）

（一）NAVER 网站网址及其简介

https：//www. naver. com/

NAVER 是韩国最大的搜索门户网站。

（二）情报分析中的应用

1. 搜索与参考：知识百科、搜索人物、学术情报、数据、实验室、新闻库、智能场所等。

2. 新闻与体育：体育运动新闻和电视演艺等。

3. 金融与生活：房地产、证券、金融、记账簿、天气、地图、汽车、健康、机票、宾馆等。

4. 娱乐与文化：电脑游戏、漫画、音乐、电影、网络小说、音频剪辑等。

5. 社区：知识 iN、博客、咖啡厅等。

6. 语言词典：英语词典、国语词典、汉字词典、日语词典、汉语词典等。

三十四、Searchlotto（英国）

（一）Searchlotto 网站网址及其简介

https：//www. searchlotto. co. uk/

本网站可链接谷歌内容、图片、影片、地图、新闻、亚马逊信息、易趣、维基百科、youtube。

（二）在情报分析中的作用

查询英国相关公共信息。

三十五、Orange（法国）

（一）Orange 网站网址及其简介

https：//www. orange. fr/

Orange 公司是法国电信子公司，是英国和法国的第一大移动运营商 Orange。

（二）情报分析中的应用

主要提供移动网络通信服务及其相关信息的查询。

三十六、Parseek（伊朗）

（一）Parseek 网站网址及其简介

http：//www. parseek. com/

Parseek 是伊朗的新闻网站，可以了解伊朗国内与国际新闻，具有一定的权威性。

（二）情报分析中的应用

可以查询伊朗新闻、世界新闻、经济新闻、社会新闻、科技新闻、信息技术新闻、艺术新闻、体育新闻等。

三十七、Pipilika（孟加拉国）

（一）Pipilika 网站网址及其简介

https：//www. pipilika. com/

Pipilika 是孟加拉国的一个综合性的新闻网站。

（二）情报分析中的应用

可以查询有关疫情信息、最新消息、购物产品、求职信息等。

三十八、Raftaar（印度）

（一）Raftaar 网站网址及其简介

https：//www. raftaar. in/

Raftaar 是印度的一个综合性的新闻网站，可以知道相关领域的最新消息。

（二）情报分析中的应用

可查询世界新闻、印度新闻、娱乐性新闻、体育运动新闻等。

三十九、Raziskovalec（斯洛文尼亚）

（一）Raziskovalec 网站网址及其简介

https：//www. raziskovalec. com/

Raziskovalec 是斯洛文尼亚的一个综合性的网站，可以了解斯洛文尼亚、波德拉夫斯卡、多轮季斯卡、格伦斯卡等地的信息，也可以输入网站搜索相关信息。

（二）情报分析中的应用

可以查询水文地质报告、地图、时间、天气预报、给孩子的礼物、问题与答案等信息。

四十、Rismoon（伊朗）

（一）Rismoon 网站网址及其简介

http：//www. rismoon. com/

Rismoon，第一个独立的波斯语搜索引擎，其翻译成英文为“string”。Rismoon 可以使用户在特定的主题或区域搜索关键字，如诗歌和文学，新闻等，这将大大加强关键字搜索对象的准确性。网站根据社会、经济、政治、体育、文化艺术、宗教思想、科学与技术、国际、妇女、活动、能源与核能、健康、照片和视频报告、最新消息、RSS 提要进行分类和查询。并且在搜索结果的二次检索中有足够的选项进行更进一步的细致化选择。

（二）情报分析中的应用

搜索伊朗互联网上的信息。

四十一、Rootle（俄罗斯）

（一）Rootle 网站网址及其简介

http：//www. rootle. ru/

Rootle 搜索引擎，新增功能有网站添加、价格表查询、俄罗斯电话本查询、网站目录、空缺和简历搜索、房地产和公寓出售。包括电话本查询功能，共有 161873 家公司。可根据开立银行账户以及所在城市寻找公司、产品、服务或地点。还可进行网站目录搜索。另有就业招聘，类似于国内的岗位职位招聘网站和公寓房产信息。

（二）在情报分析中的作用

1. 电话本联系人查询。

2. 周边岗位情况与职业动态信息。

3. 重点范围的公司信息查询。

四十二、Sapo（葡萄牙）

（一）Sapo 网站网址及其简介

http：//www. sapo. pt/

葡萄牙最大的门户网站，包括电子邮件、搜索引擎、博客、汽车、摄影、时尚、视频、工作等内容及服务。

（二）在情报分析中的作用

1. 关键联系人的邮箱查询。
2. 周边岗位情况与职业动态信息。

四十三、Search（瑞士）*

（一）Search 网站网址及其简介

http：//www. search. ch/

Search. ch 是瑞士的搜索引擎，网站语言为德语。search. ch 提供有针对性的，简单而快速的信息和工具。可查询：电话簿、天气、地图路线、时刻表、门票、电视节目、电影。

（二）在情报分析中的作用

1. 联系人电话本查询。
2. 周边路线地理信息。

第六节 类似网页搜索

一、Findsimilarsites

（一）Findsimilarsites 网站网址及其简介

http：//www. findsimilarsites. com/

该网站的主要功能是查找相似的网站。

（二）该网站在情报分析中的应用

使用时，在搜索栏中输入待查询网站的域名，即可查询与之相似的网站。

二、Similarsites

（一）Similarsites 网站网址及其简介

https：//www. similarsites. com/

该网站的主要功能是查找相似的网站，从而使用户获得更多的相同内容和主题的网站，获得更多信息。

（二）该网站在情报分析中的应用

使用时，在搜索栏中输入待查询网站的域名，即可查询与之相似的网站。

三、Siteslike

（一）Siteslike 网站网址及其简介

https：//www. siteslike. com/

该网站的主要功能是查找相似的网站，从而使用户获得更多的相同内容和主题的网站，获得更多信息。该网站给出了相同主题的多个网站举例，供用户参考。

（二）该网站在情报分析中的应用

使用时，在搜索栏中输入待查询网站的域名，即可查询与之相似的网站。

四、Similarsitesearch*

（一）Similarsitesearch 网站网址及其简介

https：//www. similarsitesearch. com/

该网站是一个寻找其他网站相似网站的平台。该网站的主要功能是分析出两个网站之间的联系。

（二）该网站在情报分析中的作用

该网站可以提供两个网站之间的联系，从而可以为用户提供更多的信息渠道。使用时，在搜索栏中输入待查询的网站网址即可进行搜索。

第七节　其他专业搜索工具

一、Shodan（物联网设备搜索）

（一）Shodan 网站网址及其简介

https：//www. shodan. io/

该网站提供了一个物联网搜索引擎。Shodan 是世界上第一个针对 Internet 连接设备的搜索引擎。通过该网站，可以获得以下优势：

1. 使用 Shodan 可以发现您的哪些设备已连接到 Internet，它们的位置以及正在使用的设备。

2. 监控网络安全。

3. 获得有用的情报，转化成竞争优势。

（二）该网站在情报分析中的应用

在搜索栏中输入相关内容即可进行搜索。

二、Thingful（物联网设备搜索）

（一）Thingful 网站网址及其简介

https：//www. thingful. net/

该网站提供了一个物联网搜索引擎，可以查找和搜索来自全世界的开放式数据。该网站具有以下几个特点：

1. 可以利用外部物联网资源作出更好的决策。

2. 可以利用该网站设计软件。

3. 通过部署该物联网渠道可以很好地节约时间和成本。

（二）该网站在情报分析中的应用

该网站可以很好地利用世界各地的开放式数据作分析，以提供有用的情报资料。使用时，既可以在该网站留言，也可以发送电子邮件。

搜集资料可以直接在搜索栏中搜索相关内容。

三、Athlinks（比赛搜索）

（一）Athlinks 网站网址及其简介

https：//www. athlinks. com/

Athlinks 是世界上最大的竞技耐力运动员成绩数据库。运动项目包括跑步、铁人三项、游泳、骑自行车、山地自行车，等等。

1. 该网站可以帮助用户搜索特定人员的比赛结果记录。

2. 该网站还可以帮助用户和熟悉的人建立联系，互相分享比赛结果。

（二）该网站在情报分析中的应用

使用时在搜索栏中输入运动员名称，即可搜索他的相关比赛结果记录。

四、Datasheetlib（数据库搜索）

（一）Datasheetlib 网站网址及其简介

https：//datasheetlib. com/

该网站的主要功能是帮助用户挑选全球最优航班。该网站会根据用户的需要，寻找最合适的飞行计划，购买最低廉的机票。

（二）该网站在情报分析中的作用

使用方法如下：1. 加入该网站的邮件列表。

2. 选择家乡的机场和其他信息。

3. 搜索即可。

使用时需要登录或者注册，用电子邮箱注册即可使用。

五、世界科学

（一）世界科学网站网址及其简介

https：//worldwidescience. org/

该网站是全球科学门户网站。通过多边合作伙伴关系加快科学发现和进步，从而实现对国家和国际科学数据库和门户网站的联合搜索。

（二）该网站在情报分析中的应用

1. 在搜索栏中输入关键词即可搜索相关内容。
2. 在页面的地图中点击国家即可显示该国家的相关数据库。

六、双语言搜索

（一）双语言搜索网站网址及其简介

https：//www. 2lingual. com/

两种语言使用户可以轻松使用两种语言进行 Google 搜索。获取 Google 搜索结果以及 Google 跨语言搜索结果。此外，可以为 Google 跨语言搜索激活或停用查询翻译选项。

（二）该网站在情报分析中的应用

在搜索栏中输入关键词即可搜索相关内容。在搜索栏下方可以选择自己搜索的两种语言种类。

七、代码搜索

（一）代码搜索网站网址及其简介

https：//searchcode. com/

该网站的主要功能是搜索代码。可以帮助用户在公共代码源中搜索代码。

（二）该网站在情报分析中的应用

在搜索栏中输入关键词即可搜索相关内容。将显示与突出显示的相关行匹配的结果。可以使用过滤器面板过滤搜索。

八、源代码搜索

（一）源代码搜索网站网址及其简介

https：//publicwww. com/

该网站是一个源代码搜索引擎。主要功能是搜索代码。帮助用户在网页 HTML、JS 和 CSS 代码中找到字母数字代码段，签名或关键字。

（二）该网站在情报分析中的应用

在搜索栏中输入代码段即可搜索相关内容。

九、全局 FTP 搜索

（一）全局 FTP 搜索网站网址及其简介

http：//globalfilesearch. com/

该网站是一个文件搜索引擎。主要功能是搜索文件。

（二）该网站在情报分析中的应用

在搜索栏中输入关键词即可搜索相关内容。在搜索栏旁边可以选择搜索类型。

十、全球匿名 FTP 搜索

（一）全球匿名 FTP 搜索网站网址及其简介

http：//archie. icm. edu. pl/archie_ eng. html

该网站是一个 FTP 搜索引擎。具有丰富的资料供用户使用。

（二）该网站在情报分析中的应用

在搜索栏中输入关键词即可搜索相关内容。在搜索栏下方可以选择搜索类型和其他搜索条件。

第八节　常用搜索引擎的搜索技巧

搜索引擎是综合利用网络爬虫、检索排序、网页处理、大数据、自然语言处理等技术，根据用户需求利用算法和很多模型策略在海量网页中检索并给用户推荐相关检索结果的技术。在搜索引擎的使用过程中，也有不少技巧。北京大学化柏林老师就谈到，情报人员的专业搜索能力主要表现在以下三个方面：对于网民找不到的信息，情报人员能找到；对于网民花10分钟找到的信息，情报人员仅用10秒找到；对于网民找到一堆杂乱无章的信息，情报人员能迅速对这一堆信息进行分类、排序等。搜索引擎的使用技巧很多，这里抛砖引玉，从以下几个方面给大家介绍：

1. 选择适合的关键词。

在搜索引擎的使用过程中，关键词的设定非常重要，不同的关键词，即使意思相近，但搜索的结果会大不相同，因此需要在使用过程中不断总结选择关键词的技巧。比如，应当避免拿含义宽泛的词语作为关键词，如果您想看长城旅游的相关信息，“长城一日游”就是比“旅游”更好的关键词。再如，去掉关键词中的疑问词、连词、叹词、助词、语气词等无意义的虚词，也有助于提高检索质量。

2. 选择适合的搜索引擎。

因为不同的搜索引擎有其不同的擅长领域，不同国家和语言的搜索引擎其搜索的范围也不相同。因此，使用搜索引擎时，需要结合需求确定需要使用的搜索引擎类别，以及使用哪个国家或者哪种语言的搜索引擎。比如，要搜索简体中文，与国内人员相关的信息，就需要使用百度、360、搜狗等国内搜索引擎。若要搜索香港地区或者台湾地区某个人的相关信息，则可以使用谷歌、必应国际版或者台湾地区的搜索引擎。若要搜索学术相关的资料，可以使用谷歌学术、必应学术等学术搜索引擎。再如，要搜索一些国内文档和视频等资料，除了使用一般搜索引擎，还可以使用网盘搜索。

3. 多个同类搜索引擎同时使用。

不同的搜索引擎，其推荐算法和爬虫技术等都有区别，因此搜索结果也不完全相同。因此，在实战中可以多个搜索引擎并用，也可以使用一些聚合搜索工具，这样可以提供搜索效率。

4. 使用搜索引擎的高级搜索和语法搜索等功能，缩小和精确搜索范围。各种搜索引擎都有不少搜索语法，这里列举几个常用的语法示例。

(1) 百度搜索语法示例。

filetype：搜索 pdf、txt、xls、doc 等特定格式的文件。示例：需要搜索“情报”相关的 pdf 文档，在搜索栏输入：情报 filetype：pdf。

Site：搜索指导网站中的内容。示例：需要搜索中国知网（www. cnki. com. cn）中“情报”相关内容，在搜索栏输入：site：（www. cnki. com. cn）（情报）。

(2) 谷歌基本搜索语法。

intext：搜索正文部分包含关键词的网页。

intitle：搜索标题中包含关键词的网页。

cache：搜索 google 里相关内容的缓存。

define：搜索某个词语的定义。

filetype：搜索指定的文件类型，如 . bak、. mdb、. inc、. doc、. pdf、. xls、. ppt 等。

info：查找指定站点的一些基本信息。

inurl：搜索指定网址中的关键词。

+ 把 google 可能忽略的字列入查询范围。

- 把某个字忽略。

~ 同义词。

. 单一的通配符。

* 通配符，可代表多个字母。

“” 精确查询。

搜索不同地区网站：inurl：tw 台湾、inurl：jp 日本、inurl：cn 中国、inurl：us 美国。

示例 1：搜索 FBI 官网（www. fbi. gov）中与“情报”（intelligence）有关的 pdf 文档，在搜索栏输入：filetype：pdf site：（www. fbi. gov）intelligence

示例 2：搜索科学网（www. escience. cn）里标题包含“情报”的 pdf 文档，在搜索栏输入：intitle：情报 filetype：pdf inurl：www. escience. cn

(3) 360 搜索语法。

Site：指定网站搜索；filetype：指定搜索文件类型。

(4) 必应搜索语法。

+添加相关关键词到搜索条件，包含一般会被忽略的搜索条件。

“” 精确搜索。

(5) 查找或者包含某组词的网页。

AND 或者 & 查找包含所有关键词的网页。

NOT 或者- 查找排除关键词的网页。

OR 或者 | 查找包含任意关键词的网页。

contains：查找包含指定文件类型的链接的网页。

filtype：查找指定文件类型的网页。

Inanchor：查找定位标记中的关键词。

Inbody：查找正文中的关键词。

Intitle：查找标题中的关键词。

IP：查找托管在特定 IP 地址中的网站。

Language：返回指定语言的网页。

Loc：返回指定国家的网页。

Prefer：重点强调的搜索条件。

Site：返回指定网站的网页。

Feed：在网站上查找搜索条件的 RSS 或者 ATOM 源网页。

第五章　国外人员搜索

第一节　人员背景信息查询

一、411

（一）411 网站网址及其简介

https：//www. 411. com/

411 是成立于 1997 年的 Whitepages 公司旗下网站，其可帮助个人和小型企业联系，审核其领域中的人们。每月超过 3500 万人使用 Whitepages 身份数据与扩展的朋友和家人取得联系，确认身份和研究背景。小型企业使用 Whitepages 来防止欺诈，联系客户并评估商机。

Whitepages 是一家私有公司，不隶属于任何一家电话公司。公司从各种来源收集信息，对其进行交叉引用以确保准确性，并在方便时对其进行编辑以供查看。

（二）情报分析中其主要应用内容

1. 可通过名字、年龄和州及城市筛选和查找目标人员信息。

2. 通过电话号码反向查询人员信息。

3. 通过地址反向查询人员信息。

4. 查询企业信息。

5. 背景查询：获取即时背景报告，包括犯罪记录。

6. 获得详细信息需美国 IP 访问网站。

二、Alumni

（一）Alumni 网站网址及其简介

https：//www. alumni. net/

Alumni. NET 是一个全球校友注册中心，于 1994 年首次上线。该注册中心由 Eric Tomacruz 先生创建，最初是为了与高中时期的朋友保持联系。很快，随着越来越多的人也连接到互联网，越来越多的学校被添加到注册表中。最初的爱好变成了一个全面的跨国注册机构。该网站是一个社交网络，使用主体主要是学生。可以利用此网络获得与学校有关的资源。Alumni. NET 的规模已增长到包括来自全球 10. 2 万个组织的数百万注册用户，并且每天的数量都在增长。本网站提供的社交资源分为以下三种类型，团体（学校、公司等）、工作、交易。可以直接根据需求搜索。使用步骤：通过注册会员的方式，登录使用。

（二）情报分析中其主要应用内容

1. 通过名字和所在的州查询筛选人员。

2. 获取目标人员家庭住址、电话号码、社交媒体、犯罪记录、相片、法庭记录等信息。

三、classmates

（一）classmates 网站网址及其简介

https：//www. classmates. com/

通过网站寻找、了解和联系高中同学以及获取其他高中信息。联系高中同学方便快捷，数据庞大；寻找条件简单，仅凭姓氏就可以找到。组建或参加高中聚会，收集高中年刊，通过注册登录即可使用。

（二）情报分析中其主要应用内容

1. 寻找、了解和联系高中同学。

2. 获取其他高中信息。

四、Lookupuk（英国）

（一）Lookupuk 网站网址及其简介

http：//www. lookupuk. com/

Lookupuk 是由 Paul M. Field 开发和维护的寻找失散朋友或者是英国的亲属的原始资源中心。在原始数据中心获得人员信息，可用作寻找失踪人口、多年失去联系的同学朋友等。

（二）情报分析中其主要应用内容

1. 家人寻找失踪人口。
2. 警察搜索相关人员信息以及联系方式。
3. 搜索相关人员联系方式，如多年未联系的朋友的用户。
4. 注册账号，输入待查询人口的信息，还可以寻找英国居民的电话号码和地址，查找电子邮件。

五、Ussearch*

（一）Ussearch 网站网址及其简介

https：//www. ussearch. com/

Ussearch 是人们寻找家人、老朋友和亲戚的最佳方式。人员的搜索报告包括当前的地址、电话号码、地址历史、家庭成员、家庭价值等信息。

（二）情报分析中其主要应用内容

1. 人名，包括当前的地址、电话号码、地址历史、家庭成员、家庭价值等。
2. 反向电话查询。
3. 电子邮件搜索。
4. 社会网络。

六、Howmanyofme（美国）

（一）Howmanyofme 网站网址及其简介

http：//howmanyofme. com/search/

该公司地处科帕卡巴纳，哈瓦那以北最热的地方。该产品可以帮助使用者了解到在美国有多少人和自己名字、姓氏相同，以发现他们名字的普遍性或罕见性。适用于研究名字的普遍性和罕见性的用户。

（二）情报分析中其主要应用内容

1. 在搜索框中输入待查询的名字和姓氏即可。

2. 使用本产品可以查找到搜索次数最多的姓氏、名字和名人。

3. 付费可获取地址、电话、财产、犯罪记录、社交媒体等公共记录报告。

七、Littlesis

（一）Littlesis 网站网址及其简介

https：//littlesis. org/

该产品是一个基层监管机构网络。该产品是 Public Accountability Initiative 的一个项目，PAI 是一个 501（c）3 组织，致力于公司和政府的问责制。该公司的使命是促进和开展调查研究，以促进透明和负责任的治理。PAI 由一群积极分子、公益律师与一流大学和主要社会变革组织相关的学者于 2008 年年初成立。适用于对公共部门、私营部门进行人际关系调查，对政府政策制定的来源进行调查。

（二）情报分析中其主要应用内容

该产品具有公共部门和私营部门中的个人和组织相互关联的资料。详细介绍了丰富的信息，这些信息对于权力和金钱指导公共政策制定方式的调查至关重要。主要包括人际关系、维基功能和数据源。

八、邻居报告

（一）邻居报告网站网址及其简介

https：//neighbor. report/

该网站是感谢邻居或者抱怨他们的不当行为的最佳地点。适合邻居之间婉转地表达谢意或不满，以增强彼此之间的了解，促进社区的和谐稳定。

（二）情报分析中其主要应用内容

该网站可以向邻居婉转的传递一些信息，通过在该网站发布公告的形式进行信息传递，主要通过以下途径选择传播信息的页面：

1. 家庭住址。
2. 姓名。
3. 联系方式。

九、Peekyou

（一）Peekyou 网站网址及其简介

https：//www. peekyou. com/

Peek You. com 是 Web 上领先的免费人群搜索引擎，每月为 600 万以上的访问者提供服务，据 Quantcast 称，它是美国排名前 500 位的网站之一。该站点于 2006 年 7 月以隐身模式启动，并于 2009 年 11 月以现身的形式重新启动。

PeekYou 是一个免费的人员搜索网站，它将人员置于 Internet 的中心。它可以使用户发现生活中最重要和最相关的人。PeekYou 收集并结合了来自社交网站、新闻来源、主页和博客平台的分散内容，以呈现全面的在线身份。PeekYou 为人们的搜索带来了新的视角。

PeekYou 将个人放置在 Internet 的中心。对于每个公共 Web 链接，PeekYou 都会尝试回答“谁做到了”这个问题。或者，如果适用，“它是谁?”到目前为止，已经回答了十亿个链接并进行了计数的问题。技术可以分析来自 60 多个社交网站、新闻来源、主页和博客平台的内容，并确定背后的真实人物，将他们分散的数字足迹整合到他们的在线身份的完整记录中。适用于寻找没有联系的亲人、朋友、同学，以及警方搜集有关人员的信息。

（二）情报分析中其主要应用内容

1. 寻找家人。

2. 重新与朋友联系。

3. 寻找老同学。

4. 查找联系方式。

十、Peoplesearch

（一）Peoplesearch 寻人（澳大利亚）网站网址及其简介

https：//www. peoplesearch. com. au/

无论您是要寻找来自学校、军人、失恋还是其他任何人的老朋友，People Search 都可以满足您的需求。

（二）情报分析中其主要应用内容

1. 收养搜索。使用澳大利亚领养搜索和团聚资源搜索出生家庭和信息。

2. 互联网和电子邮件地址搜索。特定于 Internet 的搜索，用于查找人员和信息，包括电子邮件地址、反向电子邮件、信使详细信息、新闻组和搜索引擎。

3. 失踪人员。官方和非官方站点致力于在澳大利亚寻找失踪人员。

4. 人物按位置搜索。按州和位置搜索澳大利亚的人。

5. 人物搜寻。搜索特定职业、专业或领域的人员。

6. 电话和地址搜索。在线搜索以查找电话号码和地址。查找个人或公司的电话号码，或在澳大利亚找到地址。反向搜索也可用。

7. 专业人士搜寻服务。提供与寻找人或信息有关的服务或产品的公司和组织。

8. 公开记录。在搜索某人时，记录提供了很好的信息和推荐来源。公共组织和私有组织都通过所谓的深层网络（数据库中包含的信息——通常可在源中搜索）在线提供无数记录。通过访问这些记录，除了可以获取各种各样的个人信息之外，您还可以获取有关人员下落的许多线索，有时甚至包括他们的确切位置。

9. 学校、学院、TAFE 和大学人员搜索。查找老同学、学校朋友、大学好友和工作人员。

10. 国际人员搜寻。使用这些国际人士搜索资源搜索澳大利亚以外的人。

十一、Pipl

（一）Pipl 网站网址及其简介

https：//pipl. com/

Pipl 是一款为搜索网络上的人物信息而生的搜索引擎。不同于传统意义上的搜索引擎，Pipl 是专为检索“深网”上的信息而设计的。与世界领先的真实身份验证信息提供商加快调查和打击欺诈。

Pipl 独特的身份解析引擎连接了全球个人、专业和社会身份数据，为分析师和调查人员提供了超过 30 亿个可信身份档案的无与伦比的全球索引。

（二）情报分析中其主要应用内容

1. 调查研究。

Pipl 搜索是世界领先的保险和金融机构、政府机构和媒体公司使用的基本调查工具。Pipl 加速了你的调查任务，同时暴露了新的维度，而使用传统的工具和资源发现这些维度需要数周或数月的时间。

2. 快速找到感兴趣的人。

揭示人、地址、电话和社交手柄之间的关联；确定消息来源、证人或嫌疑人的可信度；跟踪历史在线和离线身份信息的变化；连接个人、专业和社交信息。

3. 身份验证和欺诈检测。

在线交易以光速进行，公司必须提供无摩擦的客户体验，并保持同步。这意味着实时识别并降低风险。

十二、Skipease

（一）Skipease 网站网址及其简介

https：//www. skipease. com/

Skipease 是一个收集人和公共记录的搜索集合。每个人都有自己的优势和劣势。你可以通过姓名、用户名、地址、电话号码、电子邮件或其他个人识别码来查找人。查找一个难以找到的人通常需要从多个搜索中收集个人信息。免费寻人、公共记录和社交网络搜索都是找到某人的好方法。

（二）情报分析中其主要应用内容

个人搜索包括：英特尔、白页、扎巴萨斯、皮普尔、人民智慧、这就是他们、黄页、有声电影、超级页面、社交网络、脸书、雅虎人搜索。

十三、Smugmu

（一）Smugmu 网站网址及其简介

https：//www. smugmug. com/search

该产品可以用于摄影专家和摄影爱好者学习摄影。该产品可以为摄影作品提供发表的平台。该产品可以为从事摄影的人员提供新的灵感和技巧。该产品适用于摄影爱好者、摄影专家等对摄影有兴趣，需要获得摄影灵感，用摄影来讲述故事的人群。

（二）情报分析中其主要应用内容

1. 选择摄影类型或者输入待查询的摄影作品关键词查询摄影作品。

2. 发表您的摄影作品。

十四、Reversegenie

（一）Reversegenie 网站网址及其简介

http：//www. reversegenie. com/

该产品可以帮助用户通过少量信息反向搜索到该信息相关的大量信息。进而查询到自己需要的人员的详细信息，如姓名、电话、住址、邮箱等。而且通过警报设置，在出现相关信息时，发出警报信息让客户及时查看。

（二）情报分析中其主要应用内容

1. 寻找走失的亲人。
2. 寻找多年未联系的同学、朋友。
3. 警察查询和搜索犯罪嫌疑人的信息。

十五、Recruitin

（一）Recruiti 网站网址及其简介

https：//recruitin. net/

Recruit'em 是 Clever Biscuit 的一个项目，他们构建了免费的工具。该产品适用于在与谷歌有协议的网站上发布或查阅自己的求职信息，或者公司寻找合适的求职人员。其中，Dribbble 非常适合查找前端开发人员、图形设计师、插图画家、版式设计师、徽标设计师和其他创意类型的人员。

（二）情报分析中其主要应用内容

1. 求职者在网站上发布自己的简历信息。
2. 公司在网站上寻找合适的求职者。
3. 求职者查找自己的简历信息，搜索自己的资料。

十六、Peoplesmart

（一）Peoplesmart 网站网址及其简介

https：//www. peoplesmart. com/

PeopleSmart 是公共记录和隐私教育的长期领导者，致力于帮助个人在线理解，访问和管理其个人信息。浏览免费指南以浏览复杂的法庭记录检索世界，或使用搜索工具通过值得信赖的数据合作伙伴 BeenVerified 查找联系信息。本产品适用于通过一定量的信息寻找对应的人员和联系方式，如寻找多年未联系的亲友、同学，失踪的家人，以及警察寻找犯罪嫌疑人的相关资料。

（二）情报分析中其主要应用内容

1. 通过名字在公共信息记录中寻找人员资料。
2. 通过名字在法庭记录中搜索民事和刑事法院记录和犯罪记录。
3. 通过隐私资源加强自己的隐私。

十七、Peoplelooker*

（一）Peoplelooker 网站网址及其简介

https：//www. peoplelooker. com/

Peoplelooker 以客户为中心和以客户为导向的方式来进行搜索服务，允许网站的客户获取来自多种来源的大量公共信息，简化背景调查，使其既简单又经济。使人名搜索变得容易，并找到你可能在谷歌上找不到的信息。

（二）情报分析中其主要应用内容

1. 人名。
2. 犯罪记录。
3. 照片。
4. 亲属。
5. 电子邮件地址。
6. 电话号码。
7. 地址。

8. 法庭记录等。

十八、Marketvisual*

（一）Marketvisual 网站网址及其简介

http：//www. marketvisual. com/

Marketvisual 可以按姓名、公司或职称搜索专业人员。

（二）情报分析中其主要应用内容

输入姓名、公司或职称搜索专业人员，如微软销售、Adobe 创始人、谷歌财务副总裁等。

十九、Nextdoor*

（一）Nextdoor 网站网址及其简介

https：//global. nextdoor. com/

NextDoor 是可靠连接有用信息、商品和服务交换的邻居中心。通过把邻居们聚集在一起，可以建立一个更加友善的世界，在这个世界里，每个人都有自己可以信赖的邻居。

（二）情报分析中其主要应用内容

1. 传播关于走失狗的消息。
2. 推荐和发现最受欢迎的当地企业。
3. 为一辆过时的自行车找个新家。
4. 从当地机构获得重要的安全信息。
5. 与邻居一起喝杯咖啡或组织一个步行小组。

二十、Nuwber*

（一）Nuwber 网站网址及其简介

https：//nuwber. com/

Nuwber 是一种快速交付的人员搜索服务，通过提供准确、可靠的数据信息帮助你和失去联系的老朋友或亲戚重新建立联系，还可以帮助你和新邻居、同事、客户

等建立社交媒体上的联系。

（二）情报分析中其主要应用内容

查询电话号码、地址、警察记录、诉讼、财产所有权等。

二十一、Addresses*

（一）Addresses 网站网址及其简介

https：//www. addresses. com/

Addresses. com 是关于人们及其与他人联系的公共数据的领先提供商。Addresses. com 不提供消费者报告，本网站也不应用于确定个人是否有资格获得信贷、保险、就业、住房或 FCRA 所涵盖的任何其他用途。

（二）情报分析中其主要应用内容

1. 人名查询。

2. 电话号码。

3. 住址。

4. 业务查找。

二十二、Anywho*

（一）Anywho 网站网址及其简介

https：//www. anywho. com/whitepages

Anywho 是关于搜索人名、地址、商业机会的网站。

（二）情报分析中其主要应用内容

1. 按名称或类别查找企业。

搜索当地企业的名字，以迅速找到他们的黄页清单与基本细节和地图。按类别进行搜索，以浏览和筛选本地企业列表。

2. 按名字搜索找到人。

在人员搜索目录中找到人，可以通过他们的姓名、地址或通过电话号码进行反向查找。“任何个人搜索”每周更新一次，其中有来自全国各地的个人电话号码。

3. 反向电话查找，按电话号码查找人。

如果你错过了一个来电，并想知道它是谁，在搜索框中输入一个电话号码，可以查找是谁注册的，将向您显示注册人的名字、姓氏以及邮寄地址。

二十三、Intelius*

（一）Intelius 网站网址及其简介

https：//www. intelius. com/

Intelius 是有关人及其与他人联系的公共数据的领先提供者。Intelius 不提供消费者报告。

自 2003 年成立以来，一直是搜寻人员、电话号码、地址、背景调查、犯罪记录等最可靠的地方。

（二）情报分析中其主要应用内容

1. 联系老朋友。
2. 查询同事的犯罪记录。
3. 查看自己的背景报告。
4. 查找来电号码归属。
5. 查看房产的数据。
6. 访问不受限制的人与总理的报告。

二十四、Snoopstation

（一）Snoopstation 网站网址及其简介

http：//snoopstation. com/

该产品的开发者为 IntellectSpace Corporation。适用于公司招聘符合条件的专业人员。

适用于专业人员了解其他公司的职位设置，寻找合适的工作。

（二）情报分析中其主要应用内容

1. 通过姓名、公司或职务搜索到符合条件的人员资料。
2. 搜索公司成员的隶属关系。

二十五、Spokeo

（一）Spokeo网站网址及其简介

https：//www. spokeo. com/

Spokeo是一个查找有关人员背景信息的网站，您可以通过姓名、电话、地址或电子邮件等对目标人员进行秘密调查。

（二）情报分析中其主要应用内容

1. 客户可通过姓名、电话、地址或电子邮件进行搜索，秘密查找有关人员的信息。

2. 警察调查犯罪嫌疑人的身份信息以及其他背景。

3. 秘密对相关人员进行调查信息。

二十六、Socialcatfish

（一）Socialcatfish网站网址及其简介

https：//socialcatfish. com/

SocialCatfish. com可帮助您找到人并验证信息，如图像、电子邮件地址、电话号码和在线个人资料。

（二）情报分析中其主要应用内容

1. 输入姓名，选择地址，可以找到人并验证信息。

2. 输入邮箱号码，可以找到人并验证信息。

3. 输入电话号码，可以找到人并验证信息。

4. 输入曾用名，可以找到人并验证信息。

5. 上传照片，可以找到人并验证信息。

二十七、Yasni

（一）Yasni 网站网址及其简介

http：//www. yasni. com/

该网站是一个提供招聘信息和求职信息的平台，它为求职者提供岗位信息，同时为招聘者招聘所需员工。

（二）情报分析中其主要应用内容

1. 输入所需人员应具备的条件和擅长领域，可以找到人并验证信息。

2. 输入自己具备的条件和擅长领域，可以找到工作并验证信息。

3. 输入姓名，可以找到人并验证信息。

二十八、Talentbin

（一）Talentbin 网站网址及其简介

https：//www. talentbin. com/

（二）情报分析中其主要应用内容

1. 整个网络的人才搜索引擎。

根据他们的技能、兴趣和行动，在网上活跃的地方找到被动候选人。

2. 发现无法回避的被动候选人。

搜索跨越网络最大的被动候选数据库。

3. 掌握您的人才渠道。

体验“一流的工具”来管理候选人渠道，并与招聘团队合作。

4. 与成功的客户团队合作。

与专注于成功的客户团队合作，他们会让你立即开始并运行，并与你合作建立一个更高绩效的招聘团队。

二十九、Strava

（一）Strava 网站网址及其简介

https：//www. strava. com/athletes/search

Strava 可以创建一个账户以记录骑行和跑步训练以及 GPS 数据。使用 Facebook、Google 账号可以登录，或者输入电子邮件也可登录。

（二）情报分析中其主要应用内容

使用 Facebook、Google 账号或者电子邮件登录即可记录骑行和跑步训练以及 GPS 数据。

三十、Ufind. name

（一）Ufind. name 网站网址及其简介

https：//ufind. name/

该公司提供免费的资源，可以访问数百万条公共在线记录。该公司收集并整理公共数据，从用户个人资料到州、城市和联邦记录。在 Ufind. name 上，用户可以查找人员、营销数据、车辆历史、专利、商业登记数据、法院文件、域名信息和白宫记录。

（二）情报分析中其主要应用内容

1. 通过本产品搜索到失去联系的好友的资料并进行联系。

2. 管理互联网上关于自己的信息。查找自己的信息及时进行更新和管理。

3. 搜索邻居的资料，了解邻居，利于居住安全。查找认识的人的资料了解他的过去以便于交流。

三十一、Truepeoplesearch

（一）Truepeoplesearch 网站网址及其简介

https：//www. truepeoplesearch. com/

该网站包含数十亿条公共记录，只需输入姓名、电话号码或地址，结果就会很快返回地址历史记录、电话号码、亲戚、同事、电子邮件地址等信息。

（二）情报分析中其主要应用内容

1. 通过搜索姓名，可以找到人并验证信息。

2. 通过搜索反向电话（只有电话号码而没有姓名搜索信息），可以找到人并验证信息。

3. 通过搜索反向地址（只有详细地址而没有姓名搜索信息），可以找到人并验证信息。

三十二、Spytox

（一）Spytox 网站网址及其简介

https：//www. spytox. com/

Spytox 是世界上最受信任的白页目录。可以搜索人、地址、电话号码、社交媒体资料等。只需输入您要查找的人的姓名、电话号码或电子邮件地址，然后单击“Search”即可。Spytox 将本地数据库、可公开获取的信息、社交媒体简介、LinkedIn 数据以及其他公共和私人信息结合起来，为用户提供最全面和最先进的搜索引擎。

（二）情报分析中其主要应用内容

只需输入您要查找的人的姓名、电话号码或电子邮件地址，然后单击“Search”即可搜索人、地址、电话号码、社交媒体资料等。

三十三、Snitch. name

（一）Snitch. name 网站网址及其简介

http：//www. snitch. name/

Snitch. name 是“社交网络六个最强大的搜索引擎”之一。适用于运用社交网络频繁，需要获得人员信息的群体；适用于警察了解犯罪嫌疑人的社交网络圈。

该应用程序最初是笔者开发的工具，因为厌倦了不得不在各个地方进行搜索以查找与笔者认识的人的有关信息。它的设计目的并不是花哨的，而是解决了一个现实世界的问题，直到那些由社交服务提供支持的人决定使用某些配置文件搜索 API 为止。在此之前，Snitch. name 是完成这项工作的最佳工具。

（二）情报分析中其主要应用内容

1. 根据姓名查找和搜索用户的同事、亲友等人员的联系方式。
2. 查找用户自己的名字在网络上的排名情况。
3. 通过名字获得社交网络的信息。

三十四、Webmii*

（一）Webmii 网站网址及其简介

https：//webmii. com/

Webmii 是一款人名搜索引擎，Webmii 提供了最简单、最快的方法，可以找到更多关于使用自己名字的人的信息。

（二）情报分析中其主要应用内容

查询使用自己名字的人的有关信息。

第二节　家族档案信息查询

一、Ancestorhunt

（一）Ancestorhunt 网站网址及其简介

http：//www. ancestorhunt. com/

本网站为免费系谱搜索引擎，每个州的家谱搜索只需输入一个姓氏，就能在全球网络上搜索到大量的家谱数据，从各种家谱数据库和其他家谱资源中揭示出许多类型的记录和家谱数据。

（二）网站特点

1. 独特之处在于家谱监狱记录，在那里你可能会找到你的家庭中有犯罪记录的祖先或你可以搜索当前的监狱囚犯，当前的县监狱囚犯和当前的逮捕报告。另外，你可以浏览过去的美国治安官，过去的警察和阵亡将士纪念页。

2. 查找家庭记录，网站的一个热门部分是记录抄本和图片。这些家谱完全按姓氏编入索引，有超过 500 页的抄本和扫描图像，网站将定期添加到其中。这是家谱研究的主要来源，你会发现这里列出了许多不同的姓氏，其中包括旧照片、讣告和其他文物，并且提供姓氏及不同类型记录的分类索引。

3. 人口普查记录。

4. 按州进行检索的家谱搜索。

（三）情报分析中使用 Ancestorhunt 网站查询的主要内容

1. 家庭搜索：在包括 1900 年人口普查在内的家谱数据集和数据库中搜索 10 亿个名字。这个免费的家谱搜索可以揭示大量的资源。

2. 电话簿：在全国范围内的电话簿免费搜索您的姓氏，以找到新的和失去的亲人，他们可能拥有重要的家谱数据。

3. 世系树：免费搜索超过 4 亿个名字，搜索引擎提供搜索条件以获得更有效的结果。这些用户提交的家谱中有大量的家谱数据，很容易与正在研究您的家庭的其他人建立联系。

4. 大量婚姻记录：免费搜索婚姻信息。

5. 可以看到所有免费家谱网站。

6. 免费的家谱搜索引擎，搜索各种家谱页面。按姓氏编入索引。

7. 国家档案馆的家谱：了解国家档案馆提供的信息以及如何查阅他们的家谱记录。

8. 普查查找器——免费在线普查记录：美国、英国和加拿大的在线免费人口普查记录链接超过 29000 个，包括连接到晦涩的记录，如印度人口普查、城市目录和早期税单。

9. 姓氏社区：加入世界各地的姓氏社区，在这个自由的族谱社区共享信息和学习他们祖先的传统。

10. 社会保障死亡指数：包括搜索和使用这个庞大的美国死亡记录数据库的技巧。

二、Familysearch

（一）FamilySearch 网站网址及其简介

https：//www. familysearch. org/zh/

FamilySearch 是全球最大的族谱研究组织。每年都有上百万人使用 FamilySearch 的记录、资源和服务来进一步了解他们的家谱。所有内容皆与家庭有关，Family Search 是一个从事家谱研究的非营利组织，致力于联系起世世代代的家族。FamilySearch 相信，家能为人生带来喜悦，并让生命变得更有意义。网站保存并分享世上最大的族谱及历史记录收藏，致力于建立及联结最佳且最珍贵的研究资源，帮助人们借由探索自己的出身，进而发掘自己的身份。100 多年来，FamilySearch 及更早的组织一直积极收集、保存和分享世界各地的族谱记录。

（二）FamilySearch 提供的主要内容

1. 免费开放：供所有人使用，皆不收费。

2. 来自全球 40 亿个名字。

3. 全球共 4745 处 FamilySearch 中心。

4. 每周 7 天、每天 24 小时免费的专家电话支援。

过去被称为犹他族谱学会的 FamilySearch，创建于 1894 年，一直致力于保存人类家族的记录。宗旨是要借由方便取用的历史记录，帮助人们与祖先联结。在记录的收集、拍摄、编制索引及保存方面皆领先业界水准。现今科技进步与数字世界的崛起，给予与全世界分享这些资源的机会。

（三）该网站提供给记录保管员的部分服务

1. 影像拍摄：取得具有存档品质的影像往往是耗费记录保管员最多金钱和时间的步骤。制成微卷已是标准作业方式，然而数位化是新兴趋势。无论你是选择自行处理，或是运用网站全球 200 多个拍摄小组中的其中之一，网站都能帮得上忙。

2. 数位转换：可以帮助拥有庞大微卷收藏的记录保管员进行影像数位化，甚至提供数位影像储存服务。

3. 保存：来自 100 多个国、时间跨越数百年的微卷、微缩平片和数位记录的档案副本都安全地储存在专门长期保存资料的花岗岩山记录库中。

4. 线上索引编制：影像一旦经数位化后，关键资料就需要加以转译，以便制作成可搜寻的索引让全世界的用户使用。网站的线上索引编制应用程式可以让全球的义工快速、精确地建立索引。

5. 线上存取：无论你的目标是使大众能免费使用你的记录，或是贴补预算，都能帮助你将你保管的记录放上网络。为了将成本降至最低并提高用户的使用率，网站可以担任网主，将你的索引和记录张贴在 FamilySearch. org 上，也可以提供工具和专业技术，让你设置自己的网站。

三、FreeBMD

（一）FreeBMD 网站网址及其简介

https：//www. freebmd. org. uk/

FreeBMD 是一个正在进行的项目，其目的是转录英格兰和威尔士出生、婚姻和死亡的民事登记索引，并提供对转录记录的免费互联网访问。这是英国家谱的一部分，其中包括 FreeCEN（人口普查数据）和 FreeREG（教区登记）。可搜索到目前为止由 FreeBMD 转录的记录。

出生、结婚和死亡的记录始于 1837 年，是家谱研究最重要的资源之一。记录的抄录工作由专门的志愿者小组进行，其中载有1837—1992年的索引信息，但尚未抄录整个期间的记录。这里可以查看按事件和年份分类的明细。

（二）情报分析中该网站的作用

帮助查找与英格兰和威尔士相关的人员出生、婚姻和死亡信息，并可挖掘家族信息。

四、FamilyTreeNow

（一）FamilyTreeNow网站网址及其简介

https：//www. familytreenow. com/

容易使用，强大的免费家谱网站。拥有数十亿的历史记录，包括人口普查记录（1790—1940年）、出生记录、死亡记录、婚姻和离婚记录、活人记录和军事记录。免费搜索，没有限制。可免费创建你的家庭树，搜索数十亿的家谱记录100%免费找到你的祖先。和家人一起分享你的树，一起建造，追溯你几百年前的家族起源，找到你的祖先和久违的亲人。

FamilyTreeNow. com是一些技术老手在2014年推出的，他们喜欢接受需要花钱的服务，并免费为每个人提供这些服务。各种家谱网站可以用来追踪个人信息，这对那些想查找家庭关系的人可能很有用。结果页面将显示地址信息和可能的亲属，而付费背景信息也可以通过PeopleFinders生成。

（二）情报分析中该网站的作用

通过姓名、地址、国家、出生年月、死亡日期等信息查询家族信息。

五、Forebears

（一）Forebears网站网址及其简介

https：//forebears. io/

Forebears是家谱门户，包括：家史研究资料的地理索引和交叉参考目录。姓氏词典，包括有关其地理分布的信息。该网站的主要目的是汇集网上和网下各种各样的家谱资料，并将其编入目录；以便研究人员能够很容易地查阅到这些资料，寻找与特定城镇、地区或国家的祖先有关的记录。该网站于 2012 年 6 月 20 日上线。

（二）情报分析中使用 Forebears 查询的主要内容

1. 2800 万名字的释义与分布。

2. 2700 万姓氏的释义与分布。

3. 按类别查看资源，搜索系谱，包括：出生、死亡、结婚、人口普查、遗嘱、报纸、墓地、名录、税收、土地、职业、教育、贵族、军事、移民、历史、传记等。

4. 英格兰和威尔士家谱指南：通过这个简单的、循序渐进的指南，你可以追溯到 18 世纪及以后的英国和威尔士血统。

六、Genealogylinks

（一）Genealogylinks 网站网址及其简介

http：//www. genealogylinks. net/

Genealogylinks 是在线家族历史搜索网站，超过 50000 个系谱链接，按地区浏览，包括：美国、英国和爱尔兰，加拿大、欧洲大陆、澳大利亚、新西兰……

拥有全球数据库：中国、印度、以色列和犹太族谱，南非等国家记录的大型网站。

（二）情报分析中使用 Genealogylinks 查询的主要内容

1. 出生记录、婚姻记录。

2. 移民记录查询。

3. 墓地搜索。

4. 欧洲婚姻搜索。

5. 本地数据共享记录搜索。

6. 网上报纸讣告。

七、Sortedbyname

（一）Sortedbyname 网站网址及其简介

http：//sortedbyname. com/

此网站提供了很多链接到其他网站上的家谱数据，包括这个网站管理员运行的网站。得克萨斯州的婚姻是从得克萨斯州网站下载的公共信息。纽约的婚姻是通过在信息自由法下收回记录而取得的，是公开信息，也不会删除。它不会透露你的地址或出生日期。社会保险号码是死亡总档案中的公共信息。2014 年 3 月生效的一项新联邦法律禁止政府公开披露信息，直到一个人死亡 3 年后，但这并不影响已经公开的信息。

在网站首页可以输入姓氏。除了字母以外的任何东西都将被忽略。姓氏将转换为所有大写字母，并与数据库中的姓氏进行比较，同样也会进行类似的转换，以便 Laforest 与 Laforest 匹配，因为两者都转换为 Laforest。同样，O'Brien 和 Obrien 都将转换为 Obrien 进行匹配；连字符和字母表中 26 个字母以外的任何字符都将被忽略。以相同的方式输入名字（可选）。同样，它将被转换为所有大写字母，除字母外的任何内容都将被忽略。

如果需要，请输入出生日期。按顺序输入年份、月份和日期。例如，输入 1959 年 7 月 24 日或输入 19590724。您可以单独输入年份或确切日期。

（二）情报分析中该网站的作用

查询得克萨斯州的婚姻信息和家族信息。

八、Searchforancestors

（一）Searchforancestors 网站网址及其简介

http：//www. searchforancestors. com/

自 1997 年以来，Searchforancestors 一直在帮助那些有兴趣研究家族历史的人找到家谱数据库。使用 Searchforancestors 家谱门户网站查找您的家族历史和姓氏来源以构建您的家族树。

（二）情报分析中该网站的作用

1. 免费寻根：免费数据库—完全免费。

2. 简单的谷歌系谱搜索：简单的 Google 系谱搜索器将 Google 的高级功能放在一个页面上，并提供关于每个功能对系谱学家有用的建议。学会使用谷歌搜索找到免费的家谱记录。

3. 民族族谱检索：非裔美国人和美洲原住民祖先搜索引擎。

4. 传统剪贴簿：创建一个传统剪贴簿有或没有旧的家庭照片。还有采访亲戚的想法。

5. 历史地图：历史地图和美国各州县查找器。

6. 活人搜索：通过使用反向目录、白页和黄页搜索丢失已久的亲人、亲生父母或朋友。

7. 快速查找姓氏：输入您的姓氏，搜索超过 30 个巨大的全球家谱数据库。姓氏搜索引擎消除了和常用词相同名字的错误结果。

8. 记录搜索：传记、墓地、讣告、人口普查、土地、摄影、军事、乘客名单（包括埃利斯岛记录和城堡花园记录）和重要记录（出生、婚姻和死亡）数据库。

9. 区域搜索：美国、加拿大、英国、爱尔兰、德国、荷兰、澳大利亚/新西兰和民族族谱搜索引擎。

10. RootsWeb 搜索：在 RootsWeb 进行全局、美国和查询祖先搜索。

11. 姓氏来源与家族史研究：姓氏来源及姓氏含义。

12. 姓氏信息搜索：姓氏分布、王室族谱和美国总统祖籍数据库搜索。

13. 家谱学工具：年龄计算器、表兄计算器、复活节查找器、通货膨胀计算器、变音计算器、万年历、罗马数字转换器、墓碑生日计算器。

14. 全球数据库：搜索最好的免费家谱数据库包括本地数据共享（LDS）家谱数据库。

九、LocateFamily

（一）LocateFamily 网站网址及其简介

https：//www. locatefamily. com/

LocateFamily. com 用于找到家人、朋友、邻居等，从全球不同来源获取信息，但只接受和显示被视为非机密的信息，如姓名和公民地址。LocateFamily. com 上没有提供任何机密信息。LocateFamily. com 定期更新其数据库，以确保显示的信息继续有效。按原样提供其页面中的信息，并不保证信息的准确性。提供数据的唯一目的是提供信息。不得诽谤或侵犯任何权利。

姓名和地址信息通常由个人通过社交媒体和在线形式等披露，并且可以通过各种商业渠道随时获得，也可以通过许多公众论坛和社交媒体在互联网上获得，公众可以方便地访问这些论坛和媒体。日常生活中进行交易时，您有意提供您的地址信息以及其他信息。许多政府还通过门户网站公开您的姓名和地址信息，如建筑物或公司所有权、税收和土地评估网站。电信公司拥有你的通话记录和联系信息，互联网服务提供商出售你的上网记录和你的联系信息和 IP 地址。

LocateFamily. com 目前不会应个人请求添加或修改其页面中包含的任何信息，因为 LocateFamily. com 无法验证请求的来源。当收到请求（通过网站的删除页面）时，LocateFamily. com 可能会暂停公共视图中的信息，等待审阅。请使用删除页提交暂停提供信息的请求。LocateFamily. com 上提供的信息仅供个人使用。

多年来 LocateFamily. com 帮助许多人找到了家人、亲人、朋友等。在 LocateFamily. com 上发布消息被谷歌和所有主要搜索引擎快速索引。这意味着消息通常在被发布后很快被其他方发现，从而将这些人聚集在一起。它帮助了各种各样的人团聚，包括寻找亲生父母或孩子的人；寻找老朋友的人；随着时间流逝而逐渐远去的家庭成员等。不管怎样，LocateFamily. com 的主要目标是以一种积极的方式把人们聚集在一起。

为执法或惩戒部门或司法部门工作，出于安全原因删除数据：执法部门、惩戒部门、司法部门或任何其他敏感性质的工作人员可以使用网站位于此处的删除页面，出于安全原因请求删除与他们相关的信息。这些人必须通过提出请求的电子邮件地址或在删除表的“备注”部分指明雇用他们的机构。

（二）情报分析中该网站的作用

1. 查看在寻找的人员信息。

2. 发布查找信息。

十、美国国家档案与文件署（NARA）网站

（一）美国国家档案与文件署（NARA）网站网址及其简介

https：//www. archives. gov/

国外档案馆网站家谱档案利用平台建设针对家谱档案利用的热潮，国外档案馆网站纷纷设置了家谱档案查询利用平台，在此背景下，诸如“Family CO History”“Research for Genealogists”“Researching 和 your Family”等标题的一级或二级类目不断在国外档案馆网站上出现，使得国外家谱档案的利用和研究更加普遍和便利。

美国国家档案与文件署（NARA）网站就专门设置有“系谱学者研究”（Research for Genealogists）这一栏，“系家谱学者研究”栏目下包含丰富的内容版块，有指导家谱查询和研究的提示、参考报告，还有提供给家谱查询和研究者的各种研究报告和参考工具，网站介绍并链接了一些免费的有关家谱研究的数据库网站，如祖先网（Ancestry. com）、Fold3（Formerly Footnote. com）和遗产秘密在线（Heritage Quest Online）等。

丰富的在线资源为 NARA 网提供系谱研究服务奠定了坚实的基础，NARA 网站通过提供人口普查记录军事记录、出入境记录（船舶旅客名单）、入籍记录、土地记录，多方位为用户提供家谱档案资源，用户可以根据特定的主题查找研究家族历史档案。在档案记录展现方式上，NARA 网不仅为用户展示家谱档案的文字记录，还提供可视化的虚拟族谱视频，让用户更为直观地找到自己的根源，满足了更多用户的需求。

美国 NARA 网站的在线资源包括人口普查记录、军事记录出入境记录（船舶旅客名单）、入籍记录、土地记录等还提供专业而强大的站外资源链

接（祖先网、Fod3 和遗产秘密在线）。

美国 NARA 网站在家谱研究类目下，网页左侧给出了各类型的研究和使用指南，包括家谱研究课题、教程、图表和表格、参考报告、在线研究工具、在线目录指南、相关网站、研讨会等，这些条目的设置从不同角度为家谱研究者使用档案保驾护航。在 NARA 网站的右侧有指导家谱研究的演示文稿可供全球用户下载使用，该演示文稿主题分类清楚，根据事务类型、祖籍分类，内容详尽（共 157 页）、图文并茂（有历史照片佐证），每页以问题的形式进行引导，一步一步地提示用户怎样开展家族史的研究，真正起到了指导利用的作用。

（二）情报分析中该网站的作用

1. 查找历史文件、照片和记录。

2. 查找人员历史信息。

3. 查找教学资源。

十一、英国国家档案馆网站

（一）英国国家档案馆网站网址及其简介

https：//discovery. nationalarchives. gov. uk/

英国国家档案馆（The National Archives）是英国政府的官方档案馆，一个非部级部门，是英国政府以及英格兰和威尔士的官方档案馆和出版商，是国家 1000 多年标志性文件的守护者，是信息和记录管理方面的专家顾问，是一家文化、学术和遗产机构。建立于 2003 年 4 月 2 日，由英国公共档案馆和皇家历史手稿委员会合并而成，属于首相府下设的行政机构，馆藏档案非常丰富，是世界上最大的档案馆。

（二）英国国家档案馆网站特色

1. 超过 1100 万份历史政府和公共记录。藏品包括纸和羊皮纸、数字记录和网站、照片、海报、地图、图画和绘画，从《每日邮报》到现代政府文件和数字文件。

2. 保存了国家档案馆保存的 3200 多万份档案描述，全国有 2500 多个档案馆，超过 900 万条记录可供下载。可使用高级搜索第一次世界大战陆军服役记录、逃逸报告、乘客名单、商船队、第一次世界大战记录、家族史等信息。

3. 不仅保管政府部门的文件，而且向公众提供可公开的政府文件，同时也提供与英国历史有关的私人档案信息。

4. 英国国家档案馆网站沿用英国多年来网站设计图文并茂的风格，分栏式进行信息介绍，网页设计独特，站点导航和交互式的网站链接都别具特色。

该网站大体由五个专栏组成，包括馆藏介绍、教育、文献、信息管理、网上书店，主页上有对应的栏目设置及简介，还添加了近期新闻、快速链接等模块。网站的设置思路有效实现了档案工作透明化，展现了社会监督的广泛性，同时也体现了互联网使档案用户坐在家中就能获取可公开档案信息的可行性和便利性。其中，馆藏介绍专栏主要提供馆藏状况、档案存储地点、档案工作信息、档案机构等方面的信息。教育专栏主要以各种历史信息为依托，开展面向广大学生、教师以及历史爱好者的服务，主要包括根据不同历史时期所发生的不同历史事件而设置的专题研讨，以及利用该网站丰富的档案信息资源所开设的公共历史课程等。文献专栏的内容主要包括本馆所藏文献的数量、种类、储存位置、获取方式等。信息管理专栏主要提供有关档案管理以及档案修复、销毁或永久保存等问题建议和指导。网上书店则详细介绍了英国国家档案馆提供的一系列可以购买的各种档案复制件，档案馆公开出版的有关家族和家庭历史的杂志，以及通过特殊的服务规则和促销手段来运营网络书店等内容。

5. 信息检索能力极其强大。

英国国家档案馆多年来坚持不懈地建设与完善目录数据库建设，使英国国家档案馆网站具有了超强的信息检索能力，可以便捷地提供多种途径的档案信息检索服务，用户根据个人需要，或系统浏览档案目录，或按主题、时间、档号等特征进行目录查询。例如，PROCAT 联机目录（online catalogue）就是一个覆盖 950 万卷档案目录信息的多级式目录数据库，提供了多种本地和远程检索途径，如自由检索、引导检索、档号检索、简单查询、熟练查询、高级查询等，并给出档案的详细出处。用户如果在高级检索中设定相应条件，如关键词、日期、主题等，则可极大地提高查全率和查准率。

（三）情报分析中该网站的作用

1. 访问和检索英国国家档案馆及其他 2500 多个档案馆保存的记录。

2. 包括各种人物信息和历史活动记录。

十二、澳大利亚国家档案馆（NAA）网站

（一）澳大利亚国家档案馆（NAA）网站网址及其简介

https：//www. naa. gov. au/

澳大利亚国家档案馆（NAA）网站也十分重视为档案利用者提供家族史的追寻服务，该网站在其一级类目“The collection”下设置了“Family history”一栏，供利用者查询其家族历史。如果家人曾在澳大利亚军队，或者家庭成员在 20 世纪移民到澳大利亚，那么，NAA 网站便可提供丰富的档案记录帮助利用者查询到自己祖先的信息。

NAA 网站的用户可以通过两种方式利用澳大利亚国家档案馆的家谱档案，一种是通过 NAA 的在线数据库 Rewordsearch 进行在线阅览，另一种是通过事先网上注册和预约实体档案阅览室来利用家谱档案。其中，第二种利用方式需要利用者预先查好所需档案的所在城市，然后到其所在城市的阅览室利用档案，当然，网站提供了各阅览室的所在地址和开放时间等信息。

澳大利亚 NAA 网站提供线上线下两种家谱档案阅览方式，在线阅览通过 RecordSearch 在线数据库得以实现。

（二）情报分析中该网站的作用

查找澳大利亚的历史及家族信息。

十三、加拿大国家图书馆与档案馆网站

（一）加拿大国家图书馆与档案馆网站网址及其简介

http：//collectionscanada. gc. ca/

加拿大国家图书馆与档案馆网站在其一级类目“Online Research”下设置了“Genealogy& Family History”二级类目，网页设计简洁，首先映入眼帘的是一行欢迎语“欢迎来到一个研究你的家族历史的好地方”。该类目下

分四个小版块，分别是“Most Requested Records”“How to Begin”“What You Can Do”和“Visit Us”，十分清晰地给档案利用者以实际利用指导。其中，“How to Begin”版块提供了导航功能，即给利用者和研究者利用家谱档案的行为提供方向性指导，旨在让初次利用者更快地熟悉利用步骤，来了解在此网站并可获取家谱档案信息的范围和种类等。“Most Requested Records”版块将用户可能参考查询的事务关键词进行分类，包括出生、婚姻、死亡、人口普查军队、土地、职业、移民，利用者只需根据事务类型点击进入某一类别下，即可一步一步查询到所需查询对象的档案信息。“What You Can Do”版块提供了一些族谱查询的数据库链接和有关家族历史研究的相关网站，并在研究选题方面给利用者以更多的选择空间，在途径和方法上给予建议。

加拿大国家图书馆与档案馆网站还注重帮助青年学生了解和认识族谱研究和家族历史追溯的重要性，这有助于激发学生对历史的兴趣，促进和鼓励代际之间的良好互动，借助学校与档案馆及其网站的作用和影响力，让学生通过了解过去以理解现在和未来。由此可见，该网站在家谱档案提供利用方面最大的特色就是服务人群的多样化，它并不局限于成年研究者，更面向青年一代。

加拿大国家图书馆与档案馆网站也是提供站内和站外两种资源通道为家谱档案利用者提供服务。

美国 NARA 网站、英国国家档案馆网站、澳大利亚 NAA 网站和加拿大国家图书馆与档案馆网站都为用户提供了多种检索途径，用户可根据自身的利用需求选择适合的检索方法。家谱档案的利用者可按检索对象所属的主题类别进行检索，可利用关键字进行快速的基础检索，还可以根据年龄、职业、地域、事件等进行高级检索。

（二）情报分析中该网站的作用

1. 查询加拿大人口、家族信息。

2. 查询历史信息。

十四、Findmypast

（一）Findmypast 网站网址及其简介

https：//search. findmypast. com/search-world-records

Findmypast 在澳大利亚的分站。Findmypast 是一个寻找家族历史的网站。网站上大量的家族历史资料，让用户可以轻松地搜索他们的祖宗信息和家族族谱信息。

（二）情报分析中该网站的作用

按国家地区搜索，可输入姓名、出生年份、死亡年份、类别等进行检索家族信息。

此外还包括一些链接和资源：1900 年美国人口普查、纽约旅客名单和到达人数、澳大利亚纪念馆、新南威尔士州选民名册、1911 年爱尔兰人口普查、格里菲斯估值 1847—1864、英格兰和威尔士 1837—2007 年死亡人数、英国陆军服役记录。

十五、Myfamily*

（一）Myfamily 网站网址及其简介

https：//www. ancestry. com/

Myfamily 是美国著名的三大寻根网站之一，拥有约 130 万用户，利用免费搜索引擎，用户可查询网上家谱信息资源，进入家谱论坛信息版块，获得网上数据库，每月传输上亿条寻根信息。另外，用户可以在该网站创建并管理自家的电子家谱，并进行隐私设置，选择分享自己家族的图片和影像信息，构建属于本家族的发展和成长记忆。该网站首页提供快速注册并创建家族树的版块，用户可在半分钟内实现注册和初次创建。

（二）情报分析中该网站的作用

查找家族信息。

十六、Ancestry

（一）Ancestry 网站网址及其简介

https：//www. ancestry. com/

Ancestry. com 网站是全球最大的家谱网站和最大的家族历史在线社区，它拥有海量的家谱数据库存储量，提供最具亲和力且最安全的家族网络平台。该网站拥有2000 万用户、20 亿条个人资料、60 亿条家族记录、4500 万张照片及故事、超过 140 万付费用户，业务遍及全世界并拥有美国、中国、英国、加拿大、澳大利亚、德国、意大利、法国、瑞典九个国家的分支网站（数据截至 2010 年 11 月）。在家族树创建方面，ancestry. com 网站较有特色的一项服务是可选择家族树创建的边系，即用户可在初次注册和创建时选择创建父亲这一边或母亲那一边的家族树，更为清晰方便。

（二）Ancestry 网站特色

1. Ancestry. com 上线了大约 3000 个数据库和 25000 个主题，总计约 1100 万份历史文件，积累了官方或私人拥有的历史记录，包括人口普查、出生记录、婚姻状况、死亡、移民、入籍、法庭记录、遗嘱认证、土地所有权状况和军事档案以及各种名录和成员名单、历史地图、奴隶的叙述、地方史和报刊等。

2. 拥有 1970—2010 年美国人口普查数据，英国用户甚至可以在该网站上查到 13 世纪剑桥大学的同学录。

3. Ancestry 公司现已和来自 29 个国家（其中 25 个是欧洲国家），如澳大利亚、新西兰、美、英等国的档案馆、图书馆展开了合作。其合作模式为：档案馆提供许可特定年限内的资源使用权；Ancestry 公司提供资金，开展数字化加工提供在线（收费）服务。以英国国家档案馆（TNA）为例，2006 年，TNA 公司与 Ancestry 公司合作由 Ancestry 公司提供了价值约 5300 万英镑的投入用于 TNA 相关家谱档案的数字化及其后续支持工作，而 Ancestry 公司获得了这些数字化档案的使用权。澳大利亚的新南威尔士州档案馆也与 Ancestry 公司开展了合作，新南威尔士州档案馆提供了约 1%

的馆藏家族栏案。

4. 通过用户途径，Ancestry 公司在深层次上挖掘并实现了用户价值。该公司实施的“世界档案项目”（World Archives Project），鼓励用户自愿通过家谱软件上传资料，以此来充实数据库以支持更广泛的“寻根”活动。目前，这些成员已经创造了超过 5000 万个家庭树和上传了超过 50 亿份文件。Ancentry 公司利用交互式计算机技术与社交媒体技术等来保留新材料，访问者可以浏览很多珍贵的历史档案，在 Ancestry. com 上建立、扩大和分享家庭树，还可以上传照片、文档以及家族故事等作为档案永久保留，为后代“寻根”提供证据。目前，已经上传超过 16 亿份照片、扫描文件和故事。在这期间，Ancestry. com 将与个人签署隐私协定以保护隐私，同时，付费用户还可以通过社区服务寻找相关用户，此时网站扮演的是 SNS 社交网站的角色，为两者搭建起信息传递和沟通的平台。而免费用户实际上也在为网站贡献数据，他们所贡献的家族历史数据为其他用户，特别是付费用户的“寻根”提供了一定的数据支撑。

Myfamily 和 Ancestry. com 两家家谱网站的共同点在于有偿为用户提供家谱信息资源查询、检索服务，用户可以在此平台上建立家族树，上传并记录家族照片、影像资料，形成一个较大的家谱资源交流、共享社区。

（三）情报分析中该网站的作用

查找家族人员、图像和历史信息。

十七、Genealogy*

（一）Genealogy 网站网址及其简介

https：//www. genealogy. com/

Genealogy. com 是家族史爱好者的资料来源，可以找到最初发表在 GenForum 和最受欢迎的家谱文章中的家谱研究，包括一般家谱、移民、军事、宗教、战争等类别。

（二）情报分析中该网站的作用

查找家族族谱及历史信息。

十八、Genealogybank*

（一）网站网址

https：//www. Genealogybank. com/

（二）网站简介

1690年至今，在报纸上发现您的家庭故事。通过简单地搜索即可找到事实和不为人知的故事。超过13000种大城市和小镇报纸，查找50个州的出生、婚姻、订婚公告、故乡新闻等。从输入姓氏开始，网站将搜索包含数十亿条历史记录的独家报纸档案，以帮助您了解更多。报纸是家族史研究的基石，其中载有丰富的文章，详细介绍了祖先的生活，以及出生记录、婚姻记录、历史报告、移民记录等。搜索人口普查记录以查找亲戚，包括其子女和祖先的兄弟姐妹。通过搜索可追溯至1790年的在线人口普查记录，可以更进一步地发现您的家族史。网站包含超过9400万美国社会安全号码的个人的死亡记录。查找有用的家族史信息，包括死亡日期、位置、名字和姓氏、出生日期等。通过一系列涵盖美国历史各个方面的政府记录，详细了解您的祖先的生活。浏览寡妇的索偿、孤儿请愿、土地补助、军事记录、伤亡名单以及"革命战争"和"内战"抚恤金要求。

（三）情报分析中该网站的作用

查找家族族谱及个人历史信息。

十九、Genealogyintime*

（一）网站网址

http：//www. Genealogyintime. com/

（二）网站简介

探索《GenealogyInTime》杂志，这是最受欢迎的在线家谱杂志，也是世界上最大的免费家谱网站，是互联网上最大的免费祖传搜索引擎。2018年1月1日，网站启动了新的族谱搜索引擎。用户界面看起来仍然与以前相同。但是，在后台推动搜索的引擎完全不同。它的功能强大得多，能够更好地找到您所需的祖传记录。搜索引擎覆盖的祖先记录数量增加了约10亿条新记录。现在，您可以免费搜索超过50亿个家谱记录。这使家谱搜索引擎成为互联网上最大的免费祖传搜索源。

（三）情报分析中该网站的作用

查找家族族谱及个人历史信息。

二十、Findmypast*

（一）网站网址

https：//www. findmypast. com/mocavo-info

（二）网站简介

Mocavo 成立于 2011 年，是一家家族历史搜索引擎。随着 Mocavo 推出了免费的年鉴收藏并与用户合作，每天发布数百个新记录和档案，这种增长得以持续。现在，通过吸收 Mocavo、Findmypast 为美国客户创造了一种单一的体验，此举旨在为美国家庭历史学家提供更加专注、高效和全面的服务。Findmypast 是全球领先的家族史网站之一，并且对于任何具有英国或爱尔兰血统的人来说都是必不可少的家谱研究工具。网站收集的爱尔兰资料是首屈一指的，超过 1. 1 亿条资料帮助具有爱尔兰传统的人们追溯了数百年的家族历史。网站拥有英国教区记录的最大在线收集，美国 1670—2010 年的婚姻记录，以及最全面的军事记录在线收集。此外，网站拥有的英国和爱尔兰报纸跨越三个世纪，超过 1300 万页。

（三）情报分析中该网站的作用

查找家族族谱及个人历史信息。

二十一、Home. rootsweb*

（一）网站网址

https：//home. rootsweb. com/

（二）网站简介

该网站允许用户上传、修改、链接和显示其家谱，以与其他研究人员共享家谱。网站先进的工程技术结合了家族历史和消费者基因组学，结合了数十亿条丰富的历史记录，数百万个家谱以及来自 AncestryDNA 网络中超过 1600 万人口的样本，为人们提供了关于他们是谁以及他们来自何处的深刻而有意义的见解，从中丰富自己的生活。作为家族历史和消费者基因组学的全球领导者，Ancestry 利用家族树、历史记录和 DNA 中的信息来帮助人们对生活有了新的认识。目前管理约 10PB 的结构化和非结构化数据，其中包括数十亿条详细记录了出生、婚姻、死亡、兵役和移民的记录。

（三）情报分析中该网站的作用

查找家族族谱及个人历史信息。

第三节　公共记录查询

一、澳大利亚公共记录

（一）澳大利亚公共记录网站网址及其简介

https：//australiapublicrecord. com/

澳大利亚公共记录网站提供以地区为基础的公共记录查询服务。澳大利亚政府基于档案法、信息自由法、电子交易法、澳大利亚信息专员法等法案，指导每个澳大利亚州/地区如何处理公开记录的发布。

澳大利亚公共记录网站有两种类型的记录可供搜索：

一种是档案记录，由放在政府档案中的旧记录组成。要将一个记录正式视为存档记录，必须经过一定的时间。为使一项记录被视为存档记录而需要经过的时间取决于正在寻找该记录的国家/地区。

另一种类型的记录是当前记录，当前记录的获取受到保护个人隐私的限制。这些规定取决于许多事情。能否获取记录取决于记录所在的州/地区、记录所属的人员及记录的类型。企业高管及政府官员的信息较容易查询，犯罪记录有其独立的披露协议。

如果用户使用网站搜索正在寻找记录的地区，平台将提供一个链接到管理每个主要地区/州的犯罪记录的办公室。出生、死亡、婚姻、移民和其他类型的记录将遵循相同的披露规则。这些类型的记录不属于与犯罪记录相同的规则，而且访问这些记录的要求通常比较容易。用户使用系统点击地图查找您要查找记录的地区，将找到指向州/地区公共记录办公室或负责管理这些类型记录的其他政府机构的链接。

（二）情报分析中使用澳大利亚公共记录网站查询的主要内容

1. 通过目标对象的姓、名及大致出生年份查询目标对象的姓名、性别、年龄、出生年份、出生地、活动年份、国籍、原产国、住所、目的国及来源等信息。

2. 支持建立家庭树，为探索历史家系提供支持。

3. 支持预约 DNA 检测及相关家系服务。

二、brbpub

（一）brbpub 网站网址及其简介

https：//www. brbpub. com/

brbpub 是美国的公共记录查询系统，支持在线查询目标对象的公共记录，并提供了丰富的公共记录查询资源。

（二）情报分析中使用 brbpub 查询的主要内容

1. 通过目标对象的姓、名、所在城市及州单一或混合查询目标对象的公共记录、婚姻登记、刑事前科及背景资料等信息。

2. 该平台整理并提供了各个州免费的公共记录查询资源。

3. 平台会不定期更新数据库中的数据。

三、blackbookonline

（一）Blackbookonline 网站网址及其简介

https：//www. blackbookonline. info/

Blackbookonline 是由著名私家侦探、畅销书作者和数据大师罗伯特·斯科特创建，他是开源数据、公共记录和调查领域的领先专家。

1996 年，政府机构刚刚开始将公共记录放到网上。当时 38 岁的洛杉矶 P. I. 罗伯特·斯科特（Robert Scott）认识到了这些调查的价值——由于链接经常变化，需要更新，因此需要建立一个网站来跟踪它们，并随着它们的变化而变化。在此后的几年里，数百万的联邦、州和地方公共记录的免费查询已经在网站上运行，平台最初的免费查询收集已经从 88 个增加到超过 37000 个，从一个普通的、单一页面的链接发展到运行在 Amazon 云中的数据库驱动的高性能系统。罗伯特曾撰写畅销的调查书籍，多次在调查会议上发表演讲，撰写调查文章，并为调查人员创建了互联网上最知名的网站。

（二）情报分析中使用 blackbookonline 查询的主要内容

1. 通过输入关键词查询（如马萨诸塞州的监狱、未被逮捕的约翰）命中的数据库，包含位置、数据源、描述、记录类型及评分等内容，并提供跳转链接。

2. 以阿拉巴马州鲍德温县监狱为例，可查询犯人的照片、姓名、性别、出生年月、在押状态、收监日期、保证金金额及地址等信息。

四、Dobsearch

（一）Dobsearch 网站网址及其简介

https：//www. dobsearch. com/

Dobsearch 平台支持查找用户指定的名称的所有可用详细信息。查找全名、可能的别名、出生日期、当前和以前的地址、电话号码、可能的亲戚、可能的业务联系、中位数收入和房屋价值等。该平台部分功能可免费使用，付费后可查询更为详细的信息。

（二）情报分析中使用 Dobsearch 查询的主要内容

1. 人员检索：免费搜索包括匹配的姓名、年龄、居住的城市、邮政编码、别名、亲属关系及其年龄、电话号码，已记录的出生日期以及业务从属关系。付费搜索为免费搜索中用户选择的记录提供扩展的详细信息，包括全名、地址和地址历史记录、电话号码、年龄或出生日期、别名、亲属关系、业务从属关系以及中位家庭的区域人口统计指标收入和中位数房屋价值。付费搜索 24 小时免费补充报告：人物调查报告、业务查询报告和死亡记录。

2. 业务查询：付费搜索包括完整的公司名称、地址、电话号码、所有者/关联方、SIC 代码（业务类型）和运营年限。24 小时免费补充报告：人员调查报告、业务查询报告和死亡记录。

3. 电信查询：免费搜索包括地理位置、地图和坐标以及电话交换特性指示符。付费搜索包括账户名称、交叉引用的地址、年龄、出生日期、亲属关系、别名、业务从属关系，平均家庭收入和平均房屋价值的区域人口统计指标等（若有，则提供数据）。

4. 司法查询：刑事罪犯查询可按姓名和出生日期搜索州和县的刑事罪犯，包括 1982 年至今的联邦囚犯。民事涉诉备案可通过名称和所在的州查询（均需付费）。

5. 死亡记录查询：按姓名、SSN、出生日期或死亡日期搜索死亡记录（免费）。

五、Family Watchdog

（一）Family Watchdog 网站网址及其简介

https：//www. familywatchdog. us/

Family Watchdog 的目标是为用户提供保护亲人所需的信息。平台的服务使用户可以查看您所在地区的已知注册犯罪者和掠夺者。了解这些人是谁以及他们所做的事情为您提供了保护您家人的信息。

平台提供查找用户所在地区的注册性罪犯的免费服务。用户输入地址就会显示地图，可以单击出现的正方形，然后查看照片（如果有的话）、地址、定罪和有关违法者的其他信息。

网站的通知服务非常简单。您可以指定要观看的地址以及这些地址之间的距离。支持监视特定的犯罪者，平台会从多个州的性犯罪者注册表中更新数据，一旦被定罪的性犯罪者在您所在的地区注册了地址，平台将向用户推送。

（二）情报分析中使用 Family Watchdog 查询的主要内容

1. 罪犯查询：用户可通过地址、小区名等查询某一位置附近的注册罪犯，支持查阅该罪犯包括姓名、性别、头发颜色、眼睛颜色、住址等个人信息。

2. 提醒服务：通知推送给用户进入/离开所在区域的违法者的最新信息。

六、graveinfo

（一）graveinfo 网站网址及其简介

http：//www. graveinfo. com/

该平台提供所在区域内的公墓信息，其信息来自报纸、社会资讯、教堂及祷告卡等，为家系历史研究提供帮助。该平台提供有偿的墓地拍照服务。

（二）情报分析中使用 graveinfo 的主要内容

1. 墓地拍照：平台目前为所在地区的墓地提供墓地摄影服务。公墓地通常包含墓碑、基石、纪念碑或其他类型的坟墓标记，墓碑上包含的信息对于家谱学领域具有巨大的价值。

2. 提供新泽西州及纽约多个公墓的历史及被埋葬人，包括姓名、生卒年月、人物关系等的信息。

3. 提供关于家系研究的其他公墓、图书馆、公报等的网站链接。

七、publicrecords. onlinesearches

（一）publicrecords. onlinesearches 网站网址及其简介

https：//publicrecords. onlinesearches. com/

publicrecords. onlinesearches 是查找公共记录资源的免费搜索工具，使用该工具可以快速找到所需的公共记录源。平台提供了数千个链接，可链接到美国每个州和县的免费公共记录搜索。

某些州或县级机构以及网站值得信赖的数据提供者可能会收取访问公共记录的费用，但平台网站目录可免费使用。所有链接都显示在线公共记录搜索是免费提供的，付费服务及在线不可用的数据，平台将与相关机构联系。

（二）情报分析中使用 publicrecords. onlinesearches 查询的主要内容

1. 位置搜索：通过邮政编码或城市，州（如爱荷华州艾姆斯）查找公共记录。

2. 物业记录：包括土地记录及房契、赎回和税收留置权、评估人和财产税记录、GIS 和地图。

3. 司法记录：股权认证、监狱犯罪记录、性犯罪记录、涉诉记录。

4. 行政登记：家族谱系记录、出生记录、死亡记录、结婚登记、离婚登记。

5. 行政许可：营业执照、承包商执照、专业资质、律师注册登记、行政许可证及年检。

6. 健康与安全：可持续发展与环境健康、交通视频监控、犯罪数据。

7. 条例、法规及其他：法律法规、选民登记、UCC 备案、无主物。

8. 工作与就业：政府职位及招聘信息、员工花名册。

八、Fold3

（一）Fold3 网站网址及其简介

https：//www. fold3. com/

Fold3 是简单而强大的军事历史搜索引擎。用户可以搜索名称、日期、位置、出版物名称、战争时间、文档类型等。建议用户最好从简单的广泛搜索开始，如名称或关键字搜索，然后使用日期、位置和过滤器来缩小结果范围。

（二）情报分析中使用 Fold3 查询的主要内容

通过人物、日期、地点等关键词搜索查找相关的刊物或档案。

九、BOP

（一）BOP 网站网址及其简介

https：//www. bop. gov/inmateloc/

BOP 机构成立于 1930 年，旨在为联邦囚犯提供更多进步和人道的护理，使监狱服务专业化，并确保对联邦监狱进行统一和集中管理。该机构通过确保联邦罪犯在安全、人道、具有成本效益和适当安全的设施中服刑，来保护公共安全，并提供重返社会方案以确保他们成功返回社会。监狱管理机构提供了众多罪犯计划，以满足罪犯的需求。因此在过去的几十年，联邦累犯率下降了约50%。

BOP 采用战略规划方法来管理自己的机构。战略计划是由机构的使命和愿景驱动的，这些使命和愿景由六个广泛的矫正目标支持，而每个目标又由特定目标支持。BOP 的执行人员定期举行计划会议，以确保该机构的战略目标继续解决该机构当前和未来面临的重大问题和挑战。

（二）情报分析中使用 BOP 查询的主要内容

罪犯查询：支持通过联邦调查局编号、INS 号、DCDC 编号及姓名查找命中的罪犯记录。

十、govdataca

（一）govdataca 网站网址及其简介

https：//govdataca. com/

govdataca 是加拿大的政府公开数据查询平台，其提供行政记录、司法信息及政府信息公开等。

（二）情报分析中使用 govdataca 查询的主要内容

1. 联邦公司：该数据集包括在加拿大公司注册的758k 联邦公司，每个公司都注册有公司编号、名称、地址、城市、邮政编码、公司类型、董事等。

2. 政府雇员：该数据集包括联邦政府部门和机构中的162k 公务员，涵盖每个员工的姓名、职务、电话号码、办公室地址、部门名称、组织名称和结构等。

3. 联邦公司：该数据集包括在联邦公司监管机构加拿大公司注册的758k 联邦公司。涵盖蒙特利尔、多伦多、渥太华、密西沙加、温哥华、卡尔加里、布兰普顿、拉瓦尔、加蒂诺、温尼伯、埃德蒙顿、萨斯卡通、萨里、里贾纳、本那的联邦公司。

4. 多伦多证照查询：该数据集包括由多伦多市政许可和标准（ML&S）颁发的39k 营业执照。支持查找饮食业、零售商店、出租车的经营者、公共车库、建筑装修、个人服务等企业。邮政编码 M9W、M5V、M5T、M3J、M1L。

十一、findpeoplesearch*

（一）findpeoplesearch 网站网址及其简介

https：//findpeoplesearch. com/

该网站是人员搜索行业的创始人 Nick Matzorkis 创建的一个新网站。尼克（Nick）于 1993 年推出 US SEARCH，这是互联网上的第一个公共记录搜索，从而引发了人们的搜索革命。许多人还记得 1990 年电视广告频繁播放，并带有画外音：“立即查找任何人，请致电 1－800－US SEARCH 致电 Nick&Rob”。Nick Matzorkis 继续推出了另外两个开拓性的人员搜索引擎 PeopleData 和 ZabaSearch，它们与 US SEARCH 以及现在的 Find People Search 一起，已经在超过 20 年的时间里改变了在线人员的搜索行业。

（二）情报分析中使用 findpeoplesearch 的主要内容

通过姓名、年龄和地址查找人员信息。

十二、theinmatelocator*

（一）theinmatelocator 网站网址及其简介

http：//www. theinmatelocator. com/

该网站的创建是由于通常很难找到犯人发现者和惩教署网站。这些网站中大多数有令人困惑且难以记住的域名。该网站尝试提供指向所有当前可用的囚犯搜索链接。网站衷心希望此网站对您有所帮助。可以在此网站上找到其各自的惩教部网站，如特拉华州、哥伦比亚特区（华盛顿特区）、夏威夷、路易斯安那州洛杉矶、缅因州、马萨诸塞州和南达科他州等。波多黎各（PR）和关岛（GU）的美国领土没有囚犯搜索系统。

囚犯定位器目前可通过以下州使用：阿拉巴马州、阿拉斯加州、亚利桑那州、阿肯色州、加利福尼亚州、科罗拉多州、康涅狄格州、佛罗里达州、乔治亚州、爱达荷州、伊利诺伊州、印第安纳州、爱荷华州、堪萨斯州、肯塔基州、缅因州、马里兰州、密歇根州、明尼苏达州、密西西比州、密苏里州、蒙大拿州、内布拉斯加州、内华达州、新罕布什尔州、新泽西州、新墨西哥州、纽约州、北卡罗来纳州、北达科他州、俄亥俄州、俄克拉荷马州、俄勒冈州、宾夕法尼亚州、罗得岛州、南卡罗来纳州、南达科他州、田纳西州、得克萨斯州、犹他州、佛蒙特州、弗吉尼亚州、华盛顿州、西弗吉尼亚州、威斯康星州和怀俄明州。

（二）情报分析中使用 theinmatelocator 的主要内容

查找美国的犯罪历史记录。

十三、findagrave*

（一）findagrave 网站网址及其简介

https：//www. findagrave. com/

findagrave 网站是互联网上寻找家人、朋友和名人的葬礼及其他最终处置信息的最佳场所。该网站提供的工具可让来自世界各地的人们一起工作，共享信息并建立在线虚拟墓地体验。

在 findagrave 网站中，您会找到有关墓地的详细信息，以及埋在这些墓地中的许多人的个人纪念馆。纪念馆通常包括出生、死亡和墓葬信息，并且可能包括图片、传记、家庭信息等。

（二）情报分析中使用 findagrave 的主要内容

查找死者的个人及家庭信息。

十四、xlek*

（一）xlek 网站网址及其简介

https：//www. xlek. com/

xlek 正在改变着公共数据的世界，因为其有一个简单的目的：免费向所有人提供美国公共数据。该网站的公共信息搜索包括人员搜索、营销数据、财产记录、车辆记录、法院记录、专利、商业登记、域名注册和白宫探访记录。

（二）情报分析中使用 xlek 的主要内容

1. 选民登记。

2. 历史记录。

3. 财产登记。

4. 公司注册。

5. 白宫访客。

6. 车辆销售记录。

7. 公共工资数据。

8. 美国海关数据。

9. 公共目录列表。

十五、Instant Checkmate

(一) Instant Checkmate 网站网址及其简介

https://www.instantcheckmate.com/

Instant Checkmate 秉承客户至上的理念，平台的目标是为用户提供关于目标对象最有用、最详细、最重要的信息。平台持续听取用户的意见反馈，并且每天都在不懈地努力以改善网站的数据、技术以及网站和服务的整体水平。平台提供逮捕记录、电话号码、地址、人口统计数据、人口普查数据及其他信息。

Instant Checkmate 拥有响应迅速，会员管理者将热心帮助网站的客户充分利用其会员资格和工具。

(二) 情报分析中使用 Instant Checkmate 查询的主要内容

1. 犯罪记录：平台犯罪记录数据库可搜索国家、州和地方犯罪记录，并提供尽可能完整的信息。

2. 社会帮助：Instant Checkmate 是非营利组织 Together We Bake 的支持者，该组织为需要机会的女性提供劳动力培训和个人发展计划。

3. 性犯罪者数据库：犯罪报告包含用户搜索的指定区域中所有已经注册的性罪犯者的地图。用户可以查看附近性犯罪者的详细信息和面部照片。

十六、aleph. occrp

（一）aleph. occrp 网站网址及其简介

https：//aleph. occrp. org/

aleph. occrp 是一个提供各类社会研究记录、公共记录的全球资料平台。包括 218 个国家和地区、20 余个实体及行政登记等资料。

（二）情报分析中使用 aleph. occrp 查询的主要内容

用户可通过数据集、国别、语言、电邮、电话号码、名字等关键字查询命中的记录。

十七、legacy

（一）legacy 网站网址及其简介

https：//www. legacy. com/

legacy 为用户提供殡葬支持业务，用户可以通过该平台发布电子讣告、搜索殡仪馆等，该平台记录了人们有趣的生平以及一些国家和地区的殡葬文化。

（二）情报分析中使用 legacy 查询的主要内容

1. 讣告查询：通过目标对象的姓名、国家、州、城市及发布时间来搜索目标对象的讣告，包括生卒年月及发布讣告的地点等信息。

2. 殡仪馆查询：通过殡仪馆关键字或地区，查询命中条件的殡仪馆。

3. 赠花：该平台提供赠花及花束预订服务。

十八、publicrecords. netronline

（一）publicrecords. netronline 网站网址及其简介

https：//publicrecords. netronline. com/

publicrecords. netronline（公共记录在线目录）是通往官方州级网站门户，而那些税务评估员和记录员办公室已经开发了网站以便通过 Internet 检索可用的公共记录。例如，某些记录员办公室的婚姻和出生记录可在线

获得。平台提供这些网站的链接或者电话。

（二）情报分析中使用 publicrecords. netronline 查询的主要内容

1. 广泛查询：用户可通过姓或名，探索成千上万的公共记录。通过网站的公共记录门户和财产数据存储来研究财产信息；通过网站的环境数据库识别环境问题；使用 HistoricAerials. com 查看历史和当前的航空照片。

2. 环境数据：用户输入地址、地标或经纬度坐标，查询各个地方、州和联邦组织收集的数千个环境记录。平台数据库包含有关可疑污染、合规性和违规问题、合规有毒蒸气源以及其他可能有害的特征的信息。

3. 航拍查询：在过去的 20 多年中，平台收集了世界上最大的美国历史航空图像和地形图数据库，平台资源包括政府机构、私人收藏。平台收集的所有图像都经过了精心的整理，以可搜索且精确的地理定位格式提供数据。网站的 Web 应用程序使用户可以快速轻松地搜索美国任何一块土地，并可以在任何其他年份立即查看同一地区，以便获得航空照片。

十九、NSOPW

（一）NSOPW 网站网址及其简介

https：//www. nsopw. gov/en/Search/Verification

NSOPW 网站由美国司法部作为公共服务提供。感兴趣的公众人士可使用该网站查阅参与司法管辖区网站的公开资料，了解曾被判犯有针对成人和儿童的性暴力罪行、某些性接触及其他罪犯。公众可以利用这个网站来了解这些罪犯在当地社区可能存在的情况。

NSOPW 最初成立于 2005 年，当时是国家性罪犯公共注册局（NSOPR），后来被 2006 年的 Adam Walsh 儿童保护和安全法更名，以纪念被在明尼苏达州注册的性罪犯绑架并谋杀的妇女——22 岁的北达科他州大福克斯市大学生 Dru Sjodin。

NSOPW 是美国唯一的政府网站，可在网站中链接州和地区性罪犯注册表。父母、雇主和其他有关个人可以使用该网站的搜索工具，以检视有关性犯罪者的生活、工作和受教育的位置信息。此外，该网站还向访问者提供有关性虐待以及如何保护自己和亲人的信息，旨在最大限度地减少其潜在受害的风险。

（二）情报分析中使用 NSOPW 查询的主要内容

NSOPW 的高级搜索工具通过许多搜索选项提供有关性罪犯的信息：按国家或地区名称按名称搜索；按地址搜索（如由司法管辖区提供）；按邮政编码搜索；按县搜索（如由辖区提供）；按城市/镇搜索（如由辖区提供）。

二十、advanced-search

（一）advanced-search 网站网址及其简介

http：//oa. anu. edu. au/advanced-search/

advanced-search 是一个关于澳大利亚人和那些对澳大利亚历史产生影响的人的讣告的数字存储库，刊登在报纸、期刊和公报上。该网站由澳大利亚国立大学国家传记中心管理，该中心还出版了《澳大利亚传记词典》。平台只接受在报纸、期刊和公告上发表的讣告。

用户可以通过向网站发送已发表讣告的副本来帮助建立澳大利亚的讣告，也可以通过寄送照片和其他相关的传记材料，如悼词、回忆录、未发表的自传来帮助建立现有讣告。澳大利亚讣告包括任何为澳大利亚生活做出贡献的人的讣告，包括那些可能从来没有去过澳大利亚的人，如 19 世纪初对殖民地负有责任的英国政治家，或者在澳大利亚有广泛商业关系的美国企业主。

（二）情报分析中使用 advanced-search 查询的主要内容

1. 人员搜索支持用户按生命日期、出生和死亡地点、宗教、种族和职业进行搜索。

2. 人员搜索查找在特定日期或日期范围内发布的讣告。

二十一、Interment

（一）Interment 网站网址及其简介

http：//www. interment. net/data/search. htm

Interment 是一个免费的在线墓地记录在线图书馆，来自世界各地数千座墓地，用于历史和家谱研究。Interment 是墓地抄本的发行者，供谱系学家和当地历史学家使用。网站发布的每个抄本都来自单一来源，无论是公墓办公室、政府办公室、教堂办公室、存档文件或是墓碑抄录员。平台维护着一个墓地档案库，该档案库遍布世界各地成千上万的墓地。访客可以使用网站的在线图书馆来帮助他们找到家人和朋友的墓葬，追溯他们的家族历史并了解当地历史。

每月大约有 500000 人访问 Interment 来使用平台存档，这使平台成为网络最受欢迎的免费家谱参考文献。网站发布的大多数转录本来自政府机构（城市、县、地区、联邦机构）以及教堂、家谱和历史团体。此外，平台还从个人获得许多转录本。许多抄本所属的墓地已经不复存在了，因此 Interment 提供了一个可以将公墓保存在文档中并供一代又一代使用的地方。

（二）情报分析中使用 intermentv 查询的主要内容

1. 全面搜索：通过姓、名及地区检索命中的记录。

2. 公墓记录查询：平台的公墓记录档案库包含来自世界各地公墓的数百万被埋葬人员。用户可以在平台档案库中通过姓名搜索墓地记录。

二十二、Political Moneyline

（一）Political Moneyline 网站网址及其简介

http：//www. politicalmoneyline. com/

Political Moneyline 拥有 30 多年的政治捐款数据，Policy Moneyline 是政治资金方面最全面、最及时、最客观的资源。

（二）情报分析中使用 Political Moneyline 查询的主要内容

1. 跟踪政治行动委员会、个人捐助者和政治人物对当选官员、候选人和党委的金钱贡献，找出行业筹集和分配情况以及金钱流向。

2. 跟随527个团体（如MoveOn. org和Swift Boat Veterans for Truth）中的软资金流动，发现超级PAC的捐助者。

3. 检索成千上万候选人信息，支持按客户和事件索引。

4. 可以按名称、城市、邮政编码等搜索个人捐赠者信息，然后将结果下载为电子表格格式。

二十三、Publicrecords

（一）Publicrecords网站网址及其简介

https：//publicrecords. directory/

Publicrecords是一个免费提供查看各种公共数据的网站，平台的使命是免费向所有人公开数据。平台功能强大的服务器会处理数百万条公共记录，以查找对您有用的信息。平台拥有可供搜索的所有类型的数据，包括财产记录、车辆记录、商业登记记录、选民记录等。通过搜索用户可以找到美国境内的人，以及地址、电话号码、电子邮件和更多信息。

（二）情报分析中使用Publicrecords查询的主要内容

用户通过目标对象的姓、名或所在地区查询目标对象的记录、选民登记、财产登记、公司注册、广告活动、注册机构、白宫访客、车辆销售记录、公共工资查询、美国海关数据、公共目录列表及财务记录。

二十四、publicrecords

（一）publicrecords网站网址及其简介

https：//www. publicrecords. com. au/

publicrecords公共记录是当前信息和澳大利亚历史档案的在线索引，平台旨在简化澳大利亚境内从政府和私人来源查找相关文件和信息的过程。按照联邦、州和地方索引以及数据库类型分类，用户可以快速、轻松地找到相关信息。平台列出的绝大多数内容可以在线免费获得，但是某些地方也会列出收费选项。有些资源无法在线直接使用，需要采取进一步措施来获得，如填写离线表格。该数据索引由多方参与者提供，平台始终通过建议列表选项来接受新的数据源，并将不断发展壮大，支持用户的商务和个人用途。

（二）情报分析中使用 publicrecords 查询的主要内容

1. 背景调查：包括 ABN 搜索、刑事记录、ARC 许可证检查、邮政检查、破产记录、建筑工程许可证、蓝卡、南威尔士驾照扣分、海事许可证、民事涉诉记录、刑事犯罪记录等信息。

2. 免费公共记录：包括出生登记、死亡登记、婚姻登记、航空医学检查、公司名称可用性、建筑商许可证等信息。

3. 家谱：包括出生死亡登记、死亡通知书、讣告、数字化报纸、维多利亚家族史、新南威尔士遗嘱认证通知等信息。

4. 人物搜索：包括布里斯班市议员、选民名册、新南威尔士执业律师、联邦法院判决。

5. 高级公共记录：高级公共记录需要您付费才能获得访问权限及报告或文件副本。专门从事数据和分析的信息经纪人通常对所有搜索和报告收费。

二十五、Radaris

（一）Radaris 网站网址及其简介

https：//radaris. com/

Radaris 是一个全面的公共记录搜索引擎，可提供有关人员、财产、企业和专业人士的信息。Radaris 可以访问有关人员、财产、企业和专业人士的信息，这些信息可以作为一次性报告或订阅使用。该平台是最全面个人资料的行业提供商，从美国最大的提供商那里采购数据。随着公共数字数据的获取，用户配置文件不断变化和扩展。用户还可以订阅平台的监视服务并获得即时更新。

（二）情报分析中使用 Radaris 查询的主要内容

通过关键词和地址查询人员、商业、物业及电信业信息。

二十六、recordspedia

（一）recordspedia 网站网址及其简介

http：//recordspedia. com/

recordspedia 是美国公共资源查询网站，范围涵盖美国的各个州。平台提供境内州、县、国家及国际的公共信息资源链接。

（二）情报分析中使用 recordspedia 查询的主要内容

通过城市、州、地区或邮编查询公共记录、犯罪记录、背景调查、电信业查询、重要记录查询。

二十七、Reunion

（一）Reunion 网站网址及其简介

http：//www. reunion. com/

Reunion 是一个免费的人员查找器和社交网络，旨在帮助人们搜索、查找并永远与他们关心的人保持联系。用户可以通过该平台查找老同学、朋友、失恋、亲戚或搜索与您失去联系的任何人。

（二）情报分析中使用 Reunion 查询的主要内容

1. 用户可以通过姓、名、地区单一或者组合筛选目标人员信息，具体包括目标人员的别名、居住地点、工作地点等信息。

2. 平台对目标人员的信誉进行综合评分，并对涉诉、刑事犯罪等负面信息进行警示。

二十八、sortedbybirthdate

（一）sortedbybirthdate 网站网址及其简介

http：//sortedbybirthdate. com/

sortedbybirthdate 是一个私人家谱网站，使用社会保障死亡记录副本。该网站使用截至 2014 年 3 月 1 日的 Death Master File，2017 年 11 月 6 日网站管理员开始添加

条目。

（二）情报分析中使用 sortedbybirthdate 查询的主要内容

1. 通过目标人物的名（可选）、姓氏（必填）、出生日期（可选）查询目标人物信息。

2. 通过点击日期可以查询在当天婚姻登记、出生证明、死亡证明、公证记录。

二十九、UniCourt

（一）UniCourt 网站网址及其简介

https：//unicourt. com/

UniCourt 团队发现，用户跟踪并管理多个不相关的软件中的案件很麻烦，必须搜索多个法院站点，费用昂贵且效率低下。UniCourt 平台提供了一个简单、高效且低成本的解决方案，平台统一了州和联邦法院的数据。UniCourt 的协作管理工具与自动化情报简化了需要法院数据的流程。

UniCourt 涵盖了 6000 余万的美国联邦和州案件，2200 余万法院文件，2. 86 亿当事人、法官和律师信息，12 亿的案卷。

（二）情报分析中使用 UniCourt 查询的主要内容

1. 用户可通过案件编号、案件名称、政党、律师、法官、案卷录入等免费搜索来自美国联邦和州法院的在线法院记录。按提交日期、管辖区、案件类型、当事人类型、当事人代表等条件进一步过滤案件。UniCourt 允许您在联邦和州法院在全国范围内查找案件。使用 UniCourt，您可以在线访问案件、查找最新案卷信息、查看案件摘要、检查案件状态、下载法院文件以及跟踪案件并获得有关新案件更新的提示。

2. 个案研究：平台可为用户节省时间、简化研究，使用全局搜索来查找跨联邦（PACER）和州法院的案件。支持全球搜索、预定搜索及共享搜索结果和文档。

3. 法律分析：用户利用大数据科学的最新进展和最大的诉讼数据存储库，可以做出更明智的数据驱动决策。支持诉讼趋势分析、律师分析、判决分析。

4. 个案追踪：用户可在一个案卷监控平台上自动跟踪和管理案件，因此用户将不会错过任何文件。支持按照需求登记表更新、自定义案卷提醒、案件修订历史记录。

5. 业务发展：用户可利用法院数据获得竞争优势并赢得更多业务。支持律所备案推送、律师备案推送、案件类型备案推送、查找律师地址及查找律所地址。

6. 法律数据 API：用户通过 API 将您的应用程序连接到实时法院数据，从而获得见解、推动研究、寻找新业务、简化内部流程并集中信息。支持案例搜索 API、法律分析 API、档案更新 API 及批量下载功能。

三十、ussearch*

（一）ussearch 网站网址及其简介

https：//www. ussearch. com/

ussearch. com 是以两家在西雅图具有深厚渊源的公司起家，最初都是在寻找和管理有关人员的信息，是美国的人员信息和公共记录服务提供商。ussearch. com 可以帮助您在美国任何地方找到人。通过姓名、地址或电话号码搜索，立即找到人员及其联系信息。其专有的人员搜索引擎可以帮助您找到人员的地址、电话号码、电子邮件、社交网络个人资料等。

（二）情报分析中使用 ussearch 查询的主要内容

1. 人物搜索。
2. 背景调查。
3. 犯罪记录查询。
4. 社交网络搜索。
5. 物业查询。
6. 电话反查。

三十一、Intelius*

（一）Intelius 网站网址及其简介

https：//www. Intelius. com/

Intelius 是有关人员及其与他人的联系的公共数据的服务提供商。使用 Intelius，可以轻松找到所需的信息。只要输入名称、地址或电话号码，即可立即获得结果。

（二）情报分析中使用 Intelius 查询的主要内容

1. 人物搜索。
2. 背景调查。
3. 犯罪记录查询。
4. 公开记录查询。
5. 反向地址查询。
6. 电话反查。
7. 人物目录查询。
8. 按州查询人员。
9. 电话目录。

第四节　用户名及简历查询

一、usersearch*

（一）usersearch 网站网址及其简介

https：//usersearch. org/

识别国家代码、电话提供商、座机状态、移动网络代码和国家代码，还要找出该号码是注册企业还是个人。如果是美国号码，甚至可以确定使用者的名字。

（二）情报分析中使用 usersearch 查询的内容

1. 使用用户姓名进行查询。

2. 使用邮箱地址进行查询。

3. 使用手机号码进行查询。

4. 使用论坛地址进行查询。

二、checkusernames

（一）checkusernames 网站网址及其简介

https：//checkusernames. com/

（二）情报分析中使用 checkusernames 查询的内容

输入账号可以检查在 500 多个社交网络上用户名的可用性。

三、KnowEm

（一）KnowEm 网站网址及其简介

https：//KnowEm. com/

KnowEm 是一个用户名搜索服务网站。KnowEm 网站致力于这样的服务：帮助用户在 120 个不同类型的社交网站和媒体 SNS 进行查询，看自己输入的用户名（如姓名、公司、品牌名称之类的），哪些注册了呢？哪些没有注册？当然 KnowEm. com 提供的服务不仅仅有查询，还有帮您在这些 SNS 上创建账户的服务，当然是收费的。

（二）情报分析中使用 KnowEm 查询的内容

搜索 500 多个流行的社交网络，150 多个域名以及整个 USPTO 商标数据库，以立即在互联网上保护您的品牌。

四、NameCheckr

（一）NameCheckr 网站网址及其简介

https：//www. namecheckr. com/

NameCheckr 是一个帮助用户在注册各大网站、论坛时使用什么用户名的站点，在注册之前用户可在这里查询使用的用户名是否被注册，支持检测的服务包括 Facebook、Twitter、Google+、Pinterest 等常用服务，也能查询网域名称被注册。

（二）情报分析中使用 namecheckr 查询的内容

检查跨多个网络的域和社交用户名的可用性。

五、Vigilante

（一）Vigilante 网站网址及其简介

https：//www. vigilante. pw/

Vigilante 网站每天都遭到黑客攻击，其数据被黑客窃取。该数据通常包含这些站点的注册用户的个人信息，包括密码（通常是加密的，但并非总是如此）、电子邮件、全名、用户名、IP 地址以及其他信息。这些破坏使受影响用户的安全和隐私受到威胁。

Vigilante. pw 旨在通过提供尽可能多的有关安全漏洞的必要信息来提高对数据库漏洞的认识。网站的目的是通知和教导人们维护互联网隐私以及确保个人信息安全的重要性。请阅读常见问题解答以获取更多信息。

（二）情报分析中使用 Vigilante 查询的内容

通过输入信息查询泄露的数据库目录。

六、cvgadget

（一）cvgadget 网站网址及其简介

https：//www. cvgadget. com/

来自荷兰阿姆斯特丹的人员搜索引擎，实现简历快速查询和简历检查以进行人力资源研究。

（二）情报分析中使用 cvgadget 查询的内容

输入姓名即可查询人员信息。

七、Indeed

（一）Indeed 网站网址及其简介

https：//cn. indeed. com/

Indeed 网站，2004 年成立于美国，是一个专门提供招聘信息的垂直搜索引擎，也是世界上目前最大的招聘搜索引擎。此网站致力于改善网络求职体验，力争为求职者提供最全面、最精确的招聘信息，每日从数千个招聘网站、报纸、求职机构、公司网站等聚合几千万条招聘信息。求职者无须单独访问各个招聘资源，只需要登录 Indeed 便可以浏览所有职位。此网站现已经可以接受简历，用户可以登录个人账户并上传个人简历。

Indeed 中国官方站成立于 2009 年 11 月，抓取的招聘信息来源于全球各地的招聘网站，全部针对于中国内地。该网站上还有我国台湾和香港地区、新加坡网站链接。

（二）情报分析中使用 Indeed 查询的内容

输入关键词或工作地点可搜索到招聘信息，也可以浏览相关公司信息，并可查询我国台湾和香港地区、新加坡等国家和地区的相关信息。

八、LeadFerret

（一）LeadFerret 网站网址及其简介

https：//leadferret. com/search

LeadFerret 于 2011 年成立，它包含完整的信息，包括电子邮件地址。LeadFerret 中的每个记录都包含公司、名称、标题、地址、电话号码，最重要的是电子邮件地址，LeadFerret 是完全免费的。

（二）情报分析中使用 LeadFerret 查询的内容

输入姓名或选择查询项查询信息。

九、LinkedIn

（一）LinkedIn 网站网址及其简介

https：//www. linkedin. com/

LinkedIn（领英），全球最大的职业社交网站，是一家面向商业客户的社交网络（SNS），成立于 2002 年 12 月并于 2003 年启动，于 2011 年 5 月 20 日在美国上市，总部位于美国加利福尼亚州山景城。网站的目的是让注册用户维护他们在商业交往中认识并信任的联系人，俗称“人脉”。用户可以邀请他认识的人成为“关系”（Connections）圈的人。现在用户数量已达二亿，平均每一秒钟都有一个新会员加入。2014 年 2 月 25 日，LinkedIn 简体中文版网站正式上线，并宣布中文名为“领英”。

（二）情报分析中使用 LinkedIn 查询的内容

1. 个人信息档案、公开个人资料、工作经历；基于关系和资料建立搜索匹配。

2. 客户、服务提供商或相关领域专业人士。

3. 合作伙伴及合作项目数据及文件。

4. 广阔的人际连接、社会关系网、企业和个人之间的雇佣关系。

5. 工作职位信息，用以求职、招募、猎头行为等。

6. 工作动态、工作机会、工作意见。

7. 公司背景调查、员工背景调查、民意调查。

8. 搜索具备特定技能、背景和经历的员工及就业状况。

9. 将人员的性格、爱好、职业进行归类，有针对性地提供信息服务，组织主题活动。

十、RecruitIn

（一）RecruitIn 网站网址及其简介

https：//recruitin. net/

Maebellyne 曾在一家招聘公司担任承包商的工作，试图在 LinkedIn 上找到合适的人选，但由于 LinkedIn 的结果数限制为 100，并且只看到 3 级学位，因此受到了阻碍。作为一个“数字原生”，她意识到 Google 已经免费提供了数千万个 LinkedIn 个人资料。她立即开始建立聪明的布尔查询来寻找候选人，并取得了巨大的成功。该工具是一种构造非常相同的布尔查询（以及更多）的简单方法，但是它具有一个很好的简单接口的优点。它是完全免费且匿名的，并且不以任何形式与 LinkedIn 相关联。

（二）情报分析中使用 RecruitIn 查询的内容

免费查询 LinkedIn、Dribbble、GitHub、Xing、Stack Overflow、Twitter 上的人员信息资料。

十一、parchment

（一）parchment 网站网址及其简介

https：//www. parchment. com/

parchment 是应用最广泛的数字证书服务，允许学习者、学术机构和雇主以简单、安全的方式请求、验证和共享证书。该平台已帮助全球数百万人和数千所学校和大学交换了超过 3000 万笔成绩单和其他凭证。

parchment Inc. 成立于 2003 年，总部位于亚利桑那州斯科茨代尔，在加利福尼亚州罗斯维尔、科罗拉多州丹佛、密歇根州大急流城、安大略省多伦多和华盛顿特区设有办事处。

（二）情报分析中使用 parchment 查询的内容

8000 多个教育机构、企业和其他组织信任 parchment，可查询到成绩单、文凭或证书之类的凭证。

十二、XING

（一）XING 网站网址及其简介

https：//www. xing. com/

XING 是业务专业人员的社交网络。截至 2018 年 12 月，目前已有近 1500 万成员在 XING 上注册。它是一个平台，来自各个行业的专业人员可以聚会，找到工作、同事、新任务、合作伙伴、专家并产生商业想法。成员可以在 80000 多个专家组中见面并交换意见，同时还可以参加社交活动。

（二）情报分析中使用 XING 查询的内容

1. 通过姓名和邮件查询人员信息。

2. 查询招聘信息和求职信息。

第五节　电话查询

一、abctelefonos

（一）AbcTelefonos 网站网址及其简介

http：//www. abctelefonos. com/

AbcTelefonos 旨在作为一个目录，以咨询有关个人、机构、公司、企业、专业人员、产品和服务的公共信息。该目录不包括可能被视为敏感或机密的信息，也不包括数据主体所反对的信息。

（二）情报分析中使用 AbcTelefonos 查询的内容

1. 根据业务、类别、公共机构、机构、姓名查询阿根廷、巴西、智利、哥斯达黎加、西班牙、美国、墨西哥、委内瑞拉等国家的电话号码。

2. 根据电话号码、地址反向查询阿根廷、巴西、智利、哥斯达黎加、西班牙、美国、墨西哥、委内瑞拉等国家的业务、类别、公共机构、姓名信息。

二、Australialookup

（一）Australialookup 网站网址及其简介

http：//www. australialookup. com/

Australialookup 是一个提供澳大利亚地区公开电话号码信息的查询平台。用户可根据姓名、地区、电话号码等信息进行查询和反向查询。其数据来源于公共记录、电话清单，选择性订阅信息和其他合法资源。

（二）情报分析中使用 Australialookup 查询的内容

1. 根据姓名、地区查询澳大利亚的电话号码信息。
2. 根据电话号码反向查询所在地区、姓名等信息。

三、411

（一）411 网站网址及其简介

https：//www. 411. com/reverse-phone

成立于 1997 年的 Whitepages ©可帮助个人和小型企业联系、审核其领域中的人们。每月，超过 3500 万人使用 Whitepages 身份数据与扩展的朋友和家人取得联系，确认身份和研究背景。小型企业使用 Whitepages 来防止欺诈，联系客户并评估商机。

Whitepages. com 是一家私有公司，不隶属于任何一家电话公司。公司从各种来源收集信息，对其进行交叉引用以确保准确性，并在方便时对其进行编辑以供查看。

（二）411 数据库的信息来源

1. 公开可用信息源：这是公开可用的信息。它包括地址、街道名称、城市、州和邮政编码。公开可用信息的其他示例包括发布的电话簿和在 Internet 上发布的信息，如公开可用的社交网络配置文件。

2. 第三方数据供应商：第三方数据供应商的信息来自多种来源。它可能包括公开可用的信息，如电话簿，以及其他来源的信息。这些可以包括作为比赛、抽奖、订阅和类似优惠的一部分提交的详细信息。

通过 Whitepages ©，用户可查询电话号码对应的所有者的名称、地址、背景调查、犯罪记录等信息。

（三）情报分析中使用 411 查询的内容

通过电话号码查询电话号码对应的所有者的名称、地址、背景调查、犯罪记录等信息。

四、Britishphonebook

（一）Britishphoneboo 网站网址及其简介

http：//www. britishphonebook. com/

Britishphonebook 是一家提供英国电话号码查询的服务平台。通过姓氏和地区，可以查询电话号码、住址、地图定位信息。所有数据都来自当前和以前的电话簿、网站注册和许可数据。数据来源更新年份一年到十年不等。

（二）情报分析中使用 Britishphonebook 查询的内容

通过姓氏和地区，查询英国电话号码、住址以及地图定位信息。

五、Bmobile

（一）Bmobile 网站网址及其简介

https：//bmobile. in/

Bmobile 具有独特和完善的 Internet 参考映射的印度移动电话的新一代 Mobile Tracer 程序。您可以使用此程序搜索所有印度手机号码。通过此跟踪器程序可以轻松搜索以数字 7、8 和 9 开头的手机号码。跟踪移动位置是免费的应用程序。用户可以使用它来跟踪或搜索十位数字格式的任何印度手机号码。该程序在地图上显示您的手机位置，还将显示移动电话使用的电信运营商。程序拥有所有印度电信运营商的完整数据库，现在可以通过此程序跟踪所有印度手机号码。用户还可以将任何移动设备或平板电脑与新的或旧的、便宜或昂贵的手机进行比较。Bmobile. in 网站上拥有最新的移动规范数据库和专家手机推荐。用户还可以找到所有手机的价格图表，这些图表显示了从推出手机到现在的价格波动。

（二）情报分析中使用 Bmobile 查询的内容

通过姓氏和地区，查询印度电话号码、住址以及地图定位信息。

六、Thephonebook

（一）Thephonebook 网站网址及其简介

https：//www. thephonebook. bt. com/

英国电信（集团），全称 British Telecom，简称 BT，原为英国国营电信公用事业，由英国邮政总局管理，1981 年 10 月 1 日脱离英国皇家邮政，变成独立的国营事业。英国电信的 Thephonebook 能够按地区和国家/地区查找拨号代码。英国电信每 12 个月提供一份覆盖当地地区的电话簿副本。非 BT 客户可以通过网站的在线商店购买电话簿的副本，还可以订购电话簿的其他副本，特殊电话簿条目是 BT 电话簿的“分类”，它们以公司名称、地址和电话号码为特色。

（二）情报分析中使用 Thephonebook 查询的内容

根据国家、地区名称或代码查询具体市、县、地区的代码。

七、secure. calleridservice

（一）secure. calleridservice 网站网址及其简介

https：//secure. calleridservice. com/

公司成立于 2010 年，旨在提供低成本、高质量的 CNAM 交付服务。CNAM 是呼叫者姓名的数据库，用于在接收来自美国或加拿大的入站呼叫时识别呼叫者的姓名。如果用户的电话提供商提供了呼叫者的 ID 名称，则该数据库用于在接听电话时将呼叫者 ID 名称传递给用户的手机。通过在数据库中搜索与主叫方电话号码关联的名称来确定呼叫者的姓名。由于将呼叫者的号码匹配到 CNAM 数据库的过程需要额外的硬件和维护，因此用户的 VoIP 提供商可能未通过 IP 呼叫的入站语音提供呼叫者 ID 名称服务，因此用户只能看到呼叫者的号码，从而避免了您在接听电话之前识别出呼叫者。

公司在美国各地运营着多台服务器，以提供可靠的 CNAM 服务，而不会出现传统呼叫方 ID 名称提供商所带来的麻烦。

（二）情报分析中使用 secure. calleridservice 查询的内容

根据电话号码查询美国和加拿大地区电话号码对应的人员姓名。

八、Callersmart

（一）Callersmart 网站网址及其简介

https：//www. callersmart. com/

CallerSmart 提供了一个在线社区电话簿，该电话簿汇编了美国 50 个州的电话号码，同时包括白页和黄页信息。该社区电话簿与传统电话簿不同，因为它只能用于反向电话查找，这意味着用户只能按电话号码而不是名称进行搜索，只需在免费反向电话查找搜索栏中键入数字即可查看有关从何处打来电话的信息，以及信任因子评级和来自用户驱动社区的反馈。这意味着一旦收到未接来电或以其他方式查询该号码，用户便可以找到有关该号码的更多信息。在黄页中，用户还可以查找本地商家的电话号码。黄页根据服务类型按字母顺序组织。企业可以付费在黄页上显示广告。

（二）情报分析中使用 CallerSmart 查询的内容

根据电话号码反向查询号码对应的姓名、商家等信息。

九、CallerID

（一）CallerID 网站网址及其简介

https：//www. calleridtest. com/

CallerID 提供美国和加拿大的电话号码的反向查询，通过输入电话号码查询号码所有者的姓名。CallerID 已经链接了主要电话公司使用的相同 CallerID 数据库。这使公司能够立即检查您的 CallerID，而无须打任何电话。

CallerID 承诺尊重用户，绝不会与任何人分享用户的电话号码。

（二）情报分析中使用 CallerID 查询的内容

根据电话号码反向查询美国和加拿大地区电话号码的使用者信息。

十、CountryCode

（一）CountryCode 网站网址及其简介

https：//countrycode. org/

CountryCode. org 可查询和调用世界范围内的拨号代码以及其他有用的信息，如区号、ISO 国家代码。CountryCode. org 还提供小型企业的 IP 电话的成本分析。要使用 CountryCode. org 的拨打电话工具，只需选择要从其拨打电话的国家/地区，然后选择要拨打的国家/地区，最后输入用户要拨打的区号和电话号码，即可显示要拨打的完整号码。国家/地区的号码不同，或者可能有多个 ID，具体取决于运营商或服务类型。在某些情况下，国家代码在国家之间共享。例如，美国、加拿大以及加勒比海地区和关岛的许多国家/地区都使用国家代码。

（二）情报分析中使用 CountryCode 查询的内容

查询和调用世界范围内的拨号代码以及其他有用的信息，如区号、ISO 国家代码。

十一、Cellrevealer

（一）Cellrevealer 网站网址及其简介

https：//cellrevealer. com/

Cellrevealer. com 是最准确的免费反向电话查找服务，其在呼叫者 ID 数据库中执行实际的反向查找来为用户检索此信息，而其他站点仅向用户提供在电话簿和其他公共资源中发现的有限信息。Cellrevealer. com 提供可疑电话号码查询服务，数百万人使用 CellRevealer. com 作为识别可疑电话的快速便捷方法。只需简单地输入电话号码，用户即可发现所有者的姓名和与该电话号码相关的其他详细信息，还可以查看其他用户提交的评论和投诉。

（二）情报分析中使用查询的内容

根据电话号码反向查询电话号码对应的姓名以及相关详细信息。

十二、FoneFinder

（一）FoneFinder 网站网址及其简介

http：//www. fonefinder. net/

FoneFinder 是一个免费的公共搜索引擎，它可以查找世界上任何电话号码的地理位置。用户键入一个电话号码，它将为用户提供城市、州、国家、国旗、地图以及到该地区的链接。FoneFinder 还可以查找国家/地区代码、区号和给定城市名称的前缀。

在“地区代码”框中输入三位数的地区代码。该数字可能显示在括号中：“（213）”。在“前缀”框中输入三位数的前缀。该数字可能出现在破折号之前：“326-××××”。在“城市名称”框中输入城市名称的最多十位数字，大写/小写无关紧要。用户可以进行部分拼写，将未知字母留空。输入“NAS”将返回“Nashville”“Nashua”和“Nassau”。按下“按号码搜索”按钮，将显示区号中的所有前缀。如果前缀超过 500 个，搜索将停止，以节省下载时间。在这种情况下，请在“前缀”框中键入一些前导数字，如“6”，这样会将搜索限制为该地区代码中仅以“6”开头的前缀。

Fone Finder 的数据库内有以下信息：Npan××——保留 NANP 国家的区号和前缀；国家——包含所有其他国家的国家和代码信息；Councity——保存所有其他国家的城市代码信息；状态——保持状态缩写、标志、状态名称之间的相关性；OCN——包含电话公司名称、OCN 代码、类型（CLEC，无线经销商等）及其网页的 URL；在进行美国/加拿大搜索时，将生成 SQL，该 SQL 在 Npan××和状态表中搜索匹配的记录。在国际搜索中，将生成 SQL 以搜索“国家/地区”表。该 SQL 查询传递给驻留的 MySQL 引擎，该引擎返回包含匹配城市的结果表。然后，PHP 格式化并显示结果，包括图形标记和地图。

（二）情报分析中使用 Fone Finder 查询的内容

1. 查询美国、加拿大范围内市、州、国家、国旗、地图以及到该地区的链接。

2. 查询世界范围内多个国家的代码信息。

十三、Numberingplans

（一）Numberingplans 网站网址及其简介

https：//www. numberingplans. com/

此网站属于国际号码计划有限公司，其是一家私人有限公司，不承担任何未偿债务或债务。国际号码计划有限公司总部位于荷兰阿珀尔多伦。公司的客户范围从主要的财富 500 强公司到小型初创公司，还包括世界各地的政府和法律执行机构，其中有 AT&T、时代华纳、摩根士丹利、奥兰治、O2、美国联邦调查局、美国司法部以及许多其他行业领导者。公司还与来自世界各地的许多电信监管机构、运营商和专家保持着良好的关系，以保持数据库和在线服务的准确性和最新性。国际编号计划专门提供信息和数据库产品，主要关于 ITU 建议 E. 123、E. 129、E. 162、E. 164、E. 212 和 Q. 708。国际号码计划主要提供在线搜索和分析工具，以及与电话号码、移动网络、移动电话和国际网络的全球号码范围分配有关的信息相关的数据库下载。

国际编号计划专门从事与全球（TELE）通信相关的编号计划，并为全球电信行业的各种市场领域提供一系列在线服务。大多数在线服务是免费的，仅供个人使用或有限使用。对于专业和商业用途，可以使用各种订阅。

国际编号计划有限公司提供号码分析工具，其使用在线分析工具查找有关特定数字的信息。可以对电话号码进行分析，也可以对 IMEI、IMSI、IPSC 和 SIM 卡号进行分析。同时，国际编号计划有限公司还提供在线拨号工具，这些工具将在查找区号和如何拨号信息方面提供帮助。订阅许可证可能会在不久的将来提供，以通过 XML 提要在您自己的网站上提供信息。国际编号计划有限公司还可以资料库下载，如果需要访问（编号计划数据库），则需要具有适当的订阅许可证。这些数据库可以帮助您减少计费错误，评分或路由，或者只是为了防止欺诈或错误输入。

（二）情报分析中使用国际编号计划有限公司查询的内容

1. 提供号码分析和在线拨号服务。

2. 提供电话号码的数据库下载服务。

十四、Wayp

（一）Wayp 网站网址及其简介

http：//www. wayp. com/

Wayp Internet Group 是通过链接并协调所有有效的数据库，提供有关电话号码、传真号码、名称和地址的信息而开发的产品。Wayp Internet Group 提供的这些页面仅适用于满足质量和易用性要求的电话公司和/或企业。大多数国家/地区有 Wajens Internet Group 用英语制作的信息页。在这些页面上，用户会找到有用的提示来帮助其搜索。Wajens Internet Group 会定期更新信息页面，并在可用时添加新的国家/地区。Wajens 的“信息”页面还将提供在相应国家/地区链接到的数据库的一些信息。

（二）情报分析中使用该网站查询的内容

提供非洲、亚洲、欧洲、南太平洋等部分国家和地区的国际电话目录，查询名称、地址、电话和传真等信息。

十五、Johndoe

（一）Johndoe 网站网址及其简介

https：//johndoe. com/

Johndoe 提供美国范围内所有州的电话号码的查询和反向查询服务，能够提供电话所有者的姓名、电话号码、年龄、街道、住址等信息。

（二）情报分析中使用该网站查询的内容

1. 根据姓名、地区查询美国范围内电话号码、年龄、具体住址等信息。

2. 根据电话号码反向查询美国范围内电话所有者的姓名、年龄、具体住址等信息。

3. 根据街道、区域查询美国范围内居民姓名、年龄、电话号码、具体地址等信息。

十六、Vigilante

（一）Vigilante 网站网址及其简介

https：//www. vigilante. pw/

Vigilante. pw 旨在通过提供尽可能多的有关安全漏洞的必要信息来提高对数据库漏洞的认识。目的是通知和教导人们维护互联网隐私以及确保个人信息安全的重要性。

（二）情报分析中其主要应用内容

了解有关安全漏洞的知识，维护互联网隐私以及确保个人信息安全。

十七、Mailtester

（一）Mailtester 网站网址及其简介

https：//mailtester. com/testmail. php

MailTester. com 可以通过输入电子邮件地址，以验证它是否存在、是否存在问题。网站将在电子邮件地址上执行一系列检查，但不会发送实际的电子邮件。其中 DNS 查找服务，将报告在 DNS（域名系统）中查找域（@符号后的部分）的任何问题。SMTP 验证服务，将与负责电子邮件的邮件服务器建立 SMTP 连接，并报告所有问题。请注意，对于某些域，SMTP 服务器不允许验证，因此找不到任何信息。在这种情况下，电子邮件地址可能存在也可能不存在。

（二）情报分析中使用该网站查询的内容

提供电子邮件地址验证服务，可验证其地址是否存在、是否存在问题，DNS 是否存在问题，SMTP 是否存在问题等。

十八、Nextcaller

（一）Nextcaller 网站网址及其简介

https：//nextcaller. com/

Nextcaller 提供实时呼叫验证技术，服务于一些美国顶级品牌公司，服务行业遍及保险、银行与金融、零售与款待、政府、电信、卫生保健。应答后，VeriCall™会在 200 毫秒内对每个电话提供威胁级别的分析。这种即时阅读使用户企业可以在 IVR 中实时做出身份验证和路由决策。

（二）情报分析中使用该网站查询的内容

提供实施呼叫验证技术。

十九、Numberguru

（一）Numberguru 网站网址及其简介

https：//www. numberguru. com/

NumberGuru 是一个公共信息源数据库，为用户提供 CallerID 和反向电话查询服务。通过 NumberGuru，访问者可以访问由 NumberGuru 和其他第三方内容提供商（第三方提供商）编译、分发和显示的，发布到本网站或通过本网站提供的某些资料，包括但不限于第三方提供有关个人信息的网站或服务，可以通过网站进行搜索和访问。使用 NumberGuru，用户可以查看号码的位置和所有者，其电话号码报告提供姓名、年龄、地址、社交媒体资料、呼叫者的位置、电话运营商、垃圾邮件得分、呼叫者的类型等信息。另外，用户可发表和查看评论，以提醒和发现电话推销员。NumberGuru 数据丰富，内含七千余万条电话号码信息，用户评论二百余万条。

（二）情报分析中使用该网站查询的内容

通过电话号码查询号码的位置和所有者，其电话号码报告提供姓名、年龄、地址、社交媒体资料、呼叫者的位置、电话运营商、垃圾邮件得分、呼叫者的类型等信息。

二十、Numberville

（一）Numberville 网站网址及其简介

https：//numberville. com/

Numberville 是美国的电话号码查询公司。该电话号码查询服务包含国际号码，因此即使不是本地号码，用户也可以找出该号码的所有者、姓名、地址甚至运营商信息。Numberville 数据量大，现有搜索条目三千余万，包含记录 2. 7 亿条，用户评论 40 余万条，垃圾邮件报告 15 余万项。在线电话号码查找可立即搜索在数千个公共目录中找到的数百万条记录，这些记录通常在没有 Internet 的情况下需要花费数小时的人力。如果用户收到过恶作剧或漫游电话，则可以了解此类信息的价值。简单的反向电话号码查找可以快速提供电话的信息，因此您可以确定是要与之通话的人还是需要他们停止通话的人。Numberville 还提供反向电话号码查找服务，使用户可以简单地输入电话号码并发现所有者的身份、地址和运营商。

（二）情报分析中使用该网站查询的内容

1. 通过电话号码查询世界范围内多个国家的号码所有者姓名、地址甚至运营商信息。

2. 查询国家、地区的国家代码以及 ISO 代码。

二十一、Numberway

（一）Numberway 网站网址及其简介

https：//www. numberway. com/

Numberway（国际电话目录）是查找全球人员和企业电话号码的简便方法。

Numberway 是白页、黄页、电话簿和在线目录查询的国际目录。它是免费、独立且最新的网络电话目录指南，数据库包含 660 个电话目录。

（二）情报分析中其主要应用内容

在搜索栏中输入电话号码，即可查看未知美国电话号码的公共信息以及来自网站社区的评论和报告。

二十二、Numpi

（一）Numpi 网站网址及其简介

https：//numpi. com/

Numpi 是同类中第一个免费电话目录，提供有关美国和加拿大电话号码的广泛信息。Numpi 的目标是使用户最终可以访问高级信息，而无须花费任何钱进行搜索。Numpi 可以获取目录中列出的任何电话号码的信息。

（二）情报分析中其主要应用内容

输入有效的 10 位数电话号码以查找信息。

二十三、bhattsameer

（一）bhattsameer 网站网址及其简介

https：//bhattsameer. github. io/numspy/

bhattsameer 是一个用于发送免费短信以及通过 Way2sms 网站查找手机号码详细信息的 python 模块。

（二）情报分析中其主要应用内容

1. 发送免费短信。

2. 查找手机号码详细信息。

二十四、PeopleByName

（一）PeopleByName 网站网址及其简介

http：//www. peoplebyname. com/

PeopleByName. com 是业界领先的反向电话查找提供商。自 2008 年年初以来，一直在提供人员搜索服务。数据库中的行数超过 10 亿，它几乎可以反向查找美国和加拿大的任何电话号码。与电话号码关联的信息是全名、地址以及在大多数情况下拥有此电话号码的人的历史记录。

（二）情报分析中其主要应用内容

输入任何电话号码即可确定其所有者。

二十五、TruePeopleSearch

（一）TruePeopleSearch 网站网址及其简介

https：//www. truepeoplesearch. com/

TruePeopleSearch. com 由几位技术资深人士于 2017 年创立。希望人们尽可能轻松地找到失散的朋友和家人。他们注意到那里的其他免费人员搜索网站功能不是很强大，而功能最强大的网站太昂贵。因此，创建了一个可供所有人免费使用的超级强大网站。在美国几乎可以找到任何人。每个月都有数百万人使用 True People Search。

（二）情报分析中其主要应用内容

1. 人名搜索。
2. 电话搜索。
3. 地址搜索。

二十六、truecaller

（一）truecaller 网站网址及其简介

https：//www. truecaller. com/

truecaller 是最好的呼叫软件与垃圾邮件拦截应用程序。2018 年以来，truecaller 一直在对电话和短信骚扰问题进行研究，以发现更多关于统计数据的信息，到现在为止，这些信息从未被真正探索过。网站的目标：提高人们对通过移动电话方式骚扰妇女的认识，特别是短信和电话骚扰。

（二）情报分析中其主要应用内容

全球电话号码搜索，拦截垃圾邮件、短信和电话骚扰。

二十七、PeopleSmart

（一）PeopleSmart 网站网址及其简介

https：//www. peoplesmart. com/

PeopleSmart 是公共记录和隐私教育的长期领导者，致力于帮助个人在线理解、访问和管理其个人信息。可浏览复杂的法庭记录检索世界，或使用搜索工具通过数据合作伙伴 BeenVerified 查找联系信息。

（二）情报分析中其主要应用内容

输入姓名和地址、即可以搜索个人信息、法庭记录和犯罪记录。

二十八、PhoneOwner

（一）PhoneOwner 网站网址及其简介

https：//phoneowner. com/

PhoneOwner 是当今几乎使用的每个固定电话和手机号码的完整目录。这个免费目录可作为现代电话簿，用于查找该国的任何个人或公司。它也可以用作免费的反向电话查找服务，以查找您不认识的任何号码的所有者和联系信息。该站点将帮助您确定正在给谁打电话或给您的孩子发短信的电话号码，并根据"请勿打扰"注册表找出哪些电话销售公司正在给您打电话。

（二）情报分析中其主要应用内容

搜索特定的电话号码，立即查找所有者的姓名、地址、电子邮件、个人资料信息或业务信息。

二十九、spytox

（一）spytox 网站网址及其简介

https：//www. spytox. com/

spytox 是世界上最受信任的白页目录。搜索人员、地址、电话号码、社交媒体资料等。

（二）情报分析中其主要应用内容

反向电话查询：只需继续输入您要查找的人的姓名，电话号码或电子邮件地址，然后单击“搜索”。

三十、Searchyellowdirectory

（一）Searchyellowdirectory 网站网址及其简介

https：//www. searchyellowdirectory. com/

Searchyellowdirectory 使用 Google 的 Cookie 来提供服务，个性化广告并分析流量。

（二）情报分析中其主要应用内容

1. 在“美国白页目录”中搜索人员。

输入人员的名字和姓氏，并提供尽可能多的详细信息。结果包括他们的电话号码、地址记录、年龄、亲戚等。

2. 在黄页页面中搜索全球业务。

查找美国、英国、亚洲或非洲的人员、企业或产品。

3. 在美国、加拿大、欧洲、亚洲、南美、非洲或澳大利亚查找电话号码。

通过每个 USA 反向电话查询获得即时结果。搜索国际电话号码或全球任何手机号码。

4. 查找具有电子邮件地址的人，并在国际上找到任何人。

通过国际电子邮件搜索在美国、加拿大、英国、澳大利亚、亚洲、非洲找到人。输入某人的美国电子邮件地址以立即与某人联系。

三十一、socialcatfish

（一）socialcatfish 网站网址及其简介

https：//socialcatfish. com/reverse-phone-lookup/

socialcatfish. com 可帮助您找到人并验证信息，如图像、电子邮件地址、电话号码和在线个人资料。其是一家位于南加州的在线约会调查服务机构。帮助您核实信息，以确认你在网上遇到的那个人是否真的是他们所说的那个人。使用在线工具进行深度检查，以验证图像、社交资料、电话号码、电子邮件、工作等信息，以确保你对网络上认识的人有最多的了解。这是唯一一家对公共信息进行核实的公司，如工作、电话号码、犯罪记录以及社会档案和图像。专门帮助那些在线上和别人约会的人，他们不确定自己是否被告知了真相，可以通过该网站核实电话号码、工作状况、婚姻状况、形象、社会概况等。

（二）情报分析中其主要应用内容

1. 姓名查询。
2. 电子邮箱查询。
3. 电话反查。
4. 图像反查。
5. 用户名反查。

三十二、spydialer

（一）spydialer 网站网址及其简介

https：//www. spydialer. com/

spydialer 公司已经收集了数十亿个电话号码，并为手机、VOIP 和固定电话创建了一个认真免费的反向电话号码查找功能。间谍拨号程序是网上最新、最快的免费反向电话号码查询。它适用于手机、固定电话和电子邮件地址，甚至没有公开的数字，尝试通过语音邮件对手机进行反向查找，以查找理想的手机号码。

（二）情报分析中其主要应用内容

适用于手机、固定电话和电子邮件地址，甚至没有公开的数字，尝试通过语音邮件对手机进行反向查找，以查找理想的手机号码。

三十三、Sync. ME

（一）Sync. ME 网站网址及其简介

https：//sync. me/

Sync. ME 的数据库由公用电话目录和 Sync. ME 用户众包组成。ME 数据库每天都在不断增长并变得越来越智能。您今天搜索的没有结果的数字可能明天就会报告到数据库中。网站的数据库会实时响应用户的报告和标记，从而使网站每天都可以扩展数据库。同样，数字经常更改所有者，并且网站的用户经常通过建议更改名称来帮助创建更智能的数据库，由于网站需要在正式更改之前进行验证，因此更改数据库最多可能需要 72 个小时。

软件功能：

1. 社交来电显示。世界上最先进的呼叫者 ID。识别来电，包括全名和呼叫者的照片，无论它们是否在您的电话联系人中。

2. 与社交资料同步。将您的电话联系人与其社交网络个人资料建立联系。使用 Facebook、Twitter、Google+和 VKontakte 的最新图片随时更新您的联系人。

3. 垃圾邮件防护。不再接听不必要的电话。识别并阻止有害的电话推销员和垃圾邮件发送者。

4. 搜索电话号码。永远知道谁在打电话。用名字和照片识别未知呼叫者。

5. 生日提醒。您不仅不会忘记朋友的生日，还可以向他们发送个性化的生日贺卡。

（二）情报分析中其主要应用内容

通过来电显示功能反查号码信息。

三十四、ThatsThem

（一）ThatsThem 网站网址及其简介

https：//thatsthem. com/reverse-phone-lookup

ThatsThem 于 2014 年推出，是 100%免费的人员搜索网站，可让您以了解他们的方式搜索人员。通过使用姓名和地址或电话号码查找您生活中人们的联系信息。网站的目标是通过允许您研究相关人员，使您能够获得有助于您日常生活的信息，以便您可以做出更明智的决定，并找到所需的人员，从而可以与他们取得联系。

（二）情报分析中其主要应用内容

1. 轻松搜索所有 50 个州和华盛顿特区超过 10 亿条公共记录的已编译数据库。

2. 访问与地址、IP 地址、电子邮件地址或电话号码关联的联系信息。

3. 找出电话号码与哪个网络关联。

4. 获取当前与 IP 地址关联的人员的地理信息。

5. 查找与您要寻找的个人相关的人员。

第六节 邮箱查询

一、manycontacts

（一）manycontacts 网站网址及其简介

https：//www. manycontacts. com/en/mail-check

该网站是一个查询电子邮件地址，进而发现社交资料的网站。

（二）情报分析中使用 manycontacts 网站查询内容

1. 该网站首页有检索框，输入电子邮件（最多五个），用逗号分隔即可进行搜索和校验。

2. 网站整合功能：在网站上安装一个小脚本，并自动接收访问者信息。

3. 批量功能：如需要限定大量电子邮件，可以联系网站公司。

4. 登录网站方法：输入本人电子邮箱和密码即可。

二、ashley. cynic

（一）ashley. cynic 网站网址及其简介

https：//ashley. cynic. al/

该网站是一个检测电子邮箱安全性的网站。主要检测电子邮箱是否受到 Ashley Madison 黑客的入侵。大约 3600 万个邮箱账户被盗用过，其中包括一些重复的电子邮件地址。该网站是最好的检测原始网站，进行过 1500 万次搜索。

（二）情报分析中使用 ashley. cynic 网站查询内容

1. 检测时输入电子邮箱地址即可。

2. 如果账户被盗用了，建议用户修改所有的密码。可以使用唯一的随机生成的密码，并使用密码管理器存储。

三、Botscout

（一）Botscout 网站网址及其简介

https：//botscout. com/search. htm

BotScout 有助于防止称为“机器人”的自动化 Web 脚本在论坛上注册，污染数据库，传播垃圾邮件以及滥用网站上的表单。该网页通过跟踪机器人使用的名称、IP 和电子邮件地址并将它们作为唯一签名记录下来，以备将来参考，还提供了一个简单而功能强大的 API，用户可以在表单提交到您的网站时对其进行测试。

用户可以手动搜索漫游器数据库以在论坛中找到漫游器，但是也可以在论坛、联系表或其他 Web 应用程序中使用一些代码来测试漫游器，并在当场自动禁止或拒绝它们。要在应用程序中使用网站的数据库，需要做的就是正确查询它。还可以从以下 URL 下载最新发现的漫游器列表（如下所示）：http：//botscout. com/last_ caught_ cache. htm（或在此处使用更简单的逗号分隔文本版本）。

如果每天需要执行100多次自动查找，则可能需要获取免费的API密钥，以便可以根据需要执行任意操作。该网页甚至提供了一些示例代码，可以在论坛、联系表、邮件列表和站点的其他部分中使用它们。

也有适用于流行论坛和CMS应用程序的反机器人插件，包括SMF、VBulletin、phpBB、Phorum、PunBB、Invision 电源板、FUDForum、Ikonboard、W-Agora、Wordpress、Joomla和Drupal。

（二）情报分析中使用BotScout网站查询内容

输入漫游器名称、电子邮件或IP地址，然后单击“快速搜索”即可。

四、Breachalarm

（一）Breachalarm网站网址及其简介

https：//breachalarm. com/

在该网站找出密码黑客是否已在线泄露您的密码。

该网站会在Internet上扫描黑客发布的失窃密码数据，并让用户知道是否发现电子邮件地址存在安全漏洞。BreachAlarm会告诉您是否需要更改密码。

BreachAlarm是一项服务，可让用户匿名检查密码是否已在线发布，并注册有关将来影响您的密码黑客的电子邮件通知。

该网站梳理Internet的深度，以查找被黑客入侵或泄露的被盗密码列表，并找出这些密码所属用户的电子邮件地址。网站会保留这些电子邮件地址的数据库，以便您可以轻松检查您的电子邮件地址和密码是否已包含在任何这些违规行为中。

确保密码安全后，如果以后的违规中发现用户的任何电子邮件地址，请注册一个电子邮件监视程序账户，以立即得到通知。收到通知后，您可以尽快更改密码，以防止机会主义的黑客访问您的账户。了解有关电子邮件监视程序的更多信息。

数据库包含超过9.72亿个电子邮件的唯一指纹，这些电子邮件的密码已由黑客释放，并且此列表还在继续增长。

（二）情报分析中使用 BreachAlarm 网站查询内容

1. 在搜索框中输入邮箱地址即可检查是否安全。

2. 注册账号使用会更加方便。注册时输入用户名、邮箱和密码即可。

五、DomainBigData

（一）DomainBigData 网站网址及其简介

https：//domainbigdata. com/

DomainBigData. com 是域名调查工具的领导者之一。

通过监视新创建的域、Whois 更改、IP 和 DNS 服务器，网站能够提供有关每个域名的完整的技术信息。网站的数据库包含大约 300000000 个域。

通过开放源代码情报（OSINT）为数据建立索引，网站提供了在 Internet 上查找网络指纹数据的最佳工具。除了 Whois 和已解析的 Whois 记录，网站还提供了一个完整的 IP 和域名研究工具。网站协助研究人员进行在线调查。

网站的数据库不包含任何私人信息，而是从 Whois 服务器等可公开获得的资源中收集的。

ICANN 的《义务确认书》要求注册服务商“采取措施，以确保及时，不受限制地公开访问准确，完整的 WHOIS 信息”。

（二）情报分析中使用 DomainBigData. com 网站查询内容

在搜索框中输入需要搜索的域名、IP 或者电子邮件即可。

六、email-validator

（一）email-validator 网站网址及其简介

https：//www. email-validator. net/zh/index. html

该网站用于邮件地址验证，与客户保持联系。

ReturnPath 最新调查表明，83%邮件未传递到收件人的情况都是由邮件发件人信誉，而非由邮件内容决定的。这意味着，用户应通过定期检测存储的邮件地址以维护邮箱信誉，并在收录新邮件地址的时候注意这些地址确实可用。如果检测已有邮件地址的有效性或者想确定新录入的邮件地址真实有效——该网站提供合适的解决方案：邮件列表验证、在线验证邮件地址、识别临时邮箱/一次性邮件地址。作为领先的反垃圾邮件和邮件安全解决方案 CleanMail 的制造商，每天全球有 50 余万人使用该产品和服务。

（二）情报分析中使用 email-validator 网站查询内容

1. 验证邮箱地址时，输入邮箱地址和邮箱密码即可。

2. 以下为多级验证程序：语法验证（根据当前的 IETF/RFC 标准）、DNS 验证，包含 MX 记录检测、识别临时一次性邮件地址、识别拼写错误的域名以防止误植域名、SMTP 连接检测、SMTP 临时性错误检测、收件人邮箱存在状态检查、Catch-All 检测、灰名单检测。

七、email-checker

（一）email-checker 网站网址及其简介

https：//email-checker. net/

该网站提供了一个电子邮件检查器。可以检查电子邮件地址是否存在。电子邮件检查器是用于验证电子邮件地址的简单工具。它是免费的，而且非常易于使用。只需输入电子邮件地址，然后单击检查按钮即可。然后，它会告诉您该电子邮件地址是否真实。它从电子邮件地址中提取 MX 记录，并连接到邮件服务器（通过 SMTP 并模拟发送消息），以确保该用户/地址的邮箱确实存在。某些邮件服务器在此过程中不合作，在这种情况下，此电子邮件验证工具的结果可能不如预期的准确。该网页不会存储用户在此网站上提交的任何电子邮件地址。

（二）情报分析中使用 email-checker 网站查询内容

在搜索框中输入邮件地址即可查询。

八、email-format

（一）email-format 网站网址及其简介

https：//www. email-format. com/

该网站可以查找数千家公司正在使用的电子邮件地址格式。

（二）情报分析中使用 email-format 网站查询内容

1. 该网站首页提供了近期的热搜网址以及搜索区域选项。

2. 登录使用更加方便，使用电子邮箱即可登录。

九、Hunter

（一）Hunter 网站网址及其简介

https：//hunter. io/

借助 Hunter，用户可以在几秒钟内找到电子邮件地址，并与对业务至关重要的人保持联系。域搜索列出了在公司工作的所有人员，并在网络上找到了他们的姓名和电子邮件地址。它拥有超过 100 万个已编入索引的电子邮件地址，有效的搜索过滤器和评分功能，是有史以来功能最强大的电子邮件查找工具。查找您想要一个人或大量联系的人的电子邮件地址，以丰富您的数据库。电子邮件查找器使用大量信号在几分之一秒内找到任何人的经过验证或最可能的电子邮件地址。验证任何电子邮件地址的可传递性。

电子邮件验证程序会完全检查电子邮件地址，使您完全放心地发送电子邮件。由于使用了网站独特的数据集，即使其他标准验证工具失败，电子邮件验证程序也可以返回结果。

在 Hunter，最有价值的数据是使用透明方法来获取和处理的。网站在域搜索中收集和分发的每个电子邮件地址都有网站指定的公共来源以及发现日期。

（二）情报分析中使用 Hunter 网站查询内容

1. 在搜索框中输入域名即可查找电子邮件地址。

2. 注册账号使用更方便。注册时可以使用谷歌注册也可以使用电子邮件注册。

3. 该网站包含的产品有：域搜索、电子邮件查找器、电子邮件验证程序、批量任务、API。

十、emailmatcher

（一）emailmatcher 网站网址及其简介

https：//emailmatcher. com/

该网站用来查找电子邮件地址。使用 Chrome 扩展程序查找网络上任何地方的电子邮件。在该网页上可以实现很多功能获取您的虚拟销售助理。当您专注于完成更多交易时，让机器智能和人工助手处理您的电子邮件流。

（二）情报分析中使用 emailmatcher 网站查询内容

1. 查找电子邮件地址时只需要输入姓名和域名即可。

2. 在网页上有以下功能：产品展示、公司、法律等供用户理解。

十一、metricsparrow

（一）metricsparrow 网站网址及其简介

http：//metricsparrow. com/toolkit/email-permutator/

该网站是一个电子邮件置换器。受到 Rob Ousbey 的电子邮件置换器的启发而建立。该工具旨在帮助您找到需要联系的人的电子邮件地址。

（二）情报分析中使用 metricsparrow 网站查询内容

使用时输入姓名、域名即可。

十二、FindThatLead

（一）FindThatLead 网站网址及其简介

https：//findthatlead. com/en/

仅使用名字、姓氏和网站名称就可以在任何给定的公司获得有关新潜在客户的真实业务电子邮件。该网站具有电子邮件验证程序，消除邮件退回中的猜测，让网站的高级算法可以快速验证电子邮件。该网站还有电子邮件寄件者，让网站帮助您建立目标明确的广告系列并将其发送给潜在客户——通过评估性能和发展业务所需的所有销售渠道和分析。通过社交媒体账户，将 LinkedIn、Instagram 等上的个人资料转换为经过审查的电子邮件线索。通过探矿者，从地理位置和关键字等细分受众群中进行选择，轻松吸引数百万合格的潜在客户。FindThatLead 使您可以轻松快捷地为您的销售团队找到合格的联系人。您将拥有一个繁忙的销售室，而销售代表会花更多时间在电话上，从而达成新的交易，而不是让销售代表闲着等待线索。深入研究并找到任何垂直和地理区域的目标客户。您可以充实现有的潜在客户列表，也可以根据他们的职位获得电子邮件，以与顶级人员联系。FindThatLead 帮助您为理想的候选人构建超目标列表。花更少的时间进行人工采购，而将更多的时间用于吸引新人才并吸引更多客户。每天获取数千封经过验证的电子邮件和社交资料，用于您的冷门宣传活动或进行成长黑客实验。找到它们，将其导出，然后在几分钟之内将它们上传到您的渠道网络。

（二）情报分析中使用 FindThatLead 网站查询内容

1. 在搜索框中输入域名，获得想得到的电子邮件。

2. 联系该公司时，提供名字、电子邮件、电话号码和其他要求即可。

3. 该网站主要提供的产品包括：潜在客户搜寻、电子邮件验证程序、电邮寄件者、探矿者、社交搜寻、Chrome 扩展程序。

十三、verify-email

（一）verify-email 网站网址及其简介

https：//verify-email. org/

该电子邮件验证工具实际上连接到邮件服务器，并检查邮箱是否存在。而且，该工具可以批量验证程序，批量验证电子邮件。

（二）情报分析中使用 verify-email 网站查询内容

1. 使用时，将电子邮件地址输入搜索框内即可验证。

2. 注册使用更加方便。注册时提供名称、电子邮件地址、密码、确认密码即可。

3. 网页上包含三个模块：验证邮件、计划与定价、博客、联络人。

十四、haveibeensold

（一）haveibeensold 网站网址及其简介

https：//haveibeensold. app/

该网站通过搜集网上泄露的邮箱注册信息来检测用户的电子邮件是否已经被泄露。

（二）情报分析中使用 haveibeensold 网站查询内容

在电子邮件搜索框中输入待检测的电子邮件即可检测。

十五、haveibeenpwned

（一）haveibeenpwned 网站网址及其简介

https：//haveibeenpwned. com/

该网站主要用于检测电子邮件是否因数据泄露而受到侵害。

通过域搜索，可以查找特定域中已被系统当前存在的任何数据泄露所困扰的所有电子邮件地址。还可以通过提供通知电子邮件来接收通知（如果它们在以后的违规情况下出现）。

在执行域搜索之前，需要验证自己是否控制了要搜索的域。如果无法验证自己控制了该域，则将无法在该域上搜索违规的电子邮件地址。

（二）情报分析中使用 haveibeenpwned 网站查询内容

1. 在搜索框中输入电子邮箱地址即可检测。

2. 可以设置“提醒我”，输入电子邮件地址，当邮件受到侵害时及时通知用户。

3. 可以使用“密码”模块生成安全密码。

十六、hacked-emails

（一）hacked-emails 网站网址及其简介

https：//hacked-emails. com/

该网站具有检测用户电子邮件数据是否被破坏或者被攻击的功能。

当攻击者破坏网站的安全性并成功导致数据泄露时，信息通常会出现在允许匿名发布数据的网站和论坛上。通过不断监控这些站点，该网站设法在泄露发生时始终保持领先。这有助于减轻对隐私泄露、身份盗窃、账户接管、网络钓鱼、社会工程等的损害。

该网站的工作人员是 4iQ 一群注重安全的从业者，他们热衷于发现泄露的信息，理解和验证数据以及将结果公之于众，以更好地保护社区。

服务在 Amazon 上设置，使用 MongoDB 进行数据库管理。其余实用程序均已通过 GNU/GPL 许可。

使用的引擎几乎可以即时收集发布在 Pastebin、Slexy、Pastie 和 Deep Web 以及其他网站上的所有泄露。还有一个单独的引擎负责读取诸如 . pdf、. doc、. xls、. sqlite、. pst 等格式的文档。. mbox、. etc 等来自各种文件的大量漏洞。

（二）情报分析中使用 hacked-emails 网站查询内容

1. 该网站的主页面上主要包括确认泄露、最新泄露等各种信息。

2. 在网页的搜索框中输入待检测的电子邮件地址即可。

十七、manycontacts

（一）manycontacts 网站网址及其简介

https：//www. manycontacts. com/en/mail-check

该网站是一个查询电子邮件地址，进而发现社交资料的网站。

（二）情报分析中使用 manycontacts 网站查询内容

1. 该网站首页有检索框，输入电子邮件（最多五个），用逗号分隔即可进行搜索和校验。

2. 网站整合功能：在网站上安装一个小脚本，并自动接收访问者信息。

3. 批量功能：如需要限定大量电子邮件，可以联系网站公司。

4. 登录网站方法：输入本人电子邮箱和密码即可。

十八、Melissa

（一）Melissa 网站网址及其简介

https：//www. melissa. com/v2/lookups/emailcheck/email/

用户使用全局电子邮件检查工具检查电子邮件地址并确认它们是否有效。接收可交付性置信度得分，Melissa 结果代码和有关域的信息。包括：单个电子邮件地址查找、可传递性置信度得分——电子邮件成功到达预期邮箱的概率百分比、结果代码——可单击 Melissa Wiki 页面获取结果代码描述。

（二）情报分析中使用 melissa 网站查询内容

1. 该网站上主要有以下三个产品：全球电子邮件 API（实时电子邮件邮箱验证可减少列表中 95%的不良电子邮件发送更多电子邮件+保护发件人的声誉）、SaaS 数据清理（将您的列表上传到 Listware，以进行地址、电子邮件和电话清洁、验证等操作）、开发者门户（获得免费积分，在沙盒中尝试许多网站的数据验证 RESTful API）。

2. 使用该网站时输入电子邮件地址即可。

十九、samy

(一) samy 网站网址及其简介

http：//www. samy. pl/peepmail/

Peepmail 是一种工具，即使用户的电子邮件地址可能不是公开可用或共享的，也可以使用它发现用户的商业电子邮件地址。

(二) 情报分析中使用 samy 网站查询内容

使用时输入姓名和电子邮件地址即可。

二十、ReverseGenie

(一) ReverseGenie 网站网址及其简介

http：//www. reversegenie. com/email. php

ReverseGenie. com 是最终的反向搜索工具，使您可以立即搜索数十亿个电话号码、电子邮件地址、IP 地址等。网站的警报可让您在网站的中搜索到某个电话号码或电子邮件地址时立即收到通知。请负责任地和合法地使用该网站的服务。

(二) 情报分析中使用 reversegenie 网站查询内容

1. 该网站的主页上主要包括以下几个模块：手机、电子邮件、IP 地址、用户数等。

2. 输入电子邮件地址即可搜索。

二十一、prospectlinked

(一) prospectlinked 网站网址及其简介

https：//prospectlinked. com/

该网站是一个帮助用户联系其他人的网站。所有电子邮件地址都可以在公共访问的互联网页面上找到。如果网站看不到确切的地址，则会根据在同一域中遇到的其他电子邮件地址做出有根据的猜测。通过“联系网站”标签询问网站问题。该网站会尽快做出回应。只需在上面的搜索表单中输入名字，姓氏和网站即可。系统将返回该人可能的电子邮件地址。

该网站的查询结果有两个优点：结果准确、适合大型清单。

（二）情报分析中使用 prospectlinked 网站查询内容

1. 使用时输入姓名、公司网址即可搜索电子邮件地址。

2. 该网站具有以下几个优点：查找时只需要提供名称和域名、算法在更新、与潜在用户进行联系。

二十二、spydialer

（一）spydialer 网站网址及其简介

https：//www. spydialer. com/

该网站是一个反向电话查询网站。该网站已经收集了数十亿个电话号码，并为手机、VOIP 和固定电话创建了一个免费的反向电话号码查找功能。该网站使用公开可用的信息、社交媒体和用户提供的通讯录来提供姓名或照片，以查找未知或可疑的电话号码。需要 search 鱼电话号码搜索时，是您在电话簿或基于电话簿、白页或黄页的 . com 目录网站中永远找不到的东西。

（二）情报分析中使用 spydialer 网站查询内容

在搜索框中输入电话、人员姓名、地址、电子邮件即可进行免费的反向电话查询。

二十三、email-test

（一）email-test 网站网址及其简介

https：//dnslytics. com/email-test

该网站是一个进行电子邮件测试的网站。对 MX 记录执行 DNS 查询，并检查所有 SMTP 服务器是否接受电子邮件。电子邮件测试工具将验证电子邮件地址的语法，对域执行 DNS 查询，检查所有 SMTP 服务器，并检查是否接受了电子邮件地址。它没有发送电子邮件，只需键入一个电子邮件地址，然后单击“执行”按钮。

（二）情报分析中使用 email-test 网站查询内容

在搜索框中输入电子邮件地址即可测试电子邮件。

二十四、reverse-email-lookup

（一）reverse-email-lookup 网站网址及其简介

https：//thatsthem. com/reverse-email-lookup

这是一个通过电子邮件地址搜索人员信息的网站。

ThatsThem 的反向电子邮件搜索可找到与特定电子邮件地址相关联的人。您是否一直在通过电子邮件与某人在线互动，并且对该人了解不多？您是否收到带有在“收件人”或“抄送”行中列出的许多电子邮件地址的电子邮件，并且很好奇该电子邮件还发送给了谁？使用网站的反向电子邮件搜索查找更多信息。

ThatsThem. com 是 100%免费的人员搜索网站，可让您以了解他们的方式搜索人员。通过使用姓名和地址或电话号码查找您生活中人们的联系信息。

ThatsThem. com 返回的信息不具有权威性。在依赖此信息之前，您需要做自己的研究以验证它。使用 Thatsthem. com，即表示您同意不将返回的任何信息用于 FCRA 的任何目的。

（二）情报分析中使用 reverse-email-lookup 网站查询内容

在搜索框中输入电子邮件地址即可搜索。

二十五、findemails

（一）findemails 网站网址及其简介

https：//www. findemails. com/

该网站的功能是帮助用户找到任何人的电子邮件地址，与业务重要的人立即建立联系。查找目标市场中决策者经过验证的电子邮件地址，按公司和职位进行搜索，或查找感兴趣的特定人员的联系方式。网站会对您发现的每一封电子邮件地址进行高级邮件服务器测试，以验证传递性，以便您的电子邮件可以传递给真实的人，并且发件人评分保持安全。使用网站的API查找电子邮件，验证电子邮件并从您的网站和应用程序内的网页和数据库中提取潜在客户。

（二）情报分析中使用findemails网站查询内容

1. 该网站主要包括以下功能：与关键决策者保持联系、通过验证的电子邮件、精心挑选目标客户名单、查找自己的电子邮件。

2. 该网站的产品包括：勘探、电子邮件验证、潜在客户清单市场、API、Chrome扩展程序。

二十六、verify-email

（一）verify-email网站网址及其简介

https：//verify-email. org/

该网站用于验证电子邮件。该电子邮件验证工具实际上连接到邮件服务器，并检查邮箱是否存在。该工具可以用作SMTP服务器：MX记录是从DNS服务器提取的。然后，该工具连接到SMTP服务器并模拟邮件的发送。对于某些域，不能验证地址是否正确，因为它们的邮件服务器不配合。该网站尊重隐私，并尽力保护此工具使用的数据。如果是注册用户，则可以使用API通过网站验证电子邮件，使用API非常简单。

（二）情报分析中使用verify-email网站查询内容

1. 在搜索框中输入电子邮件地址即可验证邮件。

2. 验证的内容包括：格式、域、SMTP。

3. 该网站可以批量验证程序、批量验证电子邮件。

二十七、infobyip

（一）infobyip 网站网址及其简介

https：//es. infobyip. com/verifyemailaccount. php

该网站提供了一个电子邮件账号验证器。

电子邮件地址验证程序（又称电子邮件账户更正程序或电子邮件验证程序）检查是否存在电子邮件账户，而不发送电子邮件。支持大多数电子邮件提供商，包括 gmail. com、yahoo. com、hotmail. com。小型电子邮件提供商已禁用了验证账户是否存在的功能，并且无论电子邮件是否存在，都无法提供相同的响应。从这个意义上讲，电子邮件验证有三个结果：（1）电子邮件账户存在，（2）电子邮件账户不存在，（3）电子邮件账户的状态未知。第三种情况很少见，但是您如果碰到，请联系网站。电子邮件验证程序用于确定访客是否在联系表或博客评论中提供了电子邮件地址。但是，电子邮件地址的存在并不能证明它属于给定的访问者。为了确定，随后需要发送带有确认链接的电子邮件确认请求。

（二）情报分析中使用 infobyip 网站查询内容

在搜索框内输入电子邮件地址即可进行验证。

二十八、Wallflux

（一）Wallflux 网站网址及其简介

https：//clearinghouse. wallflux. com/

该网站是一款能够清除收件箱中的单击跟踪的工具，当你收到了带有点击跟踪的电子邮件，将包含这种点击跟踪的电子邮件转发到 clearinghouse@ wallflux. com，您将收到一个带有相同消息的即时回复，但点击跟踪已被删除。

几乎营销活动中的每一封电子邮件都包含单击跟踪；此类邮件中的每一个链接上的单击都会被跟踪。通过跟踪，营销人员为您建立了一个丰富的兴趣简介。这对于市场营销来说是很有价值的信息；主要是为了向你推销产品，但是政府运营的组织也会收集用户资料。

对于普通用户来说，要避免被跟踪通常并不容易；为了找出链接指向何处，您需要跟踪该链接，但只要单击它，发件人就会知道您这样做了，并将您的兴趣存储在他们的 CRM 数据库中。

（二）Wallflux 使用方法

将带有 tracklinks 的电子邮件转发至 clearinghouse@ wallflux. com。你会得到一个立即回复点击跟踪删除。

您可以通过设置一个过滤器，自动将带有点击跟踪功能的邮件转发到 clearinghouse@ wallflux. com，使电子邮件自动清除点击跟踪功能。

当 Wallflux 收到您的邮件时，网站会自动单击每个链接，并检查其指向何处。最后，链接将指向最终的目的地互联网地址（因此不是另一个“重定向”）。然后网站用它的最终目的地替换原来的跟踪链接。结果将发送回您，摆脱单击跟踪。

第七节 专家查询

一、Academia

（一）Academia 网站网址及其简介

https：//www. academia. edu/

Academia，学术论文研究社交网，是一个利用特殊分析工具帮助研究人员分析并跟踪分析论文阅读者与关注自己的人，能够让学者们呈现自己最好的工作成就。目前 Academia 已经有接近 200 万用户，每天大约有 4000 新用户加入。

Academia. edu 是一家专门供科研人员使用的学术型社交网站，有学术界的 Facebook 之称。Academia. edu 网站上一共有 150 万份专业学术论文，吸引了全球绝大部分大学的教授级人物入驻、分享。他们可以在 Academia. edu 上查看别人的论文，也可以追踪自己的论文并做相应的调查研究。

Academia. edu 网站帮助科研学术人员衡量他们的社交和专业影响力。

在 Academia. edu 上，学术人员可以在地图上查看某一地区自己的论文点阅情况，并利用 Academia. edu 自创的搜索引擎调查读者的专业和学历等相关信息。作为一个非常专业性的社交网站，Academia. edu 能够帮助学术科研人员加强彼此间的沟通联系，分享各自最新的学术研究论文，将研究成果惠及更多的人。目前，Academia. edu 每天上传近 2500 份学术研究论文，网站的月独立访客数达 300 万之多，其中很多访客是通过谷歌搜索进入这个网站页面的。此外，Academia. edu 还会利用自己特有的分析工具帮助研究人员查看阅读了自己研究论文的人数。

在 Academia. edu 上，学术人员填的资料比一般的大学网页要多很多，如论文链接、个人博客链接。

（二）在情报分析中的作用

1. 在付费状态下获取相关领域的论文内容作者简介、所在院校的相关信息。

2. 结构化数据获取。

二、CanLaw

（一）CanLaw 网站网址及其简介

https：//www. canlaw. com/

这个 CanLaw 将免费为您找到律师，为您在加拿大任何地区的案件或任何类型的法律案件提供法律咨询、法律解答和/或法律援助。CanLaw 将把您的案件转介给您所在地区的数名合格律师，他们会处理您的法律事务。

（二）在情报分析中的作用

搜索加拿大的律师。

三、expertisefinder

（一）expertisefinder 网站网址及其简介

https：//expertisefinder. com/

该网站创始人斯塔夫罗斯·鲁加斯（Stavros Rougas）是一名电视制作人，努力寻找学者进行采访。2011 年启动了学术专家网络，2012 年为大学建立了首个基于云的专家目录，2014 年更名为 Expertise Finder。大学信任 Expertise Finder 软件，以为其教师专家目录提供支持。它增加了行业合作伙伴关系和媒体报道。Expertise Finder 还拥有一个易于搜索的庞大的学术专家网络。

（二）在情报分析中的作用

按名称或者专业搜索专家。

四、expertguide

（一）expertguide 网站网址及其简介

http：//www. expertguide. com. au/

这是一个专家搜索网站，2020 年 2 月 22 日该网站共有 2912 位专家在该网站能查询到。

（二）在情报分析中的作用

1. 查询界面，输入您的信息以及关键字进行查询。
2. 公关联系人列表进行单位搜索与联系。

五、ExpertPages

（一）ExpertPages 网站网址及其简介

https：//ExpertPages. com/

ExpertPages 图书馆提供数百篇文章、诉讼摘要、社论材料以及与证据规则的州与州之间的连接，这使得它成为有关律师如何与专家合作的建议的独特资源。

自 1995 年以来，ExpertPages 成员就一直在其专业领域为 Expert Pages 库撰写和发表文章。您会找到有关特定法律问题的文章，如专家证言的可采性（Daubert），有关查找，准备和撤离专家的一般建议，与专家证词有关的巡回法庭案件的证人和摘要。

（二）在情报分析中的作用

1. 以事件为关键字进行检索。

2. 查找律师和专家的一般信息。

3. 查找专家文章。

六、Experts

（一）Experts 网站网址及其简介

https：//www. experts. com/

Experts. com 成立于 1994 年，旨在为专业人员提供一个向全球数百万互联网用户展示其专业知识和专门知识的平台。网站的成员可以直接控制其知识和专长的货币化。

（二）在情报分析中的作用

1. 特色专家证人浏览。

2. 最近对专家证人的需求。

3. 根据机构、姓名、论文题目等关键词搜索专家。

4. 浏览或搜索顾问资料。

七、helpareporter

（一）helpareporter 网站网址及其简介

https：//www. helpareporter. com/

HARO 为读者提供了一个强大的新闻源数据库，以提供即将到来的新闻，并为新闻源提供了日常机会来确保有价值的媒体报道。

HARO 是一家领先的全球媒体情报公司 Cision 开发，为当今的通信、社交媒体和内容营销专业人士提供完整的工作流程。Cision 提供业界最全面的 PR 和社交软件、丰富的分析和 Global Insights 团队，可帮助客户改善营销并加强以数据为依据的决策。

（二）在情报分析中的作用

查找新闻来源。

八、theglobalexperts*

（一）theglobalexperts 网站网址及其简介

http：//www. theglobalexperts. org/

全球专家是意见领袖的免费在线资源，他们可以就复杂的政治、社会和宗教问题及危机向全球记者提供快速反应和准确的分析。

在 24 小时的新闻周期和新闻台预算不断下降的时代，记者在寻找准确、知情的国际事务评论来源时面临每日的挑战。全球专家通过提供无限访问世界一流知识社区的方式来满足记者的需求，其中包括著名的学者、分析师和民意测验人员、前政治和外交领袖、信仰领袖、民间社会活动家、企业家、商业领袖，甚至其他记者和媒体评论员。

全球专家是由联合国文明联盟开发的，并得到了来自媒体，学术界，民间社会和国际社会的合作伙伴网络的支持，这些合作伙伴包括欧洲委员会、国际新闻工作者中心、寻求共同点、国际危机集团和全球媒体发展论坛。

（二）在情报分析中的作用

按位置、语言和专长搜索专家。

九、internetexperts*

（一）internetexperts 网站网址及其简介

http：//www. internetexperts. info/

这个网站是由美国马萨诸塞州的 Marcus P. Zillman 开发和维护的；互联网专家、作家、主旨发言人和顾问。他的最新白皮书包括《2020 年互联网搜索指南》《2020 年学术和学者搜索引擎和资源》以及《知识发现资源 2020 年》。他的所有 Subject Tracer™信息博客和白皮书均可从 WhitePapers.

us 获得。

（二）在情报分析中的作用

按年份或者类型查找互联网资源。

十、Newswise

（一）Newswise 网站网址及其简介

https：//www. Newswise. com/

Newswise 是读者选择、联系和使用智能新闻的地方。Newswise 使新闻工作者可以访问最新新闻，并为大学、机构和新闻工作者提供一个向其受众传播重大新闻的平台。面向读者的免费新闻专线，为公共关系专业人士提供新闻发布服务，是一个知识分子的新闻网站。Newswise 对不同的人意味着不同的事情，每个小组以不同的方式参与。读者可以找到被禁运的研究新闻、专家资源和精选创意，以帮助他们完成工作。公共关系专业人士发布和分发其新闻稿，并通过 Newswise 网站和电子邮件网络吸引了成千上万的用户。公众订阅者可以在社交媒体平台上共享文章，并在评论部分开始讨论。

主要内容

1. 多个频道引导界面，为方便读者查找相关性文章，界面提供了清晰领域划分与导航界面。主要包括医学、科学、生活、商业、期刊新闻、趋势热门故事位置会议补助金和活动、国际语言、资助机构。

2. 相关报道详细信息，引用文献、文章类型、标签部分、频道类型、关键字均标示了出来。

3. 国外专家介绍，从背景（就职单位、专长）、新闻报道、文章、趋势行情、联系方式等为读者提供。

（二）在情报分析中的作用

按年份或者类型查找新闻和搜索专家。

十一、oedci. uspto

（一）oedci. uspto 网站网址及其简介

https：//oedci. uspto. gov/OEDCI/

该网站系美国专利商标局网站，包括：

专利从业者主页，包含有在美国专利商标局执业的律师和代理人的联系信息。目前，有 12394 位活跃代理人和 35594 位活跃律师。所有搜索均反映 OED 可用的当前信息。有关从业人员的律师身份的信息基于提供给招生和纪律处的记录，可能无法反映州律师事务所中从业人员的身份。对州立律师执业资格感兴趣的个人应联系该州立律师事务所以获取特定信息。

注册执业者主页，是注册专利律师和代理人的自助服务门户，使用户能够更新其联系信息，如邮寄地址、电子邮件地址、电话号码、安全性问题和答案，以及更改密码。他们还可以向 OED 提交请求并在线支付费用。请参阅我们的文档处理和常见问题（FAQ）页面以获取更多信息。

考试申请主页，申请人可以通过申请人门户网站在线申请或重新申请注册考试，上传相关文件，并在线支付申请和考试费用。

（二）在情报分析中的作用

搜索专利从业者和注册专利律师及代理人等信息。

十二、ResearcherID

（一）ResearcherID 网站网址及其简介

http：//www. researcherid. com/#rid-for-researchers

Web of Science 集团正在投资 ResearcherID，以使研究人员、管理员和评估人员的管理和评估研究人员资料的体验更加无缝、开放和连接。世界各地的研究人员都使用 ResearcherID 来跟踪其出版物，并确保将其出版物正确地归因于 Web of Science 集合。为了使这一过程变得更加容易，ResearcherID 配置文件于 2019 年 4 月 15 日移至 Publons。此举使研究人员能够添加出版物，跟踪引用并确保其出版物记录在 Web of Science 中正确。

通过自动跟踪他们的出版物旁边的同行评审和社论历史，可以更完整地了解他们的研究影响。科研机构和资助者使用 Web of Science ResearcherID 作为永久标识符，以跟踪研究人员的产出并更新 Web of Science 中的出版物记录，从而确保正确的作者属性和歧义。

（二）在情报分析中的作用

按照研究领域、身份标识、机构等查询研究人员信息。

十三、womensmediacenter

（一）womensmediacenter 网站网址及其简介

https：//www. womensmediacenter. com/shesource

该网站揭示了媒体中妇女代表性不足和虚假陈述的情况。致力于提高公众和媒体对在线骚扰的认识。WMC SheSource 是一个由具有媒体经验的女性专家组成的在线数据库，网站将其与记者、预订者和制作人联系起来。

（二）在情报分析中的作用

通过名字、专业领域、地址、语言等搜索女性问题专家。

十四、Speakezee

（一）Speakezee 网站网址及其简介

https：//www. speakezee. org/

Speakezee 是世界上最大的专业专家可搜索数据库。其核心是希望帮助演讲者与听众互动，并使组织者更容易找到相关专家，无论规模大小。它还使演讲者可以通过评论和讨论的形式展示演讲，分享材料并收集听众的影响力证据。

（二）在情报分析中的作用

1. 根据名称或关键字、位置，如城市、国家、专长、学士学位等要素进行筛选专家。

2. 获取专家学位、任职单位、facebook、联系方式等信息。

十五、sources

（一）sources 网站网址及其简介

https：//www. sources. com/

该网站是可搜索的深索引数据库，其中包含专家资源、媒体发言人以及新闻和信息资源。Sources 是面向记者、自由作家、编辑、作者和研究人员的信息门户，尤其侧重于人力资源：准备回答记者的问题或准备进行直播采访的专家和发言人。

该网站是建立在一个可控的词汇主题指数，包括超过 20000 主题。该主题索引以“智能搜索”系统为基础，该系统可通过建议与搜索词相关的其他主题来帮助记者集中精力进行搜索。例如，搜索“癌症”将建议诸如“化学疗法”“黑色素瘤”“肿瘤学”“放射疗法”“烟草疾病”和“肿瘤”之类的术语，以及实际上包含该词的主题“癌症”。

每个主题参考都依次连接到该主题的专家和发言人，并简要介绍他们的专业知识和解决问题的方式，以及他们的电话号码和其他联系信息。来源包括大学和研究机构、非营利协会和非政府组织、政府和公共部门机构、企业以及个人（包括学者、演讲者和顾问）的清单。

（二）在情报分析中的作用

搜索相关的主题、专家和发言人记录、新闻发布记录、资源记录、书架记录、媒体记录、政府部门和机构记录等。

十六、roundtablegroup

（一）roundtablegroup 网站网址及其简介

https：//www. roundtablegroup. com/

网站会筛查数千个专业领域的专家证人，以找到适合您案件的最佳专家证人，包括专家证人寻找服务、专家背景报告。可按主题浏览专家、按州浏览专家。涉及领域包括：银行与金融、生物技术与制药诉讼、商业诉讼、保险诉讼、知识产权与专利。也可以按照银行金融、计算机与计算机科学、工程、保健与医学、科学、技术等领域进行搜索。

作为专家证人搜索和安置的行业领导者，网站已经与跨越数千个高需求领域的各种各样的专家（包括在您需要帮助的地方的专家）建立了良好的关系，但是网站会在每次搜索中建立新的关系寻找最合适的人。

（二）在情报分析中的作用

按专业领域搜索专家。

第八节　地址搜索

一、addresssearch

（一）addresssearch 网站网址及其简介

https：//www. addresssearch. com/

在本网站可免费获取超过 9500 万个电子邮件地址和 1.4 亿个邮件地址的信息。网站提供免费电子邮件查找和反向查找（一个使用电子邮件地址的搜索），在查找某人的电子邮件或找出是谁给你发电子邮件。由于每天都有新的电子邮件地址创建，不太可能提供每一个电子邮件地址的信息，但依旧免费提供这项服务，并提供超过 9500 万个电子邮件地址的信息。

当搜索一个人的电子邮件时：首先，访问电子邮件目录以查找可能的匹配项。其次，对电话簿（这也是邮件地址搜索的动力）运行这些匹配，以查找有关此人的其他信息。

（二）在情报分析中的作用

1. 通过名字查邮箱。

2. 通过邮箱地址反查用户。

二、johndoe

（一）johndoe 网站网址及其简介

https：//johndoe. com/

免费人员搜索和反向电话号码查找网站，提供人、电话、地址搜索服务。

（二）在情报分析中的作用

1. 通过名字、电话和地址查询美国的人员信息。
2. 通过网站地图分区域查询美国人员的基本信息和社会关系。

三、homemetry

（一）homemetry 网站网址及其简介

https：//homemetry. com/

该网站是一个综合性的房地产信息网站，它提供了待售房屋、出租公寓、市场、趋势和邻里洞察的全面概述，帮助您正确地决定购买、出售或租赁什么和何时何地。

通过收集和分析各种政府和私人来源的数据，为美国的每个城市创建详细的、信息丰富的简介。

网站提供了美国每一处房产的信息，包含决策所需的所有财产相关记录：房屋价值、销售历史、税收、规模、结构特征、社区信息、当地组织和其他有价值的信息。记录包括公开信息和由网站作出的估计。每一条信息都有助于对房产做出正确的决定，包括房子、公寓或商业地产。数据库包含超过 1. 17 亿处房产。数据帮助做出购买或租赁的决定，并确定适当的价值。其独特之处在于，计算出独特特征，为房产增值或成为议价因素。

（二）在情报分析中的作用

1. 按地址查询房屋信息。
2. 按州城市街道筛选和浏览城市房屋租售信息。

四、Canada411

（一）Canada411 网站网址及其简介

https：//www. canada411. ca/

Canada411，加拿大黄页，覆盖加拿大各省和地区。可按人名、地址、电话、产品等进行搜索。

（二）在情报分析中的作用

1. 通过名字、地址、电话搜索人员信息。
2. 通过名称、地址、品牌、经营类型搜索商家企业信息。

五、FindpeoPleSearch

（一）FindpeoPleSearch 网站网址及其简介

https：//www. findpeoplesearch. com/

Find People Search 是由 People Search 行业的创始人 Nick Matzorkis 创建的网站。Nick Matzorki 于 1993 年推出 US SEARCH，这是互联网上的第一个公共记录搜索，从而引发了人们的搜索革命。Find People Search 致力于帮助找人，并以安全和负责任的方式了解更多有关他们的信息。

（二）在情报分析中的作用

通过名字、年龄、地址等信息查询人员信息。

六、infobel

（一）infobel 网站网址及其简介

https：//www. infobel. com/

Infobel 是比利时的一个全球性黄页网站，提供全世界范围内的企业、机构、个人的电话信息，此外还提供餐饮、酒店住宿、娱乐、健康、电脑以及网络等；同时，该网站还有网友评论信息。Kapitol 是 Infobel 产品的发行商，专门从事在线和 B2B 服务。Kapitol-Infobel 是一个全球数字平台，其不断更新的数据库包含全球约 3. 5 亿名电话客户和 1. 86 亿家企业。Kapitol

活跃于全球所有国家，还提供多种 B2B 解决方案，包括广泛的产品和服务，这些产品和服务可改善，获取或使用数据以用于发布，营销和网络广告等。Kapitol 成立于 1995 年，是世界上第一家开发和发布目录型网站的公司。

（二）在情报分析中的作用

按国家查找全球企业和个人信息。

七、searchbug

（一）searchbug 网站网址及其简介

https：//www. searchbug. com/peoplefinder/

searchbug 是位于美国加利福尼亚圣地亚哥海岸的一家小型敏捷电子商务公司产品。提供人员搜索和反向查找服务，按地址、姓名、电话、电子邮件查找联系人，搜索电话号码。主要分为标准搜索和高级搜索，标准搜索是物美价廉的找人方式，每人只返回一条记录，包括最新的地址、电话号码和电子邮件，当前和以前的地址以及一个人的所有已知电话号码，还将看到使用的别名、此人的出生日期和亲属。高级搜索可得知被搜索人全名和已知别名、当前地址和报告日期的 3 年地址历史记录、所有已知电话号码（无线或固定电话）、出生日期和亲属的出生日期。

信息来源：公共记录、电话簿、生命记录、房地产记录、杂志订阅、选民登记、专有资源。

（二）在情报分析中的作用

1. 人员搜索。

2. 背景调查。

3. 关系挖掘。

4. 资产调查。

八、thatsthem

（一）thatsthem 网站网址及其简介

https：//thatsthem. com/

该网站是免费的搜索网站，提供人员搜索：查找联系人信息，找到某人使用他们的名字来获取他们的地址、电话号码、电子邮件地址等。电话搜索：使用反向电话搜索获取打电话给您的人的姓名和联系方式。地址搜索：使用该软件的免费反向地址搜索功能查找居住在某个地址的联系人的详细信息。反向电子邮件查找：通过反向电子邮件搜索获取与该电子邮件地址关联的名称、地址和电话。IP 搜索：查找有关 IP 地址的地理详细信息，或者你想知道谁和一个特定的 IP 有关联。免费反向 IP 搜索可以提供最详细和准确的 IP 数据。

（二）thatsthem 网站特色及在情报分析中的作用

轻松搜索一个包含 50 个州和华盛顿特区超过 10 亿条公共记录的汇编数据库。访问与地址、IP 地址、电子邮件地址或电话号码相关联的联系人信息。找出电话号码所关联的网络。获取有关当前与 IP 地址关联的人员的地理信息。查找与您要查找的个人相关联的人员，一切都是完全免费的。

九、Truepeoplesearch

Truepeoplesearch 网站网址及其简介

https：//www. truepeoplesearch. com/

Truepeoplesearch. com 是一个寻人网站，借从公开信息、社交网站等处搜集而来的资料按照名字、电话、住址等方式来索引、重新整理，再提供给民众查询。在主页输入对方的名字、电话或者地址，就能够出现详细的查询人姓名，在搜索卡片里粗略展示了这个人的年龄、住址、曾居住地和他的亲戚姓名。如果点继续浏览，就会显示出这个人的详细信息。信息包含姓名、真实年龄、真实住址，以及所有用过的电话号码。TruePeopleSearch 提供了 100%免费搜索服务，通常能获得不错的搜索结果，这跟所处国家地区有很大关系。对美国网友来说，这是一个很好的工具，只要简单地搜索一下姓名和住址，就会发现令人惊讶的深度结果。而搜索加拿大用户的话，则可以看到一些地址和电话信息。此外，TruePeopleSearch 的“Possible Associates”部分，还显示了过去大学室友、同事等的名字。毫无疑问，这是从 Facebook 公开信息中获取的有用信息。

十、Whitepages

Whitepages 网站网址及其简介

https：//www. whitepages. com/

Whitepages 是一个提供个人和企业联系人信息的网站，澳大利亚白页，提供澳大利亚电话的数据库，陈列澳大利亚所有城市和城镇的电话号码、区号、邮政编码，还陈列联邦政府和州政府的电话号码。

人员搜索为人们提供免费联系信息，包括电话号码、地址等；在家里或工作中查找某人的电话号码和地址；超过 3800 万名工作人员的电话号码和地址。商业搜索：与领先的商业上市合作伙伴合作，提供尽可能最好的在线商业联系信息。反向搜索：找出谁打过电话，或者输入一个地址，看看谁住在那里，也可以找到区号和邮政编码，反向地址、电话、区号和邮政编码等。连接器：管理您的列表，控制您的隐私，并确保人们可以轻松地与您联系。当您将手机或电子邮件地址添加到列表时，您可以决定是显示还是隐藏该信息。如果您选择隐藏自己的详细信息，那么当有人想通过个人短信或电子邮件与您联系时，会通知您决定是否要回复。地图和行车路线：我们已经与 Microsoft 的 Virtual Earth 合作，以获得最新的在线地图。在结果页面上，您可以查看位置和行车路线。

十一、whowhere

whowhere 网站网址及其简介

http：//www. whowhere. com/

该网站创立于 1996 年的人名、电话号码、地址及电子邮箱查找类黄页。whowhere 人员搜索和黄页搜索引擎帮助用户找到他们正在寻找的人员或企业。使用 whohere 搜索引擎非常容易。只需输入此人的姓名和尽可能多的地址信息，单击“搜索”，然后由 whowhere people 搜索引擎执行其余操作。如果您只有一个人的旧电话号码信息，搜索引擎还提供反向电话查找功能。黄页搜索提供了一个在线商业目录，其中有最完整和最新的本地商业列表。按名称或类别搜索本地企业，并在一个位置查找企业地址和电话号码、行车指南和客户评论。无论寻找什么样的业务，黄页搜索引擎都能帮你找到它。

十二、ZabaSearch

ZabaSearch 网站网址及其简介

https：//www. zabasearch. com/

ZabaSearch. com 是美国一个领先的公共数据提供网站，提供关于人们及其与他人联系的公共数据。通过搜索人名和电话获取被搜索人信息。

十三、192*

（一）192 网站网址及其简介

https：//www. 192. com/

192. com 可以为您提供有关英国人、企业和地方的更多信息。不仅仅是目录查询，192. com 还列出了全名、地址、年龄指南、房地产价格、航拍照片、公司和董事报告、家庭记录等。

（二）在情报分析中的作用

人名、公司、地址搜索。

十四、118712*

（一）118712 网站网址及其简介

https：//www. 118712. fr/

可在法国任何地方找到专业人士、个人和郊游。

（二）在情报分析中的作用

店铺搜索、人员搜索、电话搜索。

十五、Addresses*

（一）Addresses 网站网址及其简介

https：//www. addresses. com/

Addresses 是有关人员及其与他人联系的公共数据的领先提供商。

（二）在情报分析中的作用

人名、地址、电话、公司搜索。

十六、anywho*

（一）anywho 网站网址及其简介

https：//www. anywho. com/yellow-pages

通过名称搜索本地企业，以快速找到其黄页列表，其中包含基本详细信息和地图，以及任何其他省时和省钱的功能，如优惠券、视频资料或在线预订。按类别搜索以浏览和过滤本地业务列表，并查看映射结果。或者如果您只有一个号码，也可以通过电话号码搜索商家，以查找其黄页清单。

（二）在情报分析中的作用

1. 通过名字和地址查询商家信息。

2. 通过姓名、地址或者电话查询人员信息。

十七、verispy*

（一）verispy 网站网址及其简介

https：//www. verispy. com/people-search/

该网站是一项全面的背景调查服务。目标是为用户提供关于任何人的最有用、最详细和最重要的信息。网站每天孜孜不倦地为您提供最全面和创新的背景报告，并查找可用的技术服务。无论您是要查找某人的犯罪历史、法庭记录、电话号码、地址、人口统计数据，还是重要记录信息，网站的全案后台检查都可以准确地提供您所要查找的内容。即时搜索系统拥有的超过 10 亿条记录，可以无限制地查找和访问来自多个数据库的数据，以编译可用的最全面的报告。

（二）在情报分析中的作用

1. 人员搜索。
2. 电话搜索。
3. 社交搜索。
4. 电子邮件搜索。
5. 地址搜索。
6. 亲属和同事搜索。

十八、BeenVerified*

（一）BeenVerified 网站网址及其简介

https：//www. BeenVerified. com/

BeenVerified 是一家背景调查公司，通过其网站及其移动应用程序“Background Check App”，提供消费者发起的犯罪背景和人们的搜索服务。该公司还推出了其他移动应用程序，包括名为 NumberGuru 的反向号码查询和使用增强现实技术来定位性犯罪者的注册、性犯罪者跟踪应用程序。BeenVerified 的使命是使人们能够轻松负担得起访问公共记录信息。BeenVerified 不提供私人调查员服务，也不是《公平信用报告法》所定义的消费者报告代理机构，因为 BeenVerified 提供的信息并未全部或部分出于收集有关消费者报告的目的而收集或提供。

（二）在情报分析中的作用

搜索身份背景、犯罪记录和其他公共记录。

十九、Data247*

（一）Data247 网站网址及其简介

https：//www. data247. com/

Data247 提供实时数据，如电话运营商查询，电子邮件到 SMS 网关解决方案以及呼叫者姓名（cnam）服务。其客户跨越许多不同的行业，包括金融、游戏、营销、医疗、销售、电信等。Data247 诞生于电信和 IT 领域数十年的经验。其关系使其能够为您提供原始数据；从而确保比竞争对手更好的准确性和价格。

（二）在情报分析中的作用

可查询美国电话号码运营商名字、运营商短信 ID、SMS 网关地址、MMS 网关地址，以及电话用户信息等内容。

二十、USSearch*

（一）USSearch 网站网址及其简介

https：//www. ussearch. com/

该网站可以帮助您在美国任何地方找到人。通过姓名、地址或电话号码搜索，立即找到人员及其联系信息。USSearch. com 是美国的人员信息和公共记录服务提供商。其人员搜索引擎可以帮助您找到人员的地址、电话号码、电子邮件、社交网络个人资料等。通过该网站可以访问数十亿条公共记录，从而使客户能够获取有关他们所寻找的人的详细信息。包括：犯罪记录、公开记录、物业记录等。

（二）在情报分析中的作用

1. 通过姓名、地址、电话、邮箱搜索人员信息。

2. 社交网络搜索。
3. 物业、犯罪记录和背景调查。

二十一、australialookup

australialookup 网站网址及其简介

http：//www. australialookup. com/

该网站是一个澳大利亚提供人、地址和电话号码搜索的网站。

二十二、peoplesmart

（一）peoplesmart 网站网址及其简介

https：//www. peoplesmart. com/address

该网站是一个提供地址搜索、反向地址搜索或财产搜索网站，可以为您提供有关财产和居住在那里的人的最新信息。访问有关财产价值、销售价格、贷款、契约历史、附近性侵犯者等数据。了解房子的销售历史、社区统计、犯罪率，等等。还可以了解更多关于卖家的信息，以及他们出售房子的原因，他们在家住了多久等，这样就可以得到一个完美的报价。

（二）在情报分析中的作用

使用地址搜索与邻居和朋友保持联系。查找与地址关联的人员或业务。查找财产所有权和位置历史记录。访问业界领先的数据，作为公共记录领域的先驱，peoplesmart 只与业界领先的数据提供商合作。提供数以百万计的房产和不动产记录，找到当前和以前居住者的最新联系信息。

第六章　国外社交媒体搜索

第一节　综合社交媒体搜索

一、Discover

（一）Discover 网站网址及其简介

https：//discover. ly/

Discover. ly 是一款 Chrome 插件，可帮助用户完成网络连接。用户可以使用它来查看电子邮件收件人、LinkedIn 和 Facebook 连接的社交账户。举例来说，这意味着用户可以在 LinkedIn 上看到与你连接的某个人的 Facebook 朋友。用户还可以在众多其他社交媒体渠道和平台上看到目标人物的社交媒体账户。其中包括 Google+、Klout、Angel 基地、FourSquare 和 Behance。Discover. ly 的一个用途是查看你的现有联系人是否与有影响力的人有联系。

（二）情报分析中使用 discover 的功能

Discover. ly 可实现跨平台社交账户联系查询，使用户发现基于影响力的联系。

二、profilr. social

（一）profilr. social 网站网址及其简介

https：//www. profilr. social/search/

profilr. social 为 E-KYC 提供解决方案，包括潜在客户和个人资料调查。包括书签、哈希、IP 跟踪、OTP 以及 E-KYC 随带视频的推送。

（二）情报分析中使用 profilr. social 的功能

用户注册后可创建个人资料并生成个人资料链接，以共享用户的个人资料和名片以生成潜在客户并与同行建立联系。

三、facenama（伊朗）

（一）facenama 网站网址及其简介

https：//facenama. com/

facenama 社交网络是伊朗最大的社交网络，用户可以创建和发布照片、视频、链接、音乐、文本和文件，还可以通过参加收入部分轻松赚钱，facenama 会员资格是免费的。

（二）情报分析中使用 facenama 的功能

用户可在 facenama 检索目标用户社交账号，浏览其发布的内容。

四、draugiem（拉脱维亚）

（一）draugiem 网站网址及其简介

https：//www. draugiem. lv/

draugiem 是一个提供拉脱维亚本土综合信息的网站。

（二）情报分析中使用 draugiem 的内容

用户可通过 draugiem 查询当地资讯，包括犯罪信息、社会、娱乐、人际关系及技术领域等内容。

五、Kik*

（一）Kik 网站网址及其简介

https：//www. kik. com/

Kik Messenger 是一款可用于智能手机上的免费即时通信软件。由加拿大公司 Kik Interactive 开发。Kik Messenger 是由滑铁卢大学学生组成的 Kik Interactive 所开发的早期软件。2010 年公开之后经由 Twitter 推出，仅 15 天就已有 100 万用户登录。

（二）情报分析中的作用

查询 Kik 用户信息。

六、Flickr

（一）Flickr 网站网址及其简介

https：//www. Flickr. com/

Flickr 是雅虎旗下图片分享网站，提供免费及付费数位照片储存、分享方案之线上服务，也提供网络社群服务的平台。其重要特点就是基于社会网络的人际关系的拓展与内容的组织。该网站的功能提供如图片服务、联系人服务、组群服务等功能。除了许多使用者在 Flickr 上分享他们的私人照片，该服务也可作为网络图片的存放空间，受到许多网络作者喜爱。Flickr 受到欢迎的原因是其创新的线上社群工具，能够将照片标上标签并且以此方式浏览。

（二）情报分析中使用 flickr 的内容

1. 图片服务：Flickr 提供全面的、一流的、高效的图片服务，包括图片的上传与存放、分类、加标签、图片搜索等。

2. 联系人服务：这项服务可以加入联系人，并结交到更多的朋友，支持将这些朋友的图片有规则的组织起来，方便浏览、交流、分享。

3. 群组服务：组群服务令用户可以加入一个组群或创建一个新的组群并自任管理员。在组群中，大家可以进行像在 BBS 上那样的交谈、分享图片、知识、互发邮件等活动。

七、Fediverse

（一）Fediverse 网站网址及其简介

https：//fediverse. party/

Fediverse 是两个单词“Federation”和“Universe”的组合，它是在全球众多服务器上的免费开放软件上运行的联合社交网络的通用名称。联盟网络是由世界各地的人们共同开发的，独立于任何公司或官方机构。用户个人可以参与 Fediverse 的发展和壮大。Fediverse 是一个自治的世界，其中的管理权力和数据分散在多个国家和地区，用户将在 Fediverse 中学到很多东西。

（二）情报分析中的作用

了解和发现新的社交网络。

八、Mastodon

（一）Mastodon 网站网址及其简介

https：//mastodon. social/

Mastodon 基本上复刻了 Twitter 的大多数功能，用户可以注册、登录、发 TOOT、转发、回复、关注并及时得到通知。像 Twitter 一样，Mastodon 也提供了非常丰富的 API，用户可以自行开发 APP 或者集成其他服务。与 Twitter 不同，Mastodon 是一个开源项目，并且允许用户创建自己的服务器，不同服务器之间的用户可以毫无隔阂地交流，这和电子邮件系统非常相似。

（二）情报分析中使用 Mastodon 的内容

用户可进行跨服务器交流。

九、OK

（一）OK 网站网址及其简介

https：//ok. ru/

俄罗斯同学网 OK 是俄罗斯最大的社交平台，成立于 2006 年，总部位于俄罗斯圣彼得堡，起初为俄罗斯和其他苏联国家的网民提供校友社交网络服务，随着不断地发展，已经成为俄罗斯地区最大的社交平台。

（二）情报分析中使用 OK 的内容

用户可在该本土化平台中了解俄罗斯的风土人情、人文地理等信息。

十、pscp*

（一）PSCP 网站网址及其简介

https：//www. pscp. tv/

该网站是一个视频分享网站，通过他人的眼睛来了解世界。

（二）情报分析中的作用

查看在线直播和视频。

十一、Reddit

（一）Reddit 网站网址及其简介

https：//www. reddit. com/

Reddit 是一个社交新闻站点，口号：提前于新闻发声，来自互联网的声音。其拥有者是 Condé Nast Digital 公司（Advance Magazine Publishers Inc 的子公司）。用户（也叫 redditors）能够浏览并且可以提交因特网上内容的链接或发布自己的原创或有关用户提交文本的帖子。其他的用户可对发布的链接进行高分或低分的投票，得分突出的链接会被放到首页。另外，用户可对发布的链接进行评论以及回复其他评论者，这样就形成了一个在线社区。Reddit 用户可以创造他们自己的论题部分，对发布链接和评论的人来说，既像 Reddit 用户提交的非正式的，也像社团的正式的。

（二）情报分析中使用 reddit 的内容

用户可以查看兴趣相关话题并参与讨论和投票。

十二、Snapchat

（一）Snapchat 网站网址及其简介

https：//www. Snapchat. com/

Snapchat 是由斯坦福大学两位学生开发的一款“阅后即焚”照片分享应用程序。利用该应用程序，用户可以拍照、录制视频、添加文字和图画，并将他们发送到自己在该应用上的好友列表。这些照片及视频被称为“快照”，而该软件的用户自称为“快照族”。Snapchat 该应用最主要的功能便是所有照片都有一个 1 秒到 10 秒的生命期，用户拍了照片发送给好友后，这些照片会根据用户所预先设定的时间按时自动销毁。

（二）情报分析中使用 snapchat 的内容

用户可以查看其他用户发布的图片。

十三、SwarmAPP

（一）SwarmAPP 网站网址及其简介

https：//www. swarmapp. com/

Swarm 是一种有趣的互动方式，可记录用户去过的所有地方。Swarm 不仅启发探索，还通过签到地图使生活记录变得有趣，支持查看用户行程并沿途解锁的贴纸。此外，用户只需轻按一位朋友即可查看他们的位置，如他们的签到位置或向他们发送消息。

（二）情报分析中使用的内容

用户可通过该平台查询目标人物行动轨迹。

十四、Taringa

(一) Taringa 网站网址及其简介

https://www.taringa.net/

Taringa 是阿根廷社交网络平台，也是阿根廷和拉丁美洲地区的在线社区，由阿根廷人费尔南多·桑斯创办，让世界各地的人们创造和共享信息。Taringa 的口号是“集体智慧”。在 Taringa 社区，用户只需在线注册一个账户就能在社区发帖分享信息，如有趣的照片、网络段子、突发新闻文章等。Taringa 由帖子、社区、游戏、音乐和我的 Taringa 组成，内容丰富多彩。

(二) 情报分析中使用 Taringa 的内容

可通过该平台追踪目标对象发布的内容。

十五、tinder

(一) tinder 网站网址及其简介

https://tinder.com/

tinder 是国外的一款手机交友 APP，作用是基于用户的地理位置，每天“推荐”一定距离内的四个对象，根据用户在 Facebook 上面的共同好友数量、共同兴趣和关系网给出评分，得分最高的推荐对象优先展示。用户可以选择“喜欢”或者选择“跳过”（相当于一次评分）该名推荐对象。假如你喜欢的推荐对象恰好也喜欢你，那么你们就可以互发消息，在 Facebook 上互相关注，组织线下见面。

(二) 情报分析中使用 tinder 的内容

可基于地理位置查找目标人物。

十六、Tumblr

（一）Tumblr 网站网址及其简介

https：//www. tumblr. com/

Tumblr 成立于 2007 年，是目前全球最大的轻博客网站，也是轻博客网站的始祖。Tumblr 是一种介于传统博客和微博之间的全新媒体形态，既注重表达又注重社交，而且注重个性化设置，成为当前最受年轻人欢迎的社交网站。

Tumblr 沿用了传统博客的形式，并将其演变成一种意识流式的琐碎叙述，日志短小精悍、触发点十分随意——可以是一幅照片、一段视频、一节引言、一条链接甚至一个闪念。尽管 Tumblr 不是基于 Twitter 开发的（它是基于“Tumblelogs”的，譬如 projectionist 或 Anarchaia），然而 Twitter 的成功则为实现更多微博客应用程序的发展提供了通途。Tumblr 实际上是介于 Twitter 和传统的全功能博客之间的服务。截至 2013 年该网站用户数超过 2000 万人，Tumblr 表示将进一步提供增值服务。在使用 Tumblr 前需要在官方网站注册账号开通自己的微博，Tumblr 不但支持在本站发布微博，还可以同步到 Facebook 和 Twitter。

（二）情报分析中使用 Tumblr 的内容

1. 发布内容：Tumblr 允许用户发表文字、照片、引用、链接、聊天、音乐和视频的轻量级博客，其服务功能和国内新浪博客等提供的方式类同。

2. 域名绑定：Tumblr 可以绑定域名也是它的一大亮点，使得用户可以在自己的域名下发布文章。

十七、VK

（一）VK 网站网址及其简介

https：//vk. com/

VK（原名 VKontakte）是欧洲最大的社交网站，Alexa 的全球排名第 20 位，仅次于搜索引擎 Yandex 的俄罗斯第二大网站。主要用户分布在俄罗斯、乌克兰、白俄罗斯、阿塞拜疆、哈萨克斯坦、吉尔吉斯斯坦、摩尔

多瓦等俄语区。作为 VK 的会员，可以向好友的手机发送加入邀请，一旦好友接受邀请，不需要注册就可以加入 VK。与 Facebook 较为相似，VKontakte 允许用户公开或私下留言、创建社团、公共页面和活动，也可以分享和标记图像、音乐和视频、基于浏览器的游戏等功能。

（二）情报分析中使用 VK 的主要内容

1. 获取用户公告板信息。公告板与 Facebook 涂鸦墙相似，就是用户文件页上的留言板，与留言板不同的是，公告板的内容会被同步到各个朋友的首页，因此可以在自己的涂鸦墙上发表一些最新状态，也可以设置为不同步给所有好友。很多用户可以在公告板上留短信息。

2. 信息交流：可以在 2 人至 30 人的团体进行，并通过隐私信息发送给目标用户的信息匣，犹如电子邮件，只有收信人和发信人可以看到。每条消息最多可包含有照片、视频、音乐、文件、地图和数据等十种附件。

3. 了解新闻：VKontakte 用户可以张贴在个人数据的公告板，每公告版最多可包含 10 个附件文件；该网站设有新闻、推荐引擎、全球实时性搜索以及个人公告板意见。

4. 分析社团：VKontakte 具有两种类型的社团。一个是适用于较分散的社团（如讨论板、维基条目等）。另一个是新闻提要导向的广播工具、名人和企业之公共页面。这两种类型在程度上是可以互相交换的。

5. 通过点赞分析社交关系：是用来表示网友对发文者的表态，发文者可以是个人、社团、公司等接口。网友们利用赞按钮对该页面进行赞赏及表态。通过赞，VKontakte 会让你的 VKontakte 朋友知道你按过哪些赞。

6. 通过广播查找信息：为放声公图形，可将自己的公告及发文，通过广播，来告知所有 VKontakte 朋友该用户的公告信息。

7. 了解用户注册信息：用户可以在该网络和在互联网上调整其内容之公开或隐私性。

8. 通过我的音乐了解用户爱好：可以把自己的音乐上传该 VKontakte 之“我的音乐”。同时，所有 VKontakte 用户能同时享有此音乐信息。

9. 通过我的视频查看相关用户视频：可以把自己视频上传该 VKontakte 之“我的视频”，或者将 Youtube 视频上传于 VKontakte 上。同时，所有 VKontakte 用户能同时享有此视频信息。

十八、XING

（一）XING 网站网址及其简介

https：//www. xing. com/

XING 是德语国家最大的在线商业网络，同时也是 NEW WORK SE 的子公司。XING 会员的数字自我评估和新的个人实力测试结合了科学专业知识和数字时代精神。该评估基于著名的“五大”人格特质模型，分析了优势，突出了需要发展的领域并发现了尚未开发的潜力。该工具是与 LINC 合作开发的，LINC 是吕讷堡大学的衍生产品。

（二）情报分析中作用

注册后可查看其他会员的背景资料，包括教育经历、联系方式、工作履历等信息。

十九、YouTube

（一）YouTube 网站网址及其简介

https：//www. youtube. com/

YouTube 是一个视频网站，早期公司位于加利福尼亚州的圣布鲁诺。注册于 2005 年 2 月 15 日，由美籍华人陈士骏等人创立。网站的未注册用户仍可以直接观看视频，而注册用户则可以上传无限制数量的影片。而当影片有限制级的内容时，仅提供给 18 岁以上的注册用户观看。YouTube 作为当前行业内在线视频服务提供商，YouTube 的系统每天要处理上千万个视频片段，为全球成千上万的用户提供高水平的视频上传、分发、展示、浏览服务。

（二）情报分析中使用 YouTube 的内容

查找目标用户发表的视频，还可分析其社交关系。

第二节　Twitter

一、账户分析

(一) 账户分析网站网址及其简介

https://accountanalysis.app/

该网站是一个账户分析网站。该工具可以使您评估Twitter账户。例如，它们的自动化程度，发布的转发次数，或它们最常连接的网站。

该网站提供了演示过程：如何分析账户。

该产品不隶属于Twitter，由@Luca制造。

(二) 情报分析中作用

使用时需要用Twitter登录。

二、被删除的推文

(一) 被删除的推文网站网址及其简介

https://politwoops.com/

该网站可以搜索到来自政客的所有已删除推文。

(二) 情报分析中使用"https://politwoops.com/"网站查询内容

按国家通过推特账号搜索被删除的文章。

三、allmytweets

(一) allmytweets网站网址及其简介

https://www.allmytweets.net/connect/

该网站的功能是帮助用户查看自己的全部推文和关注者。

该产品快速、免费和容易。非常适合查看、搜索和保存Twitter信息。

（二）情报分析中使用“allmytweets”网站查询内容

搜索推特记录。

四、audiense

（一）audiense 网站网址及其简介

https：//audiense. com/

该网站是一个了解听众的网站。识别相关的受众，发现令人惊叹的可行见解，并为发展业务的战略提供信息。通过了解真正重要的受众，改变决策方式并发现新的机会。探索如何通过多个在线和离线渠道最有效地吸引和激活受众。提高品牌知名度，制定最佳的收购策略并衡量对 Twitter 的影响。

（二）情报分析中使用 audiense 网站查询内容

1. 在“了解听众”搜索框中输入报告名称，即可查询该报告的听众。

2. 该产品具有识别听众并细分的功能。创建报告时毫不费力地组合了许多过滤器选项，如用户个人资料、亲和力、人口统计信息和工作角色，从而创建高度个性化的细分受众群。

五、BackTweets

（一）BackTweets 网站网址及其简介

http：//backtweets. com/

BackTweets 是一个 Twitter 时间机器，它使您可以在推文历史中搜索链接回您网站的推文。

作为免费的 Web 应用程序，BackTweets 允许您在一个 tweet 存档中搜索通过 Twitter 发送的 URL。可以找到 URL，而不考虑它们的推文形式，包括：完整 URL 链接、缩短的 URL 和不带 WWW 前缀的 URL。BackTweets 是跟踪社交媒体脉搏的好工具——查看有多少人在谈论您，谁在谈论您以及他们在说什么。

（二）情报分析中使用 BackTweets 网站查询内容

社交人脉分析。

六、推特账户分析

（一）推特账户分析网站网址及其简介

https：//burrrd. com/

此网站受到 Reddit 用户分析器的启发。这种网站不是新的，但大多数网站看起来有些过时。像 Reddit User Analyzer 这样的项目试图通过创建一个很棒的 UI 来改善整体体验，这使观看统计信息变得很有趣，也有非常好的选择。其中之一就是 Konstantin Kovshenin 的 foller. me。该网站所做的出色工作为 Twitter 用户（如 Attitude）提供了有趣的见解，确保检查工作。

（二）情报分析中使用 https：//burrrd. com/网站查询内容

推特社交网络分析及账号分析。

七、机器人账号检测

（一）机器人账号检测网站网址及其简介

https：//botometer. iuni. iu. edu/#！/

Botometer（以前称为 BotOrNot）检查 Twitter 账户的活动，并根据该账户成为机器人的可能性来给它打分。较高的分数更像机器人。

如果有任何问题或无法解决的问题，请仅在阅读 FAQ 后与网站联系。

Botometer 是网络科学研究所（联合项目 IUNI）和中心的复杂网络与系统研究（CNetS）在印第安纳大学。

（二）情报分析中使用 https：//botometer. iuni. iu. edu/#！/网站查询内容

使用此服务需要 Twitter 身份验证和权限。

八、echosec

（一）echosec 网站网址及其简介

https：//app. echosec. net/login

该网站的主要功能是帮助用户保护数据，找回丢失的数据。

该产品的解决方案会提醒您注意隐藏的在线威胁，以便您的组织可以减轻风险，更快地做出响应并保护人员、数据和资产。网站提供简化的解决方案，以帮助您从隐藏的在线资源中识别和监视关键数据。

（二）情报分析中使用 https：//app. echosec. net/login 网站查询内容

该网站的数据范围包括银行和金融、零售安全、企业安全、执法四个方面。

登录账号才可以使用该产品。可以使用谷歌和推特账户登录。

九、doesfollow

（一）doesfollow 网站网址及其简介

https：//doesfollow. com/

该产品具有查询在 Twitter 上哪些用户关注哪些用户的功能。

（二）情报分析中使用 doesfollow 网站查询内容

1. 在搜索框中输入查询的用户名，即可查询是否关注。

2. 该网页还提供了其他查询的结果，帮助用户理解如何查询。

十、statuspeople

（一）statuspeople 网站网址及其简介

https：//fakers. statuspeople. com/

该网站帮助用户分析追随者的真假，会列举出假追随者的名单。

（二）情报分析中使用“statuspeople”网站查询内容

推特社交网络分析。

十一、首发推文

（一）首发推文网站网址及其简介

http：//ctrlq. org/first/

该网站的主要功能是搜寻出第一次发某个推文的作者。

输入搜索关键字，甚至是链接，网站将找到包含该词的第一条推文。使用搜索运算符或将所有内容放在“双引号”中以进行完全匹配。

（二）情报分析中使用 http：//ctrlq. org/first/网站查询内容

查找推文来源。

十二、Foller 分析

（一）Foller 分析网站网址及其简介

https：//foller. me/

Foller. me 是一个 Twitter 分析应用程序，可为您提供有关任何公共 Twitter 个人资料的丰富见解。网站收集有关主题、提及、主题标签、关注者、位置等的近实时数据。网站收集所请求的用户的个人资料和最新推文。网站分析推文的内容，并以“标签云”的形式告诉您主题的用法，以便您可以轻松了解哪些词最受欢迎。

网站还将向您展示未在公共 Twitter 页面上显示的内容，如加入日期、时区和关注者比率。借助 Foller. me，您可以轻松、快速地决定是否关注某人。

（二）情报分析中使用 https：//foller. me/网站查询内容

1. 推特账号分析。

2. 网页中列举了分析的指标，包括：信息、统计、话题、态度、时间、内部推文。

十三、Followerwonk

（一）Followerwonk 网站网址及其简介

https：//followerwonk. com/bio

该网站帮助用户搜索 Twitter 用户的个人资料。

（二）情报分析中使用“followerwonk”网站查询内容

推特账号分析。

十四、地理社交足迹

（一）地理社交足迹网站网址及其简介

http：//geosocialfootprint. com/

该网站为 Twitter 用户提供了查看其地理社会足迹的机会。此外，它还向用户告知其当前共享习惯的一些潜在关注领域。

地理社交足迹是用户通过社交媒体泄露的位置信息的组合位，最终形成了用户的位置“足迹”。对于 Twitter. com 用户，此足迹是通过启用 GPS 的推文、社交签到、自然语言位置搜索（地理编码）和个人资料收集来创建的。

（二）情报分析中使用 http：//geosocialfootprint. com/网站查询内容

1. 推特账号信息查询。

2. 推特社交网络分析。

3. 用户位置分析。

十五、gettwitterid

（一）gettwitterid 网站网址及其简介

http：//gettwitterid. com/

该网站的功能是帮助客户搜索 TwitterID。

（二）情报分析中使用“gettwitterid”网站查询内容

使用时输入 Twitter 用户名点击“获取用户 ID”即可。

十六、gigatweeter

（一）gigatweeter 网站网址及其简介

http：//gigatweeter. com/

该网站提供的产品是一个推文计数器。

（二）情报分析中使用“gigatweeter”网站查询内容

通过该网站的产品计数推文数量。

十七、Hashtagify

（一）Hashtagify 网站网址及其简介

https：//hashtagify. me/hashtag/ClimateStrike

Hashtagify 是最先进的 Twitter hashtag 跟踪工具。它可以找到最佳的主题标签来吸引受众，提供自定义建议，并帮助您更好地了解影响者和竞争对手。本网站的主要功能是帮助客户进行标签营销。

（二）情报分析中使用“hashtagify”网站查询内容

1. 在搜索框中输入关键词即可获取标签。

2. 查找时，注意搜索有关 Twitter 上任何标签的实时数据和见解：人气排名、相关标签、趋势等。

3. 分析时。跟踪 Twitter 上的所有标签，或关注 Twitter 用户并进行深入分析。公开趋势标签，监控相关内容并找到您应该了解的影响者。

十八、onemilliontweetmap

（一）onemilliontweetmap 网站网址及其简介

https：//onemilliontweetmap. com/

该网站显示由公共 Twitter 流 API 传递的最近 24 小时的地理定位推文。数据是实时更新的，该网站将保留最近的 24 小时。每秒钟添加约 50 条新推文。

（二）情报分析中使用 onemilliontweetmap 网站查询内容

在搜索框中输入关键词即可搜索相应的热图、集群视图等信息。

十九、snapbird

（一）snapbird 网站网址及其简介

https：//snapbird. org/

该网站的主要功能是搜索用户的推文、DM 和其他人的推文。

Snapbird 是 Twitter 之上的服务层。它提供的主要服务是能够在 Twitter 自己的搜索功能不符合您期望的地方进行搜索。

为了能够使用 Snapbird，您将需要使服务访问 Twitter 账户。由于 Twitter 服务的限制，尽管绝不会从账户中读取超出请求的内容（在搜索界面中），并且不会将其写入或发布到 Twitter 账户中，但 Snapbird 必须要求完全读取和写入权限。

Snapbird 只能在 Twitter API 允许的范围内进行搜索。对于时间轴，这是 3200 条推文。其他请求有不同的限制，但是无论是否拥有升级的账户，Snapbird 都不会强加此限制。

（二）情报分析中使用 snapbird 网站查询内容

在搜索框中输入时间、用户名、关键词等信息，即可搜索相关推文。

二十、Queryfeed

（一）Queryfeed 网站网址及其简介

https：//queryfeed. net/

Queryfeed 是一种在社交网络（如 Twitter、Google Plus、Facebook）上搜索的工具。使用 Queryfeed，您可以访问 Google 或任何其他搜索系统无法访问的数据。

它以 RSS feed 的形式提供查询结果。可以使用任何 RSS 阅读器软件来处理 RSS。开发人员和程序员之所以喜欢 RSS 是因为它很简单。

长期以来，Queryfeed 一直只是一个玩具应用程序。如今，网站每天处理大约 150 万个请求，并将增加额外的数据源。网站希望您会喜欢 Queryfeed 和有关数据的想法而不受限制。

（二）情报分析中使用“queryfeed”网站查询内容

1. 使用账号登录更加方便。谷歌、Facebook 都可以。

2. 在 Twitter 搜索框中输入关键词即可搜索相关内容。

3. 在 Instagram 搜索框中输入关键词（用户名、主题标签、位置等）搜索即可获得相关内容。

二十一、第一个关注者

（一）第一个关注者网站网址及其简介

https：//socialrank. com/firstfollower

该网站的主要功能是了解 Twitter 和 Instagram 的受众资料。可以使用各种排序和过滤选项来细分受众群体。可以通过关键字、单词/标签搜索地理位置、经过验证的地理位置、关注者数量、活动等过滤器来过滤和定位受众。使用 SocialRank 查找合适的人之后，可以通过直接消息传递，导出为 CSV（仅限 Twitter），导出为 PDF，建筑物列表，保存搜索等操作。

（二）情报分析中的作用

在搜索框中输入用户名，搜索即可获得该账户的第一个关注者，且获得该关注者的具体信息。

二十二、社交网络分析

(一) 社交网络分析网站网址及其简介

https://socioviz.net/

SocioViz是一个由社交网络分析指标提供支持的社交媒体分析平台。该网站运行的主要步骤是：用Twitter登录并抓取社交网站；分析主题、术语、主题标签；识别关键影响者、意见和内容；将数据导出到用户使用的社交网络分析工具。网站是一家非营利性公司，旨在促进和传播各种形式的数字文化并支持SocioViz平台的未来发展。

(二) 情报分析中作用

搜索单词、人物、表情符号、地点和日期：搜索按日期、位置和语言过滤的任何关键字、主题标签、表情符号或用户提及。设置历史搜索或实时收集帖子。获取社交媒体信息：识别最常使用、最活跃和有影响力的用户的对话高峰、主题标签、单词和表情符号。分析对话，以听取人们对品牌、竞争对手和行业的评价。

二十三、Spoonbill

(一) Spoonbill网站网址及其简介

https://spoonbill.io/

Spoonbill使用户可以查看在Twitter或其他社交网络上关注的人的个人资料更改。随时了解用户的朋友和家人的简历、网站、位置和名称。

(二) 情报分析中使用“Spoonbill”网站查询内容

关注并获取推特账户信息。

二十四、tagdef

（一）tagdef 网站网址及其简介

https：//tagdef. com/en/

该网站的主要功能是发现标签的含义，并在几秒钟内添加自己的定义，是一个社交媒体词典。

（二）情报分析中使用“tagdef”网站查询内容

在搜索框中输入主题标签或者搜索词组即可搜索相关社交媒体内容。

二十五、TAGS

（一）TAGS 网站网址及其简介

https：//tags. hawksey. info/

TAGS 是免费的 Google 表格模板，可设置和运行来自 Twitter 的搜索结果的自动收集。TAGS 已由 Martin Hawksey 开发为“爱好”项目。

使用方法：

1. 获取标签时，点击“获取标签”即可进入获取页面。

2. 选择获取的版本，按照指定步骤即可获取。

3. 制作完副本后，打开“标签”→“设置 Twitter 访问”，然后按照屏幕上的说明进行操作（选择此选项时，将被提升为授权脚本运行多种服务的权限）。重要提示：在新版本的 TAGS 中，只需运行一次设置。在“自述文件/设置”页面上输入要收集的数据，然后点击“标签”→“立即运行”。

（二）情报分析中作用

自动收集推特账号的相关信息。

二十六、Twitter 用户的基本信息

（一）Twitter 网站网址及其简介

https：//tinfoleak. com/

有关 Twitter 用户的基本信息（名称、图片、位置、关注者等）包括：

1. Twitter 用户使用的设备和操作系统。

2. Twitter 用户使用的应用程序和社交网络。

3. 位置和地理位置坐标已生成访问位置的跟踪图。

4. 在 Google Earth 中显示用户推文。

5. 从 Twitter 用户下载所有图片。

6. Twitter 用户使用的标签以及使用的时间（日期和时间）。

7. Twitter 用户提及的用户以及发生的时间（日期和时间）。

8. Twitter 用户使用的主题。

该网站用户可以在其中获取有关 Twitter 用户的详细信息。Tinfoleak 使用出现在推文中的地理信息和上传的图像来定位用户发推文时所处的位置。

（二）情报分析中作用

在“搜索泄露”模块中的搜索框中，输入推特用户名和电子邮件地址，点击发送即可进行相关搜索。

二十七、Twayback

（一）Twayback 网站网址及其简介

http：//staringispolite. github. io/twayback-machine/

该网站的主要功能是：输入一个 Twitter @ username 来查看 Ye Olde 的推文。

（二）情报分析中作用

在搜索框中输入用户名即可进行相关搜索。

二十八、Twxplorer*

（一）Twxplorer 网站网址及其简介

https：//twxplorer. knightlab. com/search/

可以输入搜索词以查看最近500条推文中相关活动的快照。TwXplorer 将分解最常用的术语、标签和链接，以供您进一步过滤和深入分析。

（二）情报分析中的作用

分析推特账号信息。

二十九、TwChat

（一）TwChat 网站网址及其简介

http：//twchat. com/

TwChat 监视推特主题标签并创建一个类似于聊天室的简单、干净的界面。可以查看新消息、发送自己的消息，并完全控制所看到的内容。

TwChat 与众不同，可以过滤响应以保留转发，查看包含问题的消息（对于"问答环节"非常重要），以及查看与聊天相关的特别提及的推文。

可以通过仪表板控制 Twitter 个人资料。跟踪用户、转发、回复和发布消息，无论是否与 Twitter 聊天相关。这非常方便，因为不必离开聊天即可建立连接或签出其他内容。

这是一项便捷的附加功能，可更轻松地了解官方公告，查找 Twitter 聊天主题或发现当天参加聊天的人。

通过查看聊天提要来查找当前正在举行的 Twitter 聊天，或者创建自己的房间，并开始使用 TwChat 提供的许多功能。

（二）情报分析中的作用

1. 基于 Twitter 主题标签创建实时聊天室。

2. 输入关键词即可查找聊天。

三十、趋势图*

(一) 趋势图网站网址及其简介

https：//www. Trendsmap. com/

Trendsmap 向您显示来自世界任何地方的最新 Twitter 趋势标签和主题。单击一个词，放大您感兴趣的区域，然后进行探索。详细分析和可视化任何主题、主题标签、单词、用户或推文。探索过去的几小时、几天、几周甚至几个月。

(二) 情报分析中的作用

可视化分析推特账号信息。

三十一、Twitter 搜索和分析*

(一) Twitter 搜索和分析网站网址及其简介

https：//socialbearing. com/

免费的 Twitter 分析和搜索推文、时间表和 Twitter 地图。通过参与度、影响力、位置、情感等来查找、过滤和分类推文或人员。实时 Twitter 搜索，见解和分析，看看谁在发推特关于您或您的品牌。全屏推文和自动刷新功能，按触概率、参与度、语言等对推文进行排序。查看最有影响力的人，提及话题标签，搜索用户时间表、关注者和朋友。推文情感分析，筛选您的家庭时间表，提及和参与。地理推文和地图，导出 Twitter 图表和图形，可定制的分析仪表板，100%免费的 Twitter 分析功能。

(二) 情报分析中的作用

推特用户分析、推文分析、社交网络分析。

三十二、Twitter 视频下载*

Twitter 视频下载网站网址及其简介

https：//www.downloadtwittervideo.com/zh-cn/

Twitter 视频下载器使您能够以最直观的方式下载来自 Twitter 的视频。

三十三、社交媒体视频下载*

社交媒体视频下载网站网址及其简介

http：//savevideo.me/

您可以轻松地从 Dailymotion、Facebook 视频，Vimeo、Twitter 视频，Instagram 视频，IGTV、Vine、LiveLeak、Aol Video、Rumble.com、Streamable.com 和其他流行的视频托管/站点下载。只需复制带有您喜欢的视频的页面 URL，然后粘贴到搜索框中即可在线下载。

三十四、线程读取器*

（一）线程读取器网站网址及其简介

https：//threadreaderapp.com/

有些推文不错，但在 Twitter 上阅读它们可能会让人感到痛苦。线程阅读器将推文重新格式化为可读的文章。线程阅读器应用程序是一项服务，允许任何人展开较长的 Twitter 线程并将其显示在易于阅读的页面上。Thread Reader 可以让您选择 Twitter 特选内容，并将其转换为在正常外观的页面上。

（二）情报分析中的作用

推文阅读与搜索。

三十五、推特视频下载

推特视频下载网站网址及其简介

https：//twdown. net/

TWDown 是下载您喜欢的 Twitter 视频并将其保存在计算机、平板电脑或移动设备上以供离线查看的最佳和最简便的方法。它还可以帮助您将 Twitter 视频转换为 MP3 音乐并下载。

三十六、推特地图

（一）推特地图网站网址及其简介

http：//tweepsmap. com/

2013 年在加拿大多伦多成立，通过数据和分析，以及以合理的方式进行剖析和服务，通过“数据驱动”推动业务发展。网站独特的多合一仪表板可通过按位置深入了解关注者中的热门话题，从而指导用户的发布。网站的 Twitter 关注者分析将帮助用户深入了解，建立和管理自己的社区。将 Twitter 关注者映射到城市级别，并与已知的人口统计信息进行交互：语言、性别和职业。通过一系列过滤器和关键字细分用户的 Twitter 关注者；将数据导出到 Excel，或将其分类在列表中。通过搜索主题标签和关键字或历史来研究 Twittersphere 中的任何主题。Tweepsmap 将在交互式主题标签地图上显示主题标签和关键字，用户可以在其中向下钻取以进一步了解。网站还将衡量任何单个推文、一组推文和重新推文的推文覆盖率。最后，您还可以在任何主题上设置鸣叫警报，并获取电子邮件通知。访问有关影响者、竞争对手、合作伙伴和潜在客户的信息。Tweepsmap 允许您分析您不拥有的 Twitter 账户，并获得对影响者互动和个性的准确洞察，从而可以在推进品牌或广告系列方面建立有益的关系。通过分析 Twitter 列表及其影响力，可以更深入了解。

（二）情报分析中的作用

推特账户及其推文深度分析、了解发文规律，分析目标爱好及作息规律等。

三十七、tweepsect

tweepsect 网站网址及其简介

https：//tweepsect. com/

推特账户关注对象及其社交网络分析。与一条 tweep 的关注者列表和随后的 tweep 相交，以确定谁在跟踪该 tweep。

三十八、tweeplesearch

（一）tweeplesearch 网站网址及其简介

https：//tweeplesearch. com/

tweeplesearch 是功能强大的内容研究工具，它将使用内容营销来发展和营销其业务的任何人受益。tweeplesearch 的数据驱动的策略方法将帮助您做出更明智的决策，发现新的高质量内容，为您的听众在市场中找到可以与之合作的顶尖社会影响者，为您的 Facebook 营销策略执行内容研究，监控您的竞争对手及其数字内容策略，获得深入的分析和对内容性能的见解。

（二）情报分析中的作用

深入分析目标推特账号的内容，了解目标人物的特性。

三十九、tweetarchivist

（一）tweetarchivist 网站网址及其简介

http：//www. tweetarchivist. com/

跟踪和存档 Twitter 的基本分析。了解主题标签如何在 tweetsphere 中传播是进行有效的主题标签活动的关键。通过网站的展示算法，可以向用户展示有多少人看到了该标签。tweetarchivist 是用于跟踪、监视、分析和归档主题标签的重要工具。Tweet Archivist Desktop 由 Microsoft Store 开发，是一个 Windows 应用程序，可帮助您存档 tweet，以供以后的数据挖掘和分析。使用 Tweet Archivist 开始搜索，它将获得尽可能多的结果。然后，保持 Tweet Archivist 的运行状态，它将每五分钟轮询一次 Twitter 搜索，是获取学术研究数据集的理想选择。

(二) 情报分析中的作用

收集推文，可视化分析推文数据。

四十、推特 ID

(一) 推特 ID 网站网址及其简介

https：//tweeterid. com/

Twitter ID 和用户名转换器。Twitter ID 是 Twitter 上每个账户都具有的唯一值。没有两个人具有相同的 ID。尽管账户可以更改其@ handle，但永远不能更改其 Twitter ID。Tweeter ID 允许您轻松地在 Twitter 上查找任何用户名（@ handle），并找出其相应的 ID。或者，您也可以使用它将 ID 转换为用户名。

(二) 情报分析中的作用

发现同一推特用户的不同用户名。

四十一、tweetmap

(一) tweetmap 网站网址及其简介

https：//www. omnisci. com/demos/tweetmap

OmniSci 是一个突破性的分析平台，起源于麻省理工学院的研究。利用现代 CPU 和 GPU 硬件的大规模并行性，OmniSci 允许用户以交互方式查询，可视化和增强数十亿条记录的数据科学工作流。OmniSci 平台旨在克服传统分析工具在当今大型数据集的规模、速度和位置属性方面面临的可扩展性和性能限制。这些工具正在崩溃，变得太慢且太耗硬件，无法在大数据分析中发挥作用。OmniSci 是一项来自 MIT 的突破性技术，旨在利用 GPU 的大规模并行处理功能与传统 CPU 计算功能相结合，以实现出色的大规模性能。

（二）情报分析中的作用

可视化分析推文趋势。

四十二、tweetstats

tweetstats 网站网址及其简介

http：//www. tweetstats. com/

可视化推特账号统计分析工具。

四十三、tweet-tag

（一）tweet-tag 网站网址及其简介

https：//www. tweet-tag. com/

用于实时监控主题标签的服务。全天监控最多 2000 条推文，通过关键字搜索推文。

（二）情报分析中的作用

推文搜索及监控。

四十四、推特快照

推特快照网站网址及其简介

https：//unionmetrics. com/free-tools/twitter-snapshot-report/

Union Metrics 提供的免费 Twitter 分析报告，分析最近在 Twitter 上有关任何内容的对话、竞争对手、活动、主题标签、趋势、推文。

四十五、TwiPho

（一）TwiPho 网站网址及其简介

http：//www. TwiPho. net/

TwiPho 是 Twitter 照片搜索引擎。它可以找到嵌入 Tweets 中的 twitpic. com、img. ly 和 yfrog. com 图像。

（二）情报分析中的作用

推特图像搜索。

四十六、TweepDiff

（一）TweepDiff 网站网址及其简介

https：//TweepDiff. com/

TweepDiff 是一个工具，可让您比较两个或多个 Twitter 用户的朋友或关注者，以了解他们的共同点。例如，TweepDiff 的一个常见用法是比较自己的朋友和关注者，以了解您关注的人不会跟着您，反之亦然。另一个用途是将您关注的人与其他人进行比较，以了解他们是否认识您可能感兴趣的人。

（二）情报分析中的作用

分析多个账号是不是一个人的，或者是不是一类人的。

四十七、twiangulate*

（一）twiangulate 网站网址及其简介

http：//www. twiangulate. com/search/

一个推特账号及其关注者分析网站。

（二）情报分析中的作用

通过标签和关键词分析推特账号及其关注者。

四十八、twilert*

（一）twilert 网站网址及其简介

https：//twilert. com/

一个推特监控工具。Twitter 警报中使用布尔搜索运算符将您的结果缩小到您想要看到的推文。Twilert Twitter 警报系统会捕获要发送到电子邮件摘要中的每条推文，并设置为您的日程表。

（二）情报分析中的作用

监控和分析需要关注的推特账号。

四十九、Tweet Tunnel*

（一）Tweet Tunnel 网站网址及其简介

http：//tweettunnel. com/

Tweet Tunnel 会带您进入 Twitter 上找不到的特殊功能：给非追随者发私人消息；旧推文—显示某人的较早推文，可返回多达 3200 条推文；朋友圈—在 Twitter 上找出谁与谁互动；图片库—Twitter 成员当前照片和背景图片展示；第一关注者—从头显示关注者；呼叫全部—向所有关注者发送直接消息；长推文—没有 140 个字符限制的推文。

（二）情报分析中的作用

查找推特账号历史信息，或者联系非好友推特账号。

五十、TweetPsych*

（一）TweetPsych 网站网址及其简介

http：//tweetpsych. com/

TweetPsych 列表会创建任何公共 Twitter 账户的心理状况，并将其与数据库中已有的数千个进行比较。这标识了被分析的用户或多或少频繁使用的那些特征。

（二）情报分析中的作用

分析推特账号用户心理特征。

五十一、Twissr*

（一）Twissr 网站网址及其简介

http：//www. twissr. com/

获取您的 Twitter 主页时间轴作为 RSS 源。

（二）情报分析中的作用

以 RSS 方式获取 Twitter“实时”搜索。

五十二、twitrss

（一）twitrss 网站网址及其简介

https：//twitrss. me/

该脚本通过屏幕抓取将 Twitter 搜索作为 RSS feed 进行运行。

（二）情报分析中的作用

以 RSS 方式获取 Twitter“实时”搜索。

五十三、twitteraccountsdetails

（一）twitteraccountsdetails 网站网址及其简介

http：//www. twitteraccountsdetails. com/

获取任何人的 Twitter 账户详细信息。

（二）情报分析中的作用

输入账号名称、查询账号 ID、注册年限、推文数量及关注好友等信息。

五十四、tweetreports

（一）tweetreports 网站网址及其简介

https：//www. tweetreports. com/twitter-chat-schedule/

全球最大的 Twitter 聊天列表，现在有超过 1000 个 Twitter 聊天。聊天时间表包括 Twitter 聊天标签，主要聊天主题，在聊天期间讨论的内容的描述，主持人 Twitter 用户名，聊天时间，时区和链接等更多信息。可以轻松地对聊天列表进行排序和搜索，以准确找到您要查找的内容。

（二）情报分析中的作用

获取推特聊天信息。

五十五、twitteraudit

（一）twitteraudit 网站网址及其简介

https：//www. twitteraudit. com/

分析推特假粉丝的网站。每次审核为用户抽取多达 5000 个（或更多，如果您订购）Twitter 追踪者的样本，并计算每个追踪者的得分。该分数基于推文的数量，上次推文的日期以及关注者与朋友的比例。网站使用这些分数来确定任何给定的用户是真实的还是假的。当然，这种评分方法并不完美，但它是判断拥有大量追随者的人是否可能通过自然，欺诈或不诚实手段增加其追随者人数的好方法。

（二）情报分析中的作用

分析账号是机器人运行的还是自然人在运行的。

五十六、推特列表下载器

（一）推特列表下载器网站网址及其简介

http：//www. twlets. com/

下载 Twitter 数据的最简单方法。将任何人的推文、关注者、喜欢的视频、更多信息导入 Excel 表格进行分析。

（二）情报分析中的作用

快速获取目标推特账号的数据进行结构化分析。

五十七、twoogel

（一）twoogel 网站网址及其简介

http：//twoogel. com/

推特搜索网站。

（二）情报分析中的作用

关键词搜索推特及网站网页。

五十八、TwXplorer

（一）TwXplorer 网站网址及其简介

https：//twxplorer. knightlab. com/

可以输入搜索词以查看最近 500 条推文中相关活动的快照。TwXplorer 将分解最常用的术语、标签和链接，以供您进一步过滤和深入分析。

（二）情报分析中的作用

快速浏览搜索结果。

五十九、TWUBS

（一）TWUBS 网站网址及其简介

http：//twubs. com/twitter-chats

Twitter 聊天时间表。

（二）情报分析中的作用

查找相关聊天信息。

六十、twitterfall*

（一）twitterfall 网站网址及其简介

https：//twitterfall. com/

Twitterfall 是专门从事实时 tweet 搜索的 Twitter 客户端。Twitterfall 由 Tom Brearley 和 David Somers 撰写。

（二）情报分析中的作用

可根据需求设置搜索方式，并获取搜索列表。

六十一、列表复制*

（一）列表复制网站网址及其简介

http：//projects. noahliebman. net/listcopy/index. php

使用这个功能强大的工具将任何 Twitter 列表进行复制。

（二）情报分析中的作用

快速复制关注对象的推特列表。

六十二、twopcharts*

(一) twopcharts 网站网址及其简介

https：//twopcharts. com/

推特账号分析网站。可查找和分析任何推特账号的发文及关注者信息，并且可以比较两个账号的关系。

(二) 情报分析中的作用

目标推特账号的分析及其社交关系分析。

六十三、hashtagif

(一) hashtagif 网站网址及其简介

https：//hashtagify. me/hashtag/ClimateStrike

推特账号追踪分析工具。它使您可以找到最佳的主题标签来吸引受众，为您提供自定义建议，并帮助您更好地了解影响者和竞争对手。

(二) 情报分析中的作用

目标推特账号的分析及其社交关系分析。

第三节　Facebook

一、Barometer

(一) Barometer 网站网址及其简介

https：//barometer. agorapulse. com/home

Barometer 是一个免费将你的 Facebook 页面与网站中的 53735 个页面进行比较的工具，Agorapulse 发布了一个叫作 Facebook 页面晴雨表的 EdgeRank 基准测试工具，用于帮助 Facebook 营销人员审核和分析他们的 Facebook 页面，并将他们自己与粉丝数量相似的页面进行比较。从 Agora pulse 评估你的 Facebook 页面，可以让页面管理员查看他们的页面是否超过 Facebook 的 Edgerank 指标，从而帮助营销人员衡量业绩。

（二）情报分析中的应用

分析和比较不同 Facebook 账号的特点。

二、批量 Facebook ID 查找

（一）批量 Facebook ID 查找网站网址及其简介

https：//seotoolstation. com/bulk-Facebook-id-finder

Facebook ID Finder tool 可以让你以超级简单的方式找到任何 ID。只需复制任何 Facebook 个人资料或页面的 URL，然后按 Enter。工具会快速获取 Facebook 的 ID 并显示出来。

在网站中包含了一些有用的工具，包括：文章重写器、剽窃检查器、关键字位置检查器、域权限检查器、网站审阅器、页面速度检查器或任何其他搜索引擎优化工具。

（二）情报分析中的应用

批量查看 Facebook 的 ID，确定同一账号的不同名称。

三、寻找 ID 资料*

（一）寻找 ID 资料网站网址及其简介

https：//lookup-id. com/

该网站是一个可以查询 Facebook ID、资料、群成员的网站，还可以通过邮箱、电话、名字、工作、地址等反向搜索 Facebook 用户信息。

（二）情报分析中的应用

查找目标用户的 Facebook 账号及其关联信息。

四、Facebook 视频下载（Downfacebook）

（一）Facebook 视频下载网站网址及其简介

http：//www. downfacebook. com/

Downfacebook 是一个免费的在线工具，可以下载你的 Facebook 视频。它允许您从 Facebook 下载视频，无须安装任何软件，您可以使用简单的浏览器访问网站并下载视频。

（二）情报分析中的应用

下载目标 Facebook 账号中的视频。

五、Dre Down

（一）Dre Down 网站网址及其简介

https：//www. dredown. com/

Dre Down 是帮助人们从不同的网站，包括 Youtube、Facebook、Instagram、Twitter 等下载视频的工具。

（二）情报分析中的应用

下载目标网站和账号中的视频。

六、Facebook Like Checker

（一）Facebook Like Checker 网站网址及其简介

http：//www. fblikecheck. com/

Facebook Like Checker 是一款免费的应用程序，可以让你查看任何 Facebook 页面，这是一个用于统计和统计 Facebook 页面的工具。这个应用程序可以让企业根据他们的 Facebook 页面喜好来查看他们在哪个国家受欢迎。可以随时下载 Facebook 页面的免费统计报告，可选择 PDF 格式和 PNG 格式的统计报告，如果 Facebook 中有足够的数据，可以下载两种报告（如国家级报告和讨论此问题的人）。

（二）情报分析中的应用

目标账号统计分析工具。

七、FBDOWN

（一）FBDOWN 网站网址及其简介

https：//fbdown. net/

FBDOWN. net 是 Facebook 在线视频下载程序，用户可以免费使用，它可以帮助 Facebook 用户从 Facebook 下载他们最喜欢的视频，并通过生成到 Facebook 视频的直接链接来保存这些视频以供离线观看。

（二）情报分析中的应用

下载目标 Facebook 账号中的视频。

八、Socmint

（一）Socmint 网站网址及其简介

http：//socmint. tools/

此网站用于搜索个人资料，使用方法：登录 Facebook，获取 Facebook 个人资料 ID 并将其复制到剪贴板，使用图形搜索工具通过粘贴 Facebook 个人资料 ID 来搜索信息。

（二）情报分析中的应用

分析目标账号的 ID 等信息。

九、Findmyfbid

（一）FindMyfbid 网站网址及其简介

https：//findmyfbid. com/

FindMyfbid 是一个查找 FB 账号的 ID 的工具。你只需开启网站输入主页网址后，点击查询即可。

（二）情报分析中的应用

分析目标账号的 ID 等信息。

十、Stalkscan

（一）StalkScan 网站网址及其简介

https：//stalkscan. com/

StalkScan 是美国的一个 Facebook 隐藏信息搜索引擎工具，显示给定 Facebook 个人资料的所有公共信息。它不涉及任何黑客或黑客攻击，只是显示来自 Facebook 官方图搜索的公共信息。请注意，结果取决于隐私设置：如果信息设置为“仅限朋友”，则只会显示给 Facebook 好友。该网站本身适用于个人隐私检查，不适用于跟踪。

Stalkscan 是一个能够看到一部分在使用 Facebook 的 Graph Search 功能后没有进行隐私设置的 Facebook 用户的个人资料的搜索引擎，由一名比利时安全研究人员创建。

（二）情报分析中的应用

查找与 Facebook 用户最具相关性的人、照片、地点和兴趣，访问 Facebook 以前保存到的许多数据源。

十一、Peoplefindthor

（一）Peoplefindthor 网站网址及其简介

https：//www. peoplefindthor. dk/

Peoplefindthor 是一款 Facebook 高级搜索工具，他可以让用户搜索朋友的朋友、被评论的帖子、被赞的主页和照片，以及被一个或以上账户标记的地点，通过设置多个筛选条件来找出目标对象的相关信息。

（二）情报分析中的应用

目标账号关系及资料分析。

十二、Search is Back

（一）Search is Back 网站网址及其简介

https：//searchisback. com/

Search is Back 搜索引擎里，你可以通过网站熟悉的下拉菜单，根据城市、感情状态、学校、姓名等条件筛选你想寻找的人，寻找照片、活动、日志或是其他信息。

Search is Back 最特别之处，就是不需要去了解 Facebook 复杂的“社交图谱搜索”（Graph Search）如何使用，Search is Back 会根据你选择的菜单内容，直接转向对应的 URL 页面，无须额外登录就可直达 Facebook 官方提供的页面，操作十分简单。

不过遗憾的是，该产品目前只在社交图谱适用的美国地区可用。你如果很想试用，将你的 Facebook 语言设置为“US English”就可以。

（二）通过 Search is Back 可以进行如下搜索

1. 同乡、单身并且同城的人。

2. 哪些好友的好友在你想去的公司工作。

3. 你去旅行的城市中住着哪些好友。

4. 那个在聊天应用 Tinder 上自称为山姆/萨曼莎、住在旧金山、就读于加州大学洛杉矶分校的人究竟是谁。

5. 在聚会上认识的、和你有着共同朋友、在某公司上班的那个人是谁。

6. 查找照片、活动、赞、日志等，如所有标记了特定两个人的照片。

十三、Facebook Report

（一）Facebook Report 网站网址及其简介

https：//www. wolframalpha. com/input/？i=Facebook+Report

Wolfram ｜ Alpha 的引入定义了一种全新的获取知识和答案的模式，它不是通过搜索 Web，而是通过基于大量内置数据、算法和方法的动态计算。Wolfram｜ Alpha 的长期目标是使所有系统性知识立即可计算并可供所有人使用。Wolfram ｜ Alpha 将专家级的知识和能力带给所有职业和教育水平的尽可能广泛的人群。致力于接受完全自由形式的输入，并作为一个知识引擎，生成强大的结果并以最大的清晰度呈现出来。

（二）情报分析中的应用

了解公司信息、基本财务状况、最新交易、公司管理人员、地理位置、商标、网络统计等信息。

十四、Whopostedwhat

（一）Whoppostedwhat 网站网址及其简介

https：//whopostedwhat. com/

Whoppostedwhat. com 是一个非公开的 Facebook 关键字搜索工具，对所有为公共事业工作的人开放。它允许您在特定日期搜索关键字。

（二）情报分析中使用 Whoppostedwhat 查询的内容

1. 如果要在特定日期搜索，则只能搜索年份、特定年份的月份或特定日期。也可以使用两个或多个关键字，如恐怖袭击巴黎。你也可以搜索在两个特定日期之间发布的帖子。可以在两年之间、不同年份的月份之间和两个特定日期之间进行搜索。你可以再次使用更多的关键字。

2. 从个人资料、页面或位置粘贴 URL，查找获取 ID。

3. 搜索特定日期、月份、年份的帖子，例如：查找 2005 年 10 月以来有关 Facebook 的所有帖子，或设置时间域，如查找从 2005 年 6 月 4 日到 2005 年 7 月 8 日有关 Facebook 的所有帖子。

4. 位置（UID）搜索发布，如从位置（UID）106423786059675（对应于布宜诺斯艾利斯）查找有关 Facebook 的所有帖子。

5. 使用“Posts From”也可以从页面中搜索文章。如果在关键字字段中键入 *（星号）或将其保留为空，则会找到来自该用户或与该用户相关联的每篇文章。例如：查找马克·扎克伯格关于普里西拉的所有帖子。

6. 在特定日期或更早的时间在某个位置显示 Instagram 帖子。Instagram 将首先向您展示一个名为“TopPosts”的部分，其中包含从算法生成的几行照片。按日期排列的帖子位于下面名为“最新”的部分，照片按时间顺序排列，最新的排在第一位。

十五、Stalkface

（一）Stalkface 网站网址及其简介

https：//Stalkface. com/en/

该网站是用于搜索个人信息的网站，输入 Facebook 个人资料 URL 可以查询到关于此人的信息。它只显示您有权访问的隐藏内容。可选择时间范围：所有、本周、本月、本年、特定年份。筛选条件包括人：页面、朋友、家人、同事、同学、同城；性别；年龄；情感状况，有关的图片、故事、视频、过去、游戏等；赞过、评论过、标记过的图片、故事、视频；地点；兴趣等。

（二）情报分析中的应用

查找目标账号及其关联信息。

第四节　Instagram

一、突破搜索禁止

（一）突破搜索禁止网址及其简介

http：//thedatapack. com/tools/blocked-hashtag-search

网站提供的查询服务。使用阻止和禁止的主题标签搜索，可查看 Instagram 禁止用户搜索的帖子。被禁止的主题标签搜索工具使用 Twitter 等其他来源，来搜索已公开发布到带有任何被禁止的主题标签的 Instagram 的照片。

（二）情报分析中使用突破搜索禁止查询的内容

查询 Instagram 阻止用户搜索的数百个主题标签的照片。

二、Downloadgram

（一）Downloadgram 网站网址及其简介

https：//downloadgram. com/

根据链接下载 Instagram 的照片、视频、IGTV 下载器等。

（二）情报分析中使用 Downloadgram 查询的内容

根据链接查询和下载照片、视频等。

三、find-instagram-user-id

（一）find-instagram-user-id 网站网址及其简介

https：//codeofaninja. com/tools/find-instagram-user-id

find-instagram-user-id 是一个名为“查找 Instagram 用户 ID”的工具，能够为开发人员和设计人员提供简便的方法，可通过用户名获取 Instagram 账户数字 ID。此工具接受任何 Instagram 用户名，如 ninjazhai、9gag、google。将 Instagram 用户名放在文本框中，然后单击“查找 Instagram ID”按钮，或直接按“Enter”。Instagram 用户 ID 将显示在绿色框中。根据您的输入，它将显示几个相关的 Instagram 账户。同时，用户将会知道自己在 Instagram 历史上的地位。例如，网站将在文本框中输入用户名“Mikeyk”，提取的 ID 将显示“4”，这意味着他是 Instagram 数据库中最早的用户。

（二）情报分析中使用 find-instagram-user-id 查询的内容

根据用户名查询 Instagram 用户 ID。

四、gramrix

（一）Gramrix 网站网址及其简介

https：//gramrix. com/

Gramrix 提供 Instagram 网页浏览功能，可浏览用户以及图片信息。

（二）情报分析中使用 gramrix 查询的内容

查看 Instagram 的用户及图片信息。

五、InstagramUserID

（一）InstagramUserID 网站网址及其简介

http：//ershad7. com/InstagramUserID/

网站可通过输入用户名称查询用户 ID 和私人内容。

（二）情报分析中使用 InstagramUserID 查询的内容

根据用户名称查询用户 ID 和私人内容。

六、Otzberg

（一）Otzberg 网站网址及其简介

https：//www. otzberg. net/iguserid/index. php

Otzberg 是一个查询平台，提供 Instagram 用户 ID 的搜索服务。

（二）情报分析中使用 otzberg 查询的内容

根据用户名或图片链接查询 Instagram 用户 ID。

七、Thedatapack*

（一）Thedatapack 网站网址及其简介

http：//thedatapack. com/tools/blocked-hashtag-search

Thedatapack 提供禁止的 Instagram 标签搜索服务。Instagram 阻止用户搜索数百个主题标签。使用禁止的主题标签搜索可查看 Instagram 禁止用户搜索的帖子。

（二）情报分析中使用 thedatapack 查询的内容

查询被禁止的搜索标签。

八、Netbootcamp*

（一）Netbootcamp 网站网址及其简介

http：//netbootcamp. org/instagram. html

Netbootcamp 是一个提供用户 ID 查询服务的平台。Instagram 已关闭 API 访问权限，以支持高级搜索和 API 查询，因此需要使用用户或位置的 ID。尽管 API 限制了用户可以执行的操作，但仍有几种找到这些 ID 的方法。

照片/视频：将短代码 URL 添加到 oEmbed API。或者，将/media/添加到用户的个人资料页面并滚动到 Instagram API 输出的底部。提示：oEmbed 是以 GMT/PST 格式传递媒体创建时间的唯一 API 方法。

同时，Instagram 的位置类似于 Facebook 的签到。用户可以通过从附近的位置列表中选择媒体来选择在上传过程中将这些位置添加到媒体中。发布后，可以在托管媒体的 Instagram 页面上找到位置名称。

位置的纬度/经度坐标曾经在某些 API 查询中找到。这些坐标是从 LocationID 而不是用户的手机得出的。每个位置也都有自己的 Instagram 页面，可通过 LocationID 进行搜索。

（二）情报分析中使用 Netbootcamp 查询的内容

查询 Instagram 用户 ID 以及用户位置信息。

九、Honestdocs*

（一）Honestdocs 网站网址及其简介

https：//www. honestdocs. id/

Honestdocs 提供有关疾病、药物、医院和其他相关文章等信息的查询服务。

（二）情报分析中使用 Honestdocs 查询的内容

查询有关疾病、药物、医院和其他相关文章。

第五节 Reddit

一、Snew notabug

（一）Snew notabug 网站网址及其简介

https：//snew. notabug. io/r/all

Snew 是 reddit 的开源模仿客户端。它是从 reddit 源代码派生的客户端，该源代码完全在浏览器中运行，其内容直接从 reddit api 和 pushshift. io 中提取。

（二）情报分析中使用 Snew notabug 查询的内容

查询 Reddit 的热点信息、新鲜信息、争议性信息。

二、Kerrick

（一）Kerrick 网站网址及其简介

http：//kerrick. github. io/Mostly-Harmless/#features

Kerrick 能够查找用户当前正在查看的页面，以查看其是否已提交给 reddit。如果是这样，用户可以在所有已发布的地方看到该文章，对故事进行投票，甚至可以直接从弹出窗口中保存，隐藏和举报该帖子。用户甚至可以将帖子重新提交到另一个 Subreddit。Kerrick 还融入了评论和讨论功能，用户可以在弹出窗口中添加评论，如果用户输入的评论太长而无意中关闭了中非弹出窗口，则大多数情况下，Kerrick 仍应将其缓存。

（二）情报分析中使用 Kerrick 查询的内容

根据关键词查询帖子发布、评论情况，并进行修改。

三、Redditarchive

（一）Redditarchive 网站网址及其简介

http：//www. redditarchive. com/

Redditarchive 是一个提供 Reddit 每天发布内容的收集平台，可按照日期查询相应日期发布的所有信息。

（二）情报分析中使用 redditarchive 查询的内容

查询任何日期发布的所有 Reddit 条目，可查看文章、相应作者、评论、关注度。

四、redditinvestigator

（一）Redditinvestigator 网站网址及其简介

https：//www. redditinvestigator. com/

Reddit 调查器是发现有关 Redditor 的许多事情的新方法。它只是通过收集 reddit 可用的数据并对其进行详细说明以获得一些新的有用信息而起作用。这样可以节省大量时间，而不用浏览所有帖子。

（二）情报分析中的应用

快速浏览和分析目标 Redditor 账号。

五、Redditmetrics

（一）Redditmetrics 网站网址及其简介

https：//redditmetrics. com/

Redditmetrics 跟踪 Reddit 数据信息，提供 Reddit 的热门、最新、增长量排行榜。

（二）情报分析中使用 Redditmetrics 查询的内容

查询 Reddit 话题排行榜，查看热门、最新话题。

六、Redditwatch

（一）Redditwatch 网站网址及其简介

https：//redditwatch. com/

Redditwatch 数据资源直接来源于 Reddit，收集并提供 Reddit 中的精品信息，根据用户个人喜好测试了解用户喜好推荐相应内容。

（二）情报分析中使用 Redditwatch 查询的内容

查看目标内容的相关信息。

七、Redective

（一）Redective 网站网址及其简介

http：//redective. com/

Redective 是一个简单的搜索工具，Reddit 的概要文件用户和自动的汇总并显示它能找到的所有数据，可查询 Reddit 用户、首页、消息。

（二）情报分析中使用 Redective 查询的内容

查询 Reddit 用户、首页、消息等信息。

八、Reedditapp

（一）Reedditapp 网站网址及其简介

https：//reedditapp. com/

Reedditapp 是一个小型的、弹性的 Reddit 网络应用阅读器客户端，可以让用户创建“通道”将想要浏览的词条进行分组。为了简洁，Reeddit 只向用户展示文章和评论中最重要的信息，没有上票或分数。

（二）情报分析中使用 Reedditapp 查询的内容

简便地查看 Reddit 文章及重要评论。

九、Resavr

（一）Resavr 网站网址及其简介

https：//www. resavr. com/

Resavr 网站可通过键入关键词查看 Reddit 中用户删除的 650 个字符内的评论信息，以及评论的删除时间。

（二）情报分析中使用 Resavr 查询的内容

根据关键词查询被删除的评论信息以及删除时间。

十、Savvit

（一）Savvit 网站网址及其简介

http：//savvit. io/

Savvit. io 能够整理、排序和搜索所有已保存的 Reddit 帖子，用户可以轻松地在多个 Reddit 账户中过滤、排序和搜索所有已保存的帖子。除非您一直使用 Reddit Gold，否则用户保存的帖子一旦超过 1000 条，就会开始消失，使用 Savvit，用户可以确保所有 Reddit 账户中保存的所有帖子都得到安全保存。根据需要连接任意数量的 Reddit 账户，Savvit 会立即自动导入并整理所有已保存的帖子。使用 Savvit 的易于使用的界面，用户无须浏览数十页即可快速找到所需的帖子。

（二）情报分析中使用 Savvit 查询的内容

根据关键词整理、排序和搜索所有已保存的 Reddit 帖子。

十一、Snoopsnoo

（一）Snoopsnoo 网站网址及其简介

https：//snoopsnoo. com/

Snoopsnoo 提供对于 Reddit 用户以及用户发布内容的分析。由于 Reddit 的 API 限制，用户分析仅限于 1000 条最新评论，内容分析仅限于订阅者大于 1000 或发表时间为 30 天内以上的信息。Snoopsnoo 采用公开的数据来源，承诺决不收集和使用用户密码等个人隐私信息。

（二）情报分析中使用 Snoopsnoo 查询的内容

1. 通过 Reddit 用户名查询用户及内容分析。

2. 查询 Reddit 热搜话题榜等话题信息。

十二、subreddits

（一）Subreddits 网站网址及其简介

http：//subreddits. org/

Subreddits 提供 3000 个关键词的 Reddit 内容查询，网站收录的关键词包括订阅人数大于等于 500 或链接数大于等于 414 条的相关内容。

（二）情报分析中使用 Subreddits 查询的内容

1. 根据话题关键词查询相关 Reddit 发布内容。

2. 提供网站数据下载。

十三、Redditlist*

（一）Reddits 网站网址及其简介

http：//redditlist. com/

Reddits 提供 3000 个关键词的 Reddit 内容查询，网站收录的关键词包括订阅人数大于等于 500 或链接数大于等于 414 条的相关内容。

（二）情报分析中使用 Redditlist 查询的内容

1. 根据话题关键词查询相关 Reddit 发布内容。

2. 提供网站数据下载。

十四、Reddit 反向图像搜索*

(一) Reddit 反向图像搜索网站网址及其简介

http://karmadecay.com/

网站提供 Reddit.com 的反向图像搜索服务，可通过上传图片文件或输入 Reddit 页面的网址搜索相似图像。

(二) 情报分析中使用 Reddit 查询的内容

通过上传图片文件或输入 Reddit 页面的网址搜索相似图像。

十五、Imgur*

(一) Imgur 网站网址及其简介

https://imgur.com/

Imgur 是提供有趣、鼓舞人心的图像、GIF 和视觉故事信息。网站用户数已达到三亿个，每月浏览超过 2.5 亿人，查看数十亿篇文章。

(二) 情报分析中使用 Imgur 查询的内容

查看图像、Gif、视觉故事等信息。

第六节 VKontakte

一、VK5

(一) VK5 网站网址及其简介

http://vk5.city4me.com/

用户可通过 VK5 找到社交网络 VKontakte 上的用户活动。对于任何用户，都可以确定他进入网络的时间、设备、粉丝、推荐、发送应用程序信息，隐藏的朋友中相关隐藏组、隐藏音频信息，查找与哪个用户在线（通信），找出用户的 IP（物理地址），查看隐藏的出生日期，找出用户所在黑

名单。在评论菜单中您可以找出 VK. com 用户的消息交流记录。在“对话框”菜单中，用户可以看到哪些朋友与 VK 对应。

在添加用户后，VK5 有以下功能：查看在线通话时间/时间表；查看头像的粉丝列表，朋友的照片和关注的用户；朋友和关注的用户的主页上找到关注的对象；在公共 VKontakte 中找到隐藏的群组；搜索关于主页和 VK 社区的评论；查找隐藏的朋友，提交新的/删除的关注信息；搜索用户马甲；确定首先添加到用户关注的名单，搜索隐藏的录音；与在线用户进行 VK 通信；查看隐藏的个人资料。

（二）情报分析中使用 VK5 查询的内容

根据用户 ID 或地址查询用户登录时间、设备、粉丝、推荐、隐藏的个人资料、隐藏录音、通信好友的 IP 地址、隐藏群组、头像关注信息、社区评论等信息。

二、Snradar

（一）Snradar 网站网址及其简介

http：//snradar. azurewebsites. net/

Snradar 可供用户搜索在特定时间、特定地点在社交网络 VKontakte 上发布带有地理位置标签的照片的人。其服务的主要思想基于以下事实：许多流行的社交网络都有一个公共程序接口（API），使用户可以接收有关用户创建的内容以及有关用户本身的数据。许多现代的拍照设备，如智能手机和数码相机，都可以基于 GPS 传感器数据或附近 GPRS/Wi-Fi 接入点上的数据，将有关拍摄此图像的坐标的信息嵌入图像的元数据中。使用这些数据，搜索有关在特定时间和特定位置发生的事件的照片资料的想法是可行的。另外，通过分析用户数据，很有可能确定他们的大概位置，原则上可以用于目标广告，如在附近地区的人们中间作美容服务的广告。

（二）情报分析中使用 Snradar 查询的内容

搜索在特定时间，特定地点在社交网络 VKontakte 上发布带有地理位置标签的照片的用户。

三、Monitor

（一）Monitor 网站网址及其简介

https：//monitor. raman. tel/login

Monitor 允许用户查询可视化信息、提示信息等。从热图到直方图、图形到地理地图，网站提供可视化选项，支持 30 多个开源和商业数据源，随时随地收集数据，构建完美的动态仪表板，通过临时查询和动态明细浏览数据，拆分视图并排比较不同的时间范围内的数据源。

（二）情报分析中使用 Monitor 查询的内容

查询热图、直方图等可视化信息。

四、Dcpu

（一）Dcpu 网站网址及其简介

http：//dcpu. ru/vk_ repost_ tree. php

登录 vk 信息后，用户可输入帖子链接转到帖子页面进行重新编辑发布。

（二）情报分析中使用 Dcpu 查询的内容

根据帖子链接进入帖子发布页面。

五、Barkov

（一）Barkov 网站网址及其简介

https：//vk. barkov. net/

VKontakte 是一个用于搜索目标受众的通用工具，有 3. 5 亿用户。网站使用超过 130 种工具和脚本可让您在 VKontakte 和 Odnoklassniki 收集各种数据，无须下载任何内容，一切都可以通过网站进行，通过有关所有功能的培训视频，用户可以看到有关任何脚本工作原理的示例。vk. barkov. net 使用户可以方便地从 VKontakte 和 Odnoklassniki 获取最多样化的数据，如有一个脚本用来获取所有 VKontakte 用户的列表，另一个脚本用来收集所有喜欢或转发特定帖子的人员的列表，还有一个脚本可用于在 VKontakte 组订阅者 Instagram 上获取账户列表，所有这些脚本在网站菜单中列出。如今，vk. barkov. net 已有 257786 名注册用户，每天运行一万次以上搜寻，每天报告一亿个 VK ID。

（二）情报分析中使用 Barkov 查询的内容

运用脚本工具查找用户列表等信息。

六、VK Parser

（一）网站网址及其简介

http：//vkparser. ru/

VK Parser 是一个用户和帖子的解析器，其收集有关每个订户的信息，包括国别、居住城市、性别、出生日期、年龄、朋友数、用户是否接受消息、婚姻状况、移动电话（每 1000 个订户平均 50～70 个有效号码）、Skype，Instagram 账户等信息。VK Parser+是具有不同功能的不同解析器，Parser+旨在直接从 VKontakte 搜索中收集有关订户的信息，根据用户的标准从一个共同的基数/组中收集订户，能够指定国家、城市和性别，用户可以在所需范围内指定确切的出生日期或年龄，以及婚姻状况和大学。

（二）情报分析中使用 VK Parser 查询的内容

1. 查询用户的国别、居住城市、性别、出生日期、年龄、朋友数、用户是否接受消息、婚姻状况、移动电话（每 1000 个订户平均 50～70 个有效号码）、Skype，Instagram 账户等信息。

2. 根据指定国家、城市、性别、出生日期、年龄、婚姻状况、学校等信息查询用户。

七、Communities

（一）Communities 网站网址及其简介

https：//vk. com/communities

Communities 提供 VK 内社区信息的查询用户可根据社区类型、分类、地区查询社区信息。

（二）情报分析中使用 Communities 查询的内容

根据社区类型、分类、地区查询社区信息。

八、Targetolog

（一）Targetolog 网站网址及其简介

https：//targetolog. com/

Targetolog 提供免费的目标受众搜索服务，可在社交网络上找到目标受众。网站可通过查找用户页面活动、用户其他社交信息、用户的朋友和订户、用户评论，查找社区和团体的活动、读者对象、讨论信息、热门帖子等信息搜索类似的团体、搜索目标受众。

（二）情报分析中使用 Targetolog 查询的内容

根据用户和社区团体信息搜索类似的团体、搜索目标受众。

九、Targethunter

（一）Targethunter 网站网址及其简介

https：//targethunter. ru/

Targethunter 提供社交网络中目标受众搜索服务，是 SMM 专家工作中的关键工具，能够使用户了解最先进的 CA 搜索方法，最大限度地利用服务的功能，吸引其他目标学家找不到的受众。网站使用超过 150 种搜索工具和受众分析，使用户可以在社交网络上准确找到对您的产品或服务感兴趣的人。网站提供便捷的社区管理，对于 VK 或 TG 中的通知，用户可以选择在不安装其他应用程序的情况下，通过电话回复客户消息，使用户能够跟踪最大的受众群体的在线时间。同时，Targethunter 拥有 450000 名服务使用者，能够为用户提供无休假的技术支持，平均响应时间为 1 分钟。

（二）情报分析中使用 Targethunter 查询的内容

提供社交网络中目标受众搜索服务。

十、vk-to-rss. appspot*

（一）vk-to-rss. appspot 网站网址及其简介

http：//vk-to-rss. appspot. com/

通过输入用户或组页面的 URL，网站可显示信息流中其他用户的信息以及用户照片等。

（二）情报分析中使用 vk-to-rss. appspot 查询的内容

根据用户名或链接查询用户信息。

第七节　其他社交媒体

一、Snapchat

（一）Snapchat 网站网址及其简介

https：//map. snapchat. com/

（二）情报分析中其主要应用内容

只需要点击地图上的任意地方，就可以观看由世界各地的 Snapchatter 发布的快照和视频。

二、Snapdex

（一）Snapdex 网站网址及其简介

https：//www. snapdex. com/

Snapdex 是 Snapchat 用户名的可搜索数据库，包括用户名和快照。找朋友、品牌和名人，添加到 Snapchat 与 Snapdex，一个可搜索数据库的 Snapchat 用户名，包括他

们的 Snapcode 和一些照片。把 Snapdex 想象成 Snapchat 上的人的神奇宝贝。

（二）情报分析中其主要应用内容

1. 浏览最受欢迎的 Snapchatters 和收视率最高的 Snapchatters。

2. 浏览人们在 Snapdex 上发布的最新快照和快照故事。

三、fakewhats

（一）fakewhats 网站网址及其简介

http：//www. fakewhats. com/generator

WhatsFake 聊天是为了模拟真实的聊天对话。您的聊天快照就像它是来自 Whastapp 一样。假 WhatsApp 聊天生成器，创建看起来像 WhatsApp 的假对话。生成器允许您快速模拟非常真实的 WhatsApp 聊天。您可造出跟任何您需要的人物之间的聊天谈话。

（二）情报分析中其主要应用内容

1. 更改传递状态，设置此人是否在线，打字或离开一段时间，更改聊天消息的时间，选择您在 WhatsApp 上使用的背景图像，在发送或接收之间快速切换。

2. 您可以使用生成器更改 WhatsApp 消息的每个详细信息：时间、交付状态等。只需设置好你的选项，你就可以得到一个虚假的 WhatsApp 聊天来下载图片。

四、tumblr*

（一）tumblr 网站网址及其简介

https：//www. tumblr. com/explore/trending

tumblr 是一个热门网络社交平台。

（二）情报分析中其主要应用内容

首页可以搜索文字、图片、动图、引用、对话、音频、视频和提问等信息。

五、Snapyfox*

（一）Snapyfox 网站网址及其简介

https：//snapyfox. com/

此网站对 Snapchat 用户进行分类，使他们更容易查找和添加。

（二）情报分析中其主要应用内容

1. 添加你的 Snapchat。

提交您的 Snapchat 用户名和 Snapchat 代码与您的兴趣，有相同兴趣的人加您为好友。

2. 搜索 Snapchat 用户。

网站已经分类了 10000 个 Snapchat 用户和 Snapchat 账户。你可以通过标签或直接用户名搜索和浏览 Snapchat 用户。

3. 添加 Snapchat 好友。

通过搜索标签和用户名查找 Snapchat 用户名，将其添加为 Snapchat 好友并添加 Snapchat 代码。

六、botbot

（一）botbot 网站网址及其简介

https：//botbot. me/

该网站一个 ICR 交流平台。botbot 可以选择自己喜欢的频道制作 IRC 短片。

（二）情报分析中其主要应用内容

了解相关用户社交关系和分析其特点。

七、ICQ

（一）ICQ 网站网址及其简介

https：//icq. com/windows/en

该网站一款俄罗斯社交软件。针对 Windows 的新 ICQ 提供简单的交流方式，包括新设计的免费的音频和视频通话、群聊等。

（二）情报分析中其主要应用内容

了解目标社交活动信息。

八、netsplit

（一）netsplit 网站网址及其简介

https：//netsplit. de/channels/search. php

IRC 聊天室可以在“Internet 中继聊天”中搜索聊天室，并获取有关其用户和主题的信息。

（二）情报分析中其主要应用内容

1. 使用此 IRC 搜索引擎可以搜索大约 500 个 IRC 网络的频道名称和主题。

2. 查找有趣的聊天室，并与志趣相投的人聊天。

九、Mibbit

（一）Mibbit 网站网址及其简介

http：//mibbit. com/

使用 Mibbit，可以浏览并连接到频道，或直接与认识的人聊天。可以嵌入 Youtube 剪辑，使用粘贴框，与朋友共享频道 URL 等。注册账户后，可以选择多种颜色，笑脸和皮肤来控制 Mibbit 为您工作的方式。

Mibbit 聊天运行在所有的 PC 和 Mac 浏览器上，如果你不在电脑上，它也可以在 PS3，Wii 和 iPhone 上运行。聊天很简单，无须注册账户，只要选择你的昵称，选择一个频道。

Mibbit 使任何人都能够通过使用其定制的 Javascript 小部件在其网站上创建快速、灵活的群聊。使用 Mibbit，您可以获得一个易于使用的聊天小部件，并且具有许多与 IRC 网络的配置和连接选项。通过三个简单的步骤，任何人都可以建立自己的聊天室并在其网站上使用它。此外，其还提供了一个 API 和高级软件包，以满足功能需求。

（二）情报分析中其主要应用内容

浏览并连接到频道，或直接与认识的人聊天。

第七章　国外公司查询

第一节　全球及美国公司查询

一、创新公司搜索

（一）创新公司搜索网站网址及其简介

https：//www. crunchbase. com/

Crunchbase 是为专业人士发现创新的平台，在数据来源方面，Crunchbase 已与全球众多公司和投资者建立了合作伙伴关系。绝大多数数据不是依赖于网络搜索，而是直接来自平台风险伙伴和活跃的贡献者社区。平台每月有超过 60 万名高管、企业家和投资者更新超过 100000 家公司、人员和投资者资料更新。每天有超过 400 多种算法搜索并验证平台数据，平台关注着 2000 多个热门新闻出版物，提供实时数据验证。

（二）情报分析中使用 Crunchbase 的主要内容

1. 查询公司信息。

2. 查询投资者信息。

二、NerdyData

（一）NerdyData 网站网址及其简介

https：//nerdydata. com/

NerdyData 是源代码的搜索引擎。每个网站都以代码（HTML、Javscript 和 CSS）构建，这些代码决定了网站的外观和功能。用户可以使用 NerdyData 搜索一段特定的代码，以查看哪些网站正在使用它。例如，所有使用 Google Analytics（分析）的网站都将带有 google-analytics. com/analytics. js 标记。NerdyData 可以对数百万个站点进行爬网并建立索引，使其全部可搜索。

（二）情报分析中使用 NerdyData 的主要内容

1. 查找使用同一种技术和代码的网站和公司。

2. 支持查找受最新恶意软件或其他漏洞影响的网站，呈现 Javascript 并捕获全局变量、网络请求、Cookie 等。

三、AnnualReports

（一）AnnualReports 网站网址及其简介

http：//www. annualreports. com/

AnnualReports 是完整、实时的在线年度报告列表。平台提供免费的互联网服务，使潜在的投资者可以轻松便捷地查看公司的年度报告。如果用户要一次研究多个公司，则可以通过从 AnnualReports 获取免费报告来节省时间。借助 AnnualReports，用户将可以方便地登录我们的年度目录并查看公司信息。AnnualReports 是一个易于使用的网站。访客可以通过六个搜索条件来查找公司：字母顺序、公司名称、股票代码、行业、交易所和索引。一旦找到公司，就可以以 HTML 或 PDF 格式查看。

（二）情报分析中使用 AnnualReports 的主要内容

1. 年度报告查询：用户可通过公司名称、股票代码查询公司年度报告。

2. 其他报告查询：平台提供外部链接支持查询其他类型企业报告。

四、Bikudo

（一）Bikudo 网站网址及其简介

https：//www. bikudo. com/

Bikudo 是一个在线 B2B 交易平台，将全球的买家、制造商和供应商联系在一起。

（二）情报分析中使用 Bikudo 的内容

1. 供应商查询：支持查询成立年份、商业模式、在职员工数量、产品类型、服务范围、公司认证、地址、电话、网站等信息。

2. 产品查询：支持查询产品价格、最小订购量、付款方式、原产国、品牌、型号、单位尺寸、单位重量等信息。

五、bizeurope

（一）bizeurope 网站网址及其简介

http：//www. bizeurope. com/

bizeurope 平台提供范围覆盖欧洲、美洲、亚洲等地区的企业名录。

（二）情报分析中使用 bizeurope 的内容

1. 可通过关键字查询包括酒店、旅游、金融等行业名录查询，内页中包括具体介绍。

2. 对有兴趣的公司用户可以通过平台在线联系。

六、Bizstats

（一）BizStats 网站网址及其简介

http：//www. bizstats. com/

BizStats 是免费在线小型企业统计信息来源。BizStats 以有用且易读的格式反映了最新的 IRS 财务信息。BizStats 不会编辑、过滤或清除原始 IRS 数据。因此，BizStats 内容可能包含错误、遗漏和异常，如资产或负债负项，但保持与原始 IRS 数据一致。

（二）情报分析中使用 BizStats 的内容

1. 财务报告：提供多种样式的行业报告，内容涵盖资产负债表、行业财务状况、销售框架等多种内容，用户可以自定义显示方式。

2. 市场分析：提供多种样式的行业报告，内容涵盖消费者分析、行业叙事性分析等内容，用户可以选择报告的格式。

七、Brandchecker

（一）BrandChecker 网站网址及其简介

https：//brandchecker. com/

BrandChecker 是一个多网络检查平台，旨在简化品牌名称的批量检查和保留。平台所有配置文件均由人工注册，会使用个性化详细信息准确填充所有个人资料页面，为了完全保密平台将安全地保留登录详细信息以供使用。

（二）情报分析中使用 BrandChecker 的内容

用户可输入名称检测其可用性，平台提供国别和类别等分类方便用户检索。

八、cedar-rose

（一）cedar-rose 网站网址及其简介

https：//www. cedar-rose. com/

cedar-rose 主营中东和北非的信用信息、商业情报和尽职调查领域，提供产品和服务，满足全球客户的信用分析、合规、反洗钱业务要求。cedar-rose 是 MENA 及其他地区的一站式风险管理解决方案商店。

（二）情报分析中使用 cedar-rose 的内容

1. 获取企业信用报告。

2. 提供针对企业声誉、涉诉信息、商业情报、股权结构等丰富内容的尽职调查，用户可以选择报告具体内容及交稿时间。

3. 身份验证：在传统意义上较难获取信息的国家和地区，cedar-rose可通过个人和公司的 API 提供即时身份验证。平台灵活的 API 可自定义以适应各种语言和脚本，以获得全面的匹配结果。

九、comparably

（一）comparably 网站网址及其简介

https：//www. comparably. com/

comparably 的目的是使工作场所透明化，并为雇员和雇主提供平台。comparably 揭示公司文化和市场补偿（由实际雇员贡献），并提供雇主品牌展示。

（二）情报分析中使用 comparably 的内容

1. 查询公司的各项信息。

2. 了解公司评价。

十、Corporateinformation

（一）CorporateInformation 网站网址及其简介

https：//www. corporateinformation. com/

CorporateInformation. com 中包含的公司研究报告来自 85 个国家/地区的 39000 多家公司。自 1960 年成立以来，Wright Investors 一直研究和分析公司信息。赖特投资者服务公司开发了全球主要的公司财务数据库 Worldscope。Worldscope 数据库是金融行业有关全球上市公司的详细财务报表数据的主要来源。该数据库包含从主要来源文档（如年度和中期报告）获得的数据。通过 CorporateInformation. com 提供的研究报告是根据 Worldscope 数据库中包含的数据开发的。

（二）情报分析中使用 CorporateInformation 的内容

1. 公司报告：包括公司简介、竞业分析、销售分析、盈余分析等内容。

2. 财务报告：包括资产负债表、收益表、资本来源等内容。

3. 质量分析报告：投资接受、财务能力、盈利能力和盈利稳定性、企业前景等内容。

4. 工具：平台提供各类名单、汇率及相关外部链接以便用户使用。

十一、corporationwiki

（一）corporationwiki 网站网址及其简介

https：//www. corporationwiki. com/

提供公司透明度和有关公司的历史数据。

（二）情报分析中使用 Wiki 的主要内容

1. 公司检索：平台提供用户查询公司的地址、企业备案信息、活跃度等信息，支持开通公司状态追踪，用户将在公司位置变更、活动状态变化、高管变动时第一时间收到信息。

2. 任务检索：用户可以查询到目标人物的关联公司，平台提供包含年龄、位置、刑事违法记录、亲属关系等信息的背景调查报告。

十二、DNB

（一）DNB 网站网址及其简介

https：//www. dnb. com/

DNB 数据云提供业务数据和分析见解：包括超过 3. 3 亿条业务记录和每天更新的 3. 75 亿个数据元素，这些关键数据和洞察力可通过数据云及其支持的解决方案访问，从而加快收入、降低成本、降低风险并转变业务。

（二）情报分析中使用 DNB 的内容

1. 通过名称、行业、品牌等搜索企业信息。

2. 获取企业分析报告。

3. 了解行业信息。

十三、Ezilon

（一）Ezilon 网站网址及其简介

https：//www. ezilon. com/

Ezilon. com 网站结合了 Web 目录和搜索的功能，可以在需要的时间快速访问相关信息。网站目录分为多个区域，其中包括欧洲、北美、非洲、亚洲、大洋洲、南美和中美洲。用户可以根据要查找其信息的地区，使用“世界地区选择”选项从每个地区的主页中进行选择。用户可以随时将网站提交到 Ezilon. com，接受任何网站所有者或任何自愿提供个人建议的网站。

（二）情报分析中使用 Ezilon 的内容

通过地区和行业类型查找命中条件的网站，并提供网站链接。

十四、全球 500 强

（一）全球 500 强网址及其简介

https：//fortune. com/global500/

Fortune 是一家全球性媒体组织，提供世界 500 强公司相关信息。

（二）情报分析中使用 Fortune 的功能

企业查询：可按年度查询世界五百强公司，平台提供该公司包括公司规模、年收入、利润、雇员情况、历史排名、关建财务信息等内容。

十五、全球 2000 强

（一）全球 2000 强网站网址及其简介

https：//www. forbes. com/global2000

本网使用来自 FactSet Research 系统的数据来编制全球 2000 强榜单，以四个指标筛选最大的上市公司：销售额、利润、资产和市场价值。所有数字均以美元计算，使用可获得的近 12 个月财务数据。影响公司排名中使用的因素有很多：数据收集、筛选和公司报告政策的及时性；针对特定国家的报告政策；公司发布财务数据之间的时间间隔；数据库何时捕获它以进行筛选和排名。

（二）情报分析中使用 FactSet Research 的内容

查询世界 2000 强公司的档案信息，包括市值、成立年份、行业类型、首席执行官、雇员数量、销售额及相关新闻，部分数据支持图表可视化。

十六、globalEDGE

（一）globalEDGE 网站网址及其简介

https：//globaledge. msu. edu/

globalEDGE 是由密歇根州立大学国际商务中心负责。密歇根州立大学 Eli Broad 管理学院的国际商务中心（IBC）在 1990 年被美国教育部指定为国家资源中心（国际商务教育和研究中心）。IBC 旨在为企业、公共政策制定者、学者和学生提供对国际贸易和全球竞争力至关重要的问题的优质教育、研究和帮助。

（二）情报分析中使用 globalEDGE 的内容

1. 查询国家和地区的简介、地理情况、语言、货币、族群、地图及外部链接等内容。

2. 平台提供市场潜力指数（MPI）及国际商业统计数据库（DIBS）等工具，便于用户开展研究和商业分析。

十七、GuideStar

（一）GuideStar 网站网址及其简介

https：//www. guidestar. org/

GuideStar 收集、组织和发布有关美国非营利组织的信息。由 80 多个团队组成在美国各地一起工作。营造一种与非营利组织的工作文化，并鼓励民众参与社区的志愿活动。GuideStar 是使用 Internet 共享非营利信息的先驱。

（二）情报分析中使用 GuideStar 的内容

可通过关键词检索命中条件的非营利性组织的详细信息，包括简介、成立年份、主理人、地址等信息。

十八、Hotfrog

（一）Hotfrog 网站网址及其简介

https：//www. hotfrog. com/

Hotfrog 网站为用户企业提供全天候在线销售工具，使其有机会免费推广其运营、产品和服务。

（二）情报分析中使用 Hotfrog 的主要内容

用户通过关键字和地区查询命中条件的公司，平台提供的信息包括电话、网址、地址、简要介绍、行业类别等信息。

十九、Inc5000

（一）Inc5000 网站网址及其简介

https：//www. inc. com/inc5000/

Inc. 年度指南，介绍美国 5000 家增长最快的私营公司，以及它们如何达到顶峰。

（二）情报分析中使用 Inc5000 的主要内容

通过关键字、行业类型、地区等条件筛选符合要求的企业，平台提供的信息包括简介、负责人、地址、雇员数量、社交网络账号等信息

二十、Infobel

（一）Infobel 网站网址及其简介

https：//www. infobel. com/

本网属于 Kapitol 公司，其是世界上第一家开发和发布目录型网站的公司，并提供移动版本。

（二）情报分析中使用 Infobel 的主要内容

可通过公司名称、关键字、电话及城市和邮政编码

等信息查找命中条件的公司，平台提供公司电话、网址、标志、营业时间及社交账号等信息。

二十一、Info-clipper

（一）Info-clipper 网站网址及其简介

http：//www. info-clipper. com/en/

Info-clipper. com 为 B2B 受众提供业务和信用信息，以及易用性，质量信息报告和优质的服务。

（二）情报分析中使用 Info-clipper 的主要内容

可通过国家代码、公司名称及 DUNS 编码查询命中条件的记录，平台提供完整公司名称、国家、地区、联系电话等信息。用户可付费购买业务报告、企业关系、等级检查等报告。

二十二、徽标搜索

（一）徽标搜索网站网址及其简介

http：//instantlogosearch. com/

instantlogosearch 是一个商户 LOGO 查询平台。

（二）情报分析中使用徽标搜索的主要内容

用户可根据关键字查询命中的图标，平台支持 PNG 格式下载。

二十三、iSpionage

（一）iSpionage 网站网址及其简介

https：//www. ispionage. com/

iSpionage 提供数字营销情报，实现在搜索推广领域中获得竞争优势。该平台的易用性及其深度数据智能为搜索营销人员提供具可操作性的数据和竞争情报。

（二）情报分析中使用 iSpionage 的主要内容

iSpionage 的 SEM 报告使搜索营销专业人士能够直观地看到买家从收购到转化的整个过程。

二十四、Kompass

（一）Kompass 网站网址及其简介

https：//cn. kompass. com/

Kompass 提供拓展业务所需的智能数据和 B2B 信息服务，使用户能够基于在 75 个国家/地区的数据专业知识，与所需的公司联系，是 B2B 对接和出口服务提供商。

（二）情报分析中使用 Kompass 的主要内容

用户可以通过公司名称或公司所提供服务的关键字及所在国家和地区查找命中条件的记录，平台提供的信息包括地址、联系电话、部分产品介绍等信息。

二十五、Kyckr

（一）Kyckr 网站网址及其简介

https：//portal. kyckr. co. uk/

kyckr 能够实时访问来自欧洲及其他国家的公司注册信息，独立地连接全球超过 150 个商业注册处。

（二）情报分析中使用 Kyckr 的主要内容

用户可通过公司名称关键字和所在地区查询命中的记录。

二十六、Manta

（一）Manta 网站网址及其简介

https：//www. manta. com/

Manta 为小型企业提供在线资源，诸如新闻和建议以及促销机会和工具。

（二）情报分析中使用 Manta 的主要内容

用户通过行业类别和地址搜索命中的记录，平台提供的信息包括地址、成立年份、年收入预测、员工数量、SIC 代码及

NAICS 代码。

二十七、marketvisual

（一）marketvisual 网站网址及其简介

http：//www. marketvisual. com/

marketvisual 是一个全球范围的公司人员搜索平台。

（二）情报分析中使用 marketvisual 的主要内容

用户可以按姓名、公司或职务搜索专业人员，信息包括公司隶属关系等信息，支持可视化结果显示。

二十八、opencorporates

（一）opencorporates 网站网址及其简介

https：//opencorporates. com/

opencorporates 是一个提供全球公司开放数据的平台，作为世界上最大的公司信息开放数据库，opencorporates 的业务正在公开提供高质量的官方公司数据。

（二）情报分析中使用 opencorporates 的主要内容

通过公司名称或主理人关键字查询命中的记录，平台提供的信息包括公司编号、公司状态、成立日期、公司类型、地址、董事等信息。

二十九、orbisdirectory

（一）orbisdirectory 网站网址及其简介

https：//orbisdirectory. bvdinfo. com

Bureau van Dijk 是一家分析公司，此网收集有关公司所有权结构的全球并购数据和情报，撰写有关交易的新闻报道，也提供产品管理和软件开发业务。

（二）情报分析中使用 Bureau van Dijk 的内容

用户通过输入公司名称及国家查询命中的记录，平台提供的信息包括股东信息、关联公司信息、商业类别、资产变化情况等。

三十、annualreportservice

（一）annualreportservice 网站网址及其简介

http：//www. annualreportservice. com/

Public Register Online 是最早、规模最大的免费年度报告服务网站，提供对公司财务信息的快速在线访问，以及上市公司订购年度报告的印刷副本。平台与纽约证券交易所的隶属关系提供了有关参与的纽约证券交易所公司的详细股票信息的链接。

（二）情报分析中使用 annualreportservice 的主要内容

用户通过关键字，查找符合条件的内容，需要用户登录后才能显示详细信息。

三十一、Prars

（一）Prars 网站网址及其简介

http：//www. prars. com/search/alpha/A

Prars 维护和分发全美最大的年度报告以及用于响应 IR 数据传递的基于 Internet 的响应系统，为投资者关系社区提供服务。

（二）情报分析中使用 Prars 的内容

用户可通过关键字和地区检索命中条件的记录。公共登记册提供在纽约证券交易所，纳斯达克、AMEX、OTC 和 TSX 交易所交易的上市公司的免费年度报告。Prars 提供及时履行年度报告订单的优质服务。在一个工作日内处理并邮寄订单。

三十二、Thomasnet

（一）Thomas 网站网址及其简介

https：//www. thomasnet. com/

Thomasnet 满足 B2B 用户的需求，提供所需供应商的信息。

（二）情报分析中使用 Thomasnet 的主要内容

用户可以按照名称、类别或公司品牌查询命中条件的记录，信息包括业务明细、雇员情况、成立年份主要人员等信息。

三十三、Vault

（一）Vault 网站网址及其简介

https：//www. vault. com/

Vault 提供特定行业、公司或专业领域内工作的真正状态，包括有关 120 多个行业的 840 多个专业和近 5000 家公司的详细信息，以及如何定位自己以启动和建立理想的职业，并提供有关简历、求职信、访谈、人际网络等方面的建议。

（二）情报分析中使用 Vault 的主要内容

用户可根据关键字和行业类别搜索命中记录的公司和工作机会。

三十四、SpyFu

（一）SpyFu 网站网址及其简介

https：//www. spyfu. com/

SpyFu 的竞争情报为 SEO 和 PPC 专业人员提供智能策略。

（二）情报分析中使用 SpyFu 的主要内容

用户可通过输入网站地址查询该网站的分析报告，内容包括搜索关键字、历史排名、竞争者网址、竞争对手共享关键字等信息，平台支持数据可视化。

三十五、Semalt

（一）Semalt 网站网址及其简介

https：//semalt. com/

Semalt（Semalt OU，Tuukri 19-315，Talinn，Estonia，10152，Jap. fm Ltd.，Majuro，Marshall Islands）成立于2013 年 9 月，是一家现代的成长快速的 IT 公司。公司总部位于乌克兰基辅。Semalt 作为一个全栈式数字机构，提供高质量的 SEO 推广、网络开发、讲解员视频制作和高级分析服务。

Semalt 是一个有创造性、才能、主动性和积极性的专家团队，其实现了许多成功的 IT 项目。现在 Semalt 的技能已经磨炼了数十年，因此可以说团队每个人都是真正的行业高手。我们的共同努力创建了最原创和创新的网络服务，通过这项技术和帮助，用户将能够完全实现其网站潜力。

（二）情报分析中使用 Semalt 的主要内容

用户可输入网站域名查询网站关键字、关键词活跃度、网站位置等信息，平台支持可视化结果。

三十六、商业改善局

（一）商业改善局网址及其简介

https：//www. bbb. org/

BBB 网站为市场信任设定标准、通过与消费者和企业互动并对其进行教育来鼓励和支持良性运转、鼓励市场榜样、指出并解决不合标准的市场行为、建立值得信赖的企业和慈善团体。

（二）情报分析中使用商业改善局的主要内容

通过关键字和地区查找命中条件的机构，平台提供公司地址、联系方式及业务介绍等信息。

三十七、全球公司注册链接

（一）全球公司注册链接网站网址及其简介

http：//www. rba. co. uk/sources/registers. htm

平台提供全球注册信息的查询链接，公司的报告和归档要求因国家/地区而异，有时也因州或地区而异，也取决于公司的规模和法律形式（独资、合伙、有限责任等）。

（二）情报分析中使用 rba 的主要内容

平台提供全球及各个国家和地区的商业注册信息查询链接，用户可根据需要进入链接完成查询。

三十八、SEMrush

（一）SEMrush 网站网址及其简介

https：//www. semrush. com/

SEMrush 是在线营销竞品研究服务平台，为所有数字化营销领域创造最佳竞争情报解决方案。

（二）情报分析中使用 SEMrush 的主要内容

用户可根据关键词、ULR 查询命中条件的信息。

三十九、wso-company-database

（一）wso-company-database 网站网址及其简介

https：//www. wallstreetoasis. com/wso-company-database

wallstreetoasis 是线上金融社区，拥有超过 2000000 篇帖子，每月浏览量超过 400 万次，目前提供：财务建模培训；详细的行业和面试指南；模拟面试和华尔街导师；专业财务简历审查服务等。

（二）情报分析中使用 wallstreetoasis 的主要内容

用户可通过关键字检索符合条件的网站、企业及个人。

四十、Linksv

（一）Linksv 网站网址及其简介

https：//www. linksv. com/

Linksv 数据库提供了 20 多年来有关硅谷人员、资本和公司的详细信息。通过跟踪硅谷公司背后的人员和资金，把这些因素联系起来，找出每个点的最佳联系。

（二）情报分析中使用 Linksv 的主要内容

公司或人员搜索：用户可根据关键字搜索或者按职务分类、投资轮次等分类条件检索。

第二节　欧盟及英国公司查询

一、Europages

（一）Europages 网站网址及其简介

https：//www. europages. co. uk/

欧洲黄页（Europages）是国际性 B2B 搜索引擎，是欧洲具指导性的专业搜索参考工具，集合上百万家进出口业、隶属不同业界领域之精选企业。目前有来自 210 个不同国家的用户注册使用网站服务，网站每月有 400 万绝对访问用户。

Europages 是欧洲 B2B 平台，共有 26 国不同语言版本。注册企业达 300 万，主要为制造商、批发商、经销商和服务供货商，Europages 每月可吸引超过 200 万在欧洲其全球各地寻找商业合作伙伴、供货商的决策者。

（二）情报分析中使用“Eeuropages”网站查询的主要内容

在搜索栏中输入关键字/词即可搜索产品/服务、业务、企业。

二、Detelefoongids

（一）Dettelefoongids 网站网址及其简介

https：//www. detelefoongids. nl/

Dettelefoongids. nl 是荷兰的官方目录，可以找到全荷兰几乎所有公司，包括地址、电话号码、评论、营业时间、照片、计划和业务活动说明等。

（二）情报分析中的应用

查询荷兰公司信息。

三、bigreddirectory

（一）bigreddirectory 网站网址及其简介

https：//www. bigreddirectory. com/

该网站是网络上英国地名数据的最大收集网站。bigreddirectory 使用最先进的人工智能自我更新自己的内容，会在网上搜寻要添加到自己的数据库中的新数据。

（二）情报分析中的应用

查询英国公司及个人信息。

四、BizStats

（一）BizStats 网站网址及其简介

https：//www. bizstats. co. uk/company-search/

BizStats 是英国的小型企业门户网站，提供有关小型企业的可访问且信息丰富的数据源，并准备了多种过滤器设置，以尽可能轻松地搜索相关信息。

根据字段的不同，可以输入关键字，也可以从下拉菜单中选择一个选项。例如，查找有关特定城镇的公司的详细信息将为供多个结果，但是如果将城镇名称与特定类别结合在一起，则可以从下拉菜单中进行选择，也可以缩小搜索范围，从而有效地缩小了搜索范围。

（二）情报分析中的应用

查询英国公司及个人信息。

五、Startupxplore

（一）Startupxplore 网站网址及其简介

https：//startupxplore. com/en/startups

Startupxplore 是欧洲创业生态系统中最大、最新的数据库，风险投资支持，天使支持和引导型创业公司。按位置和行业浏览。Startupxplore 通过详细的选择和筛选标准，使用户能够拥有对优质新兴公司的均衡且多样化的投资组合。通过在公司分析和风险缓解方面非常透彻的工作来专注降低风险。

（二）情报分析中的应用

查询欧洲公司及投资信息。

六、Register

（一）Register 网站网址及其简介

https：//register. fca. org. uk/

The Financial Services Register 是一个公共记录，其中显示受审慎监管局（PRA）或金融行为监管局（FCA）监管或已经受其监管的公司、个人和其他机构的详细信息。它还提供有关金融服务管理局监管的公司的信息，这些公司已在 2013 年 4 月之前取消或停止监管。

（二）情报分析中使用“Register”查询的主要内容

1. 搜索注册簿，以查明所使用或计划与之开展业务的公司是 PRA 或 FCA 的授权还是被豁免的公司。还可以查看消费者信贷公司是否拥有提供消费者信贷的临时许可。

2. 可以看到的有关公司或个人的其他信息包括：主要联系方式，交易名称和其他基本信息；公司或个人的“状态”，如他们是否被授权或批准；在英国或国外未经要求的授权，批准或豁免而提供产品或服务的一些公司和个人的名称和基本详细信息；也可以在注册中心搜索在授权公司工作并执行 FCA 或 PRA 批准的角色的人员。

七、英国公司

（一）英国公司网站网址及其简介

https：//www.companiesintheuk.co.uk/

英国公司网站试图通过交叉引用和增强公司资料库的原始数据来解决官方公司资料库注册簿的不足。

例如，在“英国公司”网站上的“公司公报”，公司网站上可以找到有关该公司的信息，指示许多公司在同一地址注册的信息，可以更好地搜索相关公司以及更多功能。

（二）情报分析中的应用

查询英国公司信息。

八、eld.elto

eld.elto 网站网址及其简介

https：//eld.elto.org.uk/

雇主责任数据库（ELD）包含自 2011 年 4 月以来的所有新的和续签的 EL 保险单，对它们提出新索赔的旧 EL 保单以及 FCA 法规未要求的超过 500 万条历史保单。

在英国已获得或已获得授权编写一般保险的任何保险公司都必须遵守 FCA 关于追查 EL 政策的规定。

九、Fairtrades

（一）FairTrades 网站网址及其简介

https：//www.fairtrades.co.uk/

FairTrades 获得了通用保险标准委员会（GISC）的会员资格，并因使用 IT 最大限度地提高消费者价值而获得了 Microsoft Digital UK Award，为贸易专业人员提供与贸易有关的保险产品。

（二）情报分析中的应用

可按交易类型和地址查找会员。

十、scoresonthedoors

（一）scoresonthedoors 网站网址及其简介

https：//www. scoresonthedoors. org. uk/index. php

2005 年 1 月 1 日，英国的《信息自由法》和《环境信息法规》出台。实际食用食物并为检查付费的人有权查看有关卫生检查的信息。现在，不仅有权利，而且地方当局也有义务主动使公民意识到这一点。Transparencydata UK 于 2005 年成立，代表地方政府发布食品卫生信息。食品标准局（FSA）提出了一项标准化计划—食品卫生评级计划。2012 年，Transparencydata 签署了一项合作协议，将其客户和技术迁移到新标准。然后，由地方当局负责收集和发布分数的责任转移到了 FSA。所有食品企业必须在北爱尔兰和威尔士展示自己的标贴，并且英格兰也必须遵守这一政策。该倡议的直接结果是，整个英国的合规水平提高了 50%以上。

（二）情报分析中使用 scoresonthedoors 网站查询内容

了解在整个英国 537747 个列出的场所中，任何场所的卫生和管理良好的食品准备情况。

十一、FCA

（一）FCA 网站网址及其简介

https：//www. fca. org. uk/firms

FCA（金融行为监管局）是英国 59000 家金融服务公司和金融市场的行为监管者，也是其中 18000 多家公司的审查监管者。

其工作和宗旨由 2000 年金融服务和市场法（FSMA）定义，与消费者团体、行业协会和专业机构、国内监管机构、欧盟立法机构以及其他广泛的利益相关者合作。在这一广泛的职责范围内，采用比例法进行监管。

(二) 情报分析中的应用

根据不同类型查询英国金融公司情况。

十二、Localheroes

(一) Local Heros 网站网址及其简介

https://www.localheroes.com/

在 Local Heros，可以为客户提供在家中及附近完成工作。使用智能技术，为客户与本地的商户配对，所有商户均通过审核。其网络已覆盖英国各地 7000 多家本地公司，几乎涵盖了所有领域。从水暖和灰泥到装饰和电气。

团队会审核“本地英雄”平台上的每个商人，以确保他们具有合适的资格和技能。可以在适合自己的时间预订您的工作，并且有 12 个月的保修期。

(二) 情报分析中使用“localheroes”网站查询的主要内容

输入关键字和邮政编码即可进行搜索。

十三、MyBuilder

(一) MyBuilder 网站网址及其简介

https://www.mybuilder.com/builders/in/uk

MyBuilder 是一个在线市场，将消费者、建筑商和商人聚集在一起，提供了一个开放透明的平台来促进和支持高质量的工作。遵循通过反馈负责的原则，雇主对商户进行评估，使其寻找高质量的建筑商，以及使建筑商更容易找到高质量的工作变得容易。

(二) 情报分析中使用 MyBuilder 网站查询主要内容

查找全英国本地建筑商，找到经过审查的本地建筑商，只需发布需求即可从附近的英国各地的建筑商处获得免费报价。

十四、NICEIC

（一）NICEIC 网站网址及其简介

http：//www. niceic. com/

NICEIC 是英国电气合同行业自愿监管机构，评估电工的电气能力，目前拥有超过 28000 名注册承包商。除了电气业务外，还为供暖、水暖、可再生和绝缘行业的公司提供认证。网站的目标是支持公司帮助改善他们的业务，包括有关所有最新行业发展的培训、技术咨询、认证和信息。所有的承包商都经过严格的评估过程，包括其工作、场所、文档、设备以及主要监管人员能力的代表性样本。然后定期对承包商进行重新评估，以确保持续合规。进行的评估工作得到了英国认证服务机构的独立认证。

（二）情报分析中使用“NICEIC”网站查询的主要内容

NICEIC 为在建筑服务行业工作的承包商提供评估和认证服务。评估电工、可再生能源安装人员、水管工以及天然气和供暖工程师。

十五、Scoot

（一）Scoot 网站网址及其简介

https：//www. scoot. co. uk/

Scoot 是一家领先的在线搜索公司，为企业提供有针对性的在线展示机会，在英国运营着最大的在线商业目录网络，拥有超过 400 个网站。有超过 60 万名成员，每月有 4000 个至 6000 个新企业加入。提供企业名称和地址，还为 Touch Local、The Independent、The Sun 和 The Mirror 提供业务目录，为广告客户提供在多个领先搜索网站上被发现的附加价值。

（二）情报分析中使用“Scoot”网站查询的主要内容

查询英国企业信息。

十六、Tradesmencorner

（一）Tradesmencorner 网站网址及其简介

https：//www. tradesmencorner. co. uk/

Tradesmencorner 平台可免费宣传商户的建造、水管工、安全、存储业务并与客户建立联系。Tradesmencorner 是商人列表，可以添加、宣传相关业务，为企业增加曝光度，建立企业在线声誉。

（二）情报分析中的应用

查询英国公司及相关从业者信息。

十七、TrustATrader

（一）TrustATrader 网站网址及其简介

https：//www. trustatrader. com/

TrustATrader. com 是英国在线贸易目录网站。在页面顶部的框中输入要寻找的行业以及邮政编码或城镇/城市，然后单击“搜索”即可寻找可靠的商户。可以查看所在地区所有适合工作的受信任贸易商的公司资料。还可以提供以前客户的评论，以帮助您选择理想的商人。进行选择搜索后，将列出在所选区域内专门从事相关交易的 TrustATrader 成员。只允许在每个地区的任何一项交易中列出有限数量的成员，从而为消费者提供更好的质量选择，并保证每个交易者的询盘公平。

（二）情报分析中使用“TrustATrader”查询的主要内容

查找英国公司信息。

十八、Trustmark

（一）TrustMark 网站网址及其简介

https：//www. trustmark. org. uk/

TrustMark 是政府认可的质量计划，并且对良好的客户服务、技术能力和交易实践做出了相当大的承诺。在搜索栏输入新闻、服务或其他关键字即可进行搜索，包括：在房屋内外进行的工作，包括维修、保养和改善（RMI）；改造和节能措施。

（二）情报分析中使用“TrustMark”查询的主要内容

根据地址、姓名和行业等查询企业信息及相关新闻。

十九、Trustpilot

（一）Trustpilot 网站网址及其简介

https：//uk. trustpilot. com/

Trustpilot 是评论平台，该网站免费开放给所有人，通过使企业和人们之间更加紧密的联系来改善世界，打造消费者和客户喜爱的出色产品。

（二）情报分析中使用 Trustpilot 查询的主要内容

查询企业及相关评价信息。

二十、companieslist*

（一）companieslist 网站网址及其简介

https：//www. companieslist. co. uk/

（二）情报分析中使用 companieslist 查询的主要内容

英国的公司清单。可以查找、检查和分析公司数据。在搜索栏输入公司名称即可进行搜索。

二十一、BizDb*

（一）BizDb 网站网址及其简介

https：//www.bizdb.co.uk/

（二）情报分析中使用“BizDb”查询的主要内容

1. BizDb 是一个一站式业务指南，提供有关英国公司的可访问、准确和更新的信息。其快速高效的搜索工具，结合庞大而详细的业务数据库，将为搜索与任何现有公司相关的各种信息提供宝贵的帮助。

2. 每个企业资料还将附加所有可用的网址、电话号码以及公司电子邮件。BizDb 将通过显示其董事的姓名、公司的年限以及最近详细的财务数据来使公司结构一目了然，而且完全免费。BizDb 将为用户提供有关任何公司的完整信息包，包括从公司业绩、商标和联系信息到其财务业绩的精确概览、公司名称变更历史等。

第三节　其他国家公司查询

一、加拿大政府公司搜索

（一）加拿大政府公司搜索网站网址及其简介

https：//www.ic.gc.ca/app/scr/cc/CorporationsCanada/fdrlCrpSrch.html? locale=en_ CA

此网站是加拿大政府的数字业务，为加拿大人更容易找到和了解加拿大政府的信息和服务。可查询内容：

1. 工作及场所、公民和移民身份、工商信息、就业保险及休假、家庭及福利、教育和助学、住房福利、残疾津贴、税收、环境与自然资源、国家安全与国防、文化、历史体育等。

2. 加拿大公司页面可以寻找公司，成立、合并公司，了解注册营利与非营利公司的步骤、提交企业年报等信息。

可以按公司名称、公司编号或企业编号（BN）进行搜索。输入可以按公司名称、公司编号或企业编号（BN）进行搜索。搜索公司名称、公司编号、企业编号、其他搜索选项包括注册办公地省、公司地位、适用法律等。

（二）情报分析中的应用

查询加拿大公司及个人信息。

二、cbr（加拿大）

（一）cbr 网站网址及其简介

http：//www. cbr. ca/AdvancedCompanySearch. aspx

加拿大商业资源网站为用户提供了一种互动方式来查找加拿大的商业信息，帮助用户积极快速地搜索详细的公司信息。可查询内容：

1. 公司简介和高管简介。每一份简介都详细解释了该公司的成长历程和高管传记。

2. 服务器数据库搜索（需要订阅）。订户数据库允许用户搜索超过 6560 家加拿大顶级公司的数据库，并使用特定的标准精确定位公司。

每个公司记录包括联系方式、高管和董事姓名、公司简介、财务数据、NAICS 代码、直接链接到电子邮件和网站地址、直接链接到新闻稿、股票分析和投资信息、数据库查询的结果可以单独或批量以 csv 格式导出。

（二）情报分析中的应用

查询加拿大公司及个人信息。

三、Infocif（西班牙）

（一）Infocif 网站网址及其简介

http：//www. infocif. es/

Infocif 是企业搜索引擎，能够获得西班牙所有公司的完整信息。

（二）情报分析中使用 Infocif 网站可查询到的主要内容

可以查看企业排名、贸易报告、本票贴现价格、新公司、商业登记处、竞争排名、投标、新闻等信息。

1. 寻找公司和管理人员的信息。
2. 提供联系信息，寻找客户。
3. 提供金融情报，了解公司信息。

四、Mapped In Israel（以色列）

（一）Mapped In Israel 网站网址及其简介

https：//mappedinisrael. com/

Mapped In Israel 以地图形式提供以色列高科技生态系统的数据和评论。通过可视化方式展现创业公司、投资者、研发中心等，点击地图上的标识会出现公司介绍，直观方便。

（二）情报分析中的应用

查询以色列企业信息。

五、Cepici（象牙海岸）

（一）Cepici（象牙海岸）网站网址及其简介

https：//www. cepici. ci/

科特迪瓦投资促进中心（Cepici）是在总统的授权和监督下的公共机构，是在科特迪瓦进行直接投资的唯一窗口。专业领域：创业、便利行政手续、获得投资法和工业产权、商业联系、改善商业环境、公共—私营部门协商平台。信息和创业援助，可通过预约在 24 小时内启动创业手续；创业手续的办理事项，包括手续、文件、事务所认证；投资批准手续方面信息；法律通知。

（二）情报分析中的应用

查询企业信息。

六、Cedar-rose（中东）

（一）Cedar-rose（中东）网站网址及其简介

https：//www. cedar-rose. com/

Cedar-rose 提供在中东和北非的信贷信息、商业情报和调查尽职调查领域等服务，以满足客户信贷分析、合规、反洗钱要求。可查询内容：

1. 商业信用报告：230 多个国家免费 CR 分数、信用监测、付款评级。

2. 尽职调查：对中东、非洲和亚洲的公司和个人进行全面细致的尽职调查研究。我们的尽职调查报告和服务有助于防止洗钱、资助恐怖主义、非法军火交易、童工、人口贩运、腐败和贿赂。

3. 数据库订阅：用户可以查看中东和北非地区超过 1200 万家公司的记录，并立即识别相关人员，如股东、董事和经理以及他们之间的联系。

4. 电子身份验证：通过 API 为个人和公司提供即时身份验证。

（二）情报分析中的应用

查询中东和北非地区公司信息。

七、Clarifiedby（中东及非洲）

（一）Clarifiedby（中东及非洲）网站网址及其简介

https：//www. clarifiedby. com/

Clarifiedby. com 是中东、伊朗和非洲的组织信息提供商。在公共信息不易获得的地区开展业务，协调在中东、伊朗和非洲的数据收集活动。获取超过 550 万个 MEA 组织和个人资料；通过独特的网络图可视化组织—人的关系；快速确定最终受益所有权；获得投资的见解；此外还有家族企业数据库。提供阿联酋、沙特阿拉伯、卡塔尔、科威特、阿曼、埃及、巴林、阿尔及利亚和约旦已知家族理财室的数据。

获取超过 550 万个 MEA 组织和个人资料；通过独特的网络图可视化组织—人的关系；快速确定最终受益所有权；获得投资的见解；此外还有家

族企业数据库。提供阿联酋、沙特阿拉伯、卡塔尔、科威特、阿曼、埃及、巴林、阿尔及利亚和约旦已知家族理财室的数据。

（二）情报分析中的应用

查询中东、伊朗和非洲的企业信息。

八、ASIC（澳大利亚）

（一）ASIC（澳大利亚）网站网址及其简介

https：//asic. gov. au/

澳大利亚证券投资委员会是澳大利亚综合性的公司、市场、金融服务和消费者信贷监管机构，根据2001年澳大利亚证券和投资委员会法案（ASIC法案）成立和管理的，依据ASIC法案维持、促进和改善金融系统及其实体的业绩、促进投资者和消费者对金融体系的信心和知情参与，以最低的程序要求有效地管理法律高效、快速地接收、处理和存储接收到的信息，尽快向公众提供有关公司和其他机构的信息，尽所能采取一切必要的行动来执行和实施法律。

（二）提供在线服务的主要内容

1. 面向企业：提供创办和管理公司的信息及指南，企业名称、注册公司、经营公司、更改公司信息、注销、小企业、创新企业等各种信息。

2. 面向金融专业人士：提供申请、维持牌照、许可证、会计师、审计师、清算人基金运营商等相关信息。

3. 面向消费者：提供关于澳大利亚证券投资委员会如何监管金融服务和产品，以及当你的财务出现问题时该怎么做的相关帮助、银行、信贷、退休金、保险、投资和理财、与破产公司间纠纷等方面。

4. 监管领域的信息：管理指南、信息表、咨询文件、报告、立法文书、统计数据、监管文件更新、金融服务、监管改革、顾问培训、金融产品披露、争议解决、违约报告、救济、提供税务咨询的财务顾问、众筹、付款代码、信用评级机构、市场贷款、信用卡、背景、一般行为义务、合同与披露、侵权和违法行为、市场监督、公司治理、风险监督、处理公司信息、审计信息、破产信息等。

（三）情报分析中的应用

查询澳大利亚企业信息。

九、马来西亚公司委员会（SSM）

（一）马来西亚公司委员会（SSM）网站网址及其简介

https：//www. ssm. com. my/Pages/Home. aspx

马来西亚公司委员会（SSM）是马来西亚公司注册处（ROC）和商业注册处（ROB）合并后成立的法定机构，负责管理公司和商业。SSM 主要是负责成立公司和注册业务的一个机构，以及向公众提供公司和业务信息。

（二）主要功能

1. 确保马来西亚公司委员会法案和法律的规定得到管理、实施、执行和遵守。

2. 作为政府的代理人，在管理、收取和执行规定费用或根据管理的法律支付的任何其他费用方面提供服务。

3. 管理与公司、公司和企业有关的法律事务。

4. 鼓励和促进公司董事、秘书、经理和其他高级管理人员监督公司、企业、行业团体和公司部门的专业机构的行为，以确保所有公司和企业活动均按照良好的公司制度治理。

5. 根据任何受管理的法律，加强和促进公司资料的提供，并建立和发展一个设施，使公司委员会收到的任何公司资料都能被分析和提供给公众。

6. 就任何与公司及商业活动有关的事宜进行研究及委任研究。

7. 就与所管理的法律有关的公司和商业活动事宜向部长提供一般性意见。

（三）提供的服务内容

1. 商业登记（ROB）。

2. 公司注册（ROC）。

3. 合伙有限责任公司。

4. 提供公司信息：公司简介（ROC）、业务概况（ROB）、公司费用、财务比较、电子信息图片、业务终止函、公司观察、公司良好信誉证明。

5. 执业证书秘书及审计师：线上程序、申请、变更/更新、停止/撤销/取消资格。

6. 咨询。

（四）情报分析中的应用

查询马来西亚企业信息。

十、泽西岛金融服务监管机构

（一）泽西岛金融服务监管机构网站网址及其简介

https：//www. jerseyfsc. org/

泽西岛金融服务为监管机构官方网站，负责监管、发展和监督金融服务业，提供平衡、渐进、基于风险的金融监管。

（二）网站功能

1. 注册公司、基金会及公司文件、董事会等信息。

2. 监管泽西岛的金融服务业，并监督其他一些当地企业打击洗钱和恐怖主义融资。

3. 搜索新闻和事件，及时了解新闻、公开声明、警告、行业动态、活动和研讨会。

4. 保护公众：降低人们因不诚实、不称职或不健全的金融服务提供商而蒙受损失的风险。金融教育、防止欺诈、投资错销。

5. 出版物：年度报告、商业计划书、金融科技与创新年度报告、战略路线图。

（三）情报分析中的应用

查询泽西岛企业信息。

十一、菲律宾证券交易委员会（SEC）

（一）菲律宾证券交易委员会（SEC）网站网址及其简介

http：//cmprs. sec. gov. ph/

证券交易委员会（SEC）是负责监管公司部门、资本市场参与者、证券和投资工具市场以及保护投资公众的国家政府监管机构。监督超过600000家活跃的公司，并评估所有在其注册的公司提交的财务报表。

公司注册系统（CRS）是公司和合伙企业的全自动化和在线预处理、外国公司的许可、公司章程的修订和其他需要SEC批准的公司申请。

（二）情报分析中的应用

查询菲律宾企业信息。

十二、datawarehouse（泰国）

（一）datawarehouse 网站网址及其简介

https：//datawarehouse. dbd. go. th/

用于搜索在泰国的个人和企业资源，可以通过条件搜索法人信息，并提供详细的法人，如状态、位置、历史、注册资本的变化等，以及付款信息，企业财务报表、财务比率、商业灌溉、业务信息、业务财务报表、外国投资、寻找贸易伙伴和商业机会。

（二）情报分析中的应用

查询泰国企业信息。

十三、drc（斯里兰卡）

（一）drc 网站网址及其简介

http：//www. drc. gov. lk/intro/

公司注册处的主要目标是高效率和有效地管理和执行相关法律，在履行这些职能时，开展核证副本的发放、公司档案的查询、文件的核对和登记、对违约公司提起诉讼、参加工商界和公众的询问等服务。

（二）情报分析中的应用

查询斯里兰卡企业信息。

十四、ACRA（新加坡）

（一）ACRA 网站网址及其简介

https：//www. acra. gov. sg/

会计和公司监管局（ACRA）是新加坡商业实体、公共会计师和公司服务提供商的国家监管机构，为企业、公共会计师和企业服务提供商提供一个响应和可信的监管环境。ACRA 的作用是在监督公司遵守披露要求和监管执行法定审计的公共会计师之间实现协同效应。

（二）ACRA 有以下职能

就有关商业实体、会计师及公司服务提供者的注册及规管事宜，向政府提出报告及建议，并向政府提供意见。

建立和管理与企业实体、公共会计师和公司服务提供者有关的文件和资料的储存库，并向公众提供查阅这些文件和资料的途径。

代表政府处理与商业实体、公共会计师及公司服务提供者的注册及规管有关的事宜。

提高公众对新业务结构、合规要求、公司治理实践和管理局职权范围内任何事项的认识。

建立和管理与商业实体和公共会计师有关的文件及信息库，并向公众提供这些文件和信息。

供公众查阅的资料包括注册日期、业务活动性质、注册办公地址和企业实体的财务报表，以及企业所有人、股东、董事和高级管理人员的个人资料。公开的个人资料类型包括：姓名、识别号、国籍、地址。

（三）情报分析中的应用

查询新加坡企业信息。

十五、综合对外经济信息门户信息检索系统（俄罗斯）

（一）综合对外经济信息门户信息检索系统网址及其简介

http：//www. ved. gov. ru/eng/companies/

综合对外经济信息门户信息检索系统是俄罗斯联邦经济发展部为提高效率和发展水平而设计的。资料由经济发展部各部门、俄罗斯联邦主体管理局、工业联盟和协会以及俄罗斯出口商提供，为俄罗斯和外国外贸活动参与者提供信息和咨询支持，并支持向外国市场推广俄罗斯商品和服务。

本网站可以搜索到如下信息：俄罗斯公司名录、俄罗斯协会和工会、贸易活动、俄罗斯公司名录、俄罗斯出口目录、核实俄罗斯公司的经营状况（免费和付费）、俄罗斯出口公司数据库、俄罗斯出口商数据库、区域出口支持中心、俄罗斯出口目录、核实俄罗斯公司的经营状况、俄罗斯人的名誉和组织、俄罗斯出口公司数据库、区域出口支持中心及展览信息等。

（二）情报分析中的应用

查询俄罗斯企业信息。

第四节　专利查询

一、德国专利局

（一）德国专利局网站网址及其简介

https：//register. dpma. de/DPMAregister/pat/einsteiger

德国专利商标局 DPMA 为德国联邦司法部管辖的联邦高级行政机构，管理德国工业产权。

1. 发明专利申请的受理、审查和授权。

2. 实用新型、工业品外观设计、商标和集成电路布图设计申请的受理、审查和注册以及相关信息的公布。

3. 代表政府对工业产权工作执行监督管理，对工业产权授权纠纷进行裁决。

（二）情报分析中其主要应用内容

查询德国专利信息。

二、太空网专利检索

（一）太空网专利检索网站网址及其简介

https：//worldwide. espacenet. com/help？ topic = ecla&loca% 20le = en_EP&method = handleHelpTopic

凭借其全球覆盖面和搜索功能，Espacenet 提供从 1782 年至今的发明和技术发展的免费信息。Espacenet 对初学者和专家开放，每天更新，包含来自世界各地的 1. 1 亿多份专利文件的数据。

Espacenet 包括的内容：

1. 来自世界各地的 1 亿多件专利文献，其中大部分是递交的专利申请而非已授予的专利。专利申请通常是某项创意的首次公开发表，早于报纸杂志或在新产品上市之前。

2. 同族专利。

3. 法律状态信息。
4. 非专利文献。
5. 引证文献或被引文献。
6. 欧洲专利登记簿。
7. 联合欧洲专利登记簿。
8. 全球案卷。

（二）情报分析中其主要应用内容

1. 搜索和查找专利出版物。
2. 机器翻译专利文件。
3. 追踪新兴技术的进展。
4. 为所面临的技术问题寻找解决方案。

三、欧洲专利局

（一）欧洲专利局网站网址及其简介

https：//register. epo. org/regviewer

欧洲专利局（EPO）根据欧洲专利公约，负责欧洲地区的专利审批工作。

2017 年，中国首次跻身欧洲专利局五大申请国。通过欧洲专利局在欧洲国家获得专利权保护有以下几个特点：

依照欧洲专利公约的规定，一项欧洲专利申请，可以指定多国获得保护。一项欧洲专利可以在任何一个或所有成员国中享有国家专利的同等效力。欧洲专利局拥有世界上最完整的专利文献资源，先进的专利信息检索系统和丰富的专利审查、申诉及法律研究方面的经验。

（二）情报分析中其主要应用内容

1. 了解欧洲专利申请程序的哪一阶段已经完成。
2. 查看欧洲专利申请是否已被批准。
3. 检查是否有任何反对欧洲专利的申请。
4. 阅读欧洲专利局与专利申请人/律师之间的通信。

四、德国 DPMA

（一）德国 DPMA 网站网址及其简介

https：//www. dpma. de/english/search/index. html

德国专利商标局（简称 DPMA）是管理德国工业产权的中心，主要职能包括：发明专利申请的受理、审查和授权；实用新型、工业品外观设计、商标和集成电路布图设计申请的受理、审查和注册以及相关信息的公布；代表政府对工业产权工作执行监督管理，对工业产权授权纠纷进行裁决。DPMA 提供了两款搜索选项：DPMA 寄存器和德帕提斯网。

1. DPMA 寄存器是德国官方注册的专利、实用新型、商标和外观设计。可以找到关于每项知识产权的法律和程序地位的详细信息，包括：

（1）申请人或拥有人。

（2）知识产权申请的法律现状。

（3）当知识产权被授予或注册时知识产权是否仍然有效或已经失效。

（4）下一个费用到期时间。

（5）还可以通过登记册以电子方式查看有关专利和实用新型的档案。

2. 德帕提斯网提供查阅来自世界各地有关技术知识产权的专利出版物的内部文件档案，DPMA 审查员自己使用这些文件来确定当前的情况。德帕提斯网适用于以下研究目标：

（1）查新，以估计专利被授予或节省开发成本的可能性。

（2）概述搜索，以获得现有技术在某一特定技术领域的广泛概览，以此作为新技术开发项目的基础。

（3）监视搜索，跟踪竞争对手在感兴趣领域的开发活动，帮助用户在是否开始或继续自己的开发活动方面做出更知情的决定，并能够在早期阶段识别自己的知识产权受到竞争对手侵犯的情况，并在必要时能够为反对程序做好准备。

（4）为用户的发明寻找可能的合作伙伴、许可证持有者和开发者。

（5）侵权搜索，以调查有效的知识产权。

（6）历史搜索，如记录发明人的活动，以便通过查找家族或企业的姓名来记录他们的活动，或查明某一特定技术领域在过去某一特定时期的最新情况。

（二）情报分析中其主要应用内容

查询全球专利及发明人信息。

五、英国专利局

（一）英国专利局网站网址及其简介

https：//www. gov. uk/search-for-patent

1852 年，英国政府设立英国专利局（UKPO），其职责包括专利、设计、商标和版权等方面的申报、审核和批准，以及协调政府决策者、执法部门、企业等各方面的努力，共同对付知识产权领域的犯罪行为。

（二）情报分析中其主要应用内容

1. 专利搜寻。查找专利详情，以便检查与用户的发明相似的专利是否已经存在。

2. 跟踪已公布的专利申请的进展情况，看看专利是否可用于授权。

3. 搜索英国专利。使用知识产权局的文件搜索已公布的专利申请和注册专利，专利信息和文件服务。

4. 全球搜索专利。该数据库包括了英国在全球范围内的专利。

六、法国专利局

（一）法国专利局网站网址及其简介

https：//www. inpi. fr/fr

法国专利局是对具有绝对新颖性及技术进步性的发明授予专利，科学原理、艺术创作、规则、方法及计算机程序不受发明保护，方法可申请实用新型。

（二）情报分析中其主要应用内容

进行相关专利检索。

七、加拿大知识产权局专利检索

（一）加拿大知识产权局专利检索网站网址及其简介

https：//brevets-patents. ic. gc. ca/opic-cipo/cpd/eng/search/basic. html

加拿大知识产权局的目标是向客户提供高质量和及时的 IP 产品和服务，并提高加拿大人对 IP 的认知和有效使用。其通过高质量和及时的知识产权在市场上提供更大的确定性；通过知识共享培养和支持发明创造；提高认识，鼓励创新者更好地利用知识产权；通过国际合作和促进加拿大的知识产权利益，帮助企业在全球竞争；高效、有效地管理加拿大的知识产权制度和办事处。

（二）情报分析中其主要应用内容

在首页文本框中输入搜索条件，同时可选择双语搜索。

八、以色列专利局

（一）以色列专利局网站网址及其简介

http：//www. ilpatsearch. justice. gov. il/UI/mainpage. aspx

以色列专利局（Israel Patent Office）是以色列司法部下属的知识产权管理机构，负责注册专利、设计、商标和原产地名称，下设有专利、专利手续办理、设计、商标和专利合作条约（PCT）五个部门。

（二）情报分析中其主要应用内容

进行相关专利检索。

九、挪威专利局

（一）挪威专利局网站网址及其简介

https：//search. patentstyret. no/

挪威专利局是负责专利管理的政府机构。搜索商标、专利和外观设计，使用搜索或按钮查找商品和服务及其相应的类号。

（二）情报分析中其主要应用内容

1. 高级搜索：专利、商标、设计。

2. 姓名搜索：域名、公司名称和商标。

3. 申请商标、专利或外观设计。

十、印度专利局

（一）印度专利局网站网址及其简介

http：//ipindia. nic. in/

印度专利局（Indian Patent Office）通过印度专利、外观设计和商标办公室来管理，负责管理印度专利、外观设计和商标法律。

（二）情报分析中其主要应用内容

进行相关专利检索。

十一、美国专利商标局

（一）美国专利商标局网站网址及其简介

https：//www. uspto. gov/

美国专利及商标局（简称美国专利商标局，United States Patent and Trademark Office，缩写 PTO 或 USPTO）是美国商务部下的一个机构，主要负责提供专利保护、商品商标注册和知识产权证明。

1. 专利授权与商标注册；

2. 为发明人提供与其专利或发明、产品及服务标识相关的服务；

3. 通过实施专利与商标等知识产权相关法律，管理专利、商标以及与贸易有关的知识产权事务，并向总统和商务部部长提出相关政策建议，为增强国家经济实力出谋划策；

4. 为商务部和其他机构提供涉及知识产权事务的建议和帮助；

5. 通过保存、分类和传播专利信息，帮助、支持创新和国家科技发展。

（二）情报分析中其主要应用内容

查询专利信息。

十二、海牙快车

（一）海牙快车网站网址及其简介

https：//www3. wipo. int/designdb/hague/en/

海牙快车数据库每周更新一次，其中包括书目数据。

（二）情报分析中其主要应用内容

通过设计、人名、数字搜索。

十三、日本专利局*

（一）日本专利局网站网址及其简介

https：//www. jpo. go. jp/

日本专利局主要针对工业产权制度专利、实用新型、设计和商标系统的集体名称，旨在保护发明、设计和商标等智力创造，以确保其有效使用，并促进工业发展。

（二）情报分析中其主要应用内容

搜索日本专利。

十四、谷歌专利*

（一）谷歌专利网站网址及其简介

https：//patents. google. com/

谷歌专利检索和阅读世界各地的专利全文。

（二）情报分析中其主要应用内容

在搜索框中输入关键词，即可检索包括非专利文献在内的世界各地的专利全文。

十五、瑞士专利*

（一）瑞士专利网站网址及其简介

https：//www. swissreg. ch/srclient/faces/jsp/start. jsp

瑞士联邦知识产权协会提供商标、专利和设计注册等免费信息。

（二）情报分析中其主要应用内容

进行相关专利检索。

第五节　非政府组织查询

一、爱尔兰非营利组织（Benefacts）

（一）Benefacts 网站网址及其简介

https：//benefacts. ie/

Benefacts 是爱尔兰民间社会组织的数据库，包括慈善机构、体育团体，政治，人权和倡导组织，商业和贸易协会等二万多个组织的公共信息。爱尔兰非营利组织数据库 Benefacts. ie 是一项免费的公共服务，提供有关近二万个爱尔兰非营利组织的情况和数据。每个组织列表均包含有关其财务治理和监管状况的信息。Benefacts 的“行业分析”部分提供了爱尔兰非营利组织的收入、就业和政府资金的细分。全部分为 12 个领域：艺术与文化；健康；专业与职业；宗教；教育与研究；社会服务；开发与住房；环境；宣传，法律与政治，慈善与志愿服务；国际和娱乐与体育。

（二）情报分析中使用“Benefacts”查询的主要内容

搜索爱尔兰民间组织信息。

二、全球非营利组织搜索（Benevity）

（一）Benevity 网站网址及其简介

https：//causes. benevity. org/causes/search

Benevity 是企业社会责任和员工敬业度软件（包括在线捐赠、配对、志愿服务、社区投资和以目标为导向的行动）的全球领导者。世界上许多最具标志性的品牌都依靠 Benevity 屡获殊荣的云解决方案来推动公司的“善心”计划，该计划通过将人们与他们所关注的事业联系起来，保留和吸引当今的多样化劳动力。凭借 17 种语言提供的软件，Benevity 已为全球 1200 万名用户提供员工服务，为全球 230000 多个慈善机构处理了 40 亿美元的捐赠和 2300 万小时的志愿者时间。

（二）情报分析中使用“Benevity”查询的主要内容

查询相关捐赠信息。

三、美国慈善

（一）美国慈善网站网址及其简介

https：//give. org/charity-reviews/national

该网站为国际上的慈善机构和社会企业提供云咨询软件服务和应用程序，促进这些组织的工作，使他们能够将更多的注意力集中在其核心慈善和社会目标上。BBB WGA 不对慈善机构进行排名，而是寻求帮助捐助者对那些寻求支持的捐助者作出判断。评估是免费向慈善机构进行的，并在 give. org 上免费发布给公众。

BBB WGA 报道了公众最常询问的全国性募捐慈善机构以及要求接受评估的慈善机构。Give. org 报告了约 1300 个全国性的慈善机构。

（二）情报分析中使用“美国慈善”查询的主要内容

查询慈善机构及相关捐赠信息。

四、CitizenAudit*

（一）CitizenAudit 网站网址及其简介

https：//www. citizenaudit. org/

美国非营利组织税收数据的来源，通过 CitizenAudit 数以百万计的非营利性税收文件进行关键字搜索，是全美唯一的非营利性表格全文检索数据库。可以对所有非营利组织执行这些搜索，包括：基金会、医院、大学、政治团体等。

（二）情报分析中使用“CitizenAudit”查询的主要内容

1. 关键词搜索，在数百万个非营利性税收文件中搜索特定的关键字和事实；备案警报，创建自定义警报并接收有关最新文件和结构化数据下载的通知；自定义和结构化数据，创建非营利组织，个人资料和文档的自定义列表。

2. 在搜索栏通过关键字查找非营利组织，如姓名、员工、任务等。

五、CharityWatch

（一）CharityWatch 网站网址及其简介

https：//www. charitywatch. org/

CharityWatch 名为美国慈善协会（AIP），是美国慈善组织。CharityWatch 研究和评估非营利组织的效率、问责制和治理；教育公众明智捐赠的重要性；向公众宣传非营利组织的浪费或不道德行为，并认可高效和道德的慈善机构；为慈善观察组织成员提供建议，并对非营利组织进行特别调查和评估。

（二）情报分析中使用“CharityWatch”查询的主要内容

输入慈善名称或类别即可获取慈善机构的详细信息；还可以在网站中点击信息栏查看所有慈善机构。

六、Charity Navigator*

（一）Charity Navigator 网站网址及其简介

https：//www. charitynavigator. org/

Charity Navigator 是美国的慈善机构评估者。其分析师团队检查非营利性财务文件，通过基于数字的评分系统，以评估美国9000多个慈善机构。评分系统检查了两个主要方面：财务状况，问责制和透明度。

（二）情报分析中使用“Charity Navigator”查询的主要内容

在搜索栏输入慈善机构名称、关键字即可进行搜索。

七、Guidestar

（一）GuideStar 网站网址及其简介

https：//www. guidestar. org/NonprofitDirectory. aspx

GuideStar 信息可用于做出有关非营利组织及其所做工作的决策。捐助者探索他们想支持的慈善机构和问题。非营利组织领导者将他们的组织与同行进行比较。GuideStar 收集，组织和分发有关美国非营利组织的信息，数据库中包括非营利组织总数大约是270万，GuideStar 上的年度搜索大约为2600万次。

（二）情报分析中使用“GuideStar”查询的主要内容

在搜索栏输入关键字即可进行搜索，或者在类别目录中选择想要查找的分类。

八、马萨诸塞检察长办公室

（一）马萨诸塞检察长办公室网站网址及其简介

http：//www. charities. ago. state. ma. us/charities/

马萨诸塞州检察长的官方网站。年度归档文件搜索网站仅用作参考工具，并已作为公共服务提供。

（二）情报分析中使用“马萨诸塞检察长办公室”查询的主要内容

请输入慈善组织名称，以查看可能的匹配结果列表，或者可以按组织的联邦税号（FEIN）或 AG 账号进行搜索。

九、英国开放慈善

（一）英国开放慈善网站网址及其简介

http：//opencharities. org/

用于开放英国慈善机构注册处的信息的网站，并以各种形式将其提供给社区，旨在公开地方政府数据和其他地方公共部门信息。该项目旨在以一种清晰易用的方式提供基本信息（姓名、慈善机构编号、联系方式、目标和最近的账户信息），并以可被社区重新用于混搭的方式作为数据提供，分析其他网站。

（二）情报分析中使用“英国开放慈善”查询的主要内容

在搜索栏输入慈善机构名称、关键字即可进行搜索。

十、综合公民社会组织系统

（一）综合公民社会组织系统网站网址及其简介

https：//esango. un. org/civilsociety/login. do

联合国经济和社会事务部（DESA）开发的综合公民社会组织（ICSO）系统促进了公民社会组织与经社部之间的互动。该系统为公民社会组织提供一般概况的在线注册，包括地址、联系方式、活动和会议参加，促进了经济及社会理事会（ECOSOC）咨商地位的申请程序，并协助获得认可的非政府组织提交四年期报告和指定联合国代表。

（二）情报分析中使用“综合公民社会组织系统”查询的主要内容

使用简单搜索或高级搜索在包含 24000 多个条目的大型数据库中查找有关公民社会组织的更多信息。高级搜索允许多个组合，包括按组织名称和类型、地区和国家、咨商地位、语言、地理范围、活动领域和会议参与情况。

十一、Charities

（一）Charities 网站网址及其简介

https：//oag. ca. gov/charities/charity-researchtool#Location：Default

美国加利福尼亚州司法部部长负责监管慈善机构和专业筹款人。此网站监督的目的是保护慈善资产的预期用途，并确保不会通过欺诈或其他方式滥用和浪费加利福尼亚人贡献的慈善捐款。总检察长监管计划的主要内容是：慈善信托科的律师和审计师对滥用慈善资产或从事欺诈性筹款活动的慈善机构和筹款专业人士进行调查并提起法律诉讼。

（二）情报分析中的应用

查询美国加利福尼亚相关慈善信息。

十二、非政府组织*

（一）非政府组织网站网址及其简介

https：//guides. nyu. edu/c. php？ g=276965&p=1846647

非政府组织目录，包含在 170 多个国家/地区工作的 NGO。可按地区浏览或按关键字，重点区域或位置搜索。

联合国民间社会组织（CSO）。在由联合国经济和社会事务部（DESA）维护的该数据库中查找与联合国相关的非政府组织和民间组织。打开“高级搜索”以下列方式搜索：组织名称；组织类型；区域；国家/地区；语言；地理范围；咨商地位（在联合国）；专业领域和活动领域。

（二）情报分析中的应用

查询全球非政府组织信息。

十三、Philanthropy*

（一）Philanthropy 网站网址及其简介

https：//www. philanthropy. com/data

《慈善纪事》Philanthropy 成立于 1988 年，从事关于慈善机构和基金会工作的重大构想的深入报道的故事。新闻和观点页面提升了全国范围内有关非营利组织在社会中扮演的角色的对话。纪事报的特别报告，基准数据和流行的网络研讨会是非营利专业人士必不可少的信息。

（二）情报分析中使用“philanthropy”查询的主要内容

在搜索栏输入资源、数据即可进行搜索。

十四、全球慈善数据库*

（一）全球慈善数据库网站网址及其简介

https：//www. siliconvalleycf. org/ngo

硅谷社区基金会为挑战性难题提供创新的慈善解决方案建立该网站。硅谷社区基金会与家庭、个人和公司合作，以管理和促进其慈善事业。

（二）情报分析中的应用

查询全球慈善组织信息。

第八章　国外物品查询

第一节　加密货币查询

一、addresschecker

（一）addresschecker 网站网址及其简介

http：//addresschecker. eu/

该脚本的目的是检查三个不同区块链上一个或多个比特币地址的余额：比特币，比特币现金和 OMNI，显示总存款以及可用余额。

该脚本完全用 javascript 编写，任何人都可以查看其源代码。该网站不存储任何数据。但是，它使用 Blockchain. info、Blockdozer. com 和 Omniexplorer. info 提供的 API，因此这些站点可以保留有关查询哪个地址的日志。

要验证该工具是否正常运行，可以查询该工具预填充的默认地址——如果所有 API 均正常工作，则两个地址在 BTC/BCH/OMNI 中的余额应为非零。

（二）情报分析中使用“addresschecker”查询的主要内容

在搜索栏输入地址，地址可以用逗号、空格或换行符分隔。检查三个不同区块链上一个或多个比特币地址的余额比特币，比特币现金和 OMNI，显示总存款以及可用余额。

二、Bitcoin Who's Who

（一）Bitcoin Who's Who 网站网址及其简介

https：//bitcoinwhoswho. com/

该网站的目标是帮助您验证比特币地址所有者，避免比特币诈骗或欺诈。您可以在这里找到比特币区块链上的新连接。网站收集的比特币地址网站外观，以及钱包 ID，最近的交易和 IP 地址，揭示了以前未知的关联。

（二）情报分析中使用“Bitcoin Who's Who”查询的内容

在比特币地址查询栏输入 BTC 地址、关键字、名称即可进行搜索。Bitcoin Who's Who 个人资料提供有关比特币地址的所有可用信息：网站外观、钱包名称、IP 地址、带标记地址的最后一笔交易、关键词搜索、标签、交易记录、交易提醒。

三、Blockchain

（一）Blockchai 网站网址及其简介

https：//www. blockchain. com/explorer

Blockchain 是最值得信赖、成长速度最快的加密货币公司，帮助全球数百万人轻松、安全地取用数字货币。Blockchain 平台钱包创建人数已超过 4600 万，是最值得信赖的加密品牌。网站投资股权和代币项目，凭借人才济济的员工、合作伙伴和顾问团队，为品牌提供法律、安全、技术及财政支持。

业界第一的比特币钱包，拥有超过三千万钱包用户，交易额超过 2000 亿美元，以及行业内最低的服务费，毫无疑问，网站就是最值得信赖的加密货币钱包。

Blockchain Markets 是一个强大的机构产品，由世界领先的数字资产平台提供支持，是您可以依赖的加密交易平台。

（二）情报分析中使用“Blockchai”查询的主要内容

在搜索栏输入地址、交易关键字进行搜索，并且可以在网站内选择查看比特币的价格、行情、新闻以及统计信息、网络波动等图表信息。

四、Blockonomics

（一）Blockonomics 网站网址及其简介

https：//www. blockonomics. co/

Blockonomics 是一种去中心化和无许可的比特币支付解决方案。网站的服务可改善您已经拥有的钱包。该网站可直接接受比特币，匿名开具发票。

（二）情报分析中使用“Blockonomics”查询的主要内容

在搜索栏输入比特币地址或交易 ID 即可搜索，并且可以监控你的余额，开具比特币发票。

五、Coinbase

（一）Coinbase 网站网址及其简介

https：//www. coinbase. com/

Coinbase 成立于 2012 年 6 月，是一个数字货币钱包和平台，商人和消费者可以在其中与比特币、以太坊和莱特币等新的数字货币进行交易。网站的总部位于加利福尼亚州的旧金山。

比特币是世界上使用最广泛的替代货币，总市值超过 1000 亿美元。比特币网络由世界各地的个人运行的数千台计算机组成。

Coinbase，比特币公司。2015 年 1 月 21 日上午，据美国《财富》报道，比特币公司 Coinbase C 轮融资 7500 万美元，这是比特币公司截止到 2015 年 1 月 21 日获得的最大一笔融资。

2015 年 1 月 27 日上午，比特币公司 Coinbase 创建的美国第一家持有正规牌照的比特币交易所将于周一正式开张。

2017 年 1 月 17 日，纽约金融服务部门（NYDFS）负责人宣布，已通过比特币交易平台 Coinbase 的牌照申请，这意味着 Coinbase 在美国纽约州的经营终于获得了官方认证。

2018 年 3 月 6 日，Coinbase 宣布推出首支指数基金，进军资产管理行业。

（二）情报分析中使用“Coinbase”查询的主要内容

Coinbase 是最简单的购买、出售和管理您的加密货币投资组合的地方。该公司表示，他们的交易所将为个人和机构提供比特币交易服务，并实时监控这种虚拟货币的价格变动。该交易所将为比特币带来一定的合法性，这种货币并未获得美国中央政府的支持，而且主要用于海外的虚拟交易。

六、xmrchain

（一）xmrchain 网站网址及其简介

https：//xmrchain. net/

门罗币（XMR）是一个创建于 2014 年 4 月的开源加密货币，它着重于隐私、分权和可扩展性。与比特币衍生的许多加密货币不同，Monero 基于 CryptoNote 协议，并在区块链模糊化方面有显著的算法差异。Monero 的模块化代码结构得到了比特币核心维护者之一的 Wladimir J. van der Laan 的赞赏。Monero 致力于成为可代替的不可追踪的电子货币。相比比特币及其分叉，Monero 具有更高程度的匿名性。

（二）情报分析中使用“xmrchain”查询的主要内容

在搜索栏输入区块高度、区块哈希值或交易哈希值即可进行搜索。

七、WalletExplorer

（一）WalletExplorer 网站网址及其简介

https：//www. walletexplorer. com/

WalletExplorer. com 是比特币区块链浏览器，如果 WalletExplorer 将它们视为同一钱包的一部分，它将地址合并在一起。

WalletExplorer 是在区块链很小时创建的爱好。从今天的角度来看，它的设计不佳，在需要更新时重新计算（几乎）所有数据。重新计算区块链现在持续 1~2 天。因此，区块链每 1~2 天更新一次。如果您想查看最近的交易，只需等待。

（二）情报分析中使用“WalletExplorer”查询的主要内容

在搜索栏输入地址、Txid、Firstbits、内部钱包 ID 或服务名称即可搜索。

八、moneroblocks

（一）moneroblocks 网站网址及其简介

https：//moneroblocks. info/

门罗币（Monero，代号 XMR）是一个创建于 2014 年 4 月的开源加密货币，它着重于隐私、分权和可扩展性。与自比特币衍生的许多加密货币不同，Monero 基于 CryptoNote 协议，并在区块链模糊化方面有显著的算法差异。Monero 的模块化代码结构得到了比特币核心维护者之一的 Wladimir J. van der Laan 的赞赏。

（二）情报分析中使用“moneroblocks”查询的主要内容

moneroblocks 是门罗币的一款常用区块浏览器，提供关于 XMR 的所有信息，包括总交易量、区块信息、区块高度等。

九、livecoinwatch

（一）livecoinwatch 网站网址及其简介

https：//www. livecoinwatch. com/

livecoinwatch 通过实时监控价格、图表和 180 个交易所上的 2759 个货币的加密市值来完全覆盖加密货币市场。

（二）情报分析中使用“livecoinwatch”查询的主要内容

可以选择货币种类然后进行搜索，并且可以选择更新的频率。网站首页显示各种货币的价格、市值、流动性和波动。

十、Etherchain

（一）Etherchain 网站网址及其简介

https：//www. etherchain. org/

以太坊区块链资源管理器。

（二）情报分析中使用“Etherchain”查询的主要内容

在搜索栏输入块号、发送哈希、地址或 ENS 即可进行搜索。

十一、xmrhunter*

（一）xmrhunter 网站网址及其简介

https：//www. xmrhunter. com/

该站点供希望快速了解挖掘操作规模的安全分析师使用。

（二）情报分析中使用“xmrhunter”查询的主要内容

在公共场所查找 Monero 或 Sumo 钱包。

十二、Etherscan*

（一）Etherscan 网站网址及其简介

https：//etherscan. io/

Etherscan 是以太坊上应用最广泛的区块链浏览器，也提供 API 服务。网站知道以太坊节点提供的 API 功能有限，尤其是需要一些多个区块相关的数据时，必须要依靠 Etherscan API 这样的服务。Etherscan API 是社区提供的服务，仅支持每秒五个 GET 或 POST 请求，可以在这个地址 API-Keys 申请一个 Key。如果在商业或站点中使用，应该表明服务由 Etherscan. io API 提供支持。

（二）情报分析中使用“etherscan”查询的内容

Etherscan 是一个 Ethereum Block Explorer，任何在 Blockchain 上发生的

交易都可以在 Etherscan 一览无遗。

十三、cryptostack*

https：//cryptostack. xyz/

十四、fried*

https：//fried. com/crypto-scam-checker

十五、MinerGate*

（一）MinerGate 网站网址及其简介

https：//minergate. com/blockchain/bcn/blocks

MinerGate 是由一群区块链爱好者于 2014 年创建的多币种矿池。网站提供最简单的采矿软件，可靠的 24/7 支持服务以及对您有用的社区。自成立以来，网站已将累积哈希能力提高了数千倍，并且在 2018 年 1 月，MinerGate 迎来了第 300 万名矿工，并且社区在不断发展。

（二）情报分析中使用“MinerGate”查询的主要内容

在搜索栏中输入区块哈希、区块高度、交易哈希或付款 ID 即可进行搜索。

十六、Zchain

（一）Zchain 网站网址及其简介

https：//explorer. zchain/

Zchain 资源管理器是 Beta 版软件，尚未针对 Zcash 共识算法进行正式验证。在进行金融交易之前，请确认关键信息。Zchain 不隶属于 Zcash Electric Coin Company。

（二）情报分析中使用“Zchain”查询的主要内容

网站通过分析和可视化提供有关 Zcash 区块链状态的见解。检查新块、检查余额或查看交易。

十七、XRPcharts

（一）XRPcharts 网站网址及其简介

https：//xrpcharts. ripple. com/#/graph

XRP 图表（XRPcharts）基于公共数据提供信息。信息按“原样”提供，仅供参考。XRP Charts 不是交易顾问。数据可能会延迟或不正确。Ripple 保留在其认为并非善意的 XRP 图表中不包含交易的权利，如在实益所有权没有变化的情况下进行冲洗销售。

（二）情报分析中使用“XRPcharts”查询的主要内容

在搜索栏选择货币种类然后输入信息即可搜索。

十八、Insight

（一）Insight 网站网址及其简介

https：//insight. litecore. io/

Insight 是具有完整 REST 和 websocket API 的开源 Litecoin 区块链资源管理器，可用于编写 Web 钱包和其他需要比 litecoind RPC 提供更高级的区块链查询的应用程序，查看源代码。

（二）情报分析中使用“Insight”查询的主要内容

在搜索栏输入冻结、交易或地址信息即可进行搜索。网站首页还会显示最新区块的信息和最新交易信息。

十九、nebulas

（一）nebulas 网站网址及其简介

https：//explorer. nebulas. io/#/

星云链是全球首个区块链搜索引擎，发掘区块链价值的新维度。通过定义世界区块链的基本价值尺度，帮助用户更高效地发现和使用区块链上日渐丰富的价值信息。

星云链（NAS）意图构建一个能够量化价值尺度、具备自进化能力，并能促进区块链生态建设的区块链系统，主要包括：定义价值尺度的星云指数 Nebulas Rank（NR），支持核心协议和智能合约链上升级的星云原力 Nebulas Force（NF），开发者激励协议 Developer Incentive Protocol（DIP），贡献度证明共识算法 Proof of Devotion（PoD），去中心化应用的搜索引擎。通过星云指数 Nebulas Rank、星云原力 Nebulas Force、贡献度证明共识算法 Proof of Devotion、去中心化应用搜索引擎四个模块搭建能实现价值尺度量化、具备自进化能力，并促进区块链生态建设的区块链系统。

（二）情报分析中使用“nebulas”查询的主要内容

星云链提出区块链世界的基本价值尺度——星云指数（Nebulas Rank），通过考量整个区块链世界各种数据信息的流动性、传播性、互可操作性等多个维度，从而发现账号、智能合约、DAPP（去中心化应用）等的高维价值信息。

二十、Blockbar

Blockbar 网站网址及其简介

https：//www. blockbar. com/navigation/

Blockbar 专门研究与区块链和加密货币有关的报告，网站的目标是成为全球领先的区块链加密货币新闻门户。

二十一、blocksearchengine

（一）blocksearchengine 网站网址及其简介

https：//blockscarchengine. com/

blocksearchengine 区块链搜索引擎是您的全搜索引擎，可以搜索世界上所有流行的区块链上的数据、地址、交易。您还将获得所有与区块链或加密货币相关的网站、博客和渠道的详尽目录。

（二）情报分析中使用“blocksearchengine”查询的主要内容

1. 在区块链中搜索 800 多种加密货币地址。

2. 在区块链上搜索交易以获取任何加密货币。

3. 搜索块数据和历史记录以查找区块链上的任何加密货币。

4. 搜索和使用与加密货币和区块链相关的网站、新闻频道、团体和社区的目录。

第二节 航空相关查询

一、FlightAware

（一）FlightAware 网站网址及其简介

https：//zh. flightaware. com/live/

FlightAware 是全世界最大的航班跟踪数据公司，为超过 10000 家飞机运营商和服务商以及超过 12000000 名乘客提供全球航班跟踪解决方案。FlightAware 使用来自超过 55 个国家的空中交通管制系统、分布于超过 175 个国家的 FlightAware ADS-B 地面站网络以及 Aireon 天基全球 ADS-B 的数据，支持各大供应商的全球数据链路（卫星/VHF），包括 ARINC、SITA、Satcom Direct、Garmin、Honeywell GDC 和 UVdatalink。

FlightAware 的 HyperFeed©引擎无缝集成数以千计的全球实时数据源，再结合 FlightAware 强大、直观、可靠而且响应迅速的 Web 界面和数据馈送，提供最全面、最实用的飞行跟踪应用程序和服务。

FlightAware 创建于 2005 年，是首家致力于为私人和商业空中交通提供免费飞行跟踪服务的公司，并迅速发展成为最受欢迎的飞行跟踪服务。

FlightAware 是一家私营公司，在休斯顿、纽约和新加坡设有办事处。

（二）情报分析中使用“FlightAware”查询的主要内容

在搜索栏输入航班、注册号、机场或城市即可追踪到航班信息。

二、Flightradar24

（一）Flightradar24 网站网址及其简介

https：//www. flightradar24. com/

Flightradar24 是一项全球航班跟踪服务，可为您提供有关全球数千架飞机的实时信息。网站的服务目前可在线使用，适用于您的 iOS（iPhone、iPad、iPod Touch）或 Android 设备。

Flightradar24 是一个飞行跟踪器，可以显示来自世界各地的实时空中交通流量。Flightradar24 结合了来自多个数据源的数据，包括 ADS-B、MLAT 和雷达数据。ADS-B、MLAT 和雷达数据与航空公司和机场的时间表和航班状态数据一起汇总，可在 www.flightradar24.com 和 Flightradar24 应用程序中创建独特的航班跟踪体验。Flightradar24 是一个 24 小时实时监控世界各地航班信息的网站，起初由瑞典航空爱好者创立。24 小时飞行雷达可以实时跟踪全球数千家航班的飞行信息。

（二）情报分析中使用“Flightradar24”查询的主要内容

可以在线跟踪当天飞行航班飞行地图轨迹、飞机型号、出发地以及目的地、海拔高度、飞行速度、经纬度、飞机雷达型号，除此之外还可以追踪多天以前的飞行航班信息。

三、Plane Finder

（一）Plane Finder 网站网址及其简介

https：//planefinder.net/

Plane Finder 是具有全球用户群的实时航班跟踪中的领先者。

原始的实时飞行跟踪应用，Plane Finder 于 2009 年在英国创建，旨在将实时飞行跟踪首次引入新兴的 Apple iOS App Store 中。它迅速聚集了一大批以前无法从他们的手掌跟踪飞机的飞行爱好者和航空专业人员。

可信数据，收集和处理自己的实时飞行数据使网站能够使用多年开发的复杂算法进行严格检查。这意味着可以使用 Plane Finder 数据显示真实的全球空中交通情况。

（二）情报分析中使用“Plane Finder”查询的主要内容

可以按航班、飞机、航空公司和位置搜索航班。

四、RadarBox24

（一）RadarBox24 网站网址及其简介

https：//www. RadarBox24. com/

RadarBox 是一家航班追踪公司，可在地图上实时显示飞机和航班信息。RadarBox 提供航班数据，如纬度和经度位置、起点和目的地、航班号、飞机类型、高度、航向和速度。RadarBox 的总部设在佛罗里达州坦帕市，在欧洲设有研发中心，其业务运营包括向全球航空服务提供商提供相关数据。

除了航班跟踪，该网站还显示到达和离开的信息以及历史航班数据。数据来自八种不同来源，如 ADS-B、FAA SWIM、MLAT 和 ADS-C。世界各地的大型志愿馈线网络使用 RadarBox 提供的地面接收器馈送 ADS-B 数据。截至 2020 年 1 月，该公司拥有超过 15000 个馈送者，他们正在主动将数据馈送到网站。

（二）情报分析中使用“RadarBox”查询的主要内容

1. 搜索选项（放大镜）可以在屏幕右侧的自定义栏旁边找到。用户只需输入航空公司名称、航班号或网站的机场/机场代码即可显示所需的搜索结果。

2. 航班号、注册和徽标——显示飞机的航班号、注册号、航空公司徽标；始发地和目的地——显示航班的始发地和目的地机场；海拔、纬度和经度——显示海拔（英尺）、纬度和经度；地面速度和垂直速度——地面速度是飞机的水平速度。

五、ADS-B Exchange

（一）ADS-B Exchange 网站网址及其简介

http：//www. adsbexchange. com/

除了可浏览的实时数据地图外，ADS-B Exchange 还以极低的成本提供个人/非营利性的历史和实时数据 api。世界上最大的未经过滤的飞行数据合作社。

（二）情报分析中的应用

查询航班实时数据信息。

六、FlightView

（一）FlightView 网站网址及其简介

https：//www. flightview. com/flighttracker/

FlightView 是实时掌握航班信息的应用程序。

当获取飞行状态发生变化时，即时警报，发送您的旅行行程或航班状态。在地图上查看全国机场延误及看到世界各地机场的天气。

（二）情报分析中的应用

查询航班实时数据信息和天气信息。

七、FlightStats

（一）FlightStats 网站网址及其简介

https：//www. flightstats. com/v2

FlightStats 前身为 2001 年创办的公司 Conducive Technology，并于 2004 年开始专注于实时航班状态信息。其第一个飞行状态 API 于 2005 年发布。当时，实时飞行数据市场几乎不存在，Web 服务仍处于起步阶段，软件即服务刚刚开始上升。2016 年，被长期合作伙伴 FlightGlobal 收购。FlightGlobal 与 FlightStats 合并，为服务于全球旅行行业的客户提供数据服务和应用程序。该公司已经确立了领导地位，可以提供实时全球航班信息，为航空公司、机场、旅行社、开发商、消费者等提供服务。

（二）情报分析中的应用

查询航班实时数据信息。

八、iFly

（一）iFly 网站网址及其简介

https：//www. ifly. com/flight-tracker

iFly. com 提供了数百个机场的机场信息，包括航班状态和跟踪、机场便利设施、航站楼地图、停车、中途停留的想法、安全信息以及旨在减轻航空旅行负担的大量信息。自 1997 年以来，iFly. com 已帮助超过 5000 万名旅客到达、穿越和往返机场。

（二）情报分析中的应用

查询航班实时数据信息。

九、PlaneFlightTracker*

（一）PlaneFlightTracker 网站网址及其简介

http：//www. planeflighttracker. com/

PlaneFlightTracker 显示实时空中交通跟踪图。机场到达和出发信息，航空公司机队实时监控。最近 7 天的历史数据和航班重播使用网站的搜索工具通过以下方式找到您的飞机航班号（如从您的登机牌获取的）和尾号（飞机注册号）。网站的飞机类型定位器地图将向您显示同一制造商和型号的所有飞机的全球位置。

（二）情报分析中的应用

查询航班实时数据信息。

十、Flightwise

（一）Flightwise 网站网址及其简介

https：//flightwise. com/

从 2000 年开始，flightwise. com 的主要目标就是精简航空各个方面的流程。网站为各行各业的人们提供了许多免费服务；航空专业人士、航空爱好者或只是需要跟踪航班的休闲用户。单击顶部的任何一个主要功能按钮，随时可以浏览的网站。同样，许多服务都是免费的，如果任何服务需要订阅，系统将首先提示您。您可以跟踪航班（在地图上）；可以获取来往特定机场的航班清单（机场摘要）；每当航班提交航班计划，到达或起飞时，您都可以将电子邮件或寻呼发送到寻呼机或手机；可以跟踪特定航班的列表；可以研究过去的航班（最早可以追溯到 2001 年 11 月 14 日）；可以显示过去航班的航迹；可以查询机场和 FBO 信息；可以将自己的 FBO 信息添加到特定机场；可以获取天气、雷达和 METAR 信息；可以创建和存储常用的飞行计划；可以通过网站在线提交这些飞行计划。

（二）情报分析中的应用

查询飞机实时数据信息。

十一、flight-radar

（一）flight-radar 网站网址及其简介

https：//flight-radar. eu/

该网站是免费的实时航班跟踪器。

1. 在地图上，您可以看到最近环境中的航班动态。只需单击飞机的小符号，即可查询有关该航班的更多信息。将会出现有关航班类型、出发地和目的地等的信息。除了所有这些信息之外，动画地图上的彩色线条还将代表飞行过程。雷达非常易于使用。

2. 用户只需在为其提供的搜索字段中输入航班号并点击发送按钮，就可以搜索某个航班的数据。届时，地图的该部分将跳至该航班所在的世界区域。还将显示航班详细信息（路线、出发机场、到达机场、机型等）。

（二）情报分析中的应用

查询飞机实时数据信息。

十二、OpenSky Network

（一）OpenSky Network 网站网址及其简介

https：//opensky-network. org/

OpenSky Network 是位于瑞士的非营利协会。它旨在通过向公众开放现实世界中的空中交通管制数据来提高空域使用的安全性、可靠性和效率。OpenSky 网络由志愿者、行业支持者和学术/政府组织连接到 Internet 的大量传感器组成。所有收集的原始数据都存储在大型历史数据库中。该数据库主要供不同领域的研究人员用来分析和改进空中交通管制技术和流程。

OpenSky 网络背后的主要技术是自动相关监视广播（ADS-B）和 S 模式。这些技术通过可公开访问的 1090MHz 无线电信道提供详细的（实时）飞机信息。

OpenSky 网络是一个基于社区的接收器网络，自 2013 年以来一直在不断收集空中交通监视数据。与其他网络不同，OpenSky 会永久保留所收集的原始数据，并使学术和机构研究人员可以访问。OpenSky 网络从全球 2000 多个传感器中收集了 20 万亿个 ADS-B，S 模式和 FLARM 消息，展示了同类最大的空中交通监视数据集。

（二）情报分析中的应用

查询飞机实时数据信息。

十三、radarvirtuel

（一）radarvirtuel 网站网址及其简介

http：//www. radarvirtuel. com/

这个网站是由 Laurent Duval 于 2009 年创建的，它并不是出于商业目的，它只是对飞行器的一种热情。2014 年 10 月，网站创建了一家名为 ADS-B NETWORK 的新公司，以通过使用 Web 服务提供地理位置服务来满足航空部门专业软件编辑的需求。

Virtual Radar 虚拟雷达软件是航空爱好者必备软件之一，Virtual Radar 是用于在地图上显示飞机的插件，在地图上显示飞机位置，点中图上飞机，使之变黄的，就可以显示飞行的轨迹和信息。

（二）情报分析中的应用

查询飞机实时数据信息。

十四、360Radar

（一）360Radar 网站网址及其简介

https：//signup. 360radar. co. uk/

360Radar 是英国的飞机追踪系统，覆盖英国、爱尔兰和西欧。

360Radar 可以跟踪配备了 ADSB 和 FLARM 发射机的飞机，并对那些不传送其位置的飞机（如许多轻型飞机和军用飞机）进行多点定位（MLAT）。由于 360Radar 是基于 Web 的，因此无须下载任何应用程序——它可以在台式机、Mac 和移动设备（如 Android 和 iOS）上运行。

（二）情报分析中的应用

查询英国飞机实时数据信息。

第三节 轮船相关查询

一、Livecruiseshiptracker

（一）Livecruiseshiptracker 网站网址及其简介

https：//www. livecruiseshiptracker. com/

Livecruiseshiptracker 是一个实时游轮查询平台，提供实时游轮跟随、网络摄像头查看、巡航时间查询、游轮相关事件查询等服务。通过平台，用户可实现美国、中国、土耳其等多个国家的卡萨布兰卡、迪士尼、阿罗莎等游轮的实时追踪，能够在地图上查看其位置。同时，网站还提供游轮新闻日报、游轮相关法律、游轮港口视图、游轮投诉信息，以及与游轮有关的伤亡情况、毒品走私状况、火灾信息、失踪信息、沉没信息等。

（二）情报分析中使用 Livecruiseshiptracker 查询的主要内容

1. 根据游轮名称追踪游轮实时位置、与游轮有关的伤亡情况、毒品走私状况、火灾信息、失踪信息、沉没信息等。

2. 查询游轮相关法律、游轮港口视图、游轮投诉信息等。

3. 根据地区查询多国网络摄像头信息。

二、landsort-ais

（一）landsort-ais 网站网址及其简介

http：//www. landsort-ais. se/aism. html

landsort-ais 提供可查询轮船信息的多个链接。在世界地图上显示轮船的实时位置，提供轮船用途、游轮名称。

MarineTraffic 是船舶跟踪和海上情报的世界领先提供商。基于从沿海 AIS 接收站网络收集的数据，并辅以卫星接收器、网站应用算法并整合补充的数据源，为航运、贸易和物流行业提供有关航运活动的可行见解。

（二）情报分析中使用 landsort-ais 查询的主要内容

根据地图位置查询轮船名称、轮船实时位置、轮船用途等信息。

三、Globalfishingwatch

（一）Globalfishingwatch 网站网址及其简介

https：//globalfishingwatch. org/

Globalfishingwatch 通过公共地图提供近乎实时的捕鱼活动跟踪。用户可以免费使用它来跟踪渔船并下载有关其过去和现在活动的数据。平台可帮助开展科学研究，倡导更好的政策来支持海洋保护，应对过度捕捞并改善捕捞管理方式。Global Fishing Watch 的目标是在未来五年内与 20 个国家/地区合作，以公开其 VMS 数据并获得平台的支持。分析小组将数据和技术转化为见识和证据，可帮助沿海国和资源匮乏的国家更好地了解捕捞活动，改善治理并协助监测海洋保护区。Analytical Cell 与知名机构和专家合作，以支持政府为更好地了解其渔业而做出的努力，并通过公开共享捕鱼活动和海洋数据来实现数据透明。通过此平台，政府可以识别未经授权在其水域捕鱼或在保护区内非法捕鱼的船只并对其采取行动。海鲜供应商和零售商可以查看在何处捕捞鱼以及如何捕捞鱼，并确保它们仅从合法且负责任地经营的船上采购。研究人员可以研究捕捞对海洋健康的影响，确定脆弱地区，调查环境变化如何影响鱼类生长或评估养护和渔业政策的有效性。非政府组织和新闻工作者可以识别和调查可疑船只，并倡导对重要的生态系统加强保护。

Global Fishing Watch 通过使用计算机算法的两个神经网络来运行此数据，以学习和查找大型数据集中的模式。每天通过机器学习分类器提供来自 300000 艘船舶的超过 6000 万个信息点，以确定机器的类型（如货物、拖船、帆、船舶的大小、哪种渔具、围网、拖网），根据其运动方式在何时何地捕鱼。

Global Fishing Watch 通过交互式在线地图和可下载的数据向所有人提供此船只跟踪信息。用户几乎可以实时地追踪大约 60000 艘商业渔船的航行及其名称和船旗国。用户可以创建热图，以查看商业捕鱼活动的模式，查看单个船只的航迹并叠加信息，如海洋保护区或不同国家/地区的专属经济区（EEZ）的位置。

（二）情报分析中使用Globalfishingwatch查询的主要内容

1. 查询并追踪商业渔船航行信息、名称、船旗国、商业捕鱼活动等信息。

2. 提供渔船活动信息下载服务。

四、Fleetmon

（一）Fleetmon网站网址及其简介

https：//www. fleetmon. com/

Fleetmon是一个全球船舶和港口开放数据库，可以访问超过500000艘船舶的实时AIS位置数据、技术信息和照片，查找未来几周的船舶详细信息、时间表和港口到港时间，或分析船舶贸易模式。

FleetMon成立于2007年，建立了世界上第一个公共船只数据收集平台，可帮助组织提供更好的物流报告。FleetMon使船运公司、船长和海事爱好者能够跟踪和分析其业务，从而为他们提供支持。该团队在德国联邦梅克伦堡—前波美拉尼亚州最大的城市罗斯托克的汉萨同盟小镇工作。

（二）情报分析中使用Fleetmon查询的主要内容

查询船舶和港口的实时AIS位置数据、技术信息、照片、船舶详细信息、到港时间、船舶贸易模式等信息。

五、Digimap Ltd

（一）Digimap Ltd网站网址及其简介

https：//www. digimap. gg/marine/ais/

Digimap Ltd是一家私人公司，致力于研发和使用地理信息系统（GIS）。Digimap提供地址定位、航空招聘、公司地址文件、DGPS校正和租用、Esri软件、GIS数据、高度校准、徕卡测量系统、打印输出、卫星导航等服务。Digimap的成功基于建立在根西岛数字地图基础上的，针对广泛用户的关键解决方案。

（二）情报分析中使用 Digimap 查询的内容

查询地址定位、航空招聘、公司地址文件、DGPS 校正和租用、Esri 软件、GIS 数据、高度校准、徕卡测量系统、打印输出、卫星导航等信息。

六、cruisin

（一）cruisin 网站网址及其简介

https：//www. cruisin. me/cruise-ship-tracker/

通过 cruisin 网站，根据船型、邮轮名称，可查看该船的信息、本国天气、航线，其数据涵盖近百条邮轮信息。同时，cruisin 还可查看地区的网络摄像头等。

（二）情报分析中使用 cruisin 查询的内容

根据船型、邮轮名称查询船舶信息、本国天气、航线等信息。

七、Cruisemapper

（一）Cruisemapper 网站网址及其简介

https：//www. cruisemapper. com/

Cruisemapper 提供港口、船舶、航线、事故等信息的查询，同时可查看用户评论。

（二）情报分析中使用 Cruisemapper 查询的主要内容

根据船舶名称、航线名称、港口名称查询船舶、航线、港口相关信息。

八、Boatnerd

（一）Boatnerd 网站网址及其简介

http：//ais. boatnerd. com/

Boatnerd 是一个船只信息查询平台，可根据地图定位、港口名称筛选查询船只的名称、行驶状态、位置、行程更新时间、行程目的地、预计到达时间、货物信息等。

（二）情报分析中使用 Boatnerd 查询的内容

根据地图定位、港口名称筛选查询船只的名称、行驶状态、位置、行程更新时间、行程目的地、预计到达时间、货物信息等。

九、BoatInfoWorld

（一）BoatInfoWorld 网站网址及其简介

https：//www. boatinfoworld. com/

BoatInfoWorld 拥有有关 416000 艘船的数据，数据内容包括船东、联系信息、船体识别号、建造年份、建造者、航行港口、船的尺寸（长度、宽度、深度、重量）等详细信息。BoatInfoWorld 还提供船只数据电子表格的按需和即时下载。数据下载文件包括船只信息，如注册地址、海陵港口、船体 ID 号、呼号、建造年份、造船商，等等。在下载的各种文件格式中可选择（ms excel-格式化的电子表格，ms access，csv 或制表符分隔的文本文件）。

（二）情报分析中使用 BoatInfoWorld 查询的内容

1. 根据船只名称、所有者、船东、城市、县、邮政编码、市区等查询船只信息。

2. 提供船只信息的下载服务。

十、Aishub

（一）Aishub 网站网址及其简介

http：//www. aishub. net/vessels

Aishub 是一个 AIS 数据查询平台，可根据船只名称、IMO、MMSI、通信呼号、信息更新时间等查询船只相关信息。

（二）情报分析中使用 Aishub 查询的内容

根据船只名称、IMO、MMSI、通信呼号、信息更新时间等查询船只相关信息。

十一、Naxosisland

（一）Naxosisland 网站网址及其简介

http：//www. naxosisland. eu/live_ ship_ data. html

Naxosisland 提供希腊地区的船只实时位置查看服务，点击船只或搜索船只名称可查看船只名称、图片、类型、船速、航行历史等信息。

（二）情报分析中使用 Naxosisland 查询的内容

根据船只实时位置或船只名称查询船只名称、图片、类型、船速、航行历史等信息。

十二、myShipTracking

（一）myShipTracking 网站网址及其简介

https：//www. myshiptracking. com/

myShipTracking 是使用 AIS 技术的网站，目的是更好地了解船只在世界范围内的航行方式。自动识别系统（AIS）是一种用于船上的自动跟踪系统，用于识别和定位船只以避免碰撞。港口当局还使用 AIS 更好地控制海上交通。每艘船都使用与 GPS 等定位系统连接的收发器，通过 VHF 频道（161. 975 MHz 和 162. 025 MHz）广播其 AIS 消息。AIS 能够提供 GPS 定位、SOG（地面速度）、COG（地面课程）、唯一的船只 ID、航行信息。网站的实时地图使用最先进的技术来提供最大 10 英寸以下的实时船舶位置。网站可根据地图定位查看船只位置、船只名称、类型、状态、船速、出发地、到达地、航行时间、信息更新时间等信息。同时，用户还可以在船只数据库中查询船只名称、图片、船只代号、尺寸、位置及目的地信息。网站还提供港口查询服务，可根据港口名称查询港口尺寸、港口船只信息、到港船只信息、出港船只信息以及预计到达船只信息。

（二）情报分析中使用 myShipTracking 查询的内容

1. 根据地图定位查询船只位置、船只名称、类型、状态、船速、出发地、到达地、航行时间、信息更新时间。

2. 根据船只名称、代号等查询船只名称、图片、船只代号、尺寸、位置及目的地信息。

3. 根据港口名称查询港口尺寸、港口船只信息、到港船只信息、出港船只信息以及预计到达船只信息。

十三、VesselFinder

（一）VesselFinder 网站网址及其简介

http：//www. VesselFinder. org/

VesselFinder 提供船只追踪系统，免费为用户提供实时的船只追踪。用户可以按名称、IMO 号、MMSI 搜索船只信息。用户在搜索栏中输入船只详细信息并查找所需信息确实非常容易。VesselFinder 数据库中有超过 15 万艘船只的详细信息，用户可以找到所有船只的位置、航迹和历史记录。同时，网站还提供有关海盗、金融、新船、港口和许多有趣事件等最新船只新闻。

（二）情报分析中使用 VesselFinder 查询的内容

根据船只名称、IMO、MMSI 等信息查询船只位置、航迹、历史记录等信息。

十四、Marinetraffic

（一）Marinetraffic 网站网址及其简介

https：//www. marinetraffic. com/en/ais/

该网站根据用户等级，提供商业船队的船舶所有权和管理信息、船只技术细节（可用于识别和确认潜在客户和候选船只的规格）信息、船只的类型和等级、用户所在区域或港口的船只和船队动态的最新信息、航程预报、指定港口的船只的预计抵达时间等信息。同时，网站通过卫星跟踪来跟踪一艘跨洋航行的船只，在实时地图上轻松分组和可视化多达 50 个船只，还提供船只运动动画重播、港口通话查看等服务。

（二）情报分析中使用 marinetraffic 查询的内容

查询商业船队船舶所有权和管理信息、船只技术细节、信息、船只的类型和等级、用户所在区域或港口的船只和船队动态的最新信息、航程预报、指定港口的船只的预计抵达时间、船只运动化重播、港口通话等信息。

十五、OpenSeaMap

（一）OpenSeaMap 网站网址及其简介

http：//map. openseamap. org/

OpenSeaMap 于 2009 年创建，可自由访问航海地图。OpenSeaMap 的目标是在 OSM 中添加航海者感兴趣的航海和旅游信息，并以令人愉悦且实用的方式呈现这些信息。其数据库信息包括信标、浮标和其他海标、港口信息、维修店、轮船用品等，以及商店、饭店和名胜古迹等信息。OpenSeaMap 是 OpenStreetMap 的一部分，并使用其数据库。

（二）情报分析中使用 OpenSeaMap 查询的内容

查询船只海标、港口信息、旅游信息等。

十六、Vesseltracker

（一）Vesseltracker 网站网址及其简介

https：//www. vesseltracker. com/

Vesseltracker 是全球领先供应商 AIS 船运动和海事信息服务，成立于 2006 年。网站提供海上船舶动态信息、目的地和 ETA 的变化，提供多语言支持，船舶数据库拥有超过 170000 艘船只的准确信息。网站的地图视图包括 Google、卫星、谷歌地球、航海图表等全球海盗信息和天气信息。

（二）情报分析中使用 Vesseltracker 查询的内容

1. 根据船只首字母查询船只名称、IMO、MMSI、尺寸、地区、更新时间、通信呼号、图片信息等。

2. 根据国家名称查询港口名称、国标代码、在港船只数量、即将到港船只数量。

十七、VesselFinder

（一）VesselFinder 网站网址及其简介

https：//www. vesselfinder. com/

VesselFinder Ltd. 成立于 2011 年，是一家船舶跟踪服务提供商，致力于提供最高标准的 AIS 相关服务。网站利用遍布全球的地面 AIS 接收器和卫星的大型网络，提供有关 100000 艘船舶的位置和运动信息、实时数据、港口电话和主数据、船只详细航行历史，网站拥有超过 500000 张船舶和港口照片的画廊，有可供 iPhone、iPad 和 Android 设备的移动应用程序。

（二）情报分析中使用 VesselFinder 查询的内容

根据船只名称、IMO、MMSI、速度、载重、建造时间、尺寸、状态、港口电话等信息。

十八、ShippingExplorer

（一）ShippingExplorer 网站网址及其简介

https：//www. shippingexplorer. net/en

ShippingExplorer 提供超过 500000 艘船的统计信息、详细信息、照片、建造时间、港口信息、时间、坐标、速度、路线、温度、风、压力、当前和未来的天气状况等。

（二）情报分析中使用 ShippingExplorer 查询的内容

1. 查询船只的统计信息、详细信息、照片、建造时间、港口信息、时间、坐标、速度、路线、温度、风、压力、当前和未来的天气状况等。

2. 提供船只信息的下载服务。

十九、Shipais

（一）Shipais 网站网址及其简介

http：//www. shipais. com/

Shipais 为用户提供来自 AIS 数据的英国各地的实时船只动态，单击地图可以查看各个船只，其统计数据和照片，也可以通过单击地图选择一个区域或选择附近的港口。

（二）情报分析中使用 Shipais 查询的内容

1. 查询英国各地的实时船只动态、统计数据、照片。
2. 查询港口信息。

二十、rathlinweather

（一）rathlinweather 网站网址及其简介

http：//www. rathlinweather. co. uk/AIS/

该网站提供北爱尔兰拉斯林岛的实时天气信息，包括风速、温度、湿度、压力等。其天气信息通过 WMR200 气象站上传。

（二）情报分析中使用 rathlinweather 查询的内容

查看北爱尔兰拉斯林岛的风速、温度、湿度、压力等实时天气信息。

二十一、Shipfinder

（一）Shipfinder 网站网址及其简介

http：//www. shipfinder. com/

亿海蓝（北京）数据技术股份公司专注于航运物流信息服务。亿海蓝旗下的搜船在全球拥有广泛的合作伙伴，是世界上少数几个拥有全球船舶实时位置数据的网站之一。除船舶位置数据外，搜船还致力于提供综合物流信息服务。

其旗下搜船网通过互联网为用户提供便捷直观的船舶信息服务，包括船舶位置信息、船舶进出港计划以及船舶技术参数、所有人、建造情况、事故记录等完整的船舶运营信息。所有这些信息将在专业的电子海图背景上展现。您还可以定位、跟踪船舶或订制到港提醒。无论您身处何处，只要能上网，用户将即刻获知船舶位置及相关资料。为了方便评估，网站提供了历史船位的展现，用户所看到的是与当前时刻相同的、48 小时之前的信息，该功能是免除注册的，但需要付费才能查看船舶实时位置、运营资料以及使用其他高级功能。这些船舶位置数据来源于岸基 AIS 基站。在全球范围内有超过 1000 个基站为网站提供数据，实时在线船舶超过 3 万艘。通过广泛的合作伙伴的共同努力，搜船网已经成为全球 AIS 数据覆盖最好的网站。

同时，网站还提供船舶档案，数据源自英国劳氏海事数据库。英国劳氏（LRF）是国际海事组织（IMO）指定的 IMO 编号颁发、管理和验证部门，其数据的权威性和完备性无人可及。Shipfinder 是 LRF 在大中华地区独家授权分销商，船舶档案服务完整收录全球 300 吨以上国际航行船舶 12 万多艘，船东及管理公司 7 万多家，造船厂 6000 多家，数据每周更新。数据内容包括详细的船舶和设备技术参数、建造情况、保赔协会、入级及 PSC 检验记录、所有人、经营人、买卖情况等权威档案资料 200 多项。

（二）主要提供以下信息

1. 船舶档案：船舶注册信息、船舶所属公司及联系方式、商业买卖历史、船级社及检验记录、船舶吨位、尺寸、建造信息、各种设备参数（主机/辅机型号、功率、转速等）。

2. 姊妹船、船舶证书及 PSC 检验记录等。

3. 公司档案：船东、管理公司、经营公司、注册公司、DOC 公司、技术管理等公司的名称、地址、联系方式、组织结构、船队规模、船队细节等。

4. 船厂档案：造船厂手持订单、在建船舶、已建船舶列表及细节、交付日期，相应造船厂的电话、地址、联系人信息等。

（三）情报分析中使用 Shipfinder 查询的内容

1. 根据船名、呼号、IMO、MMSI、港口名称查询船只相关信息。

2. 根据船舶名称查询船舶档案。

二十二、VT Explorer

（一）VT Explorer 网站网址及其简介

http：//www. vtexplorer. com/

VT Explorer 每天提供对实时 AIS 位置数据，技术信息和超过 150000 艘船舶的照片的访问。VT Explorer 定期更新船舶经理和船东公司的数据库，其地址、电话、传真、电子邮件和网站等信息，允许用户从 PC 或移动设备监控全球海上交通情况、查找过去一年中每艘船访问的所有港口，或特定港口的所有计划到达或离开的港口、最近两周的船只移动信息以及有关它们的航向和速度的详细信息。它是功能强大的工具，可用于跟踪船队，监视未来几周的船期和港口进港或分析船舶贸易方式。VT Explorer 结合了来自大型 AIS 接收器网络和卫星 AIS 技术的数据，是全球领先的船舶跟踪服务提供商之一，为海运、保险和贸易领域的人们带来了巨大价值。

（二）情报分析中使用 VT Explorer 查询的内容

1. 查询船舶地址、电话、传真、电子邮件等基本信息。
2. 查询船只移动信息、航向、速度、贸易、港口等信息。

二十三、marinevesseltraffic

（一）marinevesseltraffic 网站网址及其简介

https：//www. marinevesseltraffic. com/

该网站是一个提供船舶、飞机、港口和货物跟踪的平台，可根据船舶名称、IMO、MMSI、港口查询船舶信息、实时位置等。

（二）情报分析中使用 marinevesseltraffic 查询的内容

根据船舶名称、IMO、MMSI、港口查询船舶信息、动态位置。

第四节　汽车查询

一、Autocheck

（一）Autocheck 网站网址及其简介

https：//www. autocheck. com/vehiclehistory/

Autocheck 提供免费车辆搜索服务，输入 VIN 或车牌即可搜索车辆相关信息。网站拥有专利的 AutoCheck 分数，可快速找到用户的理想车辆，并最大限度地减少购买车辆的风险。网站提供了车辆历史报告下载服务，报告中包含先前注册的城市和州、所有者人数及基本情况、事故和损坏报告、留置权信息、里程表读数、服务，维修和保养日期和地点、安全检查状况等信息。

（二）情报分析中使用 Autocheck 查询的内容

1. 根据 VIN 或车牌查询车辆信息。
2. 提供车辆历史报告下载服务。

二、BigRigVIN

（一）BigRigVIN 网站网址及其简介

https：//bigrigvin. com/

BigRigVIN 使用标准的 17 位 VIN 搜索以发现自 1981 年以来在美国制造或出售的商用卡车，网站拥有适用于许多不同类型机动车的机动车历史信息，包括但不限于大型钻机、公共汽车、休旅车、拖拉机拖车、露营车、房车、十八轮车、大篷车、旅行拖车、玩具搬运车、中型和重型商用卡车。

（二）情报分析中使用 BigRigVIN 查询的内容

根据 VIN 码查询多种商用卡车的历史信息。

三、Cardetective

（一）Cardetective 网站网址及其简介

https：//www. cardetective. com/vin-decoder/

Cardetective 自 1993 年成立以来，为消费者提供在购买或出售新车及二手车之前需要了解的所有信息。网站提供免费 VIN 报告、VIN 号码检查、二手车价格、免费 VIN 检查、免费 carfax 报告

（二）情报分析中使用 Cardetective 查询的内容

根据 VIN 码查询车辆信息。

四、CheckThatVIN

（一）CheckThatVIN 网站网址及其简介

https：//checkthatvin. com/

CheckThatVIN. com 提供在线汽车 VIN 检查 preCheckedReports，由 CARCO 集团生成，CARCO 集团是美国司法部国家汽车所有权信息系统（NMVTIS）计划的汽车历史记录提供商。除了在 NMVTIS 计划中的作用外，CARCO 的检查服务部门还为保险公司提供了保险前车辆检查 preCheckedReports，可大大减少汽车保险欺诈。通过遍布全国 6000 多个检查点的网络，网站为 600 多家保险公司提供了这项服务。自 1977 年成立以来，CARCO 已进行了超过 4000 万次车辆检查。

CheckThatVIN 报告中包含以下信息：标题和品牌信息；车辆识别号（VIN）；所在的州；车辆的年份、品牌和型号；里程表读数；车辆状态；报告保险公司的名称、地址和联系信息；保险公司获得车辆的日期等。

（二）情报分析中使用 CheckThatVIN 查询的内容

根据 VIN 码查询汽车状况，提供汽车状况报告下载服务。

五、FAXVIN

（一）FAXVIN 网站网址及其简介

https：//www. faxvin. com/vin-check

FAXVIN（如 VINCarHistory）是为北美和全球客户提供服务的最大网站之一，提供车辆历史报告和车辆 VIN 的所有在线检查。FAXVIN 报告提供了有关二手车及其过去的大量信息、车主报告，包括汽车的历史，车的类型，里程表读数，事故历史，里程信息，召回和缺陷信息，结构性损坏信息，留置权和收据记录，盗窃和恢复记录，个人、警察或出租车的使用、检验，服务，注册历史、其他重要的汽车规格等。

（二）情报分析中使用 FAXVIN 查询的内容

根据 VIN 码查询车辆信息。

六、Drivparts

（一）Drivparts 网站网址及其简介

https：//store. drivparts. com/fmstorefront/

Drivparts 是一个汽车零部件提供平台，为汽车售后市场中的客户提供维修、服务和提高性能的产品，为轿车、卡车、重型车辆、商用车辆、农业、航空航天及其他工业应用的原始设备制造商提供优质产品。Drivparts 汽车零部件通过一系列可以满足客户需要的、无与伦比的优质汽车售后零件，推动整个行业的发展。

（二）情报分析中使用 Drivparts 查询的内容

根据 OE 编号、零件编号、EAN 编号、VIN 编号、公告号等查询汽车零部件信息。

七、本田召回查询

（一）本田召回查询网站网址及其简介

https：//owners. honda. com/service-maintenance/recalls

本田召回查询网站提供有关过去15年内宣布的安全召回的信息，本田授权经销商免费提供所有安全召回维修。通过车辆识别号（VIN），即可检查车辆召回信息。

（二）情报分析中使用本田召回查询网站查询的内容

根据VIN查询丰田车辆召回信息。

八、Kbb

（一）Kbb网站网址及其简介

https：//www. kbb. com/vehicle-history-report/

Kbb可根据VIN码或车牌以及所属州查询车辆历史信息，主要包括等级、所属国家、车龄、总体得分、事故和损失状况、交易信息、车辆用途等。

（二）情报分析中使用Kbb查询的内容

根据VIN码或车牌以及所属州查询车辆历史信息，主要包括等级、所属国家、车龄、总体得分、事故和损失状况、交易信息、车辆用途等。

九、Worldlicenseplates

（一）Worldlicenseplates网站网址及其简介

http：//www. worldlicenseplates. com/

Worldlicenseplates提供世界范围内多个国家的牌照历史演变情况，可查看不同时期相应地区的牌照图片。

（二）情报分析中使用Worldlicenseplates查询的内容

根据国家和地区查看当地车辆牌照演变历史及图片信息。

十、ismycar

（一）ismycar 网站网址及其简介

https：//www. ismycar. co. uk/mot-checker/

该网站可帮助英国车主快速、安全、方便地进行检查车辆是否征税、被盗、出口、报废、MOT 到期信息等信息。网站上提供的服务适用于汽车、摩托车和货车。IsMyCar. co. uk 会将用户定向到英国的官方免费信息门户，如 GOV. uk 和 AskMID. com。如果有免费服务，IsMyCar. co. uk 将带您前往。目前，交通运输、车辆税和保险检查属于这种情况。对于没有免费服务的搜索，用户将被重定向到附属网站服务。

（二）情报分析中使用 ismycar 查询的内容

1. 查询英国车辆否征税、被盗、出口、报废、MOT 到期信息等。
2. 提供 MOT 历史报告查看服务。

十一、Vinrcl

（一）Vinrcl 网站网址及其简介

https：//vinrcl. safercar. gov/vin/

Vinrcl 提供车辆召回查询服务。车主可能并不总是知道他们召回的车辆仍需要修理。NHTSA 的新搜索工具可让用户输入车辆识别号（VIN），以快速了解特定车辆在过去 15 年中是否未作为安全召回的一部分进行维修。网站主要收录轻型汽车制造商（包括摩托车制造商）进行的安全召回。

（二）情报分析中使用 Vinrcl 查询的内容

根据 VIN 码查询车辆是否未作为安全召回的一部分进行维修。

十二、vehiclehistory

（一）vehiclehistory 网站网址及其简介

https：//www. vehiclehistory. gov/

此网是国家机动车所有权信息系统（NMVTIS）旨在保护消费者免受欺诈和不安全车辆的侵害，并防止被盗车辆被转售而设立的网站。NMVTIS 还可协助各州和执法部门制止与防止所有权欺诈与其他犯罪。消费者可以使用 NMVTIS 访问重要的车辆历史信息，研究车辆的历史报告，报告内容包括所有权的现状和最后的所有权日期、品牌历史、里程表读数、总损失历史、打捞历史等信息。NMVTIS 车辆历史报告可帮助消费者识别可能不安全的车辆。如果车辆具有品牌，全部损失或打捞历史，则警告消费者该车辆可能不安全。NMVTIS 是美国唯一公开可用的系统，根据联邦法律，所有保险承运人、自动回收站、垃圾场和打捞场都必须定期向该系统报告。

（二）情报分析中使用 vehiclehistory 查询的内容

查询车辆历史信息、查看车辆历史报告。

十三、Reversegenie

（一）Reversegenie 网站网址及其简介

http：//www. reversegenie. com/plate. php

Reversegenie 提供车辆信息查询服务，用户可通过输入车牌号码和所属州查询车牌对应信息。

（二）情报分析中使用 Reversegenie 查询的内容

根据车牌号码和所属州查询车牌对应信息。

十四、Sgi

（一）Sgi 网站网址及其简介

https：//www. sgi. sk. ca/vin

Sgi 提供最近的萨斯喀彻温省注册截止日期、萨斯喀彻温省的损害赔偿要求历史记录（自 2002 年 11 月 1 日起）、车辆是否被盗、受损情况、从美国购买的任何车辆的历史等信息。

（二）情报分析中使用 Sgi 查询的内容

根据 VIN 码查询加拿大萨斯喀彻温省车辆相关信息。

十五、Carsowners

（一）Carsowners 网站网址及其简介

https：//carsowners. net/

CarOwners. net 包含有关美国车主的信息。如果要查找车主，则应从首页选择汽车品牌开始。接下来，用户需要选择汽车的型号、制造年份和汽车注册状态。在这里，用户将找到所有者列表，其中包含有关他们的信息，如地址、电话号码和汽车注册状态。

网站提供了有关所有车型的详细信息。比如：

1. 免费的 VIN 码搜索服务。
2. 汽车的一些照片。
3. 大概价格。
4. 关键规格。
5. 模型的优缺点。
6. 用户评论。
7. 担保信息。
8. 反映用户意见的评分。

（二）情报分析中的应用

查询车辆信息。

第五节　铁路查询

一、美国货运铁路互动地图

（一）美国货运铁路互动地图网站网址及其简介

http：//www. acwr. com/economic-development/rail-maps

铁路是北美货运的命脉。美国有七大主要铁路（I类铁路）和500多个短线和区域性铁路（II和III类铁路）。对于需要经济解决方案来进行长途运输的托运人而言，这些生产线至关重要。该网站内容：

1. 加拿大太平洋地图。
2. 堪萨斯南方地图。
3. CSX地图。
4. BNSF地图。
5. 北美一级运输船轨道图。
6. 加拿大国家地图。

（二）情报分析中其主要应用的内容

查询美国货运铁路地图。

二、丹麦旅游

（一）丹麦旅游网站网址及其简介

https：//www. dsb. dk/

该网站用来查找丹麦的旅行和价格。在这里，用户可以了解火车交通情况。

1. 查找您的火车行程和价格。输入出发车站、道路、城市、地区以及目的地车站、道路、城市、地区即可查询。

2. 查找门票和服务。旅游地图、通勤卡和期间卡、单程票和往返票、出国旅游等信息。

（二）情报分析中其主要应用的内容

查询丹麦交通。

三、欧洲旅游

（一）欧洲旅游网站网址及其简介

https：//www. eurail. com/en/eurail-passes

33 个国家/地区，铁路通票 1 张。全球通票可将您带到欧洲的 40000 多个目的地。它非常灵活，因此您可以提前规划路线，也可以只决定自己选择的日期。

全球通票可让您在以下 33 个国家/地区旅行：

奥地利、比利时、波斯尼亚和黑塞哥维那、保加利亚、克罗地亚、捷克共和国、丹麦、爱沙尼亚、芬兰、法国、德国、英国、希腊、匈牙利、爱尔兰、意大利、拉脱维亚、立陶宛、卢森堡、黑山、荷兰、北马其顿、挪威、波兰、葡萄牙、罗马尼亚、塞尔维亚、斯洛伐克、斯洛文尼亚、西班牙、瑞典、瑞士、土耳其。一国通行证可以从上到下探索您最喜欢的国家，只需从 29 个国家/地区中选择，即可开始旅行。

（二）情报分析中其主要应用的内容

1. 查看推荐行程、热门火车路线、城市指南、热门目的地、欧洲铁路地图、欧洲的火车路线等信息。

2. 计划行程，寻找最适合您的通行证。输入目的地，选择开始日期和结束日期，添加旅行者，即可规划您的路线并找到适合您旅行的完美通行证。

四、日本小田急电铁

（一）日本小田急电铁网站网址及其简介

https：//www. odakyu. jp/

小田急电铁和小田原捷运公司一样都成立于 1923 年 5 月，小田急电铁目前在首都东京营运着三条铁路路线：小田原（Odawara）线、江之岛（Enoshima）线和多摩（Tama）线。这些铁路路线延伸的范围超过了 75 英里

（相当于 120.5 公里），每天平均乘载 184 万人次，每年总载客量已经超过 670 万人次。这些路线是提供学生、商务人士们交通往来的重要通勤路线，因此它连接了各个通往新宿的车站。

（二）情报分析中其主要应用的内容

1. 换乘和票价检索：进入搜索条件找到两个小田站之间的旅行时间、中转路线、票价和有限的快递附加费。点击“选择站”设置出发和到达站。从路线图或站名列表中选择。

2. 查询各车站时间表、小田急线路线图，寻找车站标示上的出发时间。

3. 电车搭乘指南：购票方法、车票使用方式、乘车礼仪以及突发事件处理。

4. 获取景点指南以及周游券。

五、日本京成电铁

（一）日本京成电铁网站网址及其简介

https：//www.keisei.co.jp/

京成电铁是承担着机场交通任务的主要交通机构之一，可从成田机场到达东京市中心以及羽田机场。2010 年 7 月 17 日开业的成田 SKY ACCESS 线上，奔驰着 Skyliner 和 ACCESS 特快。特别是 Skyliner，不包含新干线在内，以日本国内铁路最高速度 160km/h 纵横驰骋，机场第 2 候机楼和上野之间仅需 41 分钟。京成电铁的集团企业中，除铁路以外，还有巴士和出租车等运输事业，以及房地产、建筑、休闲等事业，开展多元化经营。

（二）情报分析中其主要应用内容

1. 查询换乘线路、票价。输入出发站、到达站，选定日期和时间，按照时间顺序或按换乘次数顺序条件进行查询。

2. 查询 Skyliner 路线图/时刻表、ACCESS 特快路线图、快车特快/特快路线图、各列车的停车站、车站向导图等信息。

六、openrailwaymap

（一）openrailwaymap 网站网址及其简介

https：//www. openrailwaymap. org/

openrailwaymap 是世界上最详细的铁路基础设施在线地图，它建立在 OpenStreetMap 数据之上。包括：

1. OpenRailwayMap 类别。
2. PNV-Karte 在铁路和公路网上运行的线路地图。
3. ITO 铁路地图。
4. OSM Tchouchou，列车地图。
5. 基于 OSM 数据的列车线路分析。
6. 世界范围内的火车路线。

（二）情报分析中其主要应用的内容

查询全球铁路和公路基础设施信息。

七、intermodal-map

（一）intermodal-map 网站网址及其简介

http：//www. intermodal-map. com/freie-karte

可视化展现欧亚大陆的交通运输设施信息。比如：

1. 操作员、住址、联络人。
2. 营业时间。
3. 装载单位。
4. 服务项目。
5. 配套设备。

（二）情报分析中其主要应用的内容

查询相关设施基础信息。

八、thetrainline

（一）thetrainline 网站网址及其简介

https：//www. thetrainline. com/

该网站欧洲领先的火车和巴士网站，用来搜索、比较和购买便宜的火车和巴士，掌控出发时间，站台信息和门票，让您的旅程保持正轨、搭乘火车和巴士轻松探索欧洲。

thetrainline 是一个一站式的火车和长途汽车旅行。它每天都会把来自 45 个国家 270 多家火车和长途汽车公司的线路、票价和行程时间汇集到一起，这样客户就可以很容易地买到票，节省时间、减少麻烦或金钱。thetrainline 还可以通过应用程序为客户提供实时的个性化旅游信息，让人们在旅途中得到最好的价格和智能的实时旅游信息。输入您的始发站和目标站，选择出发日期和时间等信息即可获取时间和门票。

（二）情报分析中其主要应用的内容

查询欧洲交通信息。

九、世界各国铁路*

（一）世界各国铁路网站网址及其简介

http：//world. bymap. org/Railways. html

世界各国铁路可以按照国家名称来搜索各国的铁路总里程、人均铁路里程以及人口统计信息等。

（二）情报分析中其主要应用的内容

1. 世界各国的铁路长度以及人均铁路长度。

2. 各国、行政区划、城市地区的人口统计。

第六节 无人机

一、airdata

（一）airdata 网站网址及其简介

https：//airdata. com/

airdata 是世界上最受信任的飞行数据平台。成立于2015年的 Airdata UAV 最初旨在提供防撞信息，并为飞行员提供比通常在日志中捕获的数据更广泛的数据。今天，提供了一个全面的无人机机队管理运营平台，为全球近200个国家/地区的数以万计的小型到大型无人机机队运营商提供了帮助。

功能：

1. 数据同步。自动上传飞行日志，立即了解飞机的性能，确定航班的潜在问题，无须手动记录航班信息，减少数据输入错误。下载高清同步应用，适用于 Android 和 iOS，设置您的自动上传令牌，将您的航班直接上传到 Airdata. com。

2. 分析。对各种数据进行高级分析，了解您的无人机的健康状况并确保飞行安全。

3. 保养。了解您的无人机是否“适航”。通过无缝跟踪使用情况，建议的服务时间表与维护报告来管理飞机和电池的维护。Airdata 无人机使操作员可以查看其设备在维护周期中的位置，并更好地管理机队。

4. 生成报告。通过 Airdata UAV 的报告节省时间并确保报告效率。生成报告以提交给民航当局，或按飞行日期范围、飞行员、无人机或电池组生成详细的运行报告。Airdata UAV 提供了易于报告的模板，并能够构建定制报告以满足您的业务需求。

5. 警报。设置公差级别以监视可能影响飞行性能的飞机设备和环境因素，当超过阈值时，Airdata UAV 将警告飞行员。

6. 分享您的航班。选择共享哪些信息、选择与谁分享航班，创建一个唯一的共享链接。

（二）情报分析中其主要应用的内容

查询分析无人机信息。

二、aviation-safety

（一）aviation-safety 网站网址及其简介

https：//aviation-safety. net/database/issue/drones. php

航空安全网 aviation-safety 是成立于 1996 年的私有独立计划。Harro Ranter（1972 年，荷兰）是航空安全网络的创始人兼总监。自 1996 年 1 月起，航空安全网开始运行，覆盖了客机、军用运输机和公务机的事故和安全问题。其使命宣言是“为每个对航空（专业）感兴趣的人提供有关飞机事故和安全问题的最新、完整和可靠的权威信息”。ASN 安全数据库包含有关 20300 多个事件、劫持和事故的详细描述。

航空安全网站点中包含的大多数信息是基于官方来源（主管部门，安全委员会）的信息。用作事故数据库基础的资料包括飞机生产清单，1952 年以来的《国际民航组织飞机事故摘要》以及 NTSB、TSB 等。

在 ASN 无人机数据库包含了超过 9200 无人机（UAS）从飞行员和 air-prox 事件涉及 UAS 和飞机目击报告。该数据库包含疑似和确认无人机与飞机相撞的描述。

（二）情报分析中其主要应用的内容

可查询（疑似）无人机与飞机相撞事件的日期和时间；无人机的类型、所有者及操作员；死亡人数；飞机损坏程度；出发机场和目的地机场；飞机事故的详细描述等信息。

三、荷兰无人机飞行地图

（一）荷兰无人机飞行地图网站网址

https：//www. godrone. nl/

（二）网站介绍

可视化展现荷兰无人机空域管理地图。

（三）情报分析中的应用

查询和了解荷兰无人机空域管理信息。

四、全球无人机法规数据库

（一）全球无人机法规数据库网站网址及其简介

https：//www. droneregulations. info/

该数据库由国家名录和国家无人机法律摘要组成。目标是向人道主义和非人道主义行为体提供相关国家法规数据库、额外资源和与原始监管文件的链接，以确保按照国家法规安全部署无人驾驶飞机。

该数据库由 UAViators 于 2014 年启动并作为 Wiki 启动。从 2015 年到 2016 年，FSD 在 DG ECHO 的资助下对其进行了增强，并于 2017 年停止。新美国基金会提供了许多国家的监管信息。农业和农村合作技术中心 ACP-EU（CTA）在 ACP 国家的法规数据在 2016 年做出了进一步的重大贡献。鹦鹉和 senseFly 加入贡献者队在 2016 年年底 OZY RPAS 顾问将提供从中期 2017 年的资金和进一步的支持。

这些网页上的内容仅作为公众一般信息提供。该网页并不提供任何法律意见，亦不能保证所提供的资料准确、完整或最新。网页不应该被用来代替从授权或授权在您的司法管辖范围内执业的律师那里获得法律咨询。对于任何具体的法律问题或事项，您都应该咨询具有适当资格的律师。

（二）情报分析中其主要应用的内容

1. 在搜索框中输入国家名称即可查询该国无人机法规数据。

2. 在世界地图上直接点击国家位置即可查询该国无人机法规数据。

五、无人机失事数据库

（一）无人机失事数据库网站网址及其简介

https：//dronewars. net/drone-crash-database/

英国无人机战争（Drone Wars UK）于 2010 年开始收集军用无人机坠毁的细节。其成立的网站的数据库涵盖了 2007 年 1 月 1 日以来大型（二级和三级）军用无人

机坠毁事故。它是由美国空军事故调查委员会（AIB）的报告、维基解密战争日志、华盛顿邮报美国无人机坠毁数据库，以及来自一般和军事媒体的报告汇编而成的。

（二）情报分析中其主要应用的内容

可查询无人机坠毁的日期、操作员、无人机类型、阶段、位置和事故细节等信息。

六、faa. maps

（一）faa. maps 网站网址及其简介

https：//faa. maps. arcgis. com/apps/webappviewer/index. html？ id=9c2e4406710048e19806ebf6a06754ad

UAS 设施地图仅用于规划和提供信息。依赖于此地图并不构成 FAA 在受控空域中运行的授权。

（二）情报分析中其主要应用的内容

1. FAA UAS 设施地图数据。

2. 娱乐传单固定地点。

3. 飞机场。

4. 空域。

5. Esri 世界地理编码器。

七、无人机数据库

（一）无人机数据库网站网址及其简介

http：//drones. cnas. org/drones/

无人机数据库由无人机研究中心编译。新美国安全中心（CNAS）的一个项目“增殖无人机”旨在研究无人机扩散的影响并确定美国及其合作伙伴面临的核心问题。该项目分析了可供国家和非国家行为者使用的技术，该技术的潜在用途以及这些用途的政治和战略意义，从而就如何应对与无人机使用范围扩大相关的挑战提出了建议和政策选择。

（二）情报分析中其主要应用内容

按国家进行筛选，可获得您感兴趣的无人机的国家、公司、平台、耐力、范围、有效负载上限、最大速度等数据信息。

八、美国联邦航空局发布无人机注册位置数据

（一）美国联邦航空局发布无人机注册位置数据网站网址及其简介

https：//www. faa. gov/news/updates/？ newsId＝85548

美国交通部的使命是确保网站的国家拥有世界上最安全、最高效、最现代化的交通系统，改善从农村到城市的所有美国人民和社区的生活质量，提高美国工人和企业的生产力和竞争力。

（二）情报分析中其主要应用内容

1. 查询飞机认证、飞机安全、维修站、机场安全、机场改善计划（AIP）、航班信息，检查机场状态和航班延误信息。

2. 查询事故和事故数据、航空数据与统计、乘客与货运、资金和赠款数据等数据与研究信息。

3. 查询航空承运人和航空代理商认证、飞机认证、飞行员认证、机场认证等执照和证书信息。

4. 查询最新法规和准则等法规政策信息。

5. 查询咨询通函、适航指令（AD）、联邦航空条例（FAR）等规章制度。

第七节　公共交通

一、BTS

（一）BTS 网站网址及其简介

https：//www. bts. gov/

运输统计局（BTS）是交通运输部（DOT）的一部分，是商业航空、多式联运货运活动和运输经济学的主要统计数据来源，并为决策者和公众提供背景信息，以了解运输统计数据。BTS 通过严格的分析、透明的数据质量以及不受政治影响的方式来确保其产品和服务的信誉。BTS 倡导创新的数据收集、分析，可视化和分发方法，以提高运营效率，研究新兴主题并创建相关及时的信息产品，以增进对交通及其在社会中的变革性作用的理解。该局的国家运输图书馆（NTL）是永久性的，公共交通场所，供整个交通运输界的研究出版物使用；所有 DOT 数据的网关；以及国会，研究人员和公众的帮助热线，以获取有关交通运输的信息。

（二）情报分析中其主要应用的内容

1. 在信息库中选择话题、模式、关键词、产品类别即可浏览统计产品和数据。

2. 可查询航空公司信息、货运事实和数据、跨境数据、商品流量调查、政府交通财务统计、国家运输统计、国家运输数据档案、旅客旅行事实和数据、运输服务指数、运输统计年度报告、跨境货运数据等。

二、Mapnificent

（一）Mapnificent 网站网址及其简介

https：//www. mapnificent. net/

Mapnificent 会向用户显示在给定时间内从任何地点可以乘坐公共交通工具到达的区域。它适用于美国和全球的主要城市。

（二）情报分析中其主要应用的内容

选择所在的城市，就可以查找乘坐公共交通工具到达的区域。

三、湾区捷运

（一）湾区捷运网站网址及其简介

https：//www. bart. gov/

湾区捷运系统（BART）将旧金山半岛与伯克利、奥克兰、弗里蒙特、核桃溪、都柏林/普莱森顿和东湾的其他城市连接起来。45 年来，BART 为湾区居民和访客提供了快速、可靠的交通服务，可直达市中心的办公室、购物中心、旅游景点、娱乐场所、大学和其他目的地。

（二）情报分析中其主要应用的内容

1. 计划行程。使用旅行计划器创建自己的定制时间表。输入地点、选择日期和时间即可获得时间表。

2. 查询车站详情。只需在“电台列表”页面上选择您的电台即可查询车站详情。

3. 计算票价。使用 BART 票价计算器快速查找。

四、opendatasoft

（一）opendatasoft 网站网址

https：//navitia. opendatasoft. com/page/start/

（二）情报分析中其主要应用的内容

1. 在世界地图上直接点击查询各个国家的公共交通服务数据。

2. 选择地理区域、出行方式、运输网络、主题、关键词、发行人等信息来查询各个国家的公共交通服务数据。

五、carlberry

（一）carlberry 网站网址及其简介

http：//www. carlberry. co. uk/rfnsearch. asp

carlberry 用来搜索公共汽车、轮船、火车服务。搜索结果显示在“列表位置”屏幕上，该屏幕显示了包含您输入的字母的所有城市、城镇和村庄（例如，“新建”将列出所有已知的新港、新镇等，您必须选择一个）。从此列表中，您可以显示从该位置开始、结束或经过该位置的所有路线，或者可以显示所有已知的目的地。

（二）情报分析中其主要应用的内容

如果您输入的位置是该名称的唯一名称，那么将显示该位置的详细信息。

六、墨尔本和维多利亚州公共交通服务地图

（一）墨尔本和维多利亚州公共交通服务地图网站网址及其简介

https：//www. ptv. vic. gov. au/more/maps/

在这里，您可以找到横跨墨尔本和维多利亚州的公共交通服务地图。许多地图的高对比度版本可能适合视力障碍的人。有关车站、站点、地址、路线编号或线路名称的交互式地图，请访问主页。通过搜索地址或地标并选择“查看地图”或单击“靠近我”图标，可以查看附近的车站和站点。

（二）情报分析中其主要应用的内容

1. 网络图。维多利亚州公共交通网络图。

2. 夜间网络图。夜间网络在星期五和星期六通宵营业。

3. 活动地图。墨尔本活动区地图。

4. 南十字车站地图。南十字车站是墨尔本主要的公共交通枢纽之一。

5. 区域和都会区地图。要查看附近的车站和车站，只需在网站的主页上搜索任何地址或地标，然后选择“查看地图”。

七、Thunderforest

（一）Thunderforest 网站网址及其简介

https：//www. thunderforest. com/maps/

OpenCycleMap 被全球数百个应用程序和网站所使用，是屡获殊荣的全球自行车地图。Thunderforest 平台是系统提供动力 OpenCycleMap 的第四个重要版本。它以 mapnik 和 postgis 为核心，并受 mod_ tile、squid 和许多其他组件的支持，从而提供了健壮、快速、可靠且外观精美的地图。Thunderforest 平台使够扩展以轻松托管多种地图样式，并每月向全球客户提供数百万个请求。在您的应用程序和网站上使用这些全局的高性能地图样式。安迪（Andy）于 2007 年开始制作此地图，现在已在数百个应用程序和网站中使用。

（二）情报分析中其主要应用的内容

查询全球交通地图。

八、巴塞罗那公交

（一）巴塞罗那公交网站网址及其简介

https：//www. tmb. cat/es/home

巴塞罗那公交为您提供巴塞罗那公共交通所需的所有信息：地铁和公共汽车路线、营业时间、地图、门票和旅行卡的类型、价格，可及性以及公共汽车和地铁旅行计划工具。

1. 交通网络。为您提供巴塞罗那公共交通所需的所有信息：地铁和公共汽车路线、营业时间、地图、门票和旅行卡的类型、价格，可及性以及公共汽车和地铁旅行计划工具。

2. 车票查询。查询从出发地到目的地所选交通工具的费用。

（二）情报分析中其主要应用的内容

查询巴塞罗那交通信息。

九、traveline

（一）traveline 网站网址及其简介

https：//www. traveline. info/

traveline 是运输公司、地方当局和乘客团体的合作伙伴，它们共同为您提供英国乘公共汽车、铁路、长途汽车和渡轮旅行的路线和时间。

该站点使您可以搜索英格兰、苏格兰、威尔士、北爱尔兰和爱尔兰共和国大部分地区的公共汽车/长途汽车服务信息。您可以搜索路线上的大多数城市、城镇和村庄，并可以找到操作员详细信息，或者可以由操作员列出路线。这些站点的最初目的是提供一个数据库，其中包含更有趣的操作员在哪里运行以及如何获取相关信息。所涵盖的运输服务包括巴士、特快教练和火车服务，这些服务全年或整个夏季定期运行。网站可以使用来自英国各地的所有运输公司的最新信息，帮助您找到最适合您的旅程的方式。在网站的主页上，可以计划您在大不列颠之间的往返旅程，查看不同的旅行方式，并在地图上查看您的旅行。

（二）情报分析中其主要应用的内容

查询英国交通信息。

十、Openbusmap

（一）Openbusmap 网站网址及其简介

https：//www. openbusmap. org/

Openbumap 在统一的地图上显示全球公共交通设施，因此您无须浏览各个运营商的网站。该地图是使用 Openstreetmap 数据实现的，从而可以自行完成和更正地图。如果您是 Openstreetmap 的新手，则可以在这里找到有关向地图添加数据的初学者指南，此后，Openstreetmap 还具有有关添加公共交通工具的信息。

（二）情报分析中其主要应用的内容

输入地点、街道、车站等信息即可查询全球交通信息。

第八节　集装箱货物

一、Shipsgo

（一）Shipsgo 网站网址及其简介

https：//shipsgo. com/

Shipsgo. com 是 CNTR Inc. 2010 年开发的全球集装箱运输平台。目的是整理集装箱运输业的信息，使集装箱运输业的各方都能普遍访问和使用。

（二）情报分析中其主要应用的内容

1. 寻找路线。
2. 船只跟踪。

二、cargotracking

（一）cargotracking 网站网址及其简介

http：//cargotracking. utopiax. org/containertracking. html

一个航空、海运、集装箱运输、快速信息追踪查询网站。

（二）情报分析中其主要应用的内容

1. 集装箱追踪。通过集装箱或 BL（提单）号跟踪您的海运货物。

2. 空运货物跟踪。点击公司名称和访问航空公司的空运货物跟踪网站。

3. 跟踪快递。EMS、邮政包裹。

三、CargoLoop

（一）CargoLoop 网站网址及其简介

https：//www. cargoloop. com/

CargoLoop RTCT 为货主、船员、无船承运人（NVOCC）和货运代理提供基于 Internet 的船只与货运跟踪服务。CargoLoop 的专有技术解决方案允许感兴趣的各方通过提供预订号、集装箱号或装运货件 ID 来查找其货物位置。

1. CargoLoop 将仅查找注册的托运人或货运代理已经输入数据库的货物。

2. 对于货主（汽车经销商），CargoLoop 提供了一个集中式数据库来跟踪其先前、当前和过去的发货。

3. 对于 NVO，CargoLoop 提供了一个集中数据库，其中包含出售给客户的所有预订，以及它们的状态、预订、装载、运输、到达目的地。您只需在系统中输入最少的预订号和货柜号即可跟踪您的业务，您可以输入完整的详细 BL 信息，并允许您的客户修改或证明 BL。

4. 对于货运代理，CargoLoop 提供了有关其货运的最新信息，从而有机会跟踪其业务。

5. CargoLoop 无法提供货物的确切位置，因为有时由于从航运公司、卫星或其他导航辅助设备获取船只位置的时间滞后而无法实现。

（二）情报分析中其主要应用的内容

查询船只及其货物运输状态信息。

四、container-tracking

（一）container-tracking 网站网址及其简介

http：//container-tracking. org/

container-tracking 是可以进行全球集装箱运输信息跟踪的网站。

（二）情报分析中其主要应用的内容

1. 集装箱跟踪。

2. 航运公司目录查询。
3. 集装箱线路目录查询。
4. 装运报价查询。
5. 国际贸易和航运目录。

五、FleetMon

（一）FieetMon 网站网址及其简介

https：//www. fleetmon. com/services/container-tracker/search/

FleetMon 成立于 2007 年，建立了世界上第一个公共船只数据收集，可帮助组织提供更好的物流报告。收集实时船只位置数据，并将其提供给全球影响力最大的企业，以便他们应对最严峻的海事挑战。FleetMon 使船运公司、船长和海事爱好者能够跟踪及分析其业务，从而为他们提供支持。FleetMon 在 164 个国家/地区拥有客户，大约有 50 万用户。

（二）情报分析中其主要应用的内容

使用 FleetMon 跟踪您的集装箱运输，只需输入您的预订、提单或集装箱号，FleetMon 将向您显示当前状态和进一步的装运时间表。

六、SeaRates

（一）SeaRates 网站网址及其简介

https：//www. searates. com/container/tracking

SeaRates 成立于 2005 年 8 月，是一个值得信赖的社区市场，人们可以在世界各地发送商品。SeaRates. com 帮助安排从 1m^3 或 50kg 到货物装船的国际货物运输。凭借世界一流的客户服务和不断发展的货运代理社区，SeaRates. com 是人们以最简单的方式将货物运送到海外，或为数百万托运人提供集装箱、卡车或船只的自由空间。

SeaRates 是最大的运费搜索引擎，会根据您的要求比较所有可用的即时费率和选项，然后将您定向到合适的物流提供商来运输您的货物。

（二）情报分析中其主要应用的内容

1. 货运报价。选择运输方式、装运原产地、装运目的地、日期和运输类型，点击搜索即可找到最合适的货运报价。

2. 追踪货件。输入追踪号码、选择海线即可在线检查发货状态。

七、track-trace

（一）track-trace 网站网址及其简介

https：//www. track-trace. com/

一个全球快递、航空货运、集装箱、提单查询网站。

1. 邮政/特快专递追踪。追踪 182 个国家的邮政/特快专递邮件，输入跟踪号码，格式为 EE123456789Xx。

2. 航空货运追踪。追踪 196 家航空公司的空运货物，输入 AWB，格式为 123-12345675。

3. 集装箱追踪。追踪 136 家公司的集装箱，输入集装箱编号，格式为 XXXu1234567。

4. 跟踪提单。跟踪 48 家公司的出货量，输入提单号码即可查询。

（二）情报分析中其主要应用的内容

查询全球快速、航空货运、集装箱及提单信息。